ITA*l*IEN
LES VERBES

Luciano Cappelletti

@ Cet ouvrage de la collection Bescherelle
est associé à des **compléments numériques** :
un ensemble d'exercices interactifs
sur les principales difficultés
des verbes italiens.
Pour y accéder, connectez-vous au site
www.bescherelle.com.
Inscrivez-vous en sélectionnant
le titre de l'ouvrage.
Il vous suffira ensuite d'indiquer
un mot clé issu de l'ouvrage
pour afficher le sommaire des exercices.

Sincères remerciements à Giulietta Cappelletti qui a assuré une relecture complète de l'ouvrage.

Coordination éditoriale : Claire Dupuis, **assistée de** Bénédicte Jacamon
Édition : Mery Martinelli
Correction : Étienne Schelstraete
Conception graphique : Marie-Astrid Bailly-Maître, Sterenn Heudiard, Sandrine Albanel & Nicolas Taffin
Mise en page : Véronique Blouet

© **HATIER – Paris – juin 2008** – ISSN 0990 3771 – ISBN 978-2-218-92618-1

→ **Ouvrage de référence** destiné à un large public –lycéens, étudiants, adultes –, les *Verbes italiens Bescherelle* décrit les formes et emplois des verbes de la langue italienne contemporaine.

→ Les **Tableaux de conjugaison** permettent l'identification rapide d'une forme verbale. Le sens principal et les caractéristiques morphologiques du verbe figurent dans les notes explicatives, ainsi que les éventuelles particularités des verbes apparentés ou suivant la même conjugaison.

La **Grammaire du verbe** offre une synthèse sur tous les aspects morphologiques et syntaxiques de la conjugaison italienne.

Entièrement nouveau, le **Guide des verbes à régime prépositionnel** propose un ensemble d'exemples représentatifs permettant au lecteur de mieux saisir le fonctionnement syntaxique des verbes italiens et d'enrichir son vocabulaire actif.

Le **Dictionnaire des verbes** regroupe enfin plus de 7000 entrées, traduites en français, de l'italien courant et littéraire ; il associe des informations grammaticales immédiatement exploitables avec un renvoi aux *Tableaux de conjugaison* et, le cas échéant, au *Guide des verbes à régime prépositionnel*.

→ Dans cette **nouvelle édition, entièrement revue**, chaque partie est associée à une couleur différente et les contenus sont structurés en **paragraphes numérotés**. Cette organisation facilite une circulation rapide et efficace à l'intérieur des parties ; elle permet une lecture en continu aussi bien qu'une consultation ponctuelle, à partir des sommaires et des renvois internes.

→ L'objectif final est bien de fournir à l'utilisateur tous les moyens d'une réelle **maîtrise de la conjugaison et de la construction des verbes italiens**.

Sommaire

Les numéros renvoient aux paragraphes.

Tableaux et listes

PRÉSENTATION DES TABLEAUX

TABLEAUX DE CONJUGAISON

Bescherelle
ITALIEN

Les numéros renvoient aux paragraphes.

Présentation des tableaux

1 Classification des verbes

Pour les trois groupes, sont d'abord présentés les verbes types des conjugaisons régulières : **amare** (1ᵉʳ groupe), **temere** (2ᵉ groupe), **sentire** et **finire** (3ᵉ groupe). Les verbes types qui suivent ont été choisis selon leurs principales irrégularités, en tenant compte non seulement de leur morphologie, mais aussi de leur phonétique, en particulier de la place de l'accent tonique à l'infinitif. Ainsi, acc<u>e</u>ndere et <u>a</u>rdere sont présentés comme deux verbes types séparés, bien que certaines formes soient communes aux deux verbes. Ce choix a permis de rendre compte de toutes les formes des verbes irréguliers.

2 Formes présentées

Nous faisons figurer les pronoms sujets de toutes les formes conjuguées. Aux 3ᵉˢ personnes, nous ne donnons que les formes du masculin les plus courantes : **lui** pour le singulier et **loro** pour le pluriel. Pour celles du féminin, se reporter à la grammaire du verbe (→ 163, 164) où les pronoms personnels font l'objet d'un tableau.

De même, pour le participe (passé et présent) nous n'avons donné que la forme du masculin singulier. Aux temps composés, les participes passés sont accordés avec les pronoms sujets masculins. Pour les règles d'accord, se reporter à la grammaire du verbe (→ 204).

En haut des tableaux, nous signalons :
– la catégorie de conjugaison à laquelle le verbe type appartient (par exemple, lavarsi appartient à la catégorie des verbes pronominaux) ;
– le verbe type qui sera conjugué et sa traduction ;
– des irrégularités orthographiques (par exemple, l'ajout d'un -h- pour cercare) ;
– les formes du passé simple et du participe passé, qui représentent souvent des irrégularités.

Les **modes** et les **temps** des verbes sont indiqués en français. Voici leurs correspondants en italien.

indicatif	indicativo
conditionnel	condizionale
subjonctif	congiuntivo
impératif	imperativo[1]
infinitif	infinito
participe	participio
gérondif	gerundio
présent	presente
passé	passato
passé composé	passato prossimo
imparfait	imperfetto
plus-que-parfait (de l'indicatif)	trapassato prossimo
plus-que-parfait (du subjonctif)	trapassato
passé simple	passato remoto
passé antérieur	trapassato remoto
futur simple	futuro semplice
futur antérieur	futuro anteriore

1 L'impératif ne comporte que le temps présent.

3   **essere** être

	INDICATIF		**SUBJONCTIF**	
	PRÉSENT	PASSÉ COMPOSÉ	PRÉSENT	PASSÉ
io	sono	sono stato	sia	sia stato
tu	sei	sei stato	sia	sia stato
lui	è	è stato	sia	sia stato
noi	siamo	siamo stati	siamo	siamo stati
voi	siete	siete stati	siate	siate stati
loro	sono	sono stati	siano	siano stati
	IMPARFAIT	PLUS-QUE-PARFAIT	IMPARFAIT	PLUS-QUE-PARFAIT
io	ero	ero stato	fossi	fossi stato
tu	eri	eri stato	fossi	fossi stato
lui	era	era stato	fosse	fosse stato
noi	eravamo	eravamo stati	fossimo	fossimo stati
voi	eravate	eravate stati	foste	foste stati
loro	erano	erano stati	fossero	fossero stati

	PASSÉ SIMPLE	PASSÉ ANTÉRIEUR
io	fui	fui stato
tu	fosti	fosti stato
lui	fu	fu stato
noi	fummo	fummo stati
voi	foste	foste stati
loro	furono	furono stati

IMPÉRATIF

		siamo (noi)
sii (tu)		siate (voi)
sia (Lei)		siano (Loro)

	FUTUR SIMPLE	FUTUR ANTÉRIEUR
io	sarò	sarò stato
tu	sarai	sarai stato
lui	sarà	sarà stato
noi	saremo	saremo stati
voi	sarete	sarete stati
loro	saranno	saranno stati

CONDITIONNEL

	PRÉSENT	PASSÉ
	sarei	sarei stato
	saresti	saresti stato
	sarebbe	sarebbe stato
	saremmo	saremmo stati
	sareste	sareste stati
	sarebbero	sarebbero stati

	INFINITIF	**GÉRONDIF**	**PARTICIPE**
PRÉSENT	essere	essendo	(ente)
PASSÉ	essere stato	essendo stato	stato

- La forme du participe présent ente s'emploie uniquement comme substantif (→ Remarque 203).
- Le participe passé stato est une forme empruntée au verbe stare.
- Le verbe **riessere** se conjugue comme essere mais, à la 3e personne du singulier du passé simple, il prend un accent : rifù.
  → Auxiliaire 175

4 **avere** avoir

ebbi | avuto

	INDICATIF		SUBJONCTIF	
	PRÉSENT	PASSÉ COMPOSÉ	PRÉSENT	PASSÉ
io	ho	ho avuto	abbia	abbia avuto
tu	hai	hai avuto	abbia	abbia avuto
lui	ha	ha avuto	abbia	abbia avuto
noi	abbiamo	abbiamo avuto	abbiamo	abbiamo avuto
voi	avete	avete avuto	abbiate	abbiate avuto
loro	hanno	hanno avuto	abbiano	abbiano avuto
	IMPARFAIT	PLUS-QUE-PARFAIT	IMPARFAIT	PLUS-QUE-PARFAIT
io	avevo	avevo avuto	avessi	avessi avuto
tu	avevi	avevi avuto	avessi	avessi avuto
lui	aveva	aveva avuto	avesse	avesse avuto
noi	avevamo	avevamo avuto	avessimo	avessimo avuto
voi	avevate	avevate avuto	aveste	aveste avuto
loro	avevano	avevano avuto	avessero	avessero avuto

	PASSÉ SIMPLE	PASSÉ ANTÉRIEUR
io	ebbi	ebbi avuto
tu	avesti	avesti avuto
lui	ebbe	ebbe avuto
noi	avemmo	avemmo avuto
voi	aveste	aveste avuto
loro	ebbero	ebbero avuto

IMPÉRATIF	
	abbiamo (noi)
abbi (tu)	abbiate (voi)
abbia (Lei)	abbiano (Loro)

	FUTUR SIMPLE	FUTUR ANTÉRIEUR	CONDITIONNEL	
			PRÉSENT	PASSÉ
io	avrò	avrò avuto	avrei	avrei avuto
tu	avrai	avrai avuto	avresti	avresti avuto
lui	avrà	avrà avuto	avrebbe	avrebbe avuto
noi	avremo	avremo avuto	avremmo	avremmo avuto
voi	avrete	avrete avuto	avreste	avreste avuto
loro	avranno	avranno avuto	avrebbero	avrebbero avuto

	INFINITIF	GÉRONDIF	PARTICIPE
PRÉSENT	avere	avendo	avente/(abbiente)
PASSÉ	aver(e) avuto	avendo avuto	avuto

- Les trois premières personnes du singulier et la 3ᵉ du pluriel de l'indicatif présent prennent un -h- pour distinguer ces formes de o (conjonction, interjection ou voyelle), ai (préposition contractée), a (préposition) et anno (substantif).
- La forme du participe présent abbiente s'emploie uniquement comme adjectif ou nom (→ Remarque 203).
- **Riavere** se conjugue comme avere sauf aux personnes de l'indicatif présent : io riò, tu riai, lui rià, loro rianno.
  → Auxiliaire 174

5 **essere amato** être aimé fui amato | stato amato

INDICATIF		SUBJONCTIF	

	PRÉSENT	PASSÉ COMPOSÉ	PRÉSENT	PASSÉ
io	sono amato	sono stato amato	sia amato	sia stato amato
tu	sei amato	sei stato amato	sia amato	sia stato amato
lui	è amato	è stato amato	sia amato	sia stato amato
noi	siamo amati	siamo stati amati	siamo amati	siamo stati amati
voi	siete amati	siete stati amati	siate amati	siate stati amati
loro	sono amati	sono stati amati	siano amati	siano stati amati

	IMPARFAIT	PLUS-QUE-PARFAIT	IMPARFAIT	PLUS-QUE-PARFAIT
io	ero amato	ero stato amato	fossi amato	fossi stato amato
tu	eri amato	eri stato amato	fossi amato	fossi stato amato
lui	era amato	era stato amato	fosse amato	fosse stato amato
noi	eravamo amati	eravamo stati amati	fossimo amati	fossimo stati amati
voi	eravate amati	eravate stati amati	foste amati	foste stati amati
loro	erano amati	erano stati amati	fossero amati	fossero stati amati

	PASSÉ SIMPLE	PASSÉ ANTÉRIEUR
io	fui amato	fui stato amato
tu	fosti amato	fosti stato amato
lui	fu amato	fu stato amato
noi	fummo amati	fummo stati amati
voi	foste amati	foste stati amati
loro	furono amati	furono stati amati

IMPÉRATIF	
	siamo amati (noi)
sii amato (tu)	siate amati (voi)
sia amato (Lei)	siano amati (Loro)

	FUTUR SIMPLE	FUTUR ANTÉRIEUR
io	sarò amato	sarò stato amato
tu	sarai amato	sarai stato amato
lui	sarà amato	sarà stato amato
noi	saremo amati	saremo stati amati
voi	sarete amati	sarete stati amati
loro	saranno amati	saranno stati amati

CONDITIONNEL	

	PRÉSENT	PASSÉ
	sarei amato	sarei stato amato
	saresti amato	saresti stato amato
	sarebbe amato	sarebbe stato amato
	saremmo amati	saremmo stati amati
	sareste amati	sareste stati amati
	sarebbero amati	sarebbero stati amati

INFINITIF	GÉRONDIF	PARTICIPE
PRÉSENT esser(e) amato	essendo amato	—
PASSÉ essere stato amato	essendo stato amato	stato amato

• On peut aussi former le passif en remplaçant l'auxiliaire essere par venire.
→ La voix passive 152

6 lavarsi _se laver_

mi lavai | lavatosi

	INDICATIF		SUBJONCTIF	
	PRÉSENT	PASSÉ COMPOSÉ	PRÉSENT	PASSÉ
io	mi lavo	mi sono lavato	mi lavi	mi sia lavato
tu	ti lavi	ti sei lavato	ti lavi	ti sia lavato
lui	si lava	si è lavato	si lavi	si sia lavato
noi	ci laviamo	ci siamo lavati	ci laviamo	ci siamo lavati
voi	vi lavate	vi siete lavati	vi laviate	vi siate lavati
loro	si lavano	si sono lavati	si lavino	si siano lavati
	IMPARFAIT	PLUS-QUE-PARFAIT	IMPARFAIT	PLUS-QUE-PARFAIT
io	mi lavavo	mi ero lavato	mi lavassi	mi fossi lavato
tu	ti lavavi	ti eri lavato	ti lavassi	ti fossi lavato
lui	si lavava	si era lavato	si lavasse	si fosse lavato
noi	ci lavavamo	ci eravamo lavati	ci lavassimo	ci fossimo lavati
voi	vi lavavate	vi eravate lavati	vi lavaste	vi foste lavati
loro	si lavavano	si erano lavati	si lavassero	si fossero lavati

	PASSÉ SIMPLE	PASSÉ ANTÉRIEUR	IMPÉRATIF	
io	mi lavai	mi fui lavato		
tu	ti lavasti	ti fosti lavato		laviamoci (noi)
lui	si lavò	si fu lavato	lavati (tu)	lavatevi (voi)
noi	ci lavammo	ci fummo lavati	si lavi (Lei)	si lavino (Loro)
voi	vi lavaste	vi foste lavati		
loro	si lavarono	si furono lavati		

	FUTUR SIMPLE	FUTUR ANTÉRIEUR	CONDITIONNEL	
			PRÉSENT	PASSÉ
io	mi laverò	mi sarò lavato	mi laverei	mi sarei lavato
tu	ti laverai	ti sarai lavato	ti laveresti	ti saresti lavato
lui	si laverà	si sarà lavato	si laverebbe	si sarebbe lavato
noi	ci laveremo	ci saremo lavati	ci laveremmo	ci saremmo lavati
voi	vi laverete	vi sarete lavati	vi lavereste	vi sareste lavati
loro	si laveranno	si saranno lavati	si laverebbero	si sarebbero lavati

	INFINITIF	GÉRONDIF	PARTICIPE
PRÉSENT	lavarsi	lavandosi	lavantesi
PASSÉ	essersi lavato	essendosi lavato	lavatosi

- Les verbes pronominaux se conjuguent avec l'auxiliaire essere.
- Le participe passé de ces verbes s'accorde généralement avec le sujet, mais l'accord avec le complément d'objet est parfois possible.
  → Les verbes pronominaux 153-160
  → L'accord du participe passé 204

1ER GROUPE	2E GROUPE	3E GROUPE	1ER GROUPE	2E GROUPE	3E GROUPE
INFINITIF PRÉSENT			**INFINITIF PRÉSENT**		
are	ere	ire	are	ere	ire
INDICATIF PRÉSENT			**SUBJONCTIF PRÉSENT**		
o	o	(isc)o	i	a	(isc)a
i	i	(isc)i	i	a	(isc)a
a	e	(isc)e	i	a	(isc)a
iamo	iamo	iamo	iamo	iamo	iamo
ate	ete	ite	iate	iate	iate
ano	ono	(isc)ono	ino	ano	(isc)ano
INDICATIF IMPARFAIT			**SUBJONCTIF IMPARFAIT**		
avo	evo	ivo	assi	essi	issi
avi	evi	ivi	assi	essi	issi
ava	eva	iva	asse	esse	isse
avamo	evamo	ivamo	assimo	essimo	issimo
avate	evate	ivate	aste	este	iste
avano	evano	ivano	assero	essero	issero
PASSÉ SIMPLE			**IMPÉRATIF**		
ai	ei	ii			
asti	esti	isti	a	i	(isc)i
ò	é	ì	i	a	(isc)a
ammo	emmo	immo	iamo	iamo	iamo
aste	este	iste	ate	ete	ite
arono	erono	irono	ino	ano	(isc)ano
FUTUR SIMPLE			**CONDITIONNEL PRÉSENT**		
erò	erò	irò	erei	erei	irei
erai	erai	irai	eresti	eresti	iresti
erà	erà	irà	erebbe	erebbe	irebbe
eremo	eremo	iremo	eremmo	eremmo	iremmo
erete	erete	irete	ereste	ereste	ireste
eranno	eranno	iranno	erebbero	erebbero	irebbero
PARTICIPE PRÉSENT			**GÉRONDIF PRÉSENT**		
ante	ente	ente	ando	endo	endo
			PARTICIPE PASSÉ		
			ato	uto	ito

Liste des verbes des trois groupes

1ER GROUPE

agitare	13	cercare	15	fare	24	legare	16
aggradare	10	cominciare	17	immaginare	14	mangiare	18
amare	9	dare	23	incoare	12	stare	25
andare	22	fallare	11	inviare	19	studiare	20
bagnare	21						

2^E GROUPE

accendere	62	distinguere	117	molcere	31	scindere	63
affiggere	73	distruggere	75	muovere	123	scrivere	118
ardere	67	dolersi	93	nascere	49	scuotere	109
assistere	113	dovere	121	nuocere	47	sedere	55
assolvere	120	emergere	86	parere	106	serpere	39
assumere	100	espandere	61	perdere	68	soffolcere	30
bere	43	espellere	96	persuadere	54	solere	94
cadere	53	esplodere	69	piacere	44	spargere	85
chiedere	58	estollere	37	piangere	81	spegnere	103
chiudere	71	estrovertere	112	piovere	122	stringere	83
cingere	82	fervere	41	porgere	87	svellere	97
cogliere	89	flettere	114	porre	124	tangere	35
competere	40	folcere	29	potere	108	temere	26
compiere	90	fondere	65	prudere	34	tenere	102
comprimere	99	friggere	74	radere	52	tepere	38
concedere	57	giungere	84	redigere	77	torcere	48
condurre	126	godere	70	redimere	98	trarre	125
conoscere	51	incombere	27	ridere	59	urgere	36
controvertere	111	indulgere	79	riedere	33	valere	91
contundere	66	invalere	92	rifulgere	80	vedere	56
correre	107	licere	28	rimanere	101	vertere	110
crescere	50	ledere	60	rispondere	64	vincere	45
cuocere	46	leggere	72	rompere	105	vivere	119
delinquere	42	lucere	32	sapere	104	volere	95
dirigere	76	mettere	115	scegliere	88	volgere	78
discutere	116						

3^E GROUPE

addirsi	140	aulire	133	finire	128	sparire	131
apparire	136	compire	134	marcire	129	udire	142
aprire	135	cucire	138	morire	137	uscire	143
ardire	130	dire	139	salire	144	venire	145
atterrire	132	disdire	141	sentire	127		

9 | **amare** aimer

amai | amato

INDICATIF		SUBJONCTIF	
PRÉSENT	PASSÉ COMPOSÉ	PRÉSENT	PASSÉ
io amo	ho amato	ami	abbia amato
tu ami	hai amato	ami	abbia amato
lui ama	ha amato	ami	abbia amato
noi amiamo	abbiamo amato	amiamo	abbiamo amato
voi amate	avete amato	amiate	abbiate amato
loro amano	hanno amato	amino	abbiano amato
IMPARFAIT	PLUS-QUE-PARFAIT	IMPARFAIT	PLUS-QUE-PARFAIT
io amavo	avevo amato	amassi	avessi amato
tu amavi	avevi amato	amassi	avessi amato
lui amava	aveva amato	amasse	avesse amato
noi amavamo	avevamo amato	amassimo	avessimo amato
voi amavate	avevate amato	amaste	aveste amato
loro amavano	avevano amato	amassero	avessero amato

PASSÉ SIMPLE	PASSÉ ANTÉRIEUR
io amai	ebbi amato
tu amasti	avesti amato
lui amò	ebbe amato
noi amammo	avemmo amato
voi amaste	aveste amato
loro amarono	ebbero amato

IMPÉRATIF	
	amiamo (noi)
ama (tu)	amate (voi)
ami (Lei)	amino (Loro)

FUTUR SIMPLE	FUTUR ANTÉRIEUR	CONDITIONNEL	
		PRÉSENT	PASSÉ
io amerò	avrò amato	amerei	avrei amato
tu amerai	avrai amato	ameresti	avresti amato
lui amerà	avrà amato	amerebbe	avrebbe amato
noi ameremo	avremo amato	ameremmo	avremmo amato
voi amerete	avrete amato	amereste	avreste amato
loro ameranno	avranno amato	amerebbero	avrebbero amato

INFINITIF		GÉRONDIF	PARTICIPE
PRÉSENT	amare	amando	amante
PASSÉ	aver(e) amato	avendo amato	amato

* Aux temps simples, l'accent tonique tombe sur l'avant-dernière syllabe, sauf à la 1ʳᵉ personne du pluriel amassimo et aux 3ᵉˢ personnes du pluriel amano, amavano, amarono, amerebbero, amino, amassero.
* Les verbes comme **creare**, dont le radical se termine par -e-, gardent ce -e- devant les terminaisons commençant par -e- (futur simple et conditionnel présent) : creerò..., creerei...

10 aggradare *plaire*

INDICATIF		SUBJONCTIF
	PRÉSENT	PRÉSENT
lui	aggrada	aggradi
	IMPARFAIT	IMPARFAIT
lui	aggradava	aggradasse
	PASSÉ SIMPLE	
lui	aggradò	

	CONDITIONNEL
	PRÉSENT
FUTUR SIMPLE	
lui aggraderà	aggraderebbe

	INFINITIF	GÉRONDIF	PARTICIPE
PRÉSENT	aggradare	aggradando	aggradante

• Ainsi se conjugue **disaggradare**.

11 fallare *se tromper*

INDICATIF		
	PRÉSENT	PASSÉ COMPOSE
io	fallo	ho fallato
tu	falli	hai fallato
lui	falla	ha fallato
noi	falliamo	abbiamo fallato
voi	fallate	avete fallato
loro	fallano	hanno fallato

	INFINITIF	PARTICIPE
PRÉSENT	fallare	
PASSÉ		fallato

12 incoare *entreprendre*

	INFINITIF	PARTICIPE
PRÉSENT	incoare	
PASSÉ		incoato

13 | agitare _agiter_

agitai | agitato

	INDICATIF		SUBJONCTIF	
	PRÉSENT	PASSÉ COMPOSÉ	PRÉSENT	PASSÉ
io	agito	ho agitato	agiti	abbia agitato
tu	agiti	hai agitato	agiti	abbia agitato
lui	agita	ha agitato	agiti	abbia agitato
noi	agitiamo	abbiamo agitato	agitiamo	abbiamo agitato
voi	agitate	avete agitato	agitiate	abbiate agitato
loro	agitano	hanno agitato	agitino	abbiano agitato
	IMPARFAIT	PLUS-QUE-PARFAIT	IMPARFAIT	PLUS-QUE-PARFAIT
io	agitavo	avevo agitato	agitassi	avessi agitato
tu	agitavi	avevi agitato	agitassi	avessi agitato
lui	agitava	aveva agitato	agitasse	avesse agitato
noi	agitavamo	avevamo agitato	agitassimo	avessimo agitato
voi	agitavate	avevate agitato	agitaste	aveste agitato
loro	agitavano	avevano agitato	agitassero	avessero agitato

	PASSÉ SIMPLE	PASSÉ ANTÉRIEUR	IMPÉRATIF	
io	agitai	ebbi agitato		
tu	agitasti	avesti agitato		agitiamo (noi)
lui	agitò	ebbe agitato	agita (tu)	agitate (voi)
noi	agitammo	avemmo agitato	agiti (Lei)	agitino (Loro)
voi	agitaste	aveste agitato		
loro	agitarono	ebbero agitato		

	FUTUR SIMPLE	FUTUR ANTÉRIEUR	CONDITIONNEL	
			PRÉSENT	PASSÉ
io	agiterò	avrò agitato	agiterei	avrei agitato
tu	agiterai	avrai agitato	agiteresti	avresti agitato
lui	agiterà	avrà agitato	agiterebbe	avrebbe agitato
noi	agiteremo	avremo agitato	agiteremmo	avremmo agitato
voi	agiterete	avrete agitato	agitereste	avreste agitato
loro	agiteranno	avranno agitato	agiterebbero	avrebbero agitato

	INFINITIF	GÉRONDIF	PARTICIPE
PRÉSENT	agitare	agitando	agitante
PASSÉ	aver(e) agitato	avendo agitato	agitato

• À l'indicatif et au subjonctif présent (aux personnes io, tu, lui, loro) et à l'impératif (aux personnes tu, Lei, Loro), l'accent tonique porte sur la première syllabe.
→ La place de l'accent tonique 172

14 **immaginare** *imaginer* immaginai | immaginato

	INDICATIF		SUBJONCTIF	
	PRÉSENT	PASSÉ COMPOSÉ	PRÉSENT	PASSÉ
io	immagino	ho immaginato	immagini	abbia immaginato
tu	immagini	hai immaginato	immagini	abbia immaginato
lui	immagina	ha immaginato	immagini	abbia immaginato
noi	immaginiamo	abbiamo immaginato	immaginiamo	abbiamo immaginato
voi	immaginate	avete immaginato	immaginiate	abbiate immaginato
loro	immaginano	hanno immaginato	immaginino	abbiano immaginato
	IMPARFAIT	PLUS-QUE-PARFAIT	IMPARFAIT	PLUS-QUE-PARFAIT
io	immaginavo	avevo immaginato	immaginassi	avessi immaginato
tu	immaginavi	avevi immaginato	immaginassi	avessi immaginato
lui	immaginava	aveva immaginato	immaginasse	avesse immaginato
noi	immaginavamo	avevamo immaginato	immaginassimo	avessimo immaginato
voi	immaginavate	avevate immaginato	immaginaste	aveste immaginato
loro	immaginavano	avevano immaginato	immaginassero	avessero immaginato
	PASSÉ SIMPLE	PASSÉ ANTÉRIEUR	IMPÉRATIF	
io	immaginai	ebbi immaginato		
tu	immaginasti	avesti immaginato		immaginiamo (noi)
lui	immaginò	ebbe immaginato	immagina (tu)	immaginate (voi)
noi	immaginammo	avemmo immaginato	immagini (Lei)	immaginino (Loro)
voi	immaginaste	aveste immaginato		
loro	immaginarono	ebbero immaginato	CONDITIONNEL	
	FUTUR SIMPLE	FUTUR ANTÉRIEUR	PRÉSENT	PASSÉ
io	immaginerò	avrò immaginato	immaginerei	avrei immaginato
tu	immaginerai	avrai immaginato	immagineresti	avresti immaginato
lui	immaginerà	avrà immaginato	immaginerebbe	avrebbe immaginato
noi	immagineremo	avremo immaginato	immagineremmo	avremmo immaginato
voi	immaginerete	avrete immaginato	immaginereste	avreste immaginato
loro	immagineranno	avranno immaginato	immaginerebbero	avrebbero immaginato

	INFINITIF	GÉRONDIF	PARTICIPE
PRÉSENT	immaginare	immaginando	immaginante
PASSÉ	aver(e) immaginato	avendo immaginato	immaginato

• À l'indicatif et au subjonctif présent (aux personnes io, tu, lui, loro) et à l'impératif (aux personnes tu, Lei, Loro), l'accent tonique peut porter sur la 3e ou la 4e syllabe à partir de la fin.
→ La place de l'accent tonique 172

15 **cercare** chercher   cercai | cercato

INDICATIF		SUBJONCTIF	
PRÉSENT	PASSÉ COMPOSÉ	PRÉSENT	PASSÉ
io cerco	ho cercato	cerchi	abbia cercato
tu cerchi	hai cercato	cerchi	abbia cercato
lui cerca	ha cercato	cerchi	abbia cercato
noi cerchiamo	abbiamo cercato	cerchiamo	abbiamo cercato
voi cercate	avete cercato	cerchiate	abbiate cercato
loro cercano	hanno cercato	cerchino	abbiano cercato
IMPARFAIT	PLUS-QUE-PARFAIT	IMPARFAIT	PLUS-QUE-PARFAIT
io cercavo	avevo cercato	cercassi	avessi cercato
tu cercavi	avevi cercato	cercassi	avessi cercato
lui cercava	aveva cercato	cercasse	avesse cercato
noi cercavamo	avevamo cercato	cercassimo	avessimo cercato
voi cercavate	avevate cercato	cercaste	aveste cercato
loro cercavano	avevano cercato	cercassero	avessero cercato
PASSÉ SIMPLE	PASSÉ ANTÉRIEUR		
io cercai	ebbi cercato		
tu cercasti	avesti cercato	IMPÉRATIF	
lui cercò	ebbe cercato		
noi cercammo	avemmo cercato		cerchiamo (noi)
voi cercaste	aveste cercato	cerca (tu)	cercate (voi)
loro cercarono	ebbero cercato	cerchi (Lei)	cerchino (Loro)
FUTUR SIMPLE	FUTUR ANTÉRIEUR	CONDITIONNEL	
		PRÉSENT	PASSÉ
io cercherò	avrò cercato	cercherei	avrei cercato
tu cercherai	avrai cercato	cercheresti	avresti cercato
lui cercherà	avrà cercato	cercherebbe	avrebbe cercato
noi cercheremo	avremo cercato	cercheremmo	avremmo cercato
voi cercherete	avrete cercato	cerchereste	avreste cercato
loro cercheranno	avranno cercato	cercherebbero	avrebbero cercato

INFINITIF		GÉRONDIF	PARTICIPE
PRÉSENT	cercare	cercando	cercante
PASSÉ	aver(e) cercato	avendo cercato	cercato

- Les verbes qui se terminent en **-care** ajoutent un **-h-** devant les désinences commençant par **-e-** et **-i-**.
- Ainsi se conjuguent **accecare** et **cecare** mais, aux trois personnes du singulier et à la 3e du pluriel du présent de l'indicatif, du subjonctif et à l'impératif, un **-i-** vient s'intercaler : accieco, acciechi...
- Pour **giocare**, qui suit cette conjugaison, la diphtongaison o → **uo** est possible, surtout aux personnes io, tu, lui, loro au présent de l'indicatif et du subjonctif et tu, Lei, Loro à l'impératif. Ces formes sont cependant considérées comme archaïques.
  → La diphtongaison **182**

16 legare *lier*

legai | legato

	INDICATIF		SUBJONCTIF	
	PRÉSENT	PASSÉ COMPOSÉ	PRÉSENT	PASSÉ
io	lego	ho legato	leghi	abbia legato
tu	leghi	hai legato	leghi	abbia legato
lui	lega	ha legato	leghi	abbia legato
noi	leghiamo	abbiamo legato	leghiamo	abbiamo legato
voi	legate	avete legato	leghiate	abbiate legato
loro	legano	hanno legato	leghino	abbiano legato
	IMPARFAIT	PLUS-QUE-PARFAIT	IMPARFAIT	PLUS-QUE-PARFAIT
io	legavo	avevo legato	legassi	avessi legato
tu	legavi	avevi legato	legassi	avessi legato
lui	legava	aveva legato	legasse	avesse legato
noi	legavamo	avevamo legato	legassimo	avessimo legato
voi	legavate	avevate legato	legaste	aveste legato
loro	legavano	avevano legato	legassero	avessero legato
	PASSÉ SIMPLE	PASSÉ ANTÉRIEUR	IMPÉRATIF	
io	legai	ebbi legato		
tu	legasti	avesti legato		leghiamo (noi)
lui	legò	ebbe legato	lega (tu)	legate (voi)
noi	legammo	avemmo legato	leghi (Lei)	leghino (Loro)
voi	legaste	aveste legato		
loro	legarono	ebbero legato	CONDITIONNEL	
	FUTUR SIMPLE	FUTUR ANTÉRIEUR	PRÉSENT	PASSÉ
io	legherò	avrò legato	legherei	avrei legato
tu	legherai	avrai legato	legheresti	avresti legato
lui	legherà	avrà legato	legherebbe	avrebbe legato
noi	legheremo	avremo legato	legheremmo	avremmo legato
voi	legherete	avrete legato	leghereste	avreste legato
loro	legheranno	avranno legato	legherebbero	avrebbero legato

	INFINITIF	GÉRONDIF	PARTICIPE
PRÉSENT	legare	legando	legante
PASSÉ	aver(e) legato	avendo legato	legato

• Les verbes qui se terminent en **-gare** ajoutent un **-h-** devant les désinences commençant par **-e-** et **-i-**.

17 | **cominciare** commencer   cominciai | cominciato

	INDICATIF		SUBJONCTIF	
	PRÉSENT	PASSÉ COMPOSÉ	PRÉSENT	PASSÉ
io	comincio	ho cominciato	cominci	abbia cominciato
tu	cominci	hai cominciato	cominci	abbia cominciato
lui	comincia	ha cominciato	cominci	abbia cominciato
noi	cominciamo	abbiamo cominciato	cominciamo	abbiamo cominciato
voi	cominciate	avete cominciato	cominciate	abbiate cominciato
loro	cominciano	hanno cominciato	comincino	abbiano cominciato
	IMPARFAIT	PLUS-QUE-PARFAIT	IMPARFAIT	PLUS-QUE-PARFAIT
io	cominciavo	avevo cominciato	cominciassi	avessi cominciato
tu	cominciavi	avevi cominciato	cominciassi	avessi cominciato
lui	cominciava	aveva cominciato	cominciasse	avesse cominciato
noi	cominciavamo	avevamo cominciato	cominciassimo	avessimo cominciato
voi	cominciavate	avevate cominciato	cominciaste	aveste cominciato
loro	cominciavano	avevano cominciato	cominciassero	avessero cominciato
	PASSÉ SIMPLE	PASSÉ ANTÉRIEUR		
io	cominciai	ebbi cominciato	IMPÉRATIF	
tu	cominciasti	avesti cominciato		cominciamo (noi)
lui	cominciò	ebbe cominciato	comincia (tu)	cominciate (voi)
noi	cominciammo	avemmo cominciato	cominci (Lei)	comincino (Loro)
voi	cominciaste	aveste cominciato		
loro	cominciarono	ebbero cominciato	CONDITIONNEL	
	FUTUR SIMPLE	FUTUR ANTÉRIEUR	PRÉSENT	PASSÉ
io	comincerò	avrò cominciato	comincerei	avrei cominciato
tu	comincerai	avrai cominciato	cominceresti	avresti cominciato
lui	comincerà	avrà cominciato	comincerebbe	avrebbe cominciato
noi	cominceremo	avremo cominciato	cominceremmo	avremmo cominciato
voi	comincerete	avrete cominciato	comincereste	avreste cominciato
loro	cominceranno	avranno cominciato	comincerebbero	avrebbero cominciato

	INFINITIF	GÉRONDIF	PARTICIPE
PRÉSENT	cominciare	cominciando	cominciante
PASSÉ	aver(e) cominciato	avendo cominciato	cominciato

- Les verbes qui se terminent en **-ciare** perdent le -i- du radical devant les désinences commençant par **-e-** et **-i-**.
- Ainsi se conjugue **associare** sauf au futur et au conditionnel, où il garde le -i- du radical : associerò..., associerei...

18 **mangiare** *manger*

mangiai | mangiato

	INDICATIF		SUBJONCTIF	
	PRÉSENT	PASSÉ COMPOSÉ	PRÉSENT	PASSÉ
io	mangio	ho mangiato	mangi	abbia mangiato
tu	mangi	hai mangiato	mangi	abbia mangiato
lui	mangia	ha mangiato	mangi	abbia mangiato
noi	mangiamo	abbiamo mangiato	mangiamo	abbiamo mangiato
voi	mangiate	avete mangiato	mangiate	abbiate mangiato
loro	mangiano	hanno mangiato	mangino	abbiano mangiato
	IMPARFAIT	PLUS-QUE-PARFAIT	IMPARFAIT	PLUS-QUE-PARFAIT
io	mangiavo	avevo mangiato	mangiassi	avessi mangiato
tu	mangiavi	avevi mangiato	mangiassi	avessi mangiato
lui	mangiava	aveva mangiato	mangiasse	avesse mangiato
noi	mangiavamo	avevamo mangiato	mangiassimo	avessimo mangiato
voi	mangiavate	avevate mangiato	mangiaste	aveste mangiato
loro	mangiavano	avevano mangiato	mangiassero	avessero mangiato

	PASSÉ SIMPLE	PASSÉ ANTÉRIEUR	IMPÉRATIF	
io	mangiai	ebbi mangiato		
tu	mangiasti	avesti mangiato		mangiamo (noi)
lui	mangiò	ebbe mangiato	mangia (tu)	mangiate (voi)
noi	mangiammo	avemmo mangiato	mangi (Lei)	mangino (Loro)
voi	mangiaste	aveste mangiato		
loro	mangiarono	ebbero mangiato		

	FUTUR SIMPLE	FUTUR ANTÉRIEUR	CONDITIONNEL	
			PRÉSENT	PASSÉ
io	mangerò	avrò mangiato	mangerei	avrei mangiato
tu	mangerai	avrai mangiato	mangeresti	avresti mangiato
lui	mangerà	avrà mangiato	mangerebbe	avrebbe mangiato
noi	mangeremo	avremo mangiato	mangeremmo	avremmo mangiato
voi	mangerete	avrete mangiato	mangereste	avreste mangiato
loro	mangeranno	avranno mangiato	mangerebbero	avrebbero mangiato

	INFINITIF	GÉRONDIF	PARTICIPE
PRÉSENT	mangiare	mangiando	mangiante
PASSÉ	aver(e) mangiato	avendo mangiato	mangiato

- Les verbes qui se terminent en **-giare** perdent le **-i-** du radical devant les désinences commençant par **-e-** et **-i-**.
- Ainsi se conjugue **effigiare** sauf au futur et au conditionnel où il garde le **-i-** du radical : effigierò..., effigierei...

19 | inviare envoyer

inviai | inviato

INDICATIF		SUBJONCTIF	
PRÉSENT	**PASSÉ COMPOSÉ**	**PRÉSENT**	**PASSÉ**
io invio	ho inviato	invii	abbia inviato
tu invii	hai inviato	invii	abbia inviato
lui invia	ha inviato	invii	abbia inviato
noi inviamo	abbiamo inviato	inviamo	abbiamo inviato
voi inviate	avete inviato	inviate	abbiate inviato
loro inviano	hanno inviato	inviino	abbiano inviato
IMPARFAIT	**PLUS-QUE-PARFAIT**	**IMPARFAIT**	**PLUS-QUE-PARFAIT**
io inviavo	avevo inviato	inviassi	avessi inviato
tu inviavi	avevi inviato	inviassi	avessi inviato
lui inviava	aveva inviato	inviasse	avesse inviato
noi inviavamo	avevamo inviato	inviassimo	avessimo inviato
voi inviavate	avevate inviato	inviaste	aveste inviato
loro inviavano	avevano inviato	inviassero	avessero inviato
PASSÉ SIMPLE	**PASSÉ ANTÉRIEUR**		
io inviai	ebbi inviato	IMPÉRATIF	
tu inviasti	avesti inviato		inviamo (noi)
lui inviò	ebbe inviato	invia (tu)	inviate (voi)
noi inviammo	avemmo inviato	invii (Lei)	inviino (Loro)
voi inviaste	aveste inviato		
loro inviarono	ebbero inviato		
FUTUR SIMPLE	**FUTUR ANTÉRIEUR**	CONDITIONNEL	
io invierò	avrò inviato	**PRÉSENT**	**PASSÉ**
tu invierai	avrai inviato	invierei	avrei inviato
lui invierà	avrà inviato	invieresti	avresti inviato
noi invieremo	avremo inviato	invierebbe	avrebbe inviato
voi invierete	avrete inviato	invieremmo	avremmo inviato
loro invieranno	avranno inviato	inviereste	avreste inviato
		invierebbero	avrebbero inviato

	INFINITIF	GÉRONDIF	PARTICIPE
PRÉSENT	inviare	inviando	inviante
PASSÉ	aver(e) inviato	avendo inviato	inviato

• Aux trois personnes du singulier et à la 3ᵉ personne du pluriel de l'indicatif et du subjonctif présent, l'accent tonique tombe sur le dernier -i- du radical. Ce -i- disparaît devant les désinences **-iamo** et **-iate**.

20 **studiare** *étudier*

studiai | studiato

	INDICATIF		SUBJONCTIF	
	PRÉSENT	PASSÉ COMPOSÉ	PRÉSENT	PASSÉ
io	studio	ho studiato	studi	abbia studiato
tu	studi	hai studiato	studi	abbia studiato
lui	studia	ha studiato	studi	abbia studiato
noi	studiamo	abbiamo studiato	studiamo	abbiamo studiato
voi	studiate	avete studiato	studiate	abbiate studiato
loro	studiano	hanno studiato	studino	abbiano studiato
	IMPARFAIT	PLUS-QUE-PARFAIT	IMPARFAIT	PLUS-QUE-PARFAIT
io	studiavo	avevo studiato	studiassi	avessi studiato
tu	studiavi	avevi studiato	studiassi	avessi studiato
lui	studiava	aveva studiato	studiasse	avesse studiato
noi	studiavamo	avevamo studiato	studiassimo	avessimo studiato
voi	studiavate	avevate studiato	studiaste	aveste studiato
loro	studiavano	avevano studiato	studiassero	avessero studiato
	PASSÉ SIMPLE	PASSÉ ANTÉRIEUR		
io	studiai	ebbi studiato		IMPÉRATIF
tu	studiasti	avesti studiato		studiamo (noi)
lui	studiò	ebbe studiato	studia (tu)	studiate (voi)
noi	studiammo	avemmo studiato	studi (Lei)	studino (Loro)
voi	studiaste	aveste studiato		
loro	studiarono	ebbero studiato		CONDITIONNEL
	FUTUR SIMPLE	FUTUR ANTÉRIEUR	PRÉSENT	PASSÉ
io	studierò	avrò studiato	studierei	avrei studiato
tu	studierai	avrai studiato	studieresti	avresti studiato
lui	studierà	avrà studiato	studierebbe	avrebbe studiato
noi	studieremo	avremo studiato	studieremmo	avremmo studiato
voi	studierete	avrete studiato	studiereste	avreste studiato
loro	studieranno	avranno studiato	studierebbero	avrebbero studiato

	INFINITIF	GÉRONDIF	PARTICIPE
PRÉSENT	studiare	studiando	studiante
PASSÉ	aver(e) studiato	avendo studiato	studiato

- Dans les verbes en -iare- où l'accent tonique ne tombe pas sur le dernier -i- du radical, ce -i- disparaît devant toutes les désinences commençant par -i-.
- Attention à ne pas confondre les verbes suivants :
  – **alleviare**, soulager, (tu allevii) avec **allevare**, élever, (tu allevi) ;
  – **odiare**, haïr, (tu odii), avec **udire**, entendre, (tu odi, ➔ 142) ;
  – **radiare**, rayer/radier, (tu radii), avec **radere**, raser, (tu radi) ;
  – **variare**, varier/changer, (tu varii), avec **varare**, promulguer/mettre à l'eau, (tu vari).

21 | **bagnare** mouiller

bagnai | bagnato

	INDICATIF		SUBJONCTIF	
	PRÉSENT	PASSÉ COMPOSÉ	PRÉSENT	PASSÉ
io	bagno	ho bagnato	bagni	abbia bagnato
tu	bagni	hai bagnato	bagni	abbia bagnato
lui	bagna	ha bagnato	bagni	abbia bagnato
noi	bagn(i)amo	abbiamo bagnato	bagn(i)amo	abbiamo bagnato
voi	bagnate	avete bagnato	bagn(i)ate	abbiate bagnato
loro	bagnano	hanno bagnato	bagnino	abbiano bagnato
	IMPARFAIT	PLUS-QUE-PARFAIT	IMPARFAIT	PLUS-QUE-PARFAIT
io	bagnavo	avevo bagnato	bagnassi	avessi bagnato
tu	bagnavi	avevi bagnato	bagnassi	avessi bagnato
lui	bagnava	aveva bagnato	bagnasse	avesse bagnato
noi	bagnavamo	avevamo bagnato	bagnassimo	avessimo bagnato
voi	bagnavate	avevate bagnato	bagnaste	aveste bagnato
loro	bagnavano	avevano bagnato	bagnassero	avessero bagnato
	PASSÉ SIMPLE	PASSÉ ANTÉRIEUR	IMPÉRATIF	
io	bagnai	ebbi bagnato		
tu	bagnasti	avesti bagnato		bagn(i)amo (noi)
lui	bagnò	ebbe bagnato	bagna (tu)	bagnate (voi)
noi	bagnammo	avemmo bagnato	bagni (Lei)	bagnino (Loro)
voi	bagnaste	aveste bagnato		
loro	bagnarono	ebbero bagnato	CONDITIONNEL	
	FUTUR SIMPLE	FUTUR ANTÉRIEUR	PRÉSENT	PASSÉ
io	bagnerò	avrò bagnato	bagnerei	avrei bagnato
tu	bagnerai	avrai bagnato	bagneresti	avresti bagnato
lui	bagnerà	avrà bagnato	bagnerebbe	avrebbe bagnato
noi	bagneremo	avremo bagnato	bagneremmo	avremmo bagnato
voi	bagnerete	avrete bagnato	bagnereste	avreste bagnato
loro	bagneranno	avranno bagnato	bagnerebbero	avrebbero bagnato

	INFINITIF	GÉRONDIF	PARTICIPE
PRÉSENT	bagnare	bagnando	bagnante
PASSÉ	aver(e) bagnato	avendo bagnato	bagnato

• Les verbes qui se terminent en **-gnare** ont une terminaison avec ou sans -i- aux personnes noi et voi : noi au présent de l'indicatif et du subjonctif, ainsi qu'à l'impératif ; voi au présent du subjonctif. La forme avec -i- est la plus traditionnellement utilisée.
• Ainsi se conjugue **bisognare**, qui n'a cependant que la 3e personne du singulier et du pluriel.

22 andare *aller*

andai | andato

INDICATIF		SUBJONCTIF	
PRÉSENT	PASSÉ COMPOSÉ	PRÉSENT	PASSÉ
io vado	sono andato	vada	sia andato
tu vai	sei andato	vada	sia andato
lui va	è andato	vada	sia andato
noi andiamo	siamo andati	andiamo	siamo andati
voi andate	siete andati	andiate	siate andati
loro vanno	sono andati	vadano	siano andati
IMPARFAIT	PLUS-QUE-PARFAIT	IMPARFAIT	PLUS-QUE-PARFAIT
io andavo	ero andato	andassi	fossi andato
tu andavi	eri andato	andassi	fossi andato
lui andava	era andato	andasse	fosse andato
noi andavamo	eravamo andati	andassimo	fossimo andati
voi andavate	eravate andati	andaste	foste andati
loro andavano	erano andati	andassero	fossero andati

PASSÉ SIMPLE	PASSÉ ANTÉRIEUR	IMPÉRATIF	
io andai	fui andato		
tu andasti	fosti andato		andiamo (noi)
lui andò	fu andato	va'/vai (tu)	andate (voi)
noi andammo	fummo andati	vada (Lei)	vadano (Loro)
voi andaste	foste andati		
loro andarono	furono andati		

FUTUR SIMPLE	FUTUR ANTÉRIEUR	CONDITIONNEL	
		PRÉSENT	PASSÉ
io andrò	sarò andato	andrei	sarei andato
tu andrai	sarai andato	andresti	saresti andato
lui andrà	sarà andato	andrebbe	sarebbe andato
noi andremo	saremo andati	andremmo	saremmo andati
voi andrete	sarete andati	andreste	sareste andati
loro andranno	saranno andati	andrebbero	sarebbero andati

	INFINITIF	GÉRONDIF	PARTICIPE
PRÉSENT	andare	andando	andante
PASSÉ	esser(e) andato	essendo andato	andato

- La forme vo à la 1re personne du présent de l'indicatif est archaïque.
- La 2e personne du singulier de l'impératif ne porte jamais d'accent.
- Ainsi se conjugue **riandare** mais, à la 3e personne du singulier du présent de l'indicatif, il prend un accent : rivà.
- Le verbe **malandare** ne s'utilise qu'au participe passé : **malandato**.
→ Formes idiomatiques avec andare 178

23 | **dare** donner

diedi | dato

INDICATIF		SUBJONCTIF	
PRÉSENT	**PASSÉ COMPOSÉ**	**PRÉSENT**	**PASSÉ**
io do	ho dato	dia	abbia dato
tu dai	hai dato	dia	abbia dato
lui dà	ha dato	dia	abbia dato
noi diamo	abbiamo dato	diamo	abbiamo dato
voi date	avete dato	diate	abbiate dato
loro danno	hanno dato	diano	abbiano dato
IMPARFAIT	**PLUS-QUE-PARFAIT**	**IMPARFAIT**	**PLUS-QUE-PARFAIT**
io davo	avevo dato	dessi	avessi dato
tu davi	avevi dato	dessi	avessi dato
lui dava	aveva dato	desse	avesse dato
noi davamo	avevamo dato	dessimo	avessimo dato
voi davate	avevate dato	deste	aveste dato
loro davano	avevano dato	dessero	avessero dato
PASSÉ SIMPLE	**PASSÉ ANTÉRIEUR**		
io diedi/detti	ebbi dato		
tu desti	avesti dato		
lui diede/dette	ebbe dato		
noi demmo	avemmo dato		
voi deste	aveste dato		
loro diedero/dettero	ebbero dato		

IMPÉRATIF

	diamo (noi)
da'/dai (tu)	date (voi)
dia (Lei)	diano (Loro)

FUTUR SIMPLE	**FUTUR ANTÉRIEUR**	**CONDITIONNEL**	
		PRÉSENT	**PASSÉ**
io darò	avrò dato	darei	avrei dato
tu darai	avrai dato	daresti	avresti dato
lui darà	avrà dato	darebbe	avrebbe dato
noi daremo	avremo dato	daremmo	avremmo dato
voi darete	avrete dato	dareste	avreste dato
loro daranno	avranno dato	darebbero	avrebbero dato

	INFINITIF	GÉRONDIF	PARTICIPE
PRÉSENT	dare	dando	dante
PASSÉ	aver(e) dato	avendo dato	dato

- La 3ᵉ personne du singulier du présent de l'indicatif **dà** est écrite avec un accent, pour la différencier de la préposition da.
- La 2ᵉ personne du singulier de l'impératif ne porte jamais d'accent.
- Des deux formes du passé simple, celle en -ett- est généralement la moins employée.
- Ainsi se conjugue **ridare**, redonner, sauf :
  – à la 1ʳᵉ personne du singulier de l'indicatif présent, qui prend un accent : ridò ;
  – au subjonctif imparfait (ridassi, ridassi, ridasse, ridassimo, ridaste, ridassero), pour éviter toute confusion avec les formes du verbe ridere, rire (ridessi ...).

24 fare *faire*

	INDICATIF		SUBJONCTIF	
	PRÉSENT	PASSÉ COMPOSÉ	PRÉSENT	PASSÉ
io	faccio/fo	ho fatto	faccia	abbia fatto
tu	fai	hai fatto	faccia	abbia fatto
lui	fa	ha fatto	faccia	abbia fatto
noi	facciamo	abbiamo fatto	facciamo	abbiamo fatto
voi	fate	avete fatto	facciate	abbiate fatto
loro	fanno	hanno fatto	facciano	abbiano fatto
	IMPARFAIT	PLUS-QUE-PARFAIT	IMPARFAIT	PLUS-QUE-PARFAIT
io	facevo	avevo fatto	facessi	avessi fatto
tu	facevi	avevi fatto	facessi	avessi fatto
lui	faceva	aveva fatto	facesse	avesse fatto
noi	facevamo	avevamo fatto	facessimo	avessimo fatto
voi	facevate	avevate fatto	faceste	aveste fatto
loro	facevano	avevano fatto	facessero	avessero fatto
	PASSÉ SIMPLE	PASSÉ ANTÉRIEUR		
io	feci	ebbi fatto		
tu	facesti	avesti fatto	IMPÉRATIF	
lui	fece	ebbe fatto		facciamo (noi)
noi	facemmo	avemmo fatto	fa'/fai (tu)	fate (voi)
voi	faceste	aveste fatto	faccia (Lei)	facciano (Loro)
loro	fecero	ebbero fatto		
	FUTUR SIMPLE	FUTUR ANTÉRIEUR	CONDITIONNEL	
io	farò	avrò fatto	PRÉSENT	PASSÉ
tu	farai	avrai fatto	farei	avrei fatto
lui	farà	avrà fatto	faresti	avresti fatto
noi	faremo	avremo fatto	farebbe	avrebbe fatto
voi	farete	avrete fatto	faremmo	avremmo fatto
loro	faranno	avranno fatto	fareste	avreste fatto
			farebbero	avrebbero fatto

	INFINITIF	GÉRONDIF	PARTICIPE
PRÉSENT	fare	facendo	facente
PASSÉ	aver(e) fatto	avendo fatto	fatto

- Ce verbe se conjugue sur le radical du latin *facere*.
- La forme fo à la 1re personne du présent de l'indicatif est archaïque.
- La 2e personne du singulier de l'impératif ne porte jamais d'accent.
- Ainsi se conjuguent tous les verbes composés de fare, qui ont un accent graphique aux 1re et 3e personnes du singulier du présent de l'indicatif : **artefare** → io artefaccio/artefò, lui artefà.
- **Sfare** suit exactement la conjugaison de **fare**.
  → Les verbes impersonnels 161

25 | **stare** être, rester

stetti | stato

	INDICATIF		SUBJONCTIF	
	PRÉSENT	PASSÉ COMPOSÉ	PRÉSENT	PASSÉ
io	sto	sono stato	stia	sia stato
tu	stai	sei stato	stia	sia stato
lui	sta	è stato	stia	sia stato
noi	stiamo	siamo stati	stiamo	siamo stati
voi	state	siete stati	stiate	siate stati
loro	stanno	sono stati	stiano	siano stati
	IMPARFAIT	PLUS-QUE-PARFAIT	IMPARFAIT	PLUS-QUE-PARFAIT
io	stavo	ero stato	stessi	fossi stato
tu	stavi	eri stato	stessi	fossi stato
lui	stava	era stato	stesse	fosse stato
noi	stavamo	eravamo stati	stessimo	fossimo stati
voi	stavate	eravate stati	steste	foste stati
loro	stavano	erano stati	stessero	fossero stati
	PASSÉ SIMPLE	PASSÉ ANTÉRIEUR		
io	stetti	fui stato		
tu	stesti	fosti stato		
lui	stette	fu stato		
noi	stemmo	fummo stati		
voi	steste	foste stati		
loro	stettero	furono stati		

IMPÉRATIF	
	stiamo (noi)
sta'/stai (tu)	state (voi)
stia (Lei)	stiano (Loro)

	FUTUR SIMPLE	FUTUR ANTÉRIEUR	CONDITIONNEL	
			PRÉSENT	PASSÉ
io	starò	sarò stato	starei	sarei stato
tu	starai	sarai stato	staresti	saresti stato
lui	starà	sarà stato	starebbe	sarebbe stato
noi	staremo	saremo stati	staremmo	saremmo stati
voi	starete	sarete stati	stareste	sareste stati
loro	staranno	saranno stati	starebbero	sarebbero stati

	INFINITIF	GÉRONDIF	PARTICIPE
PRÉSENT	stare	stando	stante
PASSÉ	essere stato	essendo stato	stato

- Pas d'accent sur les formes du présent de l'indicatif **sto** et **sta**, car il n'y a pas d'homophones avec lesquels on pourrait les confondre.
- La 2e personne du singulier de l'impératif ne porte jamais d'accent.
- **Stato** est aussi le participe passé du verbe essere.
- Ainsi se conjuguent **ristare, sovrastare, sottostare**, mais aux 1re et 3e personnes du singulier du présent de l'indicatif, ces verbes prennent un accent : io ristò/sovrastò/sottostò, lui ristà/sovrastà/sottostà.
- **Distare, instare** et **istare** se conjuguent comme amare (→ 9), mais n'ont pas de participe passé, ni de temps composés : io disto, tu disti, ... loro distano.
- → Formes idiomatiques avec stare 178

26 **temere** *craindre*

temetti/temei | temuto

	INDICATIF		SUBJONCTIF	
	PRÉSENT	PASSÉ COMPOSÉ	PRÉSENT	PASSÉ
io	temo	ho temuto	tema	abbia temuto
tu	temi	hai temuto	tema	abbia temuto
lui	teme	ha temuto	tema	abbia temuto
noi	temiamo	abbiamo temuto	temiamo	abbiamo temuto
voi	temete	avete temuto	temiate	abbiate temuto
loro	temono	hanno temuto	temano	abbiano temuto
	IMPARFAIT	PLUS-QUE-PARFAIT	IMPARFAIT	PLUS-QUE-PARFAIT
io	temevo	avevo temuto	temessi	avessi temuto
tu	temevi	avevi temuto	temessi	avessi temuto
lui	temeva	aveva temuto	temesse	avesse temuto
noi	temevamo	avevamo temuto	temessimo	avessimo temuto
voi	temevate	avevate temuto	temeste	aveste temuto
loro	temevano	avevano temuto	temessero	avessero temuto

	PASSÉ SIMPLE	PASSÉ ANTÉRIEUR
io	temetti/temei	ebbi temuto
tu	temesti	avesti temuto
lui	temette/temé	ebbe temuto
noi	tememmo	avemmo temuto
voi	temeste	aveste temuto
loro	temettero/temerono	ebbero temuto

	IMPÉRATIF	
		temiamo (noi)
	temi (tu)	temete (voi)
	tema (Lei)	temano (Loro)

	FUTUR SIMPLE	FUTUR ANTÉRIEUR
io	temerò	avrò temuto
tu	temerai	avrai temuto
lui	temerà	avrà temuto
noi	temeremo	avremo temuto
voi	temerete	avrete temuto
loro	temeranno	avranno temuto

	CONDITIONNEL	
	PRÉSENT	PASSÉ
io	temerei	avrei temuto
tu	temeresti	avresti temuto
lui	temerebbe	avrebbe temuto
noi	temeremmo	avremmo temuto
voi	temereste	avreste temuto
loro	temerebbero	avrebbero temuto

	INFINITIF	GÉRONDIF	PARTICIPE
PRÉSENT	temere	temendo	temente
PASSÉ	aver(e) temuto	avendo temuto	temuto

- **Cernere** et **discernere** suivent cette conjugaison : **cernere** (participe passé cernito) ne s'emploie pas aux temps composés ; **discernere** est employé uniquement aux temps simples et son participe passé discreto est utilisé uniquement comme adjectif.
- **Secernere** se conjugue comme temere, sauf au participe passé secreto.
- Des deux formes du passé simple, la plus employée est généralement celle en **-ett-** mais, avec les verbes dont le radical se termine par -t-, on préfère l'autre forme : b**att**-ere → io batt**ei**, lui batt**é**, loro batt**erono**.

27 **incombere** incomber

* Ce verbe se conjugue sur le modèle de **temere** (→ 26), mais ne s'emploie qu'à la 3ᵉ personne du singulier et du pluriel.
* Il n'a pas de participe passé, ni de temps composés.
* Ainsi se comportent **soccombere** et **procombere**.

28 **licere** être permis

INDICATIF		SUBJONCTIF
PRÉSENT		
lui	lice	
IMPARFAIT		IMPARFAIT
lui	liceva	licesse
loro	licevano	licessero

	INFINITIF	PARTICIPE
PRÉSENT	licere	
PASSÉ		lecito

29 **folcere** soutenir

INDICATIF
PRÉSENT
lui folce
IMPARFAIT
lui folceva

	INFINITIF
PRÉSENT	folcere

30 **soff͟olcere** soutenir

INDICATIF		
	PRÉSENT	
io	soffolco	
tu	soffolci	
lui	soffolce	
noi	soffolciamo	
voi	soffolcete	
loro	soff͟olcono	

	PASSÉ SIMPLE
io	soffolsi
tu	soffolcesti
lui	soffolse
noi	soffolcemmo
voi	soffolceste
loro	soff͟olsero

INFINITIF	PARTICIPE
PRÉSENT soff͟olcere	
PASSÉ	soffolto

31 **m͟olcere** adoucir, apaiser

INDICATIF	SUBJONCTIF
PRÉSENT	PRÉSENT
lui molce	molca
loro	m͟olcano
IMPARFAIT	IMPARFAIT
io molcevo	molcessi
tu molcevi	molcessi
lui molceva	molcesse
noi molcevamo	molcessimo
voi molcevate	molceste
loro molc͟evano	molc͟essero
PASSÉ SIMPLE	
lui molse	

INFINITIF	GÉRONDIF	PARTICIPE
PRÉSENT m͟olcere	molcendo	molcente

32 **lucere** luire, briller

INDICATIF		SUBJONCTIF
PRÉSENT		

	PRÉSENT		
lui	luce		
loro	lucono		

	IMPARFAIT		IMPARFAIT
lui	luceva		lucesse
loro	lucevano		lucessero

	INFINITIF	GÉRONDIF	PARTICIPE
PRÉSENT	lucere	lucendo	lucente

- Ainsi se conjuguent **rilucere** et **tralucere**.
- Le participe présent des verbes qui suivent ce modèle est utilisé uniquement comme adjectif.

33 **riedere** revenir, rentrer

INDICATIF	
PRÉSENT	

	PRÉSENT
io	riedo
tu	riedi
lui	riede
loro	riedono

34 **prudere** démanger

- Ce verbe se conjugue sur le modèle de temere (→ 26), mais ne s'emploie qu'à la 3e personne du singulier et du pluriel.
- Il n'a pas de participe passé, ni de temps composés.

35 tangere *toucher*

INDICATIF

PRÉSENT
lui tange
loro tangono

IMPARFAIT
lui tangeva
loro tangevano

FUTUR SIMPLE
lui tangerà
loro tangeranno

CONDITIONNEL

PRÉSENT
tangerebbe
tangerebbero

INFINITIF	PARTICIPE
PRÉSENT tangere	tangente

• Le participe présent tangente est utilisé uniquement comme adjectif et comme substantif féminin.

36 urgere *être urgent*

INDICATIF

PRÉSENT
lui urge
loro urgono

IMPARFAIT
lui urgeva
loro urgevano

SUBJONCTIF

PRÉSENT
urga
urgano

IMPARFAIT
urgesse
urgessero

CONDITIONNEL

PRÉSENT
lui urgerebbe
loro urgerebbero

INFINITIF	GÉRONDIF	PARTICIPE
PRÉSENT urgere	urgendo	urgente

• Le participe présent urgente est utilisé uniquement comme adjectif.

37 estollere *lever, dresser*

INDICATIF		SUBJONCTIF	
PRÉSENT		PRÉSENT	
io	estollo		estolla
tu	estolli		estolla
lui	estolle		estolla
noi	estolliamo		estolliamo
voi	estollete		estolliate
loro	estollono		estollano
IMPARFAIT		IMPARFAIT	
io	estollevo		estollessi
tu	estollevi		estollessi
lui	estolleva		estollesse
noi	estollevamo		estollessimo
voi	estollevate		estolleste
loro	estollevano		estollessero

		CONDITIONNEL	
FUTUR SIMPLE		PRÉSENT	
io	estollerò		estollerei
tu	estollerai		estolleresti
lui	estollerà		estollerebbe
noi	estolleremo		estolleremmo
voi	estollerete		estollereste
loro	estolleranno		estollerebbero

	INFINITIF	GÉRONDIF	PARTICIPE
PRÉSENT	estollere	estollendo	estollente

38 tepere *être tiède, tiédir*

INDICATIF

PRÉSENT

lui tepe

	INFINITIF	PARTICIPE
PRÉSENT	tepere	tepente

39 serpere *serpenter*

INDICATIF		SUBJONCTIF	
	PRÉSENT		PRÉSENT
io			serpa
tu	serpi		serpa
lui	serpe		serpa
loro	serpono		serpano
	IMPARFAIT		
lui	serpeva		

	INFINITIF	GÉRONDIF	PARTICIPE
PRÉSENT	serpere	serpendo	serpendo

40 competere *rivaliser*

- Ce verbe se conjugue comme temere (→ 26), mais il n'a pas de participe passé, ni de temps composés.
- Ainsi se comportent **concernere, scernere, suggere, splendere** et **risplendere**.

41 fervere brûler, battre son plein

INDICATIF

PRÉSENT
lui ferve
loro fervono

IMPARFAIT
lui ferveva
loro fervevano

	INFINITIF	PARTICIPE
PRÉSENT	fervere	fervente

• Le participe présent fervente est utilisé uniquement comme adjectif.

42 delinquere commettre un crime

INDICATIF

PRÉSENT
io delinquo
tu delinqui
lui delinque
noi delinquiamo
voi delinquete
loro delinquono

	INFINITIF	PARTICIPE
PRÉSENT	delinquere	delinquente

43 **bere** boire

bevvi | bevuto

	INDICATIF		SUBJONCTIF	
	PRÉSENT	PASSÉ COMPOSÉ	PRÉSENT	PASSÉ
io	bevo	ho bevuto	beva	abbia bevuto
tu	bevi	hai bevuto	beva	abbia bevuto
lui	beve	ha bevuto	beva	abbia bevuto
noi	beviamo	abbiamo bevuto	beviamo	abbiamo bevuto
voi	bevete	avete bevuto	beviate	abbiate bevuto
loro	bevono	hanno bevuto	bevano	abbiano bevuto
	IMPARFAIT	PLUS-QUE-PARFAIT	IMPARFAIT	PLUS-QUE-PARFAIT
io	bevevo	avevo bevuto	bevessi	avessi bevuto
tu	bevevi	avevi bevuto	bevessi	avessi bevuto
lui	beveva	aveva bevuto	bevesse	avesse bevuto
noi	bevevamo	avevamo bevuto	bevessimo	avessimo bevuto
voi	bevevate	avevate bevuto	beveste	aveste bevuto
loro	bevevano	avevano bevuto	bevessero	avessero bevuto
	PASSÉ SIMPLE	PASSÉ ANTÉRIEUR		
io	bevvi	ebbi bevuto		
tu	bevesti	avesti bevuto		
lui	bevve	ebbe bevuto		
noi	bevemmo	avemmo bevuto		
voi	beveste	aveste bevuto		
loro	bevvero	ebbero bevuto		

IMPÉRATIF

			beviamo (noi)
bevi (tu)			bevete (voi)
beva (Lei)			bevano (Loro)

	FUTUR SIMPLE	FUTUR ANTÉRIEUR	CONDITIONNEL	
			PRÉSENT	PASSÉ
io	berrò	avrò bevuto	berrei	avrei bevuto
tu	berrai	avrai bevuto	berresti	avresti bevuto
lui	berrà	avrà bevuto	berrebbe	avrebbe bevuto
noi	berremo	avremo bevuto	berremmo	avremmo bevuto
voi	berrete	avrete bevuto	berreste	avreste bevuto
loro	berranno	avranno bevuto	berrebbero	avrebbero bevuto

	INFINITIF	GÉRONDIF	PARTICIPE
PRÉSENT	bere	bevendo	bevente
PASSÉ	aver(e) bevuto	avendo bevuto	bevuto

- Ce verbe se conjugue sur le radical de la forme achaïque bevere.
- Au passé simple, on rencontre parfois les formes io bevei/bevetti, lui bevé/bevette, loro beverono/bevettero.
- Ainsi se conjugue imbevere.

44 **piacere** plaire

piacqui | piaciuto

	INDICATIF		SUBJONCTIF	
	PRÉSENT	PASSÉ COMPOSÉ	PRÉSENT	PASSÉ
io	piaccio	sono piaciuto	piaccia	sia piaciuto
tu	piaci	sei piaciuto	piaccia	sia piaciuto
lui	piace	è piaciuto	piaccia	sia piaciuto
noi	piacciamo	siamo piaciuti	piacciamo	siamo piaciuti
voi	piacete	siete piaciuti	piacciate	siate piaciuti
loro	piacciono	sono piaciuti	piacciano	siano piaciuti
	IMPARFAIT	PLUS-QUE-PARFAIT	IMPARFAIT	PLUS-QUE-PARFAIT
io	piacevo	ero piaciuto	piacessi	fossi piaciuto
tu	piacevi	eri piaciuto	piacessi	fossi piaciuto
lui	piaceva	era piaciuto	piacesse	fosse piaciuto
noi	piacevamo	eravamo piaciuti	piacessimo	fossimo piaciuti
voi	piacevate	eravate piaciuti	piaceste	foste piaciuti
loro	piacevano	erano piaciuti	piacessero	fossero piaciuti
	PASSÉ SIMPLE	PASSÉ ANTÉRIEUR		
io	piacqui	fui piaciuto	IMPÉRATIF	
tu	piacesti	fosti piaciuto		piacciamo (noi)
lui	piacque	fu piaciuto	piaci (tu)	piacete (voi)
noi	piacemmo	fummo piaciuti	piaccia (Lei)	piacciano (Loro)
voi	piaceste	foste piaciuti		
loro	piacquero	furono piaciuti	CONDITIONNEL	
	FUTUR SIMPLE	FUTUR ANTÉRIEUR	PRÉSENT	PASSÉ
io	piacerò	sarò piaciuto	piacerei	sarei piaciuto
tu	piacerai	sarai piaciuto	piaceresti	saresti piaciuto
lui	piacerà	sarà piaciuto	piacerebbe	sarebbe piaciuto
noi	piaceremo	saremo piaciuti	piaceremmo	saremmo piaciuti
voi	piacerete	sarete piaciuti	piacereste	sareste piaciuti
loro	piaceranno	saranno piaciuti	piacerebbero	sarebbero piaciuti

	INFINITIF	GÉRONDIF	PARTICIPE
PRÉSENT	piacere	piacendo	piacente
PASSÉ	essere piaciuto	essendo piaciuto	piaciuto

- Les verbes de cette conjugaison redoublent le **-c-** et ajoutent un **-i-** devant les désinences commençant par **-o-** et **-a-**.
- Ils ajoutent également un -i- devant la terminaison commençant par -u- du participe passé.
- Les formes piaciamo et piaciate (au présent de l'indicatif et du subjonctif et à l'impératif) sont possibles, mais moins employées que piacciamo et piacciate.

45 vincere *vaincre, gagner*

vinsi | vinto

	INDICATIF		SUBJONCTIF	
	PRÉSENT	PASSÉ COMPOSÉ	PRÉSENT	PASSÉ
io	vinco	ho vinto	vinca	abbia vinto
tu	vinci	hai vinto	vinca	abbia vinto
lui	vince	ha vinto	vinca	abbia vinto
noi	vinciamo	abbiamo vinto	vinciamo	abbiamo vinto
voi	vincete	avete vinto	vinciate	abbiate vinto
loro	vincono	hanno vinto	vincano	abbiano vinto
	IMPARFAIT	PLUS-QUE-PARFAIT	IMPARFAIT	PLUS-QUE-PARFAIT
io	vincevo	avevo vinto	vincessi	avessi vinto
tu	vincevi	avevi vinto	vincessi	avessi vinto
lui	vinceva	aveva vinto	vincesse	avesse vinto
noi	vincevamo	avevamo vinto	vincessimo	avessimo vinto
voi	vincevate	avevate vinto	vinceste	aveste vinto
loro	vincevano	avevano vinto	vincessero	avessero vinto

	INDICATIF	
	PASSÉ SIMPLE	PASSÉ ANTÉRIEUR
io	vinsi	ebbi vinto
tu	vincesti	avesti vinto
lui	vinse	ebbe vinto
noi	vincemmo	avemmo vinto
voi	vinceste	aveste vinto
loro	vinsero	ebbero vinto
	FUTUR SIMPLE	FUTUR ANTÉRIEUR
io	vincerò	avrò vinto
tu	vincerai	avrai vinto
lui	vincerà	avrà vinto
noi	vinceremo	avremo vinto
voi	vincerete	avrete vinto
loro	vinceranno	avranno vinto

IMPÉRATIF

	vinciamo (noi)
vinci (tu)	vincete (voi)
vinca (Lei)	vincano (Loro)

CONDITIONNEL

PRÉSENT	PASSÉ
vincerei	avrei vinto
vinceresti	avresti vinto
vincerebbe	avrebbe vinto
vinceremmo	avremmo vinto
vincereste	avreste vinto
vincerebbero	avrebbero vinto

	INFINITIF	GÉRONDIF	PARTICIPE
PRÉSENT	vincere	vincendo	vincente
PASSÉ	aver(e) vinto	avendo vinto	vinto

46 | cuocere cuire

cossi | cotto

	INDICATIF		SUBJONCTIF	
	PRÉSENT	PASSÉ COMPOSÉ	PRÉSENT	PASSÉ
io	cuocio	ho cotto	cuocia	abbia cotto
tu	cuoci	hai cotto	cuocia	abbia cotto
lui	cuoce	ha cotto	cuocia	abbia cotto
noi	c(u)ociamo	abbiamo cotto	c(u)ociamo	abbiamo cotto
voi	c(u)ocete	avete cotto	c(u)ociate	abbiate cotto
loro	cuociono	hanno cotto	cuociano	abbiano cotto
	IMPARFAIT	PLUS-QUE-PARFAIT	IMPARFAIT	PLUS-QUE-PARFAIT
io	c(u)ocevo	avevo cotto	c(u)ocessi	avessi cotto
tu	c(u)ocevi	avevi cotto	c(u)ocessi	avessi cotto
lui	c(u)oceva	aveva cotto	c(u)ocesse	avesse cotto
noi	c(u)ocevamo	avevamo cotto	c(u)ocessimo	avessimo cotto
voi	c(u)ocevate	avevate cotto	c(u)oceste	aveste cotto
loro	c(u)ocevano	avevano cotto	c(u)ocessero	avessero cotto
	PASSÉ SIMPLE	PASSÉ ANTÉRIEUR		
io	cossi	ebbi cotto		
tu	c(u)ocesti	avesti cotto		
lui	cosse	ebbe cotto		
noi	c(u)ocemmo	avemmo cotto		
voi	c(u)oceste	aveste cotto		
loro	cossero	ebbero cotto		

	IMPÉRATIF	
		c(u)ociamo (noi)
cuoci (tu)		c(u)ocete (voi)
cuocia (Lei)		cuociano (Loro)

	FUTUR SIMPLE	FUTUR ANTÉRIEUR	CONDITIONNEL	
			PRÉSENT	PASSÉ
io	c(u)ocerò	avrò cotto	c(u)ocerei	avrei cotto
tu	c(u)ocerai	avrai cotto	c(u)oceresti	avresti cotto
lui	c(u)ocerà	avrà cotto	c(u)ocerebbe	avrebbe cotto
noi	c(u)oceremo	avremo cotto	c(u)oceremmo	avremmo cotto
voi	c(u)ocerete	avrete cotto	c(u)ocereste	avreste cotto
loro	c(u)oceranno	avranno cotto	c(u)ocerebbero	avrebbero cotto

	INFINITIF	GÉRONDIF	PARTICIPE
PRÉSENT	cuocere	c(u)ocendo	c(u)ocente
PASSÉ	aver(e) cotto	avendo cotto	cotto

- Les verbes de cette conjugaison ajoutent un -i- devant les désinences commençant par -o- et -a-.
- Les variantes avec -u- se sont imposées dans l'usage contemporain. En revanche, on trouve couramment cocente au participe présent et cotto au participe passé.
  → La diphtongaison 182

47 **nuocere** *nuire*

nocqui | n(u)ociuto

	INDICATIF		SUBJONCTIF	
	PRÉSENT	**PASSÉ COMPOSÉ**	**PRÉSENT**	**PASSÉ**
io	n(u)occio	ho nuociuto	n(u)occia	abbia nuociuto
tu	nuoci	hai nuociuto	n(u)occia	abbia nuociuto
lui	nuoce	ha nuociuto	n(u)occia	abbia nuociuto
noi	n(u)ociamo	abbiamo nuociuto	n(u)ociamo	abbiamo nuociuto
voi	n(u)ocete	avete nuociuto	n(u)ociate	abbiate nuociuto
loro	n(u)occiono	hanno nuociuto	nuocciano	abbiano nuociuto
	IMPARFAIT	**PLUS-QUE-PARFAIT**	**IMPARFAIT**	**PLUS-QUE-PARFAIT**
io	n(u)ocevo	avevo nuociuto	n(u)ocessi	avessi nuociuto
tu	n(u)ocevi	avevi nuociuto	n(u)ocessi	avessi nuociuto
lui	n(u)oceva	aveva nuociuto	n(u)ocesse	avesse nuociuto
noi	n(u)ocevamo	avevamo nuociuto	n(u)ocessimo	avessimo nuociuto
voi	n(u)ocevate	avevate nuociuto	n(u)oceste	aveste nuociuto
loro	n(u)ocevano	avevano nuociuto	n(u)ocessero	avessero nuociuto

	PASSÉ SIMPLE	**PASSÉ ANTÉRIEUR**	IMPÉRATIF	
io	nocqui	ebbi nuociuto		
tu	n(u)ocesti	avesti nuociuto		n(u)ociamo (noi)
lui	nocque	ebbe nuociuto	nuoci (tu)	n(u)ocete (voi)
noi	n(u)ocemmo	avemmo nuociuto	nuoccia (Lei)	nuocciano (Loro)
voi	n(u)oceste	aveste nuociuto		
loro	nocquero	ebbero nuociuto		

	FUTUR SIMPLE	**FUTUR ANTÉRIEUR**	CONDITIONNEL	
			PRÉSENT	**PASSÉ**
io	n(u)ocerò	avrò nuociuto	n(u)ocerei	avrei nuociuto
tu	n(u)ocerai	avrai nuociuto	n(u)oceresti	avresti nuociuto
lui	n(u)ocerà	avrà nuociuto	n(u)ocerebbe	avrebbe nuociuto
noi	n(u)oceremo	avremo nuociuto	n(u)oceremmo	avremmo nuociuto
voi	n(u)ocerete	avrete nuociuto	n(u)ocereste	avreste nuociuto
loro	n(u)oceranno	avranno nuociuto	n(u)ocerebbero	avrebbero nuociuto

	INFINITIF	GÉRONDIF	PARTICIPE
PRÉSENT	nuocere	n(u)ocendo	n(u)ocente
PASSÉ	aver(e) n(u)ociuto	avendo n(u)ociuto	n(u)ociuto

- Les verbes de cette conjugaison redoublent le **-c-** et ajoutent un **-i-** devant les désinences commençant par **-o-** et **-a-**.
- Ils ajoutent aussi un **-i-** devant la terminaison commençant par **-u-** du participe passé.
- Dans l'usage courant, la forme avec **-u-** est la plus employée.
→ La diphtongaison 182

48 | **torcere** tordre

torsi | torto

INDICATIF		SUBJONCTIF	
PRÉSENT	**PASSÉ COMPOSÉ**	**PRÉSENT**	**PASSÉ**
io torco	ho torto	torca	abbia torto
tu torci	hai torto	torca	abbia torto
lui torce	ha torto	torca	abbia torto
noi torciamo	abbiamo torto	torciamo	abbiamo torto
voi torcete	avete torto	torciate	abbiate torto
loro torcono	hanno torto	torcano	abbiano torto
IMPARFAIT	**PLUS-QUE-PARFAIT**	**IMPARFAIT**	**PLUS-QUE-PARFAIT**
io torcevo	avevo torto	torcessi	avessi torto
tu torcevi	avevi torto	torcessi	avessi torto
lui torceva	aveva torto	torcesse	avesse torto
noi torcevamo	avevamo torto	torcessimo	avessimo torto
voi torcevate	avevate torto	torceste	aveste torto
loro torcevano	avevano torto	torcessero	avessero torto

		PASSÉ SIMPLE	PASSÉ ANTÉRIEUR
io	torsi	ebbi torto
tu	torcesti	avesti torto
lui	torse	ebbe torto
noi	torcemmo	avemmo torto
voi	torceste	aveste torto
loro	torsero	ebbero torto

IMPÉRATIF	
	torciamo (noi)
torci (tu)	torcete (voi)
torca (Lei)	torcano (Loro)

		FUTUR SIMPLE	FUTUR ANTÉRIEUR	CONDITIONNEL	
				PRÉSENT	**PASSÉ**
io	torcerò	avrò torto	torcerei	avrei torto
tu	torcerai	avrai torto	torceresti	avresti torto
lui	torcerà	avrà torto	torcerebbe	avrebbe torto
noi	torceremo	avremo torto	torceremmo	avremmo torto
voi	torcerete	avrete torto	torcereste	avreste torto
loro	torceranno	avranno torto	torcerebbero	avrebbero torto

INFINITIF		GÉRONDIF	PARTICIPE
PRÉSENT	torcere	torcendo	torcente
PASSÉ	aver(e) torto	avendo torto	torto

49 nascere _naître_

nacqui | nato

	INDICATIF		SUBJONCTIF	
	PRÉSENT	**PASSÉ COMPOSÉ**	**PRÉSENT**	**PASSÉ**
io	nasco	sono nato	nasca	sia nato
tu	nasci	sei nato	nasca	sia nato
lui	nasce	è nato	nasca	sia nato
noi	nasciamo	siamo nati	nasciamo	siamo nati
voi	nascete	siete nati	nasciate	siate nati
loro	nascono	sono nati	nascano	siano nati
	IMPARFAIT	**PLUS-QUE-PARFAIT**	**IMPARFAIT**	**PLUS-QUE-PARFAIT**
io	nascevo	ero nato	nascessi	fossi nato
tu	nascevi	eri nato	nascessi	fossi nato
lui	nasceva	era nato	nascesse	fosse nato
noi	nascevamo	eravamo nati	nascessimo	fossimo nati
voi	nascevate	eravate nati	nasceste	foste nati
loro	nascevano	erano nati	nascessero	fossero nati
	PASSÉ SIMPLE	**PASSÉ ANTÉRIEUR**		
io	nacqui	fui nato		
tu	nascesti	fosti nato		
lui	nacque	fu nato		
noi	nascemmo	fummo nati		
voi	nasceste	foste nati		
loro	nacquero	furono nati		

IMPÉRATIF

	nasciamo (noi)
nasci (tu)	nascete (voi)
nasca (Lei)	nascano (Loro)

	FUTUR SIMPLE	**FUTUR ANTÉRIEUR**	CONDITIONNEL	
			PRÉSENT	**PASSÉ**
io	nascerò	sarò nato	nascerei	sarei nato
tu	nascerai	sarai nato	nasceresti	saresti nato
lui	nascerà	sarà nato	nascerebbe	sarebbe nato
noi	nasceremo	saremo nati	nasceremmo	saremmo nati
voi	nascerete	sarete nati	nascereste	sareste nati
loro	nasceranno	saranno nati	nascerebbero	sarebbero nati

	INFINITIF	GÉRONDIF	PARTICIPE
PRÉSENT	nascere	nascendo	nascente
PASSÉ	essere nato	essendo nato	nato

• **Pascere** se conjugue sur le même modèle, sauf au passé simple (pascei, pascesti, pascé, pascemmo, pasceste, pascerono) et au participe passé (pasciuto).

50 **crescere** grandir

crebbi | cresciuto

INDICATIF		SUBJONCTIF	
PRÉSENT	**PASSÉ COMPOSÉ**	**PRÉSENT**	**PASSÉ**
io cresco	sono cresciuto	cresca	sia cresciuto
tu cresci	sei cresciuto	cresca	sia cresciuto
lui cresce	è cresciuto	cresca	sia cresciuto
noi cresciamo	siamo cresciuti	cresciamo	siamo cresciuti
voi crescete	siete cresciuti	cresciate	siate cresciuti
loro crescono	sono cresciuti	crescano	siano cresciuti
IMPARFAIT	**PLUS-QUE-PARFAIT**	**IMPARFAIT**	**PLUS-QUE-PARFAIT**
io crescevo	ero cresciuto	crescessi	fossi cresciuto
tu crescevi	eri cresciuto	crescessi	fossi cresciuto
lui cresceva	era cresciuto	crescesse	fosse cresciuto
noi crescevamo	eravamo cresciuti	crescessimo	fossimo cresciuti
voi crescevate	eravate cresciuti	cresceste	foste cresciuti
loro crescevano	erano cresciuti	crescessero	fossero cresciuti
PASSÉ SIMPLE	**PASSÉ ANTÉRIEUR**		
io crebbi	fui cresciuto		

IMPÉRATIF	
	cresciamo (noi)
cresci (tu)	crescete (voi)
cresca (Lei)	crescano (Loro)

PASSÉ SIMPLE	PASSÉ ANTÉRIEUR
tu crescesti	fosti cresciuto
lui crebbe	fu cresciuto
noi crescemmo	fummo cresciuti
voi cresceste	foste cresciuti
loro crebbero	furono cresciuti

FUTUR SIMPLE	FUTUR ANTÉRIEUR	CONDITIONNEL	
		PRÉSENT	**PASSÉ**
io crescerò	sarò cresciuto	crescerei	sarei cresciuto
tu crescerai	sarai cresciuto	cresceresti	saresti cresciuto
lui crescerà	sarà cresciuto	crescerebbe	sarebbe cresciuto
noi cresceremo	saremo cresciuti	cresceremmo	saremmo cresciuti
voi crescerete	sarete cresciuti	crescereste	sareste cresciuti
loro cresceranno	saranno cresciuti	crescerebbero	sarebbero cresciuti

INFINITIF	GÉRONDIF	PARTICIPE
PRÉSENT crescere	crescendo	crescente
PASSÉ essere cresciuto	essendo cresciuto	cresciuto

- Les verbes de cette conjugaison ajoutent un **-i-** devant la terminaison commençant par **-u-** du participe passé.
- **Mescere** se conjugue sur le même modèle, sauf aux formes suivantes du passé simple : io mescei/mescetti, lui mescé/mescette, loro mescerono/mescettero.
- **Acquiescere** se comporte comme mescere, mais n'a pas de participe passé, ni de temps composés.

51 **conoscere** *connaître*

conobbi | conosciuto

	INDICATIF		SUBJONCTIF	
	PRÉSENT	PASSÉ COMPOSÉ	PRÉSENT	PASSÉ
io	conosco	ho conosciuto	conosca	abbia conosciuto
tu	conosci	hai conosciuto	conosca	abbia conosciuto
lui	conosce	ha conosciuto	conosca	abbia conosciuto
noi	conosciamo	abbiamo conosciuto	conosciamo	abbiamo conosciuto
voi	conoscete	avete conosciuto	conosciate	abbiate conosciuto
loro	conoscono	hanno conosciuto	conoscano	abbiano conosciuto
	IMPARFAIT	PLUS-QUE-PARFAIT	IMPARFAIT	PLUS-QUE-PARFAIT
io	conoscevo	avevo conosciuto	conoscessi	avessi conosciuto
tu	conoscevi	avevi conosciuto	conoscessi	avessi conosciuto
lui	conosceva	aveva conosciuto	conoscesse	avesse conosciuto
noi	conoscevamo	avevamo conosciuto	conoscessimo	avessimo conosciuto
voi	conoscevate	avevate conosciuto	conosceste	aveste conosciuto
loro	conoscevano	avevano conosciuto	conoscessero	avessero conosciuto

	PASSÉ SIMPLE	PASSÉ ANTÉRIEUR
io	conobbi	ebbi conosciuto
tu	conoscesti	avesti conosciuto
lui	conobbe	ebbe conosciuto
noi	conoscemmo	avemmo conosciuto
voi	conosceste	aveste conosciuto
loro	conobbero	ebbero conosciuto

IMPÉRATIF

	conosciamo (noi)
conosci (tu)	conoscete (voi)
conosca (Lei)	conoscano (Loro)

	FUTUR SIMPLE	FUTUR ANTÉRIEUR	CONDITIONNEL	
			PRÉSENT	PASSÉ
io	conoscerò	avrò conosciuto	conoscerei	avrei conosciuto
tu	conoscerai	avrai conosciuto	conosceresti	avresti conosciuto
lui	conoscerà	avrà conosciuto	conoscerebbe	avrebbe conosciuto
noi	conosceremo	avremo conosciuto	conosceremmo	avremmo conosciuto
voi	conoscerete	avrete conosciuto	conoscereste	avreste conosciuto
loro	conosceranno	avranno conosciuto	conoscerebbero	avrebbero conosciuto

	INFINITIF	GÉRONDIF	PARTICIPE
PRÉSENT	conoscere	conoscendo	conoscente
PASSÉ	aver(e) conosciuto	avendo conosciuto	conosciuto

• Les verbes de cette conjugaison ajoutent un **-i-** devant la terminaison commençant par **-u-** du participe passé.

52 | radere _raser_

rasi | raso

INDICATIF			SUBJONCTIF	
	PRÉSENT	PASSÉ COMPOSÉ	PRÉSENT	PASSÉ
io	rado	ho raso	rada	abbia raso
tu	radi	hai raso	rada	abbia raso
lui	rade	ha raso	rada	abbia raso
noi	radiamo	abbiamo raso	radiamo	abbiamo raso
voi	radete	avete raso	radiate	abbiate raso
loro	radono	hanno raso	radano	abbiano raso
	IMPARFAIT	PLUS-QUE-PARFAIT	IMPARFAIT	PLUS-QUE-PARFAIT
io	radevo	avevo raso	radessi	avessi raso
tu	radevi	avevi raso	radessi	avessi raso
lui	radeva	aveva raso	radesse	avesse raso
noi	radevamo	avevamo raso	radessimo	avessimo raso
voi	radevate	avevate raso	radeste	aveste raso
loro	radevano	avevano raso	radessero	avessero raso

	PASSÉ SIMPLE	PASSÉ ANTÉRIEUR	IMPÉRATIF	
io	rasi	ebbi raso		
tu	radesti	avesti raso		radiamo (noi)
lui	rase	ebbe raso	radi (tu)	radete (voi)
noi	rademmo	avemmo raso	rada (Lei)	radano (Loro)
voi	radeste	aveste raso		
loro	rasero	ebbero raso		

	FUTUR SIMPLE	FUTUR ANTÉRIEUR	CONDITIONNEL	
			PRÉSENT	PASSÉ
io	raderò	avrò raso	raderei	avrei raso
tu	raderai	avrai raso	raderesti	avresti raso
lui	raderà	avrà raso	raderebbe	avrebbe raso
noi	raderemo	avremo raso	raderemmo	avremmo raso
voi	raderete	avrete raso	radereste	avreste raso
loro	raderanno	avranno raso	raderebbero	avrebbero raso

		INFINITIF	GÉRONDIF	PARTICIPE
	PRÉSENT	radere	radendo	radente
	PASSÉ	aver(e) raso	avendo raso	raso

• À ne pas confondre avec le verbe **radiare** : tu radii, che io/tu/lui radii, che loro radiino
(→ Conjugaison 19).

53 **cadere** tomber

caddi | caduto

	INDICATIF		SUBJONCTIF	
	PRÉSENT	PASSÉ COMPOSÉ	PRÉSENT	PASSÉ
io	cado	sono caduto	cada	sia caduto
tu	cadi	sei caduto	cada	sia caduto
lui	cade	è caduto	cada	sia caduto
noi	cadiamo	siamo caduti	cadiamo	siamo caduti
voi	cadete	siete caduti	cadiate	siate caduti
loro	cadono	sono caduti	cadano	siano caduti
	IMPARFAIT	PLUS-QUE-PARFAIT	IMPARFAIT	PLUS-QUE-PARFAIT
io	cadevo	ero caduto	cadessi	fossi caduto
tu	cadevi	eri caduto	cadessi	fossi caduto
lui	cadeva	era caduto	cadesse	fosse caduto
noi	cadevamo	eravamo caduti	cadessimo	fossimo caduti
voi	cadevate	eravate caduti	cadeste	foste caduti
loro	cadevano	erano caduti	cadessero	fossero caduti
	PASSÉ SIMPLE	PASSÉ ANTÉRIEUR		
io	caddi	fui caduto		
tu	cadesti	fosti caduto		
lui	cadde	fu caduto		
noi	cademmo	fummo caduti		
voi	cadeste	foste caduti		
loro	caddero	furono caduti		

IMPÉRATIF

	cadiamo (noi)
cadi (tu)	cadete (voi)
cada (Lei)	cadano (Loro)

CONDITIONNEL

	FUTUR SIMPLE	FUTUR ANTÉRIEUR	PRÉSENT	PASSÉ
io	cadrò	sarò caduto	cadrei	sarei caduto
tu	cadrai	sarai caduto	cadresti	saresti caduto
lui	cadrà	sarà caduto	cadrebbe	sarebbe caduto
noi	cadremo	saremo caduti	cadremmo	saremmo caduti
voi	cadrete	sarete caduti	cadreste	sareste caduti
loro	cadranno	saranno caduti	cadrebbero	sarebbero caduti

	INFINITIF	GÉRONDIF	PARTICIPE
PRÉSENT	cadere	cadendo	cadente
PASSÉ	essere caduto	essendo caduto	caduto

54 | **persuadere** *persuader* persuasi | persuaso

	INDICATIF		SUBJONCTIF	
	PRÉSENT	PASSÉ COMPOSÉ	PRÉSENT	PASSÉ
io	persuado	ho persuaso	persuada	abbia persuaso
tu	persuadi	hai persuaso	persuada	abbia persuaso
lui	persuade	ha persuaso	persuada	abbia persuaso
noi	persuadiamo	abbiamo persuaso	persuadiamo	abbiamo persuaso
voi	persuadete	avete persuaso	persuadiate	abbiate persuaso
loro	persuadono	hanno persuaso	persuadano	abbiano persuaso
	IMPARFAIT	PLUS-QUE-PARFAIT	IMPARFAIT	PLUS-QUE-PARFAIT
io	persuadevo	avevo persuaso	persuadessi	avessi persuaso
tu	persuadevi	avevi persuaso	persuadessi	avessi persuaso
lui	persuadeva	aveva persuaso	persuadesse	avesse persuaso
noi	persuadevamo	avevamo persuaso	persuadessimo	avessimo persuaso
voi	persuadevate	avevate persuaso	persuadeste	aveste persuaso
loro	persuadevano	avevano persuaso	persuadessero	avessero persuaso
	PASSÉ SIMPLE	PASSÉ ANTÉRIEUR		
io	persuasi	ebbi persuaso		
tu	persuadesti	avesti persuaso		IMPÉRATIF
lui	persuase	ebbe persuaso		persuadiamo (noi)
noi	persuademmo	avemmo persuaso	persuadi (tu)	persuadete (voi)
voi	persuadeste	aveste persuaso	persuada (Lei)	persuadano (Loro)
loro	persuasero	ebbero persuaso		
	FUTUR SIMPLE	FUTUR ANTÉRIEUR		CONDITIONNEL
io	persuaderò	avrò persuaso	PRÉSENT	PASSÉ
tu	persuaderai	avrai persuaso	persuaderei	avrei persuaso
lui	persuaderà	avrà persuaso	persuaderesti	avresti persuaso
noi	persuaderemo	avremo persuaso	persuaderebbe	avrebbe persuaso
voi	persuaderete	avrete persuaso	persuaderemmo	avremmo persuaso
loro	persuaderanno	avranno persuaso	persuadereste	avreste persuaso
			persuaderebbero	avrebbero persuaso

	INFINITIF	GÉRONDIF	PARTICIPE
PRÉSENT	persuadere	persuadendo	persuadente
PASSÉ	aver(e) persuaso	avendo persuaso	persuaso

sedere être assis, s'asse

INDICATIF

PRÉSENT / PASSÉ COMPOSÉ

	PRÉSENT	PASSÉ COMPOSÉ
io	siedo/seggo	(mi) sono seduto
tu	siedi	(ti) sei seduto
lui	siede	(si) è seduto
noi	sediamo	(ci) siamo seduti
voi	sedete	(vi) siete seduti
loro	siedono/seggono	(si) sono seduti

IMPARFAIT / PLUS-QUE-PARFAIT

	IMPARFAIT	PLUS-QUE-PARFAIT
io	sedevo	(mi) ero seduto
tu	sedevi	(ti) eri seduto
lui	sedeva	(si) era seduto
noi	sedevamo	(ci) eravamo seduti
voi	sedevate	(vi) eravate seduti
loro	sedevano	(si) erano seduti

PASSÉ SIMPLE / PASSÉ ANTÉRIEUR

	PASSÉ SIMPLE	PASSÉ ANTÉRIEUR
io	sedei/sedetti	(mi) fui seduto
tu	sedesti	(ti) fosti seduto
lui	sedé/sedette	(si) fu seduto
noi	sedemmo	(ci) fummo seduti
voi	sedeste	(vi) foste seduti
loro	sederono/sedettero	(si) furono seduti

FUTUR SIMPLE / FUTUR ANTÉRIEUR

	FUTUR SIMPLE	FUTUR ANTÉRIEUR
io	s(i)ederò	(mi) sarò seduto
tu	s(i)ederai	(ti) sarai seduto
lui	s(i)ederà	(si) sarà seduto
noi	s(i)ederemo	(ci) saremo seduti
voi	s(i)ederete	(vi) sarete seduti
loro	s(i)ederanno	(si) saranno seduti

SU[BJONCTIF]

PRÉ[SENT]

	PRÉSENT
	sie...
	si...
	s...
	...
	...
loro	siedano/s...

IMPARFAIT / PLUS-[QUE-PARFAIT]

	IMPARFAIT	PLUS-QUE-PARFAIT
io	sedessi	(mi) fossi se...
tu	sedessi	(ti) fossi seduto
lui	sedesse	(si) fosse seduto
noi	sedessimo	(ci) fossimo seduti
voi	sedeste	(vi) foste seduti
loro	sedessero	(si) fossero seduti

IMPÉRATIF

	sediamo (noi)
siedi (tu)	sedete (voi)
sieda/segga (Lei)	siedano/seggano (Loro)

CONDITIONNEL

	PRÉSENT	PASSÉ
io	s(i)ederei	(mi) sarei seduto
tu	s(i)ederesti	(ti) saresti seduto
lui	s(i)ederebbe	(si) sarebbe seduto
noi	s(i)ederemmo	(ci) saremmo seduti
voi	s(i)edereste	(vi) sareste seduti
loro	s(i)ederebbero	(si) sarebbero seduti

	INFINITIF	GÉRONDIF	PARTICIPE
PRÉSENT	sedere	sedendo	sedente
PASSÉ	esser(si) seduto	essendo(si) seduto	seduto(si)

- Aux temps composés, **sedere** et **risedere** n'ont que la forme pronominale (auxiliaire essere).
- **Possedere, ripossedere, soprassedere** (auxiliaire avere) et **risedere** gardent la diphtongue **-ie-** au présent de l'indicatif et du subjonctif, (io possiedo…, che io possieda…) ; au futur, (io possiederò…), au conditionnel présent, io possiederei ; et à l'impératif, possieda Lei, possiedano Loro (→ Diphtongaison 182).
- Les formes en **-gg-** (seggo, seggono, segga, seggano) sont d'un usage littéraire.

e voir

vidi | visto/veduto

INDICATIF		SUBJONCTIF	
PRÉSENT	**PASSÉ COMPOSÉ**	**PRÉSENT**	**PASSÉ**
vedo/veggo	ho visto	veda/vegga	abbia visto
vedi	hai visto	veda/vegga	abbia visto
vede	ha visto	veda/vegga	abbia visto
vediamo	abbiamo visto	vediamo	abbiamo visto
vedete	avete visto	vediate	abbiate visto
vedono/veggono	hanno visto	vedano/veggano	abbiano visto

	IMPARFAIT	**PLUS-QUE-PARFAIT**	**IMPARFAIT**	**PLUS-QUE-PARFAIT**
io	vedevo	avevo visto	vedessi	avessi visto
tu	vedevi	avevi visto	vedessi	avessi visto
lui	vedeva	aveva visto	vedesse	avesse visto
noi	vedevamo	avevamo visto	vedessimo	avessimo visto
voi	vedevate	avevate visto	vedeste	aveste visto
loro	vedevano	avevano visto	vedessero	avessero visto

	PASSÉ SIMPLE	**PASSÉ ANTÉRIEUR**
io	vidi	ebbi visto
tu	vedesti	avesti visto
lui	vide	ebbe visto
noi	vedemmo	avemmo visto
voi	vedeste	aveste visto
loro	videro	ebbero visto

IMPÉRATIF	
	vediamo (noi)
vedi (tu)	vedete (voi)
veda/vegga (Lei)	vedano/veggano (Loro)

	FUTUR SIMPLE	**FUTUR ANTÉRIEUR**	CONDITIONNEL	
			PRÉSENT	**PASSÉ**
io	vedrò	avrò visto	vedrei	avrei visto
tu	vedrai	avrai visto	vedresti	avresti visto
lui	vedrà	avrà visto	vedrebbe	avrebbe visto
noi	vedremo	avremo visto	vedremmo	avremmo visto
voi	vedrete	avrete visto	vedreste	avreste visto
loro	vedranno	avranno visto	vedrebbero	avrebbero visto

	INFINITIF	GÉRONDIF	PARTICIPE
PRÉSENT	vedere	vedendo	vedente/(veggente)
PASSÉ	aver(e) visto	avendo visto	visto/veduto

- Se conjuguent sur le même modèle **avvedersi** (participe passé avvedutosi), **intravedere, prevedere, provvedere, ravvedersi** (participe passé ravvedutosi), **stravedere, travedere** sauf au futur (io prevederò...) et au conditionnel présent (io prevederei).
- Les formes en **-gg-** (veggo, veggono, vegga, veggano), employées uniquement pour **vedere** et **intravedere**, sont d'un usage littéraire.
- Le participe présent **veggente** est employé uniquement comme adjectif et nom : devin, voyant.

57 concedere *accorder*

concessi | concesso

	INDICATIF		SUBJONCTIF	
	PRÉSENT	PASSÉ COMPOSÉ	PRÉSENT	PASSÉ
io	concedo	ho concesso	conceda	abbia concesso
tu	concedi	hai concesso	conceda	abbia concesso
lui	concede	ha concesso	conceda	abbia concesso
noi	concediamo	abbiamo concesso	concediamo	abbiamo concesso
voi	concedete	avete concesso	concediate	abbiate concesso
loro	concedono	hanno concesso	concedano	abbiano concesso
	IMPARFAIT	PLUS-QUE-PARFAIT	IMPARFAIT	PLUS-QUE-PARFAIT
io	concedevo	avevo concesso	concedessi	avessi concesso
tu	concedevi	avevi concesso	concedessi	avessi concesso
lui	concedeva	aveva concesso	concedesse	avesse concesso
noi	concedevamo	avevamo concesso	concedessimo	avessimo concesso
voi	concedevate	avevate concesso	concedeste	aveste concesso
loro	concedevano	avevano concesso	concedessero	avessero concesso

	PASSÉ SIMPLE	PASSÉ ANTÉRIEUR
io	concessi	ebbi concesso
tu	concedesti	avesti concesso
lui	concesse	ebbe concesso
noi	concedemmo	avemmo concesso
voi	concedeste	aveste concesso
loro	concessero	ebbero concesso

IMPÉRATIF	
	concediamo (noi)
concedi (tu)	concedete (voi)
conceda (Lei)	concedano (Loro)

	FUTUR SIMPLE	FUTUR ANTÉRIEUR
io	concederò	avrò concesso
tu	concederai	avrai concesso
lui	concederà	avrà concesso
noi	concederemo	avremo concesso
voi	concederete	avrete concesso
loro	concederanno	avranno concesso

CONDITIONNEL		
	PRÉSENT	PASSÉ
	concederei	avrei concesso
	concederesti	avresti concesso
	concederebbe	avrebbe concesso
	concederemmo	avremmo concesso
	concedereste	avreste concesso
	concederebbero	avrebbero concesso

	INFINITIF	GÉRONDIF	PARTICIPE
PRÉSENT	concedere	concedendo	concedente
PASSÉ	aver(e) concesso	avendo concesso	concesso

• Le passé simple a deux autres formes possibles, mais employées rarement : io concedei/ concedetti, lui concedé/concedette, loro concederono/concedettero.
• Ainsi se conjuguent **retrocedere, riconcedere, succedere**.

58 **chiedere** demander

chiesi | chiesto

INDICATIF		SUBJONCTIF	
PRÉSENT	PASSÉ COMPOSÉ	PRÉSENT	PASSÉ
io chiedo	ho chiesto	chieda	abbia chiesto
tu chiedi	hai chiesto	chieda	abbia chiesto
lui chiede	ha chiesto	chieda	abbia chiesto
noi chiediamo	abbiamo chiesto	chiediamo	abbiamo chiesto
voi chiedete	avete chiesto	chiediate	abbiate chiesto
loro chiedono	hanno chiesto	chiedano	abbiano chiesto
IMPARFAIT	PLUS-QUE-PARFAIT	IMPARFAIT	PLUS-QUE-PARFAIT
io chiedevo	avevo chiesto	chiedessi	avessi chiesto
tu chiedevi	avevi chiesto	chiedessi	avessi chiesto
lui chiedeva	aveva chiesto	chiedesse	avesse chiesto
noi chiedevamo	avevamo chiesto	chiedessimo	avessimo chiesto
voi chiedevate	avevate chiesto	chiedeste	aveste chiesto
loro chiedevano	avevano chiesto	chiedessero	avessero chiesto

PASSÉ SIMPLE	PASSÉ ANTÉRIEUR	IMPÉRATIF	
io chiesi	ebbi chiesto		
tu chiedesti	avesti chiesto		chiediamo (noi)
lui chiese	ebbe chiesto	chiedi (tu)	chiedete (voi)
noi chiedemmo	avemmo chiesto	chieda (Lei)	chiedano (Loro)
voi chiedeste	aveste chiesto		
loro chiesero	ebbero chiesto		

FUTUR SIMPLE	FUTUR ANTÉRIEUR	CONDITIONNEL	
		PRÉSENT	PASSÉ
io chiederò	avrò chiesto	chiederei	avrei chiesto
tu chiederai	avrai chiesto	chiederesti	avresti chiesto
lui chiederà	avrà chiesto	chiederebbe	avrebbe chiesto
noi chiederemo	avremo chiesto	chiederemmo	avremmo chiesto
voi chiederete	avrete chiesto	chiedereste	avreste chiesto
loro chiederanno	avranno chiesto	chiederebbero	avrebbero chiesto

	INFINITIF	GÉRONDIF	PARTICIPE
PRÉSENT	chiedere	chiedendo	chiedente
PASSÉ	aver(e) chiesto	avendo chiesto	chiesto

59 ridere *rire*

	INDICATIF		SUBJONCTIF	
	PRÉSENT	PASSÉ COMPOSÉ	PRÉSENT	PASSÉ
io	rido	ho riso	rida	abbia riso
tu	ridi	hai riso	rida	abbia riso
lui	ride	ha riso	rida	abbia riso
noi	ridiamo	abbiamo riso	ridiamo	abbiamo riso
voi	ridete	avete riso	ridiate	abbiate riso
loro	ridono	hanno riso	ridano	abbiano riso
	IMPARFAIT	PLUS-QUE-PARFAIT	IMPARFAIT	PLUS-QUE-PARFAIT
io	ridevo	avevo riso	ridessi	avessi riso
tu	ridevi	avevi riso	ridessi	avessi riso
lui	rideva	aveva riso	ridesse	avesse riso
noi	ridevamo	avevamo riso	ridessimo	avessimo riso
voi	ridevate	avevate riso	rideste	aveste riso
loro	ridevano	avevano riso	ridessero	avessero riso
	PASSÉ SIMPLE	PASSÉ ANTÉRIEUR	IMPÉRATIF	
io	risi	ebbi riso		
tu	ridesti	avesti riso		ridiamo (noi)
lui	rise	ebbe riso	ridi (tu)	ridete (voi)
noi	ridemmo	avemmo riso	rida (Lei)	ridano (Loro)
voi	rideste	aveste riso		
loro	risero	ebbero riso	CONDITIONNEL	
	FUTUR SIMPLE	FUTUR ANTÉRIEUR	PRÉSENT	PASSÉ
io	riderò	avrò riso	riderei	avrei riso
tu	riderai	avrai riso	rideresti	avresti riso
lui	riderà	avrà riso	riderebbe	avrebbe riso
noi	rideremo	avremo riso	rideremmo	avremmo riso
voi	riderete	avrete riso	ridereste	avreste riso
loro	rideranno	avranno riso	riderebbero	avrebbero riso

	INFINITIF	GÉRONDIF	PARTICIPE
PRÉSENT	ridere	ridendo	ridente
PASSÉ	aver(e) riso	avendo riso	riso

• Ainsi se conjuguent **stridere** (qui n'a pas de participe passé) et **elidere**, sauf au passé simple :
io stridei/stridetti, lui stridé/stridette, loro striderono/stridettero ; io elisi/elidei/elidetti,
lui elise/elidé/elidette, loro elisero/eliderono/elidettero.

60 ledere léser

lesi | leso

INDICATIF		SUBJONCTIF	
PRÉSENT	**PASSÉ COMPOSÉ**	**PRÉSENT**	**PASSÉ**
io ledo	ho leso	leda	abbia leso
tu ledi	hai leso	leda	abbia leso
lui lede	ha leso	leda	abbia leso
noi lediamo	abbiamo leso	lediamo	abbiamo leso
voi ledete	avete leso	lediate	abbiate leso
loro ledono	hanno leso	ledano	abbiano leso
IMPARFAIT	**PLUS-QUE-PARFAIT**	**IMPARFAIT**	**PLUS-QUE-PARFAIT**
io ledevo	avevo leso	ledessi	avessi leso
tu ledevi	avevi leso	ledessi	avessi leso
lui ledeva	aveva leso	ledesse	avesse leso
noi ledevamo	avevamo leso	ledessimo	avessimo leso
voi ledevate	avevate leso	ledeste	aveste leso
loro ledevano	avevano leso	ledessero	avessero leso

		PASSÉ SIMPLE	PASSÉ ANTÉRIEUR
io	lesi	ebbi leso
tu	ledesti	avesti leso
lui	lese	ebbe leso
noi	ledemmo	avemmo leso
voi	ledeste	aveste leso
loro	lesero	ebbero leso

IMPÉRATIF	
	lediamo (noi)
ledi (tu)	ledete (voi)
leda (Lei)	ledano (Loro)

		FUTUR SIMPLE	FUTUR ANTÉRIEUR
io	lederò	avrò leso
tu	lederai	avrai leso
lui	lederà	avrà leso
noi	lederemo	avremo leso
voi	lederete	avrete leso
loro	lederanno	avranno leso

CONDITIONNEL	
PRÉSENT	**PASSÉ**
lederei	avrei leso
lederesti	avresti leso
lederebbe	avrebbe leso
lederemmo	avremmo leso
ledereste	avreste leso
lederebbero	avrebbero leso

INFINITIF		GÉRONDIF	PARTICIPE
PRÉSENT	ledere	ledendo	ledente
PASSÉ	aver(e) leso	avendo leso	leso

• Le participe passé leso a le -e- fermé.

61 espandere étendre, répandre espansi | espanso

	INDICATIF		SUBJONCTIF	
	PRÉSENT	PASSÉ COMPOSÉ	PRÉSENT	PASSÉ
io	espando	ho espanso	espanda	abbia espanso
tu	espandi	hai espanso	espanda	abbia espanso
lui	espande	ha espanso	espanda	abbia espanso
noi	espandiamo	abbiamo espanso	espandiamo	abbiamo espanso
voi	espandete	avete espanso	espandiate	abbiate espanso
loro	espandono	hanno espanso	espandano	abbiano espanso
	IMPARFAIT	PLUS-QUE-PARFAIT	IMPARFAIT	PLUS-QUE-PARFAIT
io	espandevo	avevo espanso	espandessi	avessi espanso
tu	espandevi	avevi espanso	espandessi	avessi espanso
lui	espandeva	aveva espanso	espandesse	avesse espanso
noi	espandevamo	avevamo espanso	espandessimo	avessimo espanso
voi	espandevate	avevate espanso	espandeste	aveste espanso
loro	espandevano	avevano espanso	espandessero	avessero espanso

	PASSÉ SIMPLE	PASSÉ ANTÉRIEUR	IMPÉRATIF	
io	espansi	ebbi espanso		
tu	espandesti	avesti espanso		espandiamo (noi)
lui	espanse	ebbe espanso	espandi (tu)	espandete (voi)
noi	espandemmo	avemmo espanso	espanda (Lei)	espandano (Loro)
voi	espandeste	aveste espanso		
loro	espansero	ebbero espanso		

	FUTUR SIMPLE	FUTUR ANTÉRIEUR	CONDITIONNEL	
			PRÉSENT	PASSÉ
io	espanderò	avrò espanso	espanderei	avrei espanso
tu	espanderai	avrai espanso	espanderesti	avresti espanso
lui	espanderà	avrà espanso	espanderebbe	avrebbe espanso
noi	espanderemo	avremo espanso	espanderemmo	avremmo espanso
voi	espanderete	avrete espanso	espandereste	avreste espanso
loro	espanderanno	avranno espanso	espanderebbero	avrebbero espanso

	INFINITIF	GÉRONDIF	PARTICIPE
PRÉSENT	espandere	espandendo	espandente
PASSÉ	aver(e) espanso	avendo espanso	espanso

- Rares sont les formes du passé simple (io espandetti/espandei, lui espandette/espandé, loro espandettero/espanderono) et le participe passé (espanto).
- Ainsi se conjugue **spandere**, sauf au passé simple (io spandei, lui spandette, loro spandettero) et au participe passé (spanto).
- Le verbe **scandere**, qui n'a pas de participe passé, suit la même conjugaison, sauf au passé simple (io scandei/scandetti, lui scandé/scandette, loro scanderono/scandettero).

62 | accendere allumer

accesi | acceso

	INDICATIF		SUBJONCTIF	
	PRÉSENT	PASSÉ COMPOSÉ	PRÉSENT	PASSÉ
io	accendo	ho acceso	accenda	abbia acceso
tu	accendi	hai acceso	accenda	abbia acceso
lui	accende	ha acceso	accenda	abbia acceso
noi	accendiamo	abbiamo acceso	accendiamo	abbiamo acceso
voi	accendete	avete acceso	accendiate	abbiate acceso
loro	accendono	hanno acceso	accendano	abbiano acceso
	IMPARFAIT	PLUS-QUE-PARFAIT	IMPARFAIT	PLUS-QUE-PARFAIT
io	accendevo	avevo acceso	accendessi	avessi acceso
tu	accendevi	avevi acceso	accendessi	avessi acceso
lui	accendeva	aveva acceso	accendesse	avesse acceso
noi	accendevamo	avevamo acceso	accendessimo	avessimo acceso
voi	accendevate	avevate acceso	accendeste	aveste acceso
loro	accendevano	avevano acceso	accendessero	avessero acceso

	PASSÉ SIMPLE	PASSÉ ANTÉRIEUR
io	accesi	ebbi acceso
tu	accendesti	avesti acceso
lui	accese	ebbe acceso
noi	accendemmo	avemmo acceso
voi	accendeste	aveste acceso
loro	accesero	ebbero acceso

IMPÉRATIF

	accendiamo (noi)
accendi (tu)	accendete (voi)
accenda (Lei)	accendano (Loro)

	FUTUR SIMPLE	FUTUR ANTÉRIEUR	CONDITIONNEL	
			PRÉSENT	PASSÉ
io	accenderò	avrò acceso	accenderei	avrei acceso
tu	accenderai	avrai acceso	accenderesti	avresti acceso
lui	accenderà	avrà acceso	accenderebbe	avrebbe acceso
noi	accenderemo	avremo acceso	accenderemmo	avremmo acceso
voi	accenderete	avrete acceso	accendereste	avreste acceso
loro	accenderanno	avranno acceso	accenderebbero	avrebbero acceso

	INFINITIF	GÉRONDIF	PARTICIPE
PRÉSENT	accendere	accendendo	accendente
PASSÉ	aver(e) acceso	avendo acceso	acceso

- Ainsi se conjugue **propendere** qui cependant a deux formes au passé simple (io propendei/ propesi, lui propendé/propese, loro propenderono/propesero).
- **Vendere** et ses composés suivent le même modèle, sauf au passé simple (io vendei, lui vendé, loro venderono) et au participe passé (venduto).

63 **scindere** scinder

scissi | scisso

	INDICATIF		SUBJONCTIF	
	PRÉSENT	PASSÉ COMPOSÉ	PRÉSENT	PASSÉ
io	scindo	ho scisso	scinda	abbia scisso
tu	scindi	hai scisso	scinda	abbia scisso
lui	scinde	ha scisso	scinda	abbia scisso
noi	scindiamo	abbiamo scisso	scindiamo	abbiamo scisso
voi	scindete	avete scisso	scindiate	abbiate scisso
loro	scindono	hanno scisso	scindano	abbiano scisso
	IMPARFAIT	PLUS-QUE-PARFAIT	IMPARFAIT	PLUS-QUE-PARFAIT
io	scindevo	avevo scisso	scindessi	avessi scisso
tu	scindevi	avevi scisso	scindessi	avessi scisso
lui	scindeva	aveva scisso	scindesse	avesse scisso
noi	scindevamo	avevamo scisso	scindessimo	avessimo scisso
voi	scindevate	avevate scisso	scindeste	aveste scisso
loro	scindevano	avevano scisso	scindessero	avessero scisso

	PASSÉ SIMPLE	PASSÉ ANTÉRIEUR	IMPÉRATIF	
io	scissi	ebbi scisso		
tu	scindesti	avesti scisso		scindiamo (noi)
lui	scisse	ebbe scisso	scindi (tu)	scindete (voi)
noi	scindemmo	avemmo scisso	scinda (Lei)	scindano (Loro)
voi	scindeste	aveste scisso		
loro	scissero	ebbero scisso		

	FUTUR SIMPLE	FUTUR ANTÉRIEUR	CONDITIONNEL	
			PRÉSENT	PASSÉ
io	scinderò	avrò scisso	scinderei	avrei scisso
tu	scinderai	avrai scisso	scideresti	avresti scisso
lui	scinderà	avrà scisso	scinderebbe	avrebbe scisso
noi	scinderemo	avremo scisso	scinderemmo	avremmo scisso
voi	scinderete	avrete scisso	scindereste	avreste scisso
loro	scinderanno	avranno scisso	scinderebbero	avrebbero scisso

	INFINITIF	GÉRONDIF	PARTICIPE
PRÉSENT	scindere	scindendo	scindente
PASSÉ	aver(e) scisso	avendo scisso	scisso

• Ainsi se conjugue **prescindere**, sauf au passé simple : io prescindei, lui prescindé, loro prescinderono.

64 rispondere *répondre*

risposi | risposto

	INDICATIF		SUBJONCTIF	
	PRÉSENT	PASSÉ COMPOSÉ	PRÉSENT	PASSÉ
io	rispondo	ho risposto	risponda	abbia risposto
tu	rispondi	hai risposto	risponda	abbia risposto
lui	risponde	ha risposto	risponda	abbia risposto
noi	rispondiamo	abbiamo risposto	rispondiamo	abbiamo risposto
voi	rispondete	avete risposto	rispondiate	abbiate risposto
loro	rispondono	hanno risposto	rispondano	abbiano risposto
	IMPARFAIT	PLUS-QUE-PARFAIT	IMPARFAIT	PLUS-QUE-PARFAIT
io	rispondevo	avevo risposto	rispondessi	avessi risposto
tu	rispondevi	avevi risposto	rispondessi	avessi risposto
lui	rispondeva	aveva risposto	rispondesse	avesse risposto
noi	rispondevamo	avevamo risposto	rispondessimo	avessimo risposto
voi	rispondevate	avevate risposto	rispondeste	aveste risposto
loro	rispondevano	avevano risposto	rispondessero	avessero risposto

	INDICATIF	
	PASSÉ SIMPLE	PASSÉ ANTÉRIEUR
io	risposi	ebbi risposto
tu	rispondesti	avesti risposto
lui	rispose	ebbe risposto
noi	rispondemmo	avemmo risposto
voi	rispondeste	aveste risposto
loro	risposero	ebbero risposto
	FUTUR SIMPLE	FUTUR ANTÉRIEUR
io	risponderò	avrò risposto
tu	risponderai	avrai risposto
lui	risponderà	avrà risposto
noi	risponderemo	avremo risposto
voi	risponderete	avrete risposto
loro	risponderanno	avranno risposto

IMPÉRATIF	
	rispondiamo (noi)
rispondi (tu)	rispondete (voi)
risponda (Lei)	rispondano (Loro)

CONDITIONNEL	
PRÉSENT	PASSÉ
risponderei	avrei risposto
risponderesti	avresti risposto
risponderebbe	avrebbe risposto
risponderemmo	avremmo risposto
rispondereste	avreste risposto
risponderebbero	avrebbero risposto

	INFINITIF	GÉRONDIF	PARTICIPE
PRÉSENT	rispondere	rispondendo	rispondente
PASSÉ	aver(e) risposto	avendo risposto	risposto

• Ainsi se conjugue **ascondere**, sauf au participe passé : ascoso.

65 **fondere** fondre

fusi | fuso

	INDICATIF		SUBJONCTIF	
	PRÉSENT	**PASSÉ COMPOSÉ**	**PRÉSENT**	**PASSÉ**
io	fondo	ho fuso	fonda	abbia fuso
tu	fondi	hai fuso	fonda	abbia fuso
lui	fonde	ha fuso	fonda	abbia fuso
noi	fondiamo	abbiamo fuso	fondiamo	abbiamo fuso
voi	fondete	avete fuso	fondiate	abbiate fuso
loro	fondono	hanno fuso	fondano	abbiano fuso
	IMPARFAIT	**PLUS-QUE-PARFAIT**	**IMPARFAIT**	**PLUS-QUE-PARFAIT**
io	fondevo	avevo fuso	fondessi	avessi fuso
tu	fondevi	avevi fuso	fondessi	avessi fuso
lui	fondeva	aveva fuso	fondesse	avesse fuso
noi	fondevamo	avevamo fuso	fondessimo	avessimo fuso
voi	fondevate	avevate fuso	fondeste	aveste fuso
loro	fondevano	avevano fuso	fondessero	avessero fuso
	PASSÉ SIMPLE	**PASSÉ ANTÉRIEUR**		
io	fusi	ebbi fuso		
tu	fondesti	avesti fuso		

	PASSÉ SIMPLE	**PASSÉ ANTÉRIEUR**	IMPÉRATIF	
io	fusi	ebbi fuso		
tu	fondesti	avesti fuso		fondiamo (noi)
lui	fuse	ebbe fuso	fondi (tu)	fondete (voi)
noi	fondemmo	avemmo fuso	fonda (Lei)	fondano (Loro)
voi	fondeste	aveste fuso		
loro	fusero	ebbero fuso	CONDITIONNEL	

	FUTUR SIMPLE	**FUTUR ANTÉRIEUR**	**PRÉSENT**	**PASSÉ**
io	fonderò	avrò fuso	fonderei	avrei fuso
tu	fonderai	avrai fuso	fonderesti	avresti fuso
lui	fonderà	avrà fuso	fonderebbe	avrebbe fuso
noi	fonderemo	avremo fuso	fonderemmo	avremmo fuso
voi	fonderete	avrete fuso	fondereste	avreste fuso
loro	fonderanno	avranno fuso	fonderebbero	avrebbero fuso

	INFINITIF	GÉRONDIF	PARTICIPE
PRÉSENT	fondere	fondendo	fondente
PASSÉ	aver(e) fuso	avendo fuso	fuso

• Ainsi se conjugue **tondere**, sauf au passé simple (tondei, tondesti, tondé, tondemmo, tondeste, tonderono) et au participe passé (tonduto), qui sont réguliers.

66 contundere contusionner

contusi | contuso

	INDICATIF		SUBJONCTIF	
	PRÉSENT	**PASSÉ COMPOSÉ**	**PRÉSENT**	**PASSÉ**
io	contundo	ho contuso	contunda	abbia contuso
tu	contundi	hai contuso	contunda	abbia contuso
lui	contunde	ha contuso	contunda	abbia contuso
noi	contundiamo	abbiamo contuso	contundiamo	abbiamo contuso
voi	contundete	avete contuso	contundiate	abbiate contuso
loro	contundono	hanno contuso	contundano	abbiano contuso
	IMPARFAIT	**PLUS-QUE-PARFAIT**	**IMPARFAIT**	**PLUS-QUE-PARFAIT**
io	contundevo	avevo contuso	contundessi	avessi contuso
tu	contundevi	avevi contuso	contundessi	avessi contuso
lui	contundeva	aveva contuso	contundesse	avesse contuso
noi	contundevamo	avevamo contuso	contundessimo	avessimo contuso
voi	contundevate	avevate contuso	contundeste	aveste contuso
loro	contundevano	avevano contuso	contundessero	avessero contuso
	PASSÉ SIMPLE	**PASSÉ ANTÉRIEUR**		
io	contusi	ebbi contuso		
tu	contundesti	avesti contuso		
lui	contuse	ebbe contuso		
noi	contundemmo	avemmo contuso		
voi	contundeste	aveste contuso		
loro	contusero	ebbero contuso		

	IMPÉRATIF	
		contundiamo (noi)
	contundi (tu)	contundete (voi)
	contunda (Lei)	contundano (Loro)

	FUTUR SIMPLE	**FUTUR ANTÉRIEUR**	CONDITIONNEL	
			PRÉSENT	**PASSÉ**
io	contunderò	avrò contuso	contunderei	avrei contuso
tu	contunderai	avrai contuso	contunderesti	avresti contuso
lui	contunderà	avrà contuso	contunderebbe	avrebbe contuso
noi	contunderemo	avremo contuso	contunderemmo	avremmo contuso
voi	contunderete	avrete contuso	contundereste	avreste contuso
loro	contunderanno	avranno contuso	contunderebbero	avrebbero contuso

	INFINITIF	GÉRONDIF	PARTICIPE
PRÉSENT	contundere	contundendo	contundente
PASSÉ	aver(e) contuso	avendo contuso	contuso

67 ardere brûler

arsi | arso

	INDICATIF		SUBJONCTIF	
	PRÉSENT	PASSÉ COMPOSÉ	PRÉSENT	PASSÉ
io	ardo	ho arso	arda	abbia arso
tu	ardi	hai arso	arda	abbia arso
lui	arde	ha arso	arda	abbia arso
noi	ardiamo	abbiamo arso	ardiamo	abbiamo arso
voi	ardete	avete arso	ardiate	abbiate arso
loro	ardono	hanno arso	ardano	abbiano arso
	IMPARFAIT	PLUS-QUE-PARFAIT	IMPARFAIT	PLUS-QUE-PARFAIT
io	ardevo	avevo arso	ardessi	avessi arso
tu	ardevi	avevi arso	ardessi	avessi arso
lui	ardeva	aveva arso	ardesse	avesse arso
noi	ardevamo	avevamo arso	ardessimo	avessimo arso
voi	ardevate	avevate arso	ardeste	aveste arso
loro	ardevano	avevano arso	ardessero	avessero arso

	PASSÉ SIMPLE	PASSÉ ANTÉRIEUR	IMPÉRATIF	
io	arsi	ebbi arso		
tu	ardesti	avesti arso		ardiamo (noi)
lui	arse	ebbe arso	ardi (tu)	ardete (voi)
noi	ardemmo	avemmo arso	arda (Lei)	ardano (Loro)
voi	ardeste	aveste arso		
loro	arsero	ebbero arso	CONDITIONNEL	

	FUTUR SIMPLE	FUTUR ANTÉRIEUR	PRÉSENT	PASSÉ
io	arderò	avrò arso	arderei	avrei arso
tu	arderai	avrai arso	arderesti	avresti arso
lui	arderà	avrà arso	arderebbe	avrebbe arso
noi	arderemo	avremo arso	arderemmo	avremmo arso
voi	arderete	avrete arso	ardereste	avreste arso
loro	arderanno	avranno arso	arderebbero	avrebbero arso

		INFINITIF	GÉRONDIF	PARTICIPE
	PRÉSENT	ardere	ardendo	ardente
	PASSÉ	aver(e) arso	avendo arso	arso

• Attention à ne pas confondre certaines formes de ce verbe avec celles de ardire (→ 130).

68 **perdere** perdre

persi | perso/perduto

	INDICATIF		SUBJONCTIF	
	PRÉSENT	**PASSÉ COMPOSÉ**	**PRÉSENT**	**PASSÉ**
io	perdo	ho perso	perda	abbia perso
tu	perdi	hai perso	perda	abbia perso
lui	perde	ha perso	perda	abbia perso
noi	perdiamo	abbiamo perso	perdiamo	abbiamo perso
voi	perdete	avete perso	perdiate	abbiate perso
loro	perdono	hanno perso	perdano	abbiano perso
	IMPARFAIT	**PLUS-QUE-PARFAIT**	**IMPARFAIT**	**PLUS-QUE-PARFAIT**
io	perdevo	avevo perso	perdessi	avessi perso
tu	perdevi	avevi perso	perdessi	avessi perso
lui	perdeva	aveva perso	perdesse	avesse perso
noi	perdevamo	avevamo perso	perdessimo	avessimo perso
voi	perdevate	avevate perso	perdeste	aveste perso
loro	perdevano	avevano perso	perdessero	avessero perso
	PASSÉ SIMPLE	**PASSÉ ANTÉRIEUR**		
io	persi	ebbi perso		
tu	perdesti	avesti perso		
lui	perse	ebbe perso		
noi	perdemmo	avemmo perso		
voi	perdeste	aveste perso		
loro	persero	ebbero perso		

IMPÉRATIF

	perdiamo (noi)
perdi (tu)	perdete (voi)
perda (Lei)	perdano (Loro)

CONDITIONNEL

	FUTUR SIMPLE	**FUTUR ANTÉRIEUR**	**PRÉSENT**	**PASSÉ**
io	perderò	avrò perso	perderei	avrei perso
tu	perderai	avrai perso	perderesti	avresti perso
lui	perderà	avrà perso	perderebbe	avrebbe perso
noi	perderemo	avremo perso	perderemmo	avremmo perso
voi	perderete	avrete perso	perdereste	avreste perso
loro	perderanno	avranno perso	perderebbero	avrebbero perso

	INFINITIF	GÉRONDIF	PARTICIPE
PRÉSENT	perdere	perdendo	perdente
PASSÉ	aver(e) perso/perduto	avendo perso/perduto	perso/perduto

* Au passé simple, on rencontre parfois les formes io perdei/perdetti, lui perdé/perdette, loro perderono/perdettero.
* Ainsi se conjuguent **disperdere** et **straperdere** (participes passés disperso et straperso).

69 esplodere *exploser*

esplosi | esploso

	INDICATIF		SUBJONCTIF	
	PRÉSENT	PASSÉ COMPOSÉ	PRÉSENT	PASSÉ
io	esplodo	ho esploso	esploda	abbia esploso
tu	esplodi	hai esploso	esploda	abbia esploso
lui	esplode	ha esploso	esploda	abbia esploso
noi	esplodiamo	abbiamo esploso	esplodiamo	abbiamo esploso
voi	esplodete	avete esploso	esplodiate	abbiate esploso
loro	esplodono	hanno esploso	esplodano	abbiano esploso
	IMPARFAIT	PLUS-QUE-PARFAIT	IMPARFAIT	PLUS-QUE-PARFAIT
io	esplodevo	avevo esploso	esplodessi	avessi esploso
tu	esplodevi	avevi esploso	esplodessi	avessi esploso
lui	esplodeva	aveva esploso	esplodesse	avesse esploso
noi	esplodevamo	avevamo esploso	esplodessimo	avessimo esploso
voi	esplodevate	avevate esploso	esplodeste	aveste esploso
loro	esplodevano	avevano esploso	esplodessero	avessero esploso
	PASSÉ SIMPLE	PASSÉ ANTÉRIEUR	IMPÉRATIF	
io	esplosi	ebbi esploso		
tu	esplodesti	avesti esploso		esplodiamo (noi)
lui	esplose	ebbe esploso	esplodi (tu)	esplodete (voi)
noi	esplodemmo	avemmo esploso	esploda (Lei)	esplodano (Loro)
voi	esplodeste	aveste esploso		
loro	esplosero	ebbero esploso	CONDITIONNEL	
	FUTUR SIMPLE	FUTUR ANTÉRIEUR	PRÉSENT	PASSÉ
io	esploderò	avrò esploso	esploderei	avrei esploso
tu	esploderai	avrai esploso	esploderesti	avresti esploso
lui	esploderà	avrà esploso	esploderebbe	avrebbe esploso
noi	esploderemo	avremo esploso	esploderemmo	avremmo esploso
voi	esploderete	avrete esploso	esplodereste	avreste esploso
loro	esploderanno	avranno esploso	esploderebbero	avrebbero esploso

	INFINITIF	GÉRONDIF	PARTICIPE
PRÉSENT	esplodere	esplodendo	esplodente
PASSÉ	aver(e) esploso	avendo esploso	esploso

• Esplodere peut avoir comme auxiliaire :
  – **essere**, s'il se rapporte à des matières explosives ou au sens figuré (emploi intransitif) ;
    La dinamite è esplosa. *La dynamite a explosé.*
    L'estate è esplosa. *L'été a explosé.*
  – **avere**, s'il se rapporte à une arme (emploi transitif).
    Ho esploso un colpo di rivoltella. *J'ai tiré un coup de revolver.*
• Le verbe **mordere** se conjugue sur le même modèle.

70 **godere** jouir

godei | goduto

	INDICATIF		SUBJONCTIF	
	PRÉSENT	PASSÉ COMPOSÉ	PRÉSENT	PASSÉ
io	godo	ho goduto	goda	abbia goduto
tu	godi	hai goduto	goda	abbia goduto
lui	gode	ha goduto	goda	abbia goduto
noi	godiamo	abbiamo goduto	godiamo	abbiamo goduto
voi	godete	avete goduto	godiate	abbiate goduto
loro	godono	hanno goduto	godano	abbiano goduto
	IMPARFAIT	PLUS-QUE-PARFAIT	IMPARFAIT	PLUS-QUE-PARFAIT
io	godevo	avevo goduto	godessi	avessi goduto
tu	godevi	avevi goduto	godessi	avessi goduto
lui	godeva	aveva goduto	godesse	avesse goduto
noi	godevamo	avevamo goduto	godessimo	avessimo goduto
voi	godevate	avevate goduto	godeste	aveste goduto
loro	godevano	avevano goduto	godessero	avessero goduto
	PASSÉ SIMPLE	PASSÉ ANTÉRIEUR		
io	godei	ebbi goduto		
tu	godesti	avesti goduto		IMPÉRATIF
lui	godé	ebbe goduto		godiamo (noi)
noi	godemmo	avemmo goduto	godi (tu)	godete (voi)
voi	godeste	aveste goduto	goda (Lei)	godano (Loro)
loro	goderono	ebbero goduto		
	FUTUR SIMPLE	FUTUR ANTÉRIEUR		CONDITIONNEL
			PRÉSENT	PASSÉ
io	godrò	avrò goduto	godrei	avrei goduto
tu	godrai	avrai goduto	godresti	avresti goduto
lui	godrà	avrà goduto	godrebbe	avrebbe goduto
noi	godremo	avremo goduto	godremmo	avremmo goduto
voi	godrete	avrete goduto	godreste	avreste goduto
loro	godranno	avranno goduto	godrebbero	avrebbero goduto

	INFINITIF	GÉRONDIF	PARTICIPE
PRÉSENT	godere	godendo	gaudente
PASSÉ	aver(e) goduto	avendo goduto	goduto

71 **chiudere** *fermer*

chiusi | chiuso

	INDICATIF		SUBJONCTIF	
	PRÉSENT	PASSÉ COMPOSÉ	PRÉSENT	PASSÉ
io	chiudo	ho chiuso	chiuda	abbia chiuso
tu	chiudi	hai chiuso	chiuda	abbia chiuso
lui	chiude	ha chiuso	chiuda	abbia chiuso
noi	chiudiamo	abbiamo chiuso	chiudiamo	abbiamo chiuso
voi	chiudete	avete chiuso	chiudiate	abbiate chiuso
loro	chiudono	hanno chiuso	chiudano	abbiano chiuso
	IMPARFAIT	PLUS-QUE-PARFAIT	IMPARFAIT	PLUS-QUE-PARFAIT
io	chiudevo	avevo chiuso	chiudessi	avessi chiuso
tu	chiudevi	avevi chiuso	chiudessi	avessi chiuso
lui	chiudeva	aveva chiuso	chiudesse	avesse chiuso
noi	chiudevamo	avevamo chiuso	chiudessimo	avessimo chiuso
voi	chiudevate	avevate chiuso	chiudeste	aveste chiuso
loro	chiudevano	avevano chiuso	chiudessero	avessero chiuso

	PASSÉ SIMPLE	PASSÉ ANTÉRIEUR	IMPÉRATIF	
io	chiusi	ebbi chiuso		
tu	chiudesti	avesti chiuso		chiudiamo (noi)
lui	chiuse	ebbe chiuso	chiudi (tu)	chiudete (voi)
noi	chiudemmo	avemmo chiuso	chiuda (Lei)	chiudano (Loro)
voi	chiudeste	aveste chiuso		
loro	chiusero	ebbero chiuso		

	FUTUR SIMPLE	FUTUR ANTÉRIEUR	CONDITIONNEL	
			PRÉSENT	PASSÉ
io	chiuderò	avrò chiuso	chiuderei	avrei chiuso
tu	chiuderai	avrai chiuso	chiuderesti	avresti chiuso
lui	chiuderà	avrà chiuso	chiuderebbe	avrebbe chiuso
noi	chiuderemo	avremo chiuso	chiuderemmo	avremmo chiuso
voi	chiuderete	avrete chiuso	chiudereste	avreste chiuso
loro	chiuderanno	avranno chiuso	chiuderebbero	avrebbero chiuso

	INFINITIF	GÉRONDIF	PARTICIPE
PRÉSENT	chiudere	chiudendo	chiudente
PASSÉ	aver(e) chiuso	avendo chiuso	chiuso

72 leggere *lire*

lessi | letto

	INDICATIF		SUBJONCTIF	
	PRÉSENT	**PASSÉ COMPOSÉ**	**PRÉSENT**	**PASSÉ**
io	leggo	ho letto	legga	abbia letto
tu	leggi	hai letto	legga	abbia letto
lui	legge	ha letto	legga	abbia letto
noi	leggiamo	abbiamo letto	leggiamo	abbiamo letto
voi	leggete	avete letto	leggiate	abbiate letto
loro	leggono	hanno letto	leggano	abbiano letto
	IMPARFAIT	**PLUS-QUE-PARFAIT**	**IMPARFAIT**	**PLUS-QUE-PARFAIT**
io	leggevo	avevo letto	leggessi	avessi letto
tu	leggevi	avevi letto	leggessi	avessi letto
lui	leggeva	aveva letto	leggesse	avesse letto
noi	leggevamo	avevamo letto	leggessimo	avessimo letto
voi	leggevate	avevate letto	leggeste	aveste letto
loro	leggevano	avevano letto	leggessero	avessero letto

	PASSÉ SIMPLE	**PASSÉ ANTÉRIEUR**
io	lessi	ebbi letto
tu	leggesti	avesti letto
lui	lesse	ebbe letto
noi	leggemmo	avemmo letto
voi	leggeste	aveste letto
loro	lessero	ebbero letto

IMPÉRATIF

	leggiamo (noi)
leggi (tu)	leggete (voi)
legga (Lei)	leggano (Loro)

	FUTUR SIMPLE	**FUTUR ANTÉRIEUR**
io	leggerò	avrò letto
tu	leggerai	avrai letto
lui	leggerà	avrà letto
noi	leggeremo	avremo letto
voi	leggerete	avrete letto
loro	leggeranno	avranno letto

CONDITIONNEL

PRÉSENT	**PASSÉ**
leggerei	avrei letto
leggeresti	avresti letto
leggerebbe	avrebbe letto
leggeremmo	avremmo letto
leggereste	avreste letto
leggerebbero	avrebbero letto

INFINITIF		GÉRONDIF	PARTICIPE
PRÉSENT	leggere	leggendo	leggente
PASSÉ	aver(e) letto	avendo letto	letto

73 affiggere _afficher_

affissi | affisso

	INDICATIF		SUBJONCTIF	
	PRÉSENT	PASSÉ COMPOSÉ	PRÉSENT	PASSÉ
io	affiggo	ho affisso	affigga	abbia affisso
tu	affiggi	hai affisso	affigga	abbia affisso
lui	affigge	ha affisso	affigga	abbia affisso
noi	affiggiamo	abbiamo affisso	affiggiamo	abbiamo affisso
voi	affiggete	avete affisso	affiggiate	abbiate affisso
loro	affiggono	hanno affisso	affiggano	abbiano affisso
	IMPARFAIT	PLUS-QUE-PARFAIT	IMPARFAIT	PLUS-QUE-PARFAIT
io	affiggevo	avevo affisso	affiggessi	avessi affisso
tu	affiggevi	avevi affisso	affiggessi	avessi affisso
lui	affiggeva	aveva affisso	affiggesse	avesse affisso
noi	affiggevamo	avevamo affisso	affiggessimo	avessimo affisso
voi	affiggevate	avevate affisso	affiggeste	aveste affisso
loro	affiggevano	avevano affisso	affiggessero	avessero affisso

	PASSÉ SIMPLE	PASSÉ ANTÉRIEUR	IMPÉRATIF	
io	affissi	ebbi affisso		
tu	affiggesti	avesti affisso		affiggiamo (noi)
lui	affisse	ebbe affisso	affiggi (tu)	affiggete (voi)
noi	affiggemmo	avemmo affisso	affigga (Lei)	affiggano (Loro)
voi	affiggeste	aveste affisso		
loro	affissero	ebbero affisso		

	FUTUR SIMPLE	FUTUR ANTÉRIEUR	CONDITIONNEL	
			PRÉSENT	PASSÉ
io	affiggerò	avrò affisso	affiggerei	avrei affisso
tu	affiggerai	avrai affisso	affiggeresti	avresti affisso
lui	affiggerà	avrà affisso	affiggerebbe	avrebbe affisso
noi	affiggeremo	avremo affisso	affiggeremmo	avremmo affisso
voi	affiggerete	avrete affisso	affiggereste	avreste affisso
loro	affiggeranno	avranno affisso	affiggerebbero	avrebbero affisso

	INFINITIF	GÉRONDIF	PARTICIPE
PRÉSENT	affiggere	affiggendo	affiggente
PASSÉ	aver(e) affisso	avendo affisso	affisso

74 friggere *frire*

frissi | fritto

	INDICATIF		SUBJONCTIF	
	PRÉSENT	PASSÉ COMPOSÉ	PRÉSENT	PASSÉ
io	friggo	ho fritto	frigga	abbia fritto
tu	friggi	hai fritto	frigga	abbia fritto
lui	frigge	ha fritto	frigga	abbia fritto
noi	friggiamo	abbiamo fritto	friggiamo	abbiamo fritto
voi	friggete	avete fritto	friggiate	abbiate fritto
loro	friggono	hanno fritto	friggano	abbiano fritto
	IMPARFAIT	PLUS-QUE-PARFAIT	IMPARFAIT	PLUS-QUE-PARFAIT
io	friggevo	avevo fritto	friggessi	avessi fritto
tu	friggevi	avevi fritto	friggessi	avessi fritto
lui	friggeva	aveva fritto	friggesse	avesse fritto
noi	friggevamo	avevamo fritto	friggessimo	avessimo fritto
voi	friggevate	avevate fritto	friggeste	aveste fritto
loro	friggevano	avevano fritto	friggessero	avessero fritto
	PASSÉ SIMPLE	PASSÉ ANTÉRIEUR		
io	frissi	ebbi fritto	IMPÉRATIF	
tu	friggesti	avesti fritto		
lui	frisse	ebbe fritto		friggiamo (noi)
noi	friggemmo	avemmo fritto	friggi (tu)	friggete (voi)
voi	friggeste	aveste fritto	frigga (Lei)	friggano (Loro)
loro	frissero	ebbero fritto		
	FUTUR SIMPLE	FUTUR ANTÉRIEUR	CONDITIONNEL	
io	friggerò	avrò fritto	PRÉSENT	PASSÉ
tu	friggerai	avrai fritto	friggerei	avrei fritto
lui	friggerà	avrà fritto	friggeresti	avresti fritto
noi	friggeremo	avremo fritto	friggerebbe	avrebbe fritto
voi	friggerete	avrete fritto	friggeremmo	avremmo fritto
loro	friggeranno	avranno fritto	friggereste	avreste fritto
			friggerebbero	avrebbero fritto

	INFINITIF	GÉRONDIF	PARTICIPE
PRÉSENT	friggere	friggendo	friggente
PASSÉ	aver(e) fritto	avendo fritto	fritto

75 distruggere *détruire*

distrussi | distrutto

	INDICATIF		SUBJONCTIF	
	PRÉSENT	PASSÉ COMPOSÉ	PRÉSENT	PASSÉ
io	distruggo	ho distrutto	distrugga	abbia distrutto
tu	distruggi	hai distrutto	distrugga	abbia distrutto
lui	distrugge	ha distrutto	distrugga	abbia distrutto
noi	distruggiamo	abbiamo distrutto	distruggiamo	abbiamo distrutto
voi	distruggete	avete distrutto	distruggiate	abbiate distrutto
loro	distruggono	hanno distrutto	distruggano	abbiano distrutto
	IMPARFAIT	PLUS-QUE-PARFAIT	IMPARFAIT	PLUS-QUE-PARFAIT
io	distruggevo	avevo distrutto	distruggessi	avessi distrutto
tu	distruggevi	avevi distrutto	distruggessi	avessi distrutto
lui	distruggeva	aveva distrutto	distruggesse	avesse distrutto
noi	distruggevamo	avevamo distrutto	distruggessimo	avessimo distrutto
voi	distruggevate	avevate distrutto	distruggeste	aveste distrutto
loro	distruggevano	avevano distrutto	distruggessero	avessero distrutto

	PASSÉ SIMPLE	PASSÉ ANTÉRIEUR
io	distrussi	ebbi distrutto
tu	distruggesti	avesti distrutto
lui	distrusse	ebbe distrutto
noi	distruggemmo	avemmo distrutto
voi	distruggeste	aveste distrutto
loro	distrussero	ebbero distrutto

IMPÉRATIF

	distruggiamo (noi)
distruggi (tu)	distruggete (voi)
distrugga (Lei)	distruggano (Loro)

	FUTUR SIMPLE	FUTUR ANTÉRIEUR
io	distruggerò	avrò distrutto
tu	distruggerai	avrai distrutto
lui	distruggerà	avrà distrutto
noi	distruggeremo	avremo distrutto
voi	distruggerete	avrete distrutto
loro	distruggeranno	avranno distrutto

CONDITIONNEL

	PRÉSENT	PASSÉ
	distruggerei	avrei distrutto
	distruggeresti	avresti distrutto
	distruggerebbe	avrebbe distrutto
	distruggeremmo	avremmo distrutto
	distruggereste	avreste distrutto
	distruggerebbero	avrebbero distrutto

	INFINITIF	GÉRONDIF	PARTICIPE
PRÉSENT	distruggere	distruggendo	distruggente
PASSÉ	aver(e) distrutto	avendo distrutto	distrutto

76 dirigere diriger

diressi | diretto

	INDICATIF		SUBJONCTIF	
	PRÉSENT	PASSÉ COMPOSÉ	PRÉSENT	PASSÉ
io	dirigo	ho diretto	diriga	abbia diretto
tu	dirigi	hai diretto	diriga	abbia diretto
lui	dirige	ha diretto	diriga	abbia diretto
noi	dirigiamo	abbiamo diretto	dirigiamo	abbiamo diretto
voi	dirigete	avete diretto	dirigiate	abbiate diretto
loro	dirigono	hanno diretto	dirigano	abbiano diretto
	IMPARFAIT	PLUS-QUE-PARFAIT	IMPARFAIT	PLUS-QUE-PARFAIT
io	dirigevo	avevo diretto	dirigessi	avessi diretto
tu	dirigevi	avevi diretto	dirigessi	avessi diretto
lui	dirigeva	aveva diretto	dirigesse	avesse diretto
noi	dirigevamo	avevamo diretto	dirigessimo	avessimo diretto
voi	dirigevate	avevate diretto	dirigeste	aveste diretto
loro	dirigevano	avevano diretto	dirigessero	avessero diretto

	PASSÉ SIMPLE	PASSÉ ANTÉRIEUR	IMPÉRATIF	
io	diressi	ebbi diretto		
tu	dirigesti	avesti diretto		dirigiamo (noi)
lui	diresse	ebbe diretto	dirigi (tu)	dirigete (voi)
noi	dirigemmo	avemmo diretto	diriga (Lei)	dirigano (Loro)
voi	dirigeste	aveste diretto		
loro	diressero	ebbero diretto		

	FUTUR SIMPLE	FUTUR ANTÉRIEUR	CONDITIONNEL	
			PRÉSENT	PASSÉ
io	dirigerò	avrò diretto	dirigerei	avrei diretto
tu	dirigerai	avrai diretto	dirigeresti	avresti diretto
lui	dirigerà	avrà diretto	dirigerebbe	avrebbe diretto
noi	dirigeremo	avremo diretto	dirigeremmo	avremmo diretto
voi	dirigerete	avrete diretto	dirigereste	avreste diretto
loro	dirigeranno	avranno diretto	dirigerebbero	avrebbero diretto

	INFINITIF	GÉRONDIF	PARTICIPE
PRÉSENT	dirigere	dirigendo	dirigente
PASSÉ	aver(e) diretto	avendo diretto	diretto

• Ainsi se conjugue **negligere**, uniquement utilisé au passé simple, à l'infinitif (présent et passé) et au participe (présent et passé).

77 redigere *rédiger*

	INDICATIF		SUBJONCTIF	
	PRÉSENT	**PASSÉ COMPOSÉ**	**PRÉSENT**	**PASSÉ**
io	redigo	ho redatto	rediga	abbia redatto
tu	redigi	hai redatto	rediga	abbia redatto
lui	redige	ha redatto	rediga	abbia redatto
noi	redigiamo	abbiamo redatto	redigiamo	abbiamo redatto
voi	redigete	avete redatto	redigiate	abbiate redatto
loro	redigono	hanno redatto	redigano	abbiano redatto
	IMPARFAIT	**PLUS-QUE-PARFAIT**	**IMPARFAIT**	**PLUS-QUE-PARFAIT**
io	redigevo	avevo redatto	redigessi	avessi redatto
tu	redigevi	avevi redatto	redigessi	avessi redatto
lui	redigeva	aveva redatto	redigesse	avesse redatto
noi	redigevamo	avevamo redatto	redigessimo	avessimo redatto
voi	redigevate	avevate redatto	redigeste	aveste redatto
loro	redigevano	avevano redatto	redigessero	avessero redatto
	PASSÉ SIMPLE	**PASSÉ ANTÉRIEUR**	IMPÉRATIF	
io	redassi	ebbi redatto		
tu	redigesti	avesti redatto		redigiamo (noi)
lui	redasse	ebbe redatto	redigi (tu)	redigete (voi)
noi	redigemmo	avemmo redatto	rediga (Lei)	redigano (Loro)
voi	redigeste	aveste redatto		
loro	redassero	ebbero redatto	CONDITIONNEL	
	FUTUR SIMPLE	**FUTUR ANTÉRIEUR**	**PRÉSENT**	**PASSÉ**
io	redigerò	avrò redatto	redigerei	avrei redatto
tu	redigerai	avrai redatto	redigeresti	avresti redatto
lui	redigerà	avrà redatto	redigerebbe	avrebbe redatto
noi	redigeremo	avremo redatto	redigeremmo	avremmo redatto
voi	redigerete	avrete redatto	redigereste	avreste redatto
loro	redigeranno	avranno redatto	redigerebbero	avrebbero redatto

	INFINITIF	GÉRONDIF	PARTICIPE
PRÉSENT	redigere	redigendo	redigente
PASSÉ	aver(e) redatto	avendo redatto	redatto

- Ainsi se conjuguent **esigere** et **transigere**, sauf au passé simple : io esigei, lui esigé, loro esigerono ; io transigei, lui transigé, loro transigerono.
- Vigere est employé aux 3ᵉˢ personnes du singulier et du pluriel, au présent et à l'imparfait de l'indicatif et du subjonctif. Il a un participe présent (vigente), mais il n'a pas de participe passé, ni de temps composés.

78 **volgere** *tourner*

volsi | volto

INDICATIF		SUBJONCTIF	
PRÉSENT	**PASSÉ COMPOSÉ**	**PRÉSENT**	**PASSÉ**
io volgo	ho volto	volga	abbia volto
tu volgi	hai volto	volga	abbia volto
lui volge	ha volto	volga	abbia volto
noi volgiamo	abbiamo volto	volgiamo	abbiamo volto
voi volgete	avete volto	volgiate	abbiate volto
loro volgono	hanno volto	volgano	abbiano volto
IMPARFAIT	**PLUS-QUE-PARFAIT**	**IMPARFAIT**	**PLUS-QUE-PARFAIT**
io volgevo	avevo volto	volgessi	avessi volto
tu volgevi	avevi volto	volgessi	avessi volto
lui volgeva	aveva volto	volgesse	avesse volto
noi volgevamo	avevamo volto	volgessimo	avessimo volto
voi volgevate	avevate volto	volgeste	aveste volto
loro volgevano	avevano volto	volgessero	avessero volto
PASSÉ SIMPLE	**PASSÉ ANTÉRIEUR**		
io volsi	ebbi volto	**IMPÉRATIF**	
tu volgesti	avesti volto		volgiamo (noi)
lui volse	ebbe volto	volgi (tu)	volgete (voi)
noi volgemmo	avemmo volto	volga (Lei)	volgano (Loro)
voi volgeste	aveste volto		
loro volsero	ebbero volto		
FUTUR SIMPLE	**FUTUR ANTÉRIEUR**	CONDITIONNEL	
io volgerò	avrò volto	**PRÉSENT**	**PASSÉ**
tu volgerai	avrai volto	volgerei	avrei volto
lui volgerà	avrà volto	volgeresti	avresti volto
noi volgeremo	avremo volto	volgerebbe	avrebbe volto
voi volgerete	avrete volto	volgeremmo	avremmo volto
loro volgeranno	avranno volto	volgereste	avreste volto
		volgerebbero	avrebbero volto

	INFINITIF	GÉRONDIF	PARTICIPE
PRÉSENT	volgere	volgendo	volgente
PASSÉ	aver(e) volto	avendo volto	volto

79 ind<u>u</u>lgere condescendre, s'adonner indulsi | –

INDICATIF | SUBJONCTIF

	PRÉSENT		PRÉSENT
io	indulgo		indulga
tu	indulgi		indulga
lui	indulge		indulga
noi	indulgiamo		indulgiamo
voi	indulgete		indulgiate
loro	ind<u>u</u>lgono		ind<u>u</u>lgano

	IMPARFAIT		IMPARFAIT
io	indulgevo		indulgessi
tu	indulgevi		indulgessi
lui	indulgeva		indulgesse
noi	indulgevamo		indulg<u>e</u>ssimo
voi	indulgevate		indulgeste
loro	indulg<u>e</u>vano		indulg<u>e</u>ssero

	PASSÉ SIMPLE
io	indulsi
tu	indulgesti
lui	indulse
noi	indulgemmo
voi	indulgeste
loro	ind<u>u</u>lsero

IMPÉRATIF

	indulgiamo (noi)
indulgi (tu)	indulgete (voi)
indulga (Lei)	ind<u>u</u>lgano (Loro)

	FUTUR SIMPLE
io	indulgerò
tu	indulgerai
lui	indulgerà
noi	indulgeremo
voi	indulgerete
loro	indulgeranno

CONDITIONNEL

	PRÉSENT
	indulgerei
	indulgeresti
	indulgerebbe
	indulgeremmo
	indulgereste
	indulger<u>e</u>bbero

INFINITIF | GÉRONDIF | PARTICIPE

PRÉSENT	ind<u>u</u>lgere	indulgendo	indulgente

- Cette conjugaison n'a pas de formes composées.
- Le participe passé indulto est utilisé uniquement comme nom (remise de peine).

80 rifulgere resplendir

rifulsi | rifulso

INDICATIF		SUBJONCTIF	
PRÉSENT	**PASSÉ COMPOSÉ**	**PRÉSENT**	**PASSÉ**
io rifulgo	ho rifulso	rifulga	abbia rifulso
tu rifulgi	hai rifulso	rifulga	abbia rifulso
lui rifulge	ha rifulso	rifulga	abbia rifulso
noi rifulgiamo	abbiamo rifulso	rifulgiamo	abbiamo rifulso
voi rifulgete	avete rifulso	rifulgiate	abbiate rifulso
loro rifulgono	hanno rifulso	rifulgano	abbiano rifulso
IMPARFAIT	**PLUS-QUE-PARFAIT**	**IMPARFAIT**	**PLUS-QUE-PARFAIT**
io rifulgevo	avevo rifulso	rifulgessi	avessi rifulso
tu rifulgevi	avevi rifulso	rifulgessi	avessi rifulso
lui rifulgeva	aveva rifulso	rifulgesse	avesse rifulso
noi rifulgevamo	avevamo rifulso	rifulgessimo	avessimo rifulso
voi rifulgevate	avevate rifulso	rifulgeste	aveste rifulso
loro rifulgevano	avevano rifulso	rifulgessero	avessero rifulso
PASSÉ SIMPLE	**PASSÉ ANTÉRIEUR**		
io rifulsi	ebbi rifulso	IMPÉRATIF	
tu rifulgesti	avesti rifulso		rifulgiamo (noi)
lui rifulse	ebbe rifulso	rifulgi (tu)	rifulgete (voi)
noi rifulgemmo	avemmo rifulso	rifulga (Lei)	rifulgano (Loro)
voi rifulgeste	aveste rifulso		
loro rifulsero	ebbero rifulso		
FUTUR SIMPLE	**FUTUR ANTÉRIEUR**	CONDITIONNEL	
io rifulgerò	avrò rifulso	**PRÉSENT**	**PASSÉ**
tu rifulgerai	avrai rifulso	rifulgerei	avrei rifulso
lui rifulgerà	avrà rifulso	rifulgeresti	avresti rifulso
noi rifulgeremo	avremo rifulso	rifulgerebbe	avrebbe rifulso
voi rifulgerete	avrete rifulso	rifulgeremmo	avremmo rifulso
loro rifulgeranno	avranno rifulso	rifulgereste	avreste rifulso
		rifulgerebbero	avrebbero rifulso

INFINITIF	GÉRONDIF	PARTICIPE
PRÉSENT rifulgere	rifulgendo	rifulgente
PASSÉ aver(e) rifulso	avendo rifulso	rifulso

• Le participe passé de cette conjugaison étant très peu utilisé, les formes des temps composés sont assez rares.

81 piangere pleurer

piansi | pianto

	INDICATIF		SUBJONCTIF	
	PRÉSENT	PASSÉ COMPOSÉ	PRÉSENT	PASSÉ
io	piango	ho pianto	pianga	abbia pianto
tu	piangi	hai pianto	pianga	abbia pianto
lui	piange	ha pianto	pianga	abbia pianto
noi	piangiamo	abbiamo pianto	piangiamo	abbiamo pianto
voi	piangete	avete pianto	piangiate	abbiate pianto
loro	piangono	hanno pianto	piangano	abbiano pianto
	IMPARFAIT	PLUS-QUE-PARFAIT	IMPARFAIT	PLUS-QUE-PARFAIT
io	piangevo	avevo pianto	piangessi	avessi pianto
tu	piangevi	avevi pianto	piangessi	avessi pianto
lui	piangeva	aveva pianto	piangesse	avesse pianto
noi	piangevamo	avevamo pianto	piangessimo	avessimo pianto
voi	piangevate	avevate pianto	piangeste	aveste pianto
loro	piangevano	avevano pianto	piangessero	avessero pianto

	PASSÉ SIMPLE	PASSÉ ANTÉRIEUR	IMPÉRATIF	
io	piansi	ebbi pianto		
tu	piangesti	avesti pianto		piangiamo (noi)
lui	pianse	ebbe pianto	piangi (tu)	piangete (voi)
noi	piangemmo	avemmo pianto	pianga (Lei)	piangano (Loro)
voi	piangeste	aveste pianto		
loro	piansero	ebbero pianto		

	FUTUR SIMPLE	FUTUR ANTÉRIEUR	CONDITIONNEL	
			PRÉSENT	PASSÉ
io	piangerò	avrò pianto	piangerei	avrei pianto
tu	piangerai	avrai pianto	piangeresti	avresti pianto
lui	piangerà	avrà pianto	piangerebbe	avrebbe pianto
noi	piangeremo	avremo pianto	piangeremmo	avremmo pianto
voi	piangerete	avrete pianto	piangereste	avreste pianto
loro	piangeranno	avranno pianto	piangerebbero	avrebbero pianto

	INFINITIF	GÉRONDIF	PARTICIPE
PRÉSENT	piangere	piangendo	piangente
PASSÉ	aver(e) pianto	avendo pianto	pianto

82 | cingere *ceindre*

cinsi | cinto

INDICATIF			SUBJONCTIF	
PRÉSENT	**PASSÉ COMPOSÉ**		**PRÉSENT**	**PASSÉ**
io	cingo	ho cinto	cinga	abbia cinto
tu	cingi	hai cinto	cinga	abbia cinto
lui	cinge	ha cinto	cinga	abbia cinto
noi	cingiamo	abbiamo cinto	cingiamo	abbiamo cinto
voi	cingete	avete cinto	cingiate	abbiate cinto
loro	cingono	hanno cinto	cingano	abbiano cinto
IMPARFAIT	**PLUS-QUE-PARFAIT**		**IMPARFAIT**	**PLUS-QUE-PARFAIT**
io	cingevo	avevo cinto	cingessi	avessi cinto
tu	cingevi	avevi cinto	cingessi	avessi cinto
lui	cingeva	aveva cinto	cingesse	avesse cinto
noi	cingevamo	avevamo cinto	cingessimo	avessimo cinto
voi	cingevate	avevate cinto	cingeste	aveste cinto
loro	cingevano	avevano cinto	cingessero	avessero cinto
PASSÉ SIMPLE	**PASSÉ ANTÉRIEUR**		IMPÉRATIF	
io	cinsi	ebbi cinto		
tu	cingesti	avesti cinto		cingiamo (noi)
lui	cinse	ebbe cinto	cingi (tu)	cingete (voi)
noi	cingemmo	avemmo cinto	cinga (Lei)	cingano (Loro)
voi	cingeste	aveste cinto		
loro	cinsero	ebbero cinto	CONDITIONNEL	
FUTUR SIMPLE	**FUTUR ANTÉRIEUR**		**PRÉSENT**	**PASSÉ**
io	cingerò	avrò cinto	cingerei	avrei cinto
tu	cingerai	avrai cinto	cingeresti	avresti cinto
lui	cingerà	avrà cinto	cingerebbe	avrebbe cinto
noi	cingeremo	avremo cinto	cingeremmo	avremmo cinto
voi	cingerete	avrete cinto	cingereste	avreste cinto
loro	cingeranno	avranno cinto	cingerebbero	avrebbero cinto

	INFINITIF	GÉRONDIF	PARTICIPE
PRÉSENT	cingere	cingendo	cingente
PASSÉ	aver(e) cinto	avendo cinto	cinto

* Ainsi se conjugue **mingere**, qui n'a pas de participe passé, ni de temps composés.

83 **stringere** serrer, étreindre

strinsi | stretto

	INDICATIF		SUBJONCTIF	
	PRÉSENT	PASSÉ COMPOSÉ	PRÉSENT	PASSÉ
io	stringo	ho stretto	stringa	abbia stretto
tu	stringi	hai stretto	stringa	abbia stretto
lui	stringe	ha stretto	stringa	abbia stretto
noi	stringiamo	abbiamo stretto	stringiamo	abbiamo stretto
voi	stringete	avete stretto	stringiate	abbiate stretto
loro	stringono	hanno stretto	stringano	abbiano stretto
	IMPARFAIT	PLUS-QUE-PARFAIT	IMPARFAIT	PLUS-QUE-PARFAIT
io	stringevo	avevo stretto	stringessi	avessi stretto
tu	stringevi	avevi stretto	stringessi	avessi stretto
lui	stringeva	aveva stretto	stringesse	avesse stretto
noi	stringevamo	avevamo stretto	stringessimo	avessimo stretto
voi	stringevate	avevate stretto	stringeste	aveste stretto
loro	stringevano	avevano stretto	stringessero	avessero stretto
	PASSÉ SIMPLE	PASSÉ ANTÉRIEUR		
io	strinsi	ebbi stretto		
tu	stringesti	avesti stretto		IMPÉRATIF
lui	strinse	ebbe stretto		stringiamo (noi)
noi	stringemmo	avemmo stretto	stringi (tu)	stringete (voi)
voi	stringeste	aveste stretto	stringa (Lei)	stringano (Loro)
loro	strinsero	ebbero stretto		
	FUTUR SIMPLE	FUTUR ANTÉRIEUR	CONDITIONNEL	
			PRÉSENT	PASSÉ
io	stringerò	avrò stretto	stringerei	avrei stretto
tu	stringerai	avrai stretto	stringeresti	avresti stretto
lui	stringerà	avrà stretto	stringerebbe	avrebbe stretto
noi	stringeremo	avremo stretto	stringeremmo	avremmo stretto
voi	stringerete	avrete stretto	stringereste	avreste stretto
loro	stringeranno	avranno stretto	stringerebbero	avrebbero stretto

	INFINITIF	GÉRONDIF	PARTICIPE
PRÉSENT	stringere	stringendo	stringente
PASSÉ	aver(e) stretto	avendo stretto	stretto

84 giungere *arriver*

giunsi | giunto

	INDICATIF		SUBJONCTIF	
	PRÉSENT	PASSÉ COMPOSÉ	PRÉSENT	PASSÉ
io	giungo	sono giunto	giunga	sia giunto
tu	giungi	sei giunto	giunga	sia giunto
lui	giunge	è giunto	giunga	sia giunto
noi	giungiamo	siamo giunti	giungiamo	siamo giunti
voi	giungete	siete giunti	giungiate	siate giunti
loro	giungono	sono giunti	giungano	siano giunti
	IMPARFAIT	PLUS-QUE-PARFAIT	IMPARFAIT	PLUS-QUE-PARFAIT
io	giungevo	ero giunto	giungessi	fossi giunto
tu	giungevi	eri giunto	giungessi	fossi giunto
lui	giungeva	era giunto	giungesse	fosse giunto
noi	giungevamo	eravamo giunti	giungessimo	fossimo giunti
voi	giungevate	eravate giunti	giungeste	foste giunti
loro	giungevano	erano giunti	giungessero	fossero giunti

	PASSÉ SIMPLE	PASSÉ ANTÉRIEUR	IMPÉRATIF	
io	giunsi	fui giunto		
tu	giungesti	fosti giunto		giungiamo (noi)
lui	giunse	fu giunto	giungi (tu)	giungete (voi)
noi	giungemmo	fummo giunti	giunga (Lei)	giungano (Loro)
voi	giungeste	foste giunti		
loro	giunsero	furono giunti		

	FUTUR SIMPLE	FUTUR ANTÉRIEUR	CONDITIONNEL	
			PRÉSENT	PASSÉ
io	giungerò	sarò giunto	giungerei	sarei giunto
tu	giungerai	sarai giunto	giungeresti	saresti giunto
lui	giungerà	sarà giunto	giungerebbe	sarebbe giunto
noi	giungeremo	saremo giunti	giungeremmo	saremmo giunti
voi	giungerete	sarete giunti	giungereste	sareste giunti
loro	giungeranno	saranno giunti	giungerebbero	sarebbero giunti

	INFINITIF	GÉRONDIF	PARTICIPE
PRÉSENT	giungere	giungendo	giungente
PASSÉ	esser(e) giunto	essendo giunto	giunto

85 | **spargere** répandre

sparsi | sparso

INDICATIF				SUBJONCTIF		
	PRÉSENT	PASSÉ COMPOSÉ		PRÉSENT	PASSÉ	
io	spargo	ho sparso		sparga	abbia sparso	
tu	spargi	hai sparso		sparga	abbia sparso	
lui	sparge	ha sparso		sparga	abbia sparso	
noi	spargiamo	abbiamo sparso		spargiamo	abbiamo sparso	
voi	spargete	avete sparso		spargiate	abbiate sparso	
loro	spargono	hanno sparso		spargano	abbiano sparso	
	IMPARFAIT	PLUS-QUE-PARFAIT		IMPARFAIT	PLUS-QUE-PARFAIT	
io	spargevo	avevo sparso		spargessi	avessi sparso	
tu	spargevi	avevi sparso		spargessi	avessi sparso	
lui	spargeva	aveva sparso		spargesse	avesse sparso	
noi	spargevamo	avevamo sparso		spargessimo	avessimo sparso	
voi	spargevate	avevate sparso		spargeste	aveste sparso	
loro	spargevano	avevano sparso		spargessero	avessero sparso	
	PASSÉ SIMPLE	PASSÉ ANTÉRIEUR		IMPÉRATIF		
io	sparsi	ebbi sparso				
tu	spargesti	avesti sparso			spargiamo (noi)	
lui	sparse	ebbe sparso		spargi (tu)	spargete (voi)	
noi	spargemmo	avemmo sparso		sparga (Lei)	spargano (Loro)	
voi	spargeste	aveste sparso				
loro	sparsero	ebbero sparso		CONDITIONNEL		
	FUTUR SIMPLE	FUTUR ANTÉRIEUR		PRÉSENT	PASSÉ	
io	spargerò	avrò sparso		spargerei	avrei sparso	
tu	spargerai	avrai sparso		spargeresti	avresti sparso	
lui	spargerà	avrà sparso		spargerebbe	avrebbe sparso	
noi	spargeremo	avremo sparso		spargeremmo	avremmo sparso	
voi	spargerete	avrete sparso		spargereste	avreste sparso	
loro	spargeranno	avranno sparso		spargerebbero	avrebbero sparso	

	INFINITIF	GÉRONDIF	PARTICIPE
PRÉSENT	spargere	spargendo	spargente
PASSÉ	aver(e) sparso	avendo sparso	sparso

86 emergere *émerger*

emersi | emerso

INDICATIF

	PRÉSENT	PASSÉ COMPOSÉ
io	emergo	sono emerso
tu	emergi	sei emerso
lui	emerge	è emerso
noi	emergiamo	siamo emersi
voi	emergete	siete emersi
loro	emergono	sono emersi

	IMPARFAIT	PLUS-QUE-PARFAIT
io	emergevo	ero emerso
tu	emergevi	eri emerso
lui	emergeva	era emerso
noi	emergevamo	eravamo emersi
voi	emergevate	eravate emersi
loro	emergevano	erano emersi

	PASSÉ SIMPLE	PASSÉ ANTÉRIEUR
io	emersi	fui emerso
tu	emergesti	fosti emerso
lui	emerse	fu emerso
noi	emergemmo	fummo emersi
voi	emergeste	foste emersi
loro	emersero	furono emersi

	FUTUR SIMPLE	FUTUR ANTÉRIEUR
io	emergerò	sarò emerso
tu	emergerai	sarai emerso
lui	emergerà	sarà emerso
noi	emergeremo	saremo emersi
voi	emergerete	sarete emersi
loro	emergeranno	saranno emersi

SUBJONCTIF

	PRÉSENT	PASSÉ
	emerga	sia emerso
	emerga	sia emerso
	emerga	sia emerso
	emergiamo	siamo emersi
	emergiate	siate emersi
	emergano	siano emersi

	IMPARFAIT	PLUS-QUE-PARFAIT
	emergessi	fossi emerso
	emergessi	fossi emerso
	emergesse	fosse emerso
	emergessimo	fossimo emersi
	emergeste	foste emersi
	emergessero	fossero emersi

IMPÉRATIF

	emergiamo (noi)
emergi (tu)	emergete (voi)
emerga (Lei)	emergano (Loro)

CONDITIONNEL

	PRÉSENT	PASSÉ
	emergerei	sarei emerso
	emergeresti	saresti emerso
	emergerebbe	sarebbe emerso
	emergeremmo	saremmo emersi
	emergereste	sareste emersi
	emergerebbero	sarebbero emersi

INFINITIF		GÉRONDIF	PARTICIPE
PRÉSENT	emergere	emergendo	emergente
PASSÉ	esser(e) emerso	essendo emerso	emerso

- Ainsi se conjuguent **adergere, ergere, riergere,** mais leurs participes passés sont en **-to** : aderto, erto, rierto.
- **Convergere** et **divergere** suivent le même modèle que emergere, mais ils ne s'emploient pas aux temps composés ; les participes passés converso et diverso sont utilisés seulement comme adjectifs.

87 porgere tendre

porsi | porto

	INDICATIF		SUBJONCTIF	
	PRÉSENT	PASSÉ COMPOSÉ	PRÉSENT	PASSÉ
io	porgo	ho porto	porga	abbia porto
tu	porgi	hai porto	porga	abbia porto
lui	porge	ha porto	porga	abbia porto
noi	porgiamo	abbiamo porto	porgiamo	abbiamo porto
voi	porgete	avete porto	porgiate	abbiate porto
loro	porgono	hanno porto	porgano	abbiano porto
	IMPARFAIT	PLUS-QUE-PARFAIT	IMPARFAIT	PLUS-QUE-PARFAIT
io	porgevo	avevo porto	porgessi	avessi porto
tu	porgevi	avevi porto	porgessi	avessi porto
lui	porgeva	aveva porto	porgesse	avesse porto
noi	porgevamo	avevamo porto	porgessimo	avessimo porto
voi	porgevate	avevate porto	porgeste	aveste porto
loro	porgevano	avevano porto	porgessero	avessero porto
	PASSÉ SIMPLE	PASSÉ ANTÉRIEUR		
io	porsi	ebbi porto	IMPÉRATIF	
tu	porgesti	avesti porto		
lui	porse	ebbe porto		porgiamo (noi)
noi	porgemmo	avemmo porto	porgi (tu)	porgete (voi)
voi	porgeste	aveste porto	porga (Lei)	porgano (Loro)
loro	porsero	ebbero porto		
	FUTUR SIMPLE	FUTUR ANTÉRIEUR	CONDITIONNEL	
io	porgerò	avrò porto	PRÉSENT	PASSÉ
tu	porgerai	avrai porto	porgerei	avrei porto
lui	porgerà	avrà porto	porgeresti	avresti porto
noi	porgeremo	avremo porto	porgerebbe	avrebbe porto
voi	porgerete	avrete porto	porgeremmo	avremmo porto
loro	porgeranno	avranno porto	porgereste	avreste porto
			porgerebbero	avrebbero porto

	INFINITIF	GÉRONDIF	PARTICIPE
PRÉSENT	porgere	porgendo	porgente
PASSÉ	aver(e) porto	avendo porto	porto

* Ainsi se conjugue **resurgere**, qui garde cependant le -**u**- du radical : io assurgo/assurgevo...

88 scegliere choisir

scelsi | scelto

INDICATIF			SUBJONCTIF	
PRÉSENT	**PASSÉ COMPOSÉ**		**PRÉSENT**	**PASSÉ**
io	scelgo	ho scelto	scelga	abbia scelto
tu	scegli	hai scelto	scelga	abbia scelto
lui	sceglie	ha scelto	scelga	abbia scelto
noi	scegliamo	abbiamo scelto	scegliamo	abbiamo scelto
voi	scegliete	avete scelto	scegliate	abbiate scelto
loro	scelgono	hanno scelto	scelgano	abbiano scelto
IMPARFAIT	**PLUS-QUE-PARFAIT**		**IMPARFAIT**	**PLUS-QUE-PARFAIT**
io	sceglievo	avevo scelto	scegliessi	avessi scelto
tu	sceglievi	avevi scelto	scegliessi	avessi scelto
lui	sceglieva	aveva scelto	scegliesse	avesse scelto
noi	sceglievamo	avevamo scelto	scegliessimo	avessimo scelto
voi	sceglievate	avevate scelto	sceglieste	aveste scelto
loro	sceglievano	avevano scelto	scegliessero	avessero scelto
PASSÉ SIMPLE	**PASSÉ ANTÉRIEUR**			
io	scelsi	ebbi scelto		
tu	scegliesti	avesti scelto		
lui	scelse	ebbe scelto		
noi	scegliemmo	avemmo scelto		
voi	sceglieste	aveste scelto		
loro	scelsero	ebbero scelto		

IMPÉRATIF

	scegliamo (noi)
scegli (tu)	scegliete (voi)
scelga (Lei)	scelgano (Loro)

FUTUR SIMPLE	FUTUR ANTÉRIEUR		CONDITIONNEL	
			PRÉSENT	**PASSÉ**
io	sceglierò	avrò scelto	sceglierei	avrei scelto
tu	sceglierai	avrai scelto	sceglieresti	avresti scelto
lui	sceglierà	avrà scelto	sceglierebbe	avrebbe scelto
noi	sceglieremo	avremo scelto	sceglieremmo	avremmo scelto
voi	sceglierete	avrete scelto	scegliereste	avreste scelto
loro	sceglieranno	avranno scelto	sceglierebbero	avrebbero scelto

	INFINITIF	GÉRONDIF	PARTICIPE
PRÉSENT	scegliere	scegliendo	scegliente
PASSÉ	aver(e) scelto	avendo scelto	scelto

89 cogliere *cueillir*

colsi | colto

INDICATIF

	PRÉSENT	PASSÉ COMPOSÉ
io	colgo	ho colto
tu	cogli	hai colto
lui	coglie	ha colto
noi	cogliamo	abbiamo colto
voi	cogliete	avete colto
loro	colgono	hanno colto

	IMPARFAIT	PLUS-QUE-PARFAIT
io	coglievo	avevo colto
tu	coglievi	avevi colto
lui	coglieva	aveva colto
noi	coglievamo	avevamo colto
voi	coglievate	avevate colto
loro	coglievano	avevano colto

	PASSÉ SIMPLE	PASSÉ ANTÉRIEUR
io	colsi	ebbi colto
tu	cogliesti	avesti colto
lui	colse	ebbe colto
noi	cogliemmo	avemmo colto
voi	coglieste	aveste colto
loro	colsero	ebbero colto

	FUTUR SIMPLE	FUTUR ANTÉRIEUR
io	coglierò	avrò colto
tu	coglierai	avrai colto
lui	coglierà	avrà colto
noi	coglieremo	avremo colto
voi	coglierete	avrete colto
loro	coglieranno	avranno colto

SUBJONCTIF

PRÉSENT	PASSÉ
colga	abbia colto
colga	abbia colto
colga	abbia colto
cogliamo	abbiamo colto
cogliate	abbiate colto
colgano	abbiano colto

IMPARFAIT	PLUS-QUE-PARFAIT
cogliessi	avessi colto
cogliessi	avessi colto
cogliesse	avesse colto
cogliessimo	avessimo colto
coglieste	aveste colto
cogliessero	avessero colto

IMPÉRATIF

	cogliamo (noi)
cogli (tu)	cogliete (voi)
colga (Lei)	colgano (Loro)

CONDITIONNEL

PRÉSENT	PASSÉ
coglierei	avrei colto
coglieresti	avresti colto
coglierebbe	avrebbe colto
coglieremmo	avremmo colto
cogliereste	avreste colto
coglierebbero	avrebbero colto

	INFINITIF	GÉRONDIF	PARTICIPE
PRÉSENT	cogliere	cogliendo	cogliente
PASSÉ	aver(e) colto	avendo colto	colto

90 compiere *accomplir*

compiei | compiuto

INDICATIF			SUBJONCTIF	
	PRÉSENT	PASSÉ COMPOSÉ	PRÉSENT	PASSÉ
io	compio	ho compiuto	compia	abbia compiuto
tu	compi	hai compiuto	compia	abbia compiuto
lui	compie	ha compiuto	compia	abbia compiuto
noi	compiamo	abbiamo compiuto	compiamo	abbiamo compiuto
voi	compiete	avete compiuto	compiate	abbiate compiuto
loro	compiono	hanno compiuto	compiano	abbiano compiuto
	IMPARFAIT	PLUS-QUE-PARFAIT	IMPARFAIT	PLUS-QUE-PARFAIT
io	compievo	avevo compiuto	compiessi	avessi compiuto
tu	compievi	avevi compiuto	compiessi	avessi compiuto
lui	compieva	aveva compiuto	compiesse	avesse compiuto
noi	compievamo	avevamo compiuto	compiessimo	avessimo compiuto
voi	compievate	avevate compiuto	compieste	aveste compiuto
loro	compievano	avevano compiuto	compiessero	avessero compiuto
	PASSÉ SIMPLE	PASSÉ ANTÉRIEUR		
io	compiei	ebbi compiuto		
tu	compiesti	avesti compiuto		IMPÉRATIF
lui	compié	ebbe compiuto		compiamo (noi)
noi	compiemmo	avemmo compiuto	compi (tu)	compiete (voi)
voi	compieste	aveste compiuto	compia (Lei)	compiano (Loro)
loro	compierono	ebbero compiuto		
	FUTUR SIMPLE	FUTUR ANTÉRIEUR	CONDITIONNEL	
			PRÉSENT	PASSÉ
io	compierò	avrò compiuto	compierei	avrei compiuto
tu	compierai	avrai compiuto	compieresti	avresti compiuto
lui	compierà	avrà compiuto	compierebbe	avrebbe compiuto
noi	compieremo	avremo compiuto	compieremmo	avremmo compiuto
voi	compierete	avrete compiuto	compiereste	avreste compiuto
loro	compieranno	avranno compiuto	compierebbero	avrebbero compiuto

INFINITIF	GÉRONDIF	PARTICIPE
PRÉSENT compiere	compiendo	compiente
PASSÉ aver(e) compiuto	avendo compiuto	compiuto

• Verbe sovrabbondante, compiere utilise aussi les formes du verbe de 3e groupe compire (→ 134), surtout à l'imparfait de l'indicatif et au passé simple.
Suivent cette conjugaison les verbes **adempiere, empiere** et **riempiere**, qui sont toujours des verbes sovrabbondanti.

91 **valere** valoir

valsi | valso

INDICATIF		SUBJONCTIF	
PRÉSENT	**PASSÉ COMPOSÉ**	**PRÉSENT**	**PASSÉ**
io valgo	ho valso	valga	abbia valso
tu vali	hai valso	valga	abbia valso
lui vale	ha valso	valga	abbia valso
noi valiamo	abbiamo valso	valiamo	abbiamo valso
voi valete	avete valso	valiate	abbiate valso
loro valgono	hanno valso	valgano	abbiano valso
IMPARFAIT	**PLUS-QUE-PARFAIT**	**IMPARFAIT**	**PLUS-QUE-PARFAIT**
io valevo	avevo valso	valessi	avessi valso
tu valevi	avevi valso	valessi	avessi valso
lui valeva	aveva valso	valesse	avesse valso
noi valevamo	avevamo valso	valessimo	avessimo valso
voi valevate	avevate valso	valeste	aveste valso
loro valevano	avevano valso	valessero	avessero valso
PASSÉ SIMPLE	**PASSÉ ANTÉRIEUR**	**IMPÉRATIF**	
io valsi	ebbi valso		
tu valesti	avesti valso		valiamo (noi)
lui valse	ebbe valso	vali (tu)	valete (voi)
noi valemmo	avemmo valso	valga (Lei)	valgano (Loro)
voi valeste	aveste valso		
loro valsero	ebbero valso		
FUTUR SIMPLE	**FUTUR ANTÉRIEUR**	CONDITIONNEL	
		PRÉSENT	**PASSÉ**
io varrò	avrò valso	varrei	avrei valso
tu varrai	avrai valso	varresti	avresti valso
lui varrà	avrà valso	varrebbe	avrebbe valso
noi varremo	avremo valso	varremmo	avremmo valso
voi varrete	avrete valso	varreste	avreste valso
loro varranno	avranno valso	varrebbero	avrebbero valso

	INFINITIF	GÉRONDIF	PARTICIPE
PRÉSENT	valere	valendo	valente
PASSÉ	aver(e) valso	avendo valso	valso

• Ainsi se conjugue **calere** (avoir à cœur), qui n'a cependant que la 3ᵉ personne du singulier. Il ne se conjugue pas au participe passé, ni aux temps composés. Il est uniquement employé à la forme négative : non mi cale.

92 | **invalere** *s'affirmer*

invalse | invalso

INDICATIF

PRÉSENT
| lui | invale |
| loro | invalgono |

IMPARFAIT
| lui | invaleva |
| loro | invalevano |

PASSÉ SIMPLE
| lui | invalse |
| loro | invalsero |

	INFINITIF	PARTICIPE
PRÉSENT	invalere	invalente
PASSÉ		invalso

93 **dolersi** se plaindre

mi dolsi | dolutosi

INDICATIF		SUBJONCTIF	
PRÉSENT	**PASSÉ COMPOSÉ**	**PRÉSENT**	**PASSÉ**
io mi dolgo	mi sono doluto	mi dolga	mi sia doluto
tu ti duoli	ti sei doluto	ti dolga	ti sia doluto
lui si duole	si è doluto	si dolga	si sia doluto
noi ci doliamo	ci siamo doluti	ci doliamo	ci siamo doluti
voi vi dolete	vi siete doluti	vi doliate	vi siate doluti
loro si dolgono	si sono doluti	si dolgano	si siano doluti
IMPARFAIT	**PLUS-QUE-PARFAIT**	**IMPARFAIT**	**PLUS-QUE-PARFAIT**
io mi dolevo	mi ero doluto	mi dolessi	mi fossi doluto
tu ti dolevi	ti eri doluto	ti dolessi	ti fossi doluto
lui si doleva	si era doluto	si dolesse	si fosse doluto
noi ci dolevamo	ci eravamo doluti	ci dolessimo	ci fossimo doluti
voi vi dolevate	vi eravate doluti	vi doleste	vi foste doluti
loro si dolevano	si erano doluti	si dolessero	si fossero doluti
PASSÉ SIMPLE	**PASSÉ ANTÉRIEUR**		
io mi dolsi	mi fui doluto		
tu ti dolesti	ti fosti doluto		
lui si dolse	si fu doluto		
noi ci dolemmo	ci fummo doluti		
voi vi doleste	vi foste doluti		
loro si dolsero	si furono doluti		

IMPÉRATIF

	doliamoci (noi)
duoliti (tu)	doletevi (voi)
si dolga (Lei)	si dolgano (Loro)

		CONDITIONNEL	
FUTUR SIMPLE	**FUTUR ANTÉRIEUR**	**PRÉSENT**	**PASSÉ**
io mi dorrò	mi sarò doluto	mi dorrei	mi sarei doluto
tu ti dorrai	ti sarai doluto	ti dorresti	ti saresti doluto
lui si dorrà	si sarà doluto	si dorrebbe	si sarebbe doluto
noi ci dorremo	ci saremo doluti	ci dorremmo	ci saremmo doluti
voi vi dorrete	vi sarete doluti	vi dorreste	vi sareste doluti
loro si dorranno	si saranno doluti	si dorrebbero	si sarebbero doluti

	INFINITIF	GÉRONDIF	PARTICIPE
PRÉSENT	dolersi	dolendosi	dolentesi
PASSÉ	essersi doluto	essendosi doluto	dolutosi

- Au présent de l'indicatif, pour noi la forme ci dogliamo est aussi possible.
- Au subjonctif présent, les formes mi doglia, ti doglia, si doglia, ci dogliamo, vi dogliate sont également utilisées.
- **Dolersi** peut s'employer à la forme intransitive non pronominale : il dente duole.

94 solere avoir l'habitude de

solei | solito

INDICATIF	SUBJONCTIF
PRÉSENT	**PRÉSENT**

	INDICATIF	SUBJONCTIF
	PRÉSENT	**PRÉSENT**
io	soglio	soglia
tu	suoli	soglia
lui	suole	soglia
noi	sogliamo	sogliamo
voi	solete	sogliate
loro	sogliono	sogliano
	IMPARFAIT	**IMPARFAIT**
io	solevo	solessi
tu	solevi	solessi
lui	soleva	solesse
noi	solevamo	solessimo
voi	solevate	soleste
loro	solevano	solessero
	PASSÉ SIMPLE	
io	solei	
tu	solesti	
lui	solé	
noi	solemmo	
voi	soleste	
loro	solerono	

	INFINITIF	PARTICIPE
PRÉSENT	solendo	
PASSÉ		solito

- Excepté l'imparfait de l'indicatif, les autres formes de ce verbe sont rares et sont remplacées par la locution essere solito.
- Le participe passé solito a valeur d'adjectif (habituel), puisque cette conjugaison n'a pas de formes composées.

95 **volere** vouloir

volli | voluto

	INDICATIF		SUBJONCTIF	
	PRÉSENT	PASSÉ COMPOSÉ	PRÉSENT	PASSÉ
io	voglio	ho voluto	voglia	abbia voluto
tu	vuoi	hai voluto	voglia	abbia voluto
lui	vuole	ha voluto	voglia	abbia voluto
noi	vogliamo	abbiamo voluto	vogliamo	abbiamo voluto
voi	volete	avete voluto	vogliate	abbiate voluto
loro	vogliono	hanno voluto	vogliano	abbiano voluto
	IMPARFAIT	PLUS-QUE-PARFAIT	IMPARFAIT	PLUS-QUE-PARFAIT
io	volevo	avevo voluto	volessi	avessi voluto
tu	volevi	avevi voluto	volessi	avessi voluto
lui	voleva	aveva voluto	volesse	avesse voluto
noi	volevamo	avevamo voluto	volessimo	avessimo voluto
voi	volevate	avevate voluto	voleste	aveste voluto
loro	volevano	avevano voluto	volessero	avessero voluto

	PASSÉ SIMPLE	PASSÉ ANTÉRIEUR	IMPÉRATIF	
io	volli	ebbi voluto		
tu	volesti	avesti voluto		vogliamo (noi)
lui	volle	ebbe voluto	vuoi (tu)	volete (voi)
noi	volemmo	avemmo voluto	voglia (Lei)	vogliano (Loro)
voi	voleste	aveste voluto		
loro	vollero	ebbero voluto		

	FUTUR SIMPLE	FUTUR ANTÉRIEUR	CONDITIONNEL	
			PRÉSENT	PASSÉ
io	vorrò	avrò voluto	vorrei	avrei voluto
tu	vorrai	avrai voluto	vorresti	avresti voluto
lui	vorrà	avrà voluto	vorrebbe	avrebbe voluto
noi	vorremo	avremo voluto	vorremmo	avremmo voluto
voi	vorrete	avrete voluto	vorreste	avreste voluto
loro	vorranno	avranno voluto	vorrebbero	avrebbero voluto

	INFINITIF	GÉRONDIF	PARTICIPE
PRÉSENT	volere	volendo	volente
PASSÉ	aver(e) voluto	avendo voluto	voluto

- Employé seul, le verbe volere se conjugue avec l'auxiliaire avere aux temps composés.
- Suivi d'un autre verbe, il peut prendre l'auxiliaire qui convient à ce verbe (→ 177).
- Le verbe **malvolere** ne s'utilise qu'au participe présent (malvolente) et au participe passé (malvoluto).

96 espellere expulser

espulsi | espulso

INDICATIF		SUBJONCTIF	
PRÉSENT	**PASSÉ COMPOSÉ**	**PRÉSENT**	**PASSÉ**
io espello	ho espulso	espella	abbia espulso
tu espelli	hai espulso	espella	abbia espulso
lui espelle	ha espulso	espella	abbia espulso
noi espelliamo	abbiamo espulso	espelliamo	abbiamo espulso
voi espellete	avete espulso	espelliate	abbiate espulso
loro espellono	hanno espulso	espellano	abbiano espulso
IMPARFAIT	**PLUS-QUE-PARFAIT**	**IMPARFAIT**	**PLUS-QUE-PARFAIT**
io espellevo	avevo espulso	espellessi	avessi espulso
tu espellevi	avevi espulso	espellessi	avessi espulso
lui espelleva	aveva espulso	espellesse	avesse espulso
noi espellevamo	avevamo espulso	espellessimo	avessimo espulso
voi espellevate	avevate espulso	espelleste	aveste espulso
loro espellevano	avevano espulso	espellessero	avessero espulso

		IMPÉRATIF	
PASSÉ SIMPLE	**PASSÉ ANTÉRIEUR**		
io espulsi	ebbi espulso		
tu espellesti	avesti espulso		espelliamo (noi)
lui espulse	ebbe espulso	espelli (tu)	espellete (voi)
noi espellemmo	avemmo espulso	espella (Lei)	espellano (Loro)
voi espelleste	aveste espulso		
loro espulsero	ebbero espulso	CONDITIONNEL	

FUTUR SIMPLE	**FUTUR ANTÉRIEUR**	**PRÉSENT**	**PASSÉ**
io espellerò	avrò espulso	espellerei	avrei espulso
tu espellerai	avrai espulso	espelleresti	avresti espulso
lui espellerà	avrà espulso	espellerebbe	avrebbe espulso
noi espelleremo	avremo espulso	espelleremmo	avremmo espulso
voi espellerete	avrete espulso	espellereste	avreste espulso
loro espelleranno	avranno espulso	espellerebbero	avrebbero espulso

INFINITIF		GÉRONDIF	PARTICIPE
PRÉSENT	espellere	espellendo	espellente
PASSÉ	aver(e) espulso	avendo espulso	espulso

• Ainsi se conjugue **avellere**, qui a cependant deux formes possibles à la 1ʳᵉ personne du singulier du passé simple : avulsi/avelsi.

97 svellere _arracher_

svelsi | svelto

	INDICATIF		SUBJONCTIF	
	PRÉSENT	PASSÉ COMPOSÉ	PRÉSENT	PASSÉ
io	svello	ho svelto	svella	abbia svelto
tu	svelli	hai svelto	svella	abbia svelto
lui	svelle	ha svelto	svella	abbia svelto
noi	svelliamo	abbiamo svelto	svelliamo	abbiamo svelto
voi	svellete	avete svelto	svelliate	abbiate svelto
loro	svellono	hanno svelto	svellano	abbiano svelto
	IMPARFAIT	PLUS-QUE-PARFAIT	IMPARFAIT	PLUS-QUE-PARFAIT
io	svellevo	avevo svelto	svellessi	avessi svelto
tu	svellevi	avevi svelto	svellessi	avessi svelto
lui	svelleva	aveva svelto	svellesse	avesse svelto
noi	svellevamo	avevamo svelto	svellessimo	avessimo svelto
voi	svellevate	avevate svelto	svelleste	aveste svelto
loro	svellevano	avevano svelto	svellessero	avessero svelto

	PASSÉ SIMPLE	PASSÉ ANTÉRIEUR
io	svelsi	ebbi svelto
tu	svellesti	avesti svelto
lui	svelse	ebbe svelto
noi	svellemmo	avemmo svelto
voi	svelleste	aveste svelto
loro	svelsero	ebbero svelto

IMPÉRATIF

	svelliamo (noi)
svelli (tu)	svellete (voi)
svella (Lei)	svellano (Loro)

	FUTUR SIMPLE	FUTUR ANTÉRIEUR	PRÉSENT	PASSÉ
io	svellerò	avrò svelto	svellerei	avrei svelto
tu	svellerai	avrai svelto	svelleresti	avresti svelto
lui	svellerà	avrà svelto	svellerebbe	avrebbe svelto
noi	svelleremo	avremo svelto	svelleremmo	avremmo svelto
voi	svellerete	avrete svelto	svellereste	avreste svelto
loro	svelleranno	avranno svelto	svellerebbero	avrebbero svelto

CONDITIONNEL (PRÉSENT / PASSÉ)

	INFINITIF	GÉRONDIF	PARTICIPE
PRÉSENT	svellere	svellendo	svellente
PASSÉ	aver(e) svelto	avendo svelto	svelto

• Ainsi se conjugue **eccellere**, sauf au participe passé eccelso, surtout utilisé comme adjectif (l'emploi de ce verbe aux temps composés est rare).

98 | redimere racheter, délivrer

redensi | redento

	INDICATIF		SUBJONCTIF	
	PRÉSENT	PASSÉ COMPOSÉ	PRÉSENT	PASSÉ
io	redimo	ho redento	redima	abbia redento
tu	redimi	hai redento	redima	abbia redento
lui	redime	ha redento	redima	abbia redento
noi	redimiamo	abbiamo redento	redimiamo	abbiamo redento
voi	redimete	avete redento	redimiate	abbiate redento
loro	redimono	hanno redento	redimano	abbiano redento
	IMPARFAIT	PLUS-QUE-PARFAIT	IMPARFAIT	PLUS-QUE-PARFAIT
io	redimevo	avevo redento	redimessi	avessi redento
tu	redimevi	avevi redento	redimessi	avessi redento
lui	redimeva	aveva redento	redimesse	avesse redento
noi	redimevamo	avevamo redento	redimessimo	avessimo redento
voi	redimevate	avevate redento	redimeste	aveste redento
loro	redimevano	avevano redento	redimessero	avessero redento
	PASSÉ SIMPLE	PASSÉ ANTÉRIEUR		
io	redensi	ebbi redento		
tu	redimesti	avesti redento		IMPÉRATIF
lui	redense	ebbe redento	redimi (tu)	redimiamo (noi)
noi	redimemmo	avemmo redento	redima (Lei)	redimete (voi)
voi	redimeste	aveste redento		redimano (Loro)
loro	redensero	ebbero redento		
	FUTUR SIMPLE	FUTUR ANTÉRIEUR	CONDITIONNEL	
			PRÉSENT	PASSÉ
io	redimerò	avrò redento	redimerei	avrei redento
tu	redimerai	avrai redento	redimeresti	avresti redento
lui	redimerà	avrà redento	redimerebbe	avrebbe redento
noi	redimeremo	avremo redento	redimeremmo	avremmo redento
voi	redimerete	avrete redento	redimereste	avreste redento
loro	redimeranno	avranno redento	redimerebbero	avrebbero redento

	INFINITIF	GÉRONDIF	PARTICIPE
PRÉSENT	redimere	redimendo	redimente
PASSÉ	aver(e) redento	avendo redento	redento

* Ainsi se conjuguent **dirimere** et **esimere**, sauf au passé simple : io dirimei/dirimetti, lui dirimé/dirimette, loro dirimerono/dirimettero ; io esimei/esimetti, lui esimé/esimette, loro esimerono/esimettero. Les deux verbes n'ont pas de participe passé ni de temps composés.

99 comprimere comprimer compressi | compresso

	INDICATIF		SUBJONCTIF	
	PRÉSENT	PASSÉ COMPOSÉ	PRÉSENT	PASSÉ
io	comprimo	ho compresso	comprima	abbia compresso
tu	comprimi	hai compresso	comprima	abbia compresso
lui	comprime	ha compresso	comprima	abbia compresso
noi	comprimiamo	abbiamo compresso	comprimiamo	abbiamo compresso
voi	comprimete	avete compresso	comprimiate	abbiate compresso
loro	comprimono	hanno compresso	comprimano	abbiano compresso
	IMPARFAIT	PLUS-QUE-PARFAIT	IMPARFAIT	PLUS-QUE-PARFAIT
io	comprimevo	avevo compresso	comprimessi	avessi compresso
tu	comprimevi	avevi compresso	comprimessi	avessi compresso
lui	comprimeva	aveva compresso	comprimesse	avesse compresso
noi	comprimevamo	avevamo compresso	comprimessimo	avessimo compresso
voi	comprimevate	avevate compresso	comprimeste	aveste compresso
loro	comprimevano	avevano compresso	comprimessero	avessero compresso
	PASSÉ SIMPLE	PASSÉ ANTÉRIEUR		
io	compressi	ebbi compresso	IMPÉRATIF	
tu	comprimesti	avesti compresso		comprimiamo (noi)
lui	compresse	ebbe compresso	comprimi (tu)	comprimete (voi)
noi	comprimemmo	avemmo compresso	comprima (Lei)	comprimano (Loro)
voi	comprimeste	aveste compresso		
loro	compressero	ebbero compresso	CONDITIONNEL	
	FUTUR SIMPLE	FUTUR ANTÉRIEUR	PRÉSENT	PASSÉ
io	comprimerò	avrò compresso	comprimerei	avrei compresso
tu	comprimerai	avrai compresso	comprimeresti	avresti compresso
lui	comprimerà	avrà compresso	comprimerebbe	avrebbe compresso
noi	comprimeremo	avremo compresso	comprimeremmo	avremmo compresso
voi	comprimerete	avrete compresso	comprimereste	avreste compresso
loro	comprimeranno	avranno compresso	comprimerebbero	avrebbero compresso

	INFINITIF	GÉRONDIF	PARTICIPE
PRÉSENT	comprimere	comprimendo	comprimente
PASSÉ	aver(e) compresso	avendo compresso	compresso

100 assumere prendre, embaucher assunsi |assunto

	INDICATIF		SUBJONCTIF	
	PRÉSENT	PASSÉ COMPOSÉ	PRÉSENT	PASSÉ
io	assumo	ho assunto	assuma	abbia assunto
tu	assumi	hai assunto	assuma	abbia assunto
lui	assume	ha assunto	assuma	abbia assunto
noi	assumiamo	abbiamo assunto	assumiamo	abbiamo assunto
voi	assumete	avete assunto	assumiate	abbiate assunto
loro	assumono	hanno assunto	assumano	abbiano assunto
	IMPARFAIT	PLUS-QUE-PARFAIT	IMPARFAIT	PLUS-QUE-PARFAIT
io	assumevo	avevo assunto	assumessi	avessi assunto
tu	assumevi	avevi assunto	assumessi	avessi assunto
lui	assumeva	aveva assunto	assumesse	avesse assunto
noi	assumevamo	avevamo assunto	assumessimo	avessimo assunto
voi	assumevate	avevate assunto	assumeste	aveste assunto
loro	assumevano	avevano assunto	assumessero	avessero assunto

	PASSÉ SIMPLE	PASSÉ ANTÉRIEUR	IMPÉRATIF	
io	assunsi	ebbi assunto		
tu	assumesti	avesti assunto		assumiamo (noi)
lui	assunse	ebbe assunto	assumi (tu)	assumete (voi)
noi	assumemmo	avemmo assunto	assuma (Lei)	assumano (Loro)
voi	assumeste	aveste assunto		
loro	assunsero	ebbero assunto		

	FUTUR SIMPLE	FUTUR ANTÉRIEUR	CONDITIONNEL	
			PRÉSENT	PASSÉ
io	assumerò	avrò assunto	assumerei	avrei assunto
tu	assumerai	avrai assunto	assumeresti	avresti assunto
lui	assumerà	avrà assunto	assumerebbe	avrebbe assunto
noi	assumeremo	avremo assunto	assumeremmo	avremmo assunto
voi	assumerete	avrete assunto	assumereste	avreste assunto
loro	assumeranno	avranno assunto	assumerebbero	avrebbero assunto

	INFINITIF	GÉRONDIF	PARTICIPE
PRÉSENT	assumere	assumendo	assumente
PASSÉ	aver(e) assunto	avendo assunto	assunto

101 **rimanere** rester

rima**si** | rima**sto**

	INDICATIF		SUBJONCTIF	
	PRÉSENT	PASSÉ COMPOSÉ	PRÉSENT	PASSÉ
io	rimango	sono rimasto	rimanga	sia rimasto
tu	rimani	sei rimasto	rimanga	sia rimasto
lui	rimane	è rimasto	rimanga	sia rimasto
noi	rimaniamo	siamo rimasti	rimaniamo	siamo rimasti
voi	rimanete	siete rimasti	rimaniate	siate rimasti
loro	rimangono	sono rimasti	rimangano	siano rimasti
	IMPARFAIT	PLUS-QUE-PARFAIT	IMPARFAIT	PLUS-QUE-PARFAIT
io	rimanevo	ero rimasto	rimanessi	fossi rimasto
tu	rimanevi	eri rimasto	rimanessi	fossi rimasto
lui	rimaneva	era rimasto	rimanesse	fosse rimasto
noi	rimanevamo	eravamo rimasti	rimanessimo	fossimo rimasti
voi	rimanevate	eravate rimasti	rimaneste	foste rimasti
loro	rimanevano	erano rimasti	rimanessero	fossero rimasti

	PASSÉ SIMPLE	PASSÉ ANTÉRIEUR	IMPÉRATIF	
io	rimasi	fui rimasto		
tu	rimanesti	fosti rimasto		rimaniamo (noi)
lui	rimase	fu rimasto	rimani (tu)	rimanete (voi)
noi	rimanemmo	fummo rimasti	rimanga (Lei)	rimangano (Loro)
voi	rimaneste	foste rimasti		
loro	rimasero	furono rimasti	CONDITIONNEL	

	FUTUR SIMPLE	FUTUR ANTÉRIEUR	PRÉSENT	PASSÉ
io	rimarrò	sarò rimasto	rimarrei	sarei rimasto
tu	rimarrai	sarai rimasto	rimarresti	saresti rimasto
lui	rimarrà	sarà rimasto	rimarrebbe	sarebbe rimasto
noi	rimarremo	saremo rimasti	rimarremmo	saremmo rimasti
voi	rimarrete	sarete rimasti	rimarreste	sareste rimasti
loro	rimarranno	saranno rimasti	rimarrebbero	sarebbero rimasti

	INFINITIF	GÉRONDIF	PARTICIPE
PRÉSENT	rimanere	rimanendo	rimanente
PASSÉ	esser(e) rimasto	essendo rimasto	rimasto

• Ainsi se conjugue **permanere**, sauf au participe passé : permaso.

102 **tenere** tenir

tenni | tenuto

	INDICATIF		SUBJONCTIF	
	PRÉSENT	PASSÉ COMPOSÉ	PRÉSENT	PASSÉ
io	tengo	ho tenuto	tenga	abbia tenuto
tu	tieni	hai tenuto	tenga	abbia tenuto
lui	tiene	ha tenuto	tenga	abbia tenuto
noi	teniamo	abbiamo tenuto	teniamo	abbiamo tenuto
voi	tenete	avete tenuto	teniate	abbiate tenuto
loro	tengono	hanno tenuto	tengano	abbiano tenuto
	IMPARFAIT	PLUS-QUE-PARFAIT	IMPARFAIT	PLUS-QUE-PARFAIT
io	tenevo	avevo tenuto	tenessi	avessi tenuto
tu	tenevi	avevi tenuto	tenessi	avessi tenuto
lui	teneva	aveva tenuto	tenesse	avesse tenuto
noi	tenevamo	avevamo tenuto	tenessimo	avessimo tenuto
voi	tenevate	avevate tenuto	teneste	aveste tenuto
loro	tenevano	avevano tenuto	tenessero	avessero tenuto

	PASSÉ SIMPLE	PASSÉ ANTÉRIEUR	IMPÉRATIF	
io	tenni/tenei	ebbi tenuto		
tu	tenesti	avesti tenuto		teniamo (noi)
lui	tenne/tené	ebbe tenuto	tieni (tu)	tenete (voi)
noi	tenemmo	avemmo tenuto	tenga (Lei)	tengano (Loro)
voi	teneste	aveste tenuto		
loro	tennero/tenerono	ebbero tenuto	CONDITIONNEL	

	FUTUR SIMPLE	FUTUR ANTÉRIEUR	PRÉSENT	PASSÉ
io	terrò	avrò tenuto	terrei	avrei tenuto
tu	terrai	avrai tenuto	terresti	avresti tenuto
lui	terrà	avrà tenuto	terrebbe	avrebbe tenuto
noi	terremo	avremo tenuto	terremmo	avremmo tenuto
voi	terrete	avrete tenuto	terreste	avreste tenuto
loro	terranno	avranno tenuto	terrebbero	avrebbero tenuto

	INFINITIF	GÉRONDIF	PARTICIPE
PRÉSENT	tenere	tenendo	tenente
PASSÉ	aver(e) tenuto	avendo tenuto	tenuto

• Au passé simple, la première forme (io tenni, lui tenne, loro tennero) est la plus utilisée. Autres formes moins employées : io tenetti, lui tenette, loro tenettero.

103 spegnere *éteindre*

spensi | spento

	INDICATIF		SUBJONCTIF	
	PRÉSENT	**PASSÉ COMPOSÉ**	**PRÉSENT**	**PASSÉ**
io	spengo	ho spento	spenga	abbia spento
tu	spegni	hai spento	spenga	abbia spento
lui	spegne	ha spento	spenga	abbia spento
noi	spegn(i)amo	abbiamo spento	spegn(i)amo	abbiamo spento
voi	spegnete	avete spento	spegn(i)ate	abbiate spento
loro	spengono	hanno spento	spengano	abbiano spento
	IMPARFAIT	**PLUS-QUE-PARFAIT**	**IMPARFAIT**	**PLUS-QUE-PARFAIT**
io	spegnevo	avevo spento	spegnessi	avessi spento
tu	spegnevi	avevi spento	spegnessi	avessi spento
lui	spegneva	aveva spento	spegnesse	avesse spento
noi	spegnevamo	avevamo spento	spegnessimo	avessimo spento
voi	spegnevate	avevate spento	spegneste	aveste spento
loro	spegnevano	avevano spento	spegnessero	avessero spento
	PASSÉ SIMPLE	**PASSÉ ANTÉRIEUR**		
io	spensi	ebbi spento		
tu	spegnesti	avesti spento		

IMPÉRATIF

lui	spense	ebbe spento
noi	spegnemmo	avemmo spento
voi	spegneste	aveste spento
loro	spensero	ebbero spento

	spegn(i)amo (noi)
spegni (tu)	spegnete (voi)
spenga (Lei)	spengano (Loro)

CONDITIONNEL

	FUTUR SIMPLE	**FUTUR ANTÉRIEUR**	**PRÉSENT**	**PASSÉ**
io	spegnerò	avrò spento	spegnerei	avrei spento
tu	spegnerai	avrai spento	spegneresti	avresti spento
lui	spegnerà	avrà spento	spegnerebbe	avrebbe spento
noi	spegneremo	avremo spento	spegneremmo	avremmo spento
voi	spegnerete	avrete spento	spegnereste	avreste spento
loro	spegneranno	avranno spento	spegnerebbero	avrebbero spento

	INFINITIF	GÉRONDIF	PARTICIPE
PRÉSENT	spegnere	spegnendo	spegnente
PASSÉ	aver(e) spento	avendo spento	spento

• Les verbes qui suivent cette conjugaison ont une terminaison avec ou sans -i- aux personnes noi et voi : noi au présent de l'indicatif et du subjonctif, ainsi qu'à l'impératif ; voi au présent du subjonctif. La deuxième forme est la plus traditionnellement utilisée.
• Ainsi se conjugue spengere (*tosc.* ou *litt.*), qui a la même signification que spegnere.

104 **sapere** savoir

seppi | saputo

	INDICATIF		SUBJONCTIF	
	PRÉSENT	PASSÉ COMPOSÉ	PRÉSENT	PASSÉ
io	so	ho saputo	sappia	abbia saputo
tu	sai	hai saputo	sappia	abbia saputo
lui	sa	ha saputo	sappia	abbia saputo
noi	sappiamo	abbiamo saputo	sappiamo	abbiamo saputo
voi	sapete	avete saputo	sappiate	abbiate saputo
loro	sanno	hanno saputo	sappiano	abbiano saputo
	IMPARFAIT	PLUS-QUE-PARFAIT	IMPARFAIT	PLUS-QUE-PARFAIT
io	sapevo	avevo saputo	sapessi	avessi saputo
tu	sapevi	avevi saputo	sapessi	avessi saputo
lui	sapeva	aveva saputo	sapesse	avesse saputo
noi	sapevamo	avevamo saputo	sapessimo	avessimo saputo
voi	sapevate	avevate saputo	sapeste	aveste saputo
loro	sapevano	avevano saputo	sapessero	avessero saputo
	PASSÉ SIMPLE	PASSÉ ANTÉRIEUR		
io	seppi	ebbi saputo	IMPÉRATIF	
tu	sapesti	avesti saputo		sappiamo (noi)
lui	seppe	ebbe saputo	sappi (tu)	sappiate (voi)
noi	sapemmo	avemmo saputo	sappia (Lei)	sappiano (Loro)
voi	sapeste	aveste saputo		
loro	seppero	ebbero saputo	CONDITIONNEL	
	FUTUR SIMPLE	FUTUR ANTÉRIEUR	PRÉSENT	PASSÉ
io	saprò	avrò saputo	saprei	avrei saputo
tu	saprai	avrai saputo	sapresti	avresti saputo
lui	saprà	avrà saputo	saprebbe	avrebbe saputo
noi	sapremo	avremo saputo	sapremmo	avremmo saputo
voi	saprete	avrete saputo	sapreste	avreste saputo
loro	sapranno	avranno saputo	saprebbero	avrebbero saputo

		INFINITIF	GÉRONDIF	PARTICIPE
	PRÉSENT	sapere	sapendo	—
	PASSÉ	aver(e) saputo	avendo saputo	saputo

- Cette conjugaison n'a pas de participe présent. La forme sapiente (*sage, savant*) est un adjectif et un substantif.
- **Risapere** se conjugue sur le même modèle, sauf aux 1re et 3e personnes du singulier de l'indicatif présent, où il porte un accent : io ris**ò**, lui ris**à**.

105 rompere rompre, briser

ruppi | rotto

	INDICATIF		SUBJONCTIF	
	PRÉSENT	PASSÉ COMPOSÉ	PRÉSENT	PASSÉ
io	rompo	ho rotto	rompa	abbia rotto
tu	rompi	hai rotto	rompa	abbia rotto
lui	rompe	ha rotto	rompa	abbia rotto
noi	rompiamo	abbiamo rotto	rompiamo	abbiamo rotto
voi	rompete	avete rotto	rompiate	abbiate rotto
loro	rompono	hanno rotto	rompano	abbiano rotto
	IMPARFAIT	PLUS-QUE-PARFAIT	IMPARFAIT	PLUS-QUE-PARFAIT
io	rompevo	avevo rotto	rompessi	avessi rotto
tu	rompevi	avevi rotto	rompessi	avessi rotto
lui	rompeva	aveva rotto	rompesse	avesse rotto
noi	rompevamo	avevamo rotto	rompessimo	avessimo rotto
voi	rompevate	avevate rotto	rompeste	aveste rotto
loro	rompevano	avevano rotto	rompessero	avessero rotto

	PASSÉ SIMPLE	PASSÉ ANTÉRIEUR	IMPÉRATIF	
io	ruppi	ebbi rotto		
tu	rompesti	avesti rotto		rompiamo (noi)
lui	ruppe	ebbe rotto	rompi (tu)	rompete (voi)
noi	rompemmo	avemmo rotto	rompa (Lei)	rompano (Loro)
voi	rompeste	aveste rotto		
loro	ruppero	ebbero rotto	CONDITIONNEL	

	FUTUR SIMPLE	FUTUR ANTÉRIEUR	PRÉSENT	PASSÉ
io	romperò	avrò rotto	romperei	avrei rotto
tu	romperai	avrai rotto	romperesti	avresti rotto
lui	romperà	avrà rotto	romperebbe	avrebbe rotto
noi	romperemo	avremo rotto	romperemmo	avremmo rotto
voi	romperete	avrete rotto	rompereste	avreste rotto
loro	romperanno	avranno rotto	romperebbero	avrebbero rotto

	INFINITIF	GÉRONDIF	PARTICIPE
PRÉSENT	rompere	rompendo	rompente
PASSÉ	aver(e) rotto	avendo rotto	rotto

• Ainsi se conjugue erompere, qui n'a pas de temps composés et dont le participe passé, erotto, est rare.

106 **parere** paraître

parvi | parso

INDICATIF		SUBJONCTIF	
PRÉSENT	PASSÉ COMPOSÉ	PRÉSENT	PASSÉ
io paio	sono parso	paia	sia parso
tu pari	sei parso	paia	sia parso
lui pare	è parso	paia	sia parso
noi paiamo	siamo parsi	paiamo	siamo parsi
voi parete	siete parsi	paiate	siate parsi
loro paiono	sono parsi	paiano	siano parsi
IMPARFAIT	PLUS-QUE-PARFAIT	IMPARFAIT	PLUS-QUE-PARFAIT
io parevo	ero parso	paressi	fossi parso
tu parevi	eri parso	paressi	fossi parso
lui pareva	era parso	paresse	fosse parso
noi parevamo	eravamo parsi	paressimo	fossimo parsi
voi parevate	eravate parsi	pareste	foste parsi
loro parevano	erano parsi	paressero	fossero parsi

PASSÉ SIMPLE	PASSÉ ANTÉRIEUR	IMPÉRATIF	
io parvi	fui parso		
tu paresti	fosti parso		
lui parve	fu parso	—	
noi paremmo	fummo parsi		
voi pareste	foste parsi		
loro parvero	furono parsi		

FUTUR SIMPLE	FUTUR ANTÉRIEUR	CONDITIONNEL	
		PRÉSENT	PASSÉ
io parrò	sarò parso	parrei	sarei parso
tu parrai	sarai parso	parresti	saresti parso
lui parrà	sarà parso	parrebbe	sarebbe parso
noi parremo	saremo parsi	parremmo	saremmo parsi
voi parrete	sarete parsi	parreste	sareste parsi
loro parranno	saranno parsi	parrebbero	sarebbero parsi

	INFINITIF	GÉRONDIF	PARTICIPE
PRÉSENT	parere	parendo	parvente
PASSÉ	esser(e) parso	essendo parso	parso

• Ce verbe ne se conjugue pas à l'impératif.

107 **correre** _courir_

corsi | corso

	INDICATIF		SUBJONCTIF	
	PRÉSENT	PASSÉ COMPOSÉ	PRÉSENT	PASSÉ
io	corro	ho corso	corra	abbia corso
tu	corri	hai corso	corra	abbia corso
lui	corre	ha corso	corra	abbia corso
noi	corriamo	abbiamo corso	corriamo	abbiamo corso
voi	correte	avete corso	corriate	abbiate corso
loro	corrono	hanno corso	corrano	abbiano corso
	IMPARFAIT	PLUS-QUE-PARFAIT	IMPARFAIT	PLUS-QUE-PARFAIT
io	correvo	avevo corso	corressi	avessi corso
tu	correvi	avevi corso	corressi	avessi corso
lui	correva	aveva corso	corresse	avesse corso
noi	correvamo	avevamo corso	corressimo	avessimo corso
voi	correvate	avevate corso	correste	aveste corso
loro	correvano	avevano corso	corressero	avessero corso

	PASSÉ SIMPLE	PASSÉ ANTÉRIEUR
io	corsi	ebbi corso
tu	corresti	avesti corso
lui	corse	ebbe corso
noi	corremmo	avemmo corso
voi	correste	aveste corso
loro	corsero	ebbero corso

IMPÉRATIF

	corriamo (noi)
corri (tu)	correte (voi)
corra (Lei)	corrano (Loro)

	FUTUR SIMPLE	FUTUR ANTÉRIEUR
io	correrò	avrò corso
tu	correrai	avrai corso
lui	correrà	avrà corso
noi	correremo	avremo corso
voi	correrete	avrete corso
loro	correranno	avranno corso

CONDITIONNEL

	PRÉSENT	PASSÉ
io	correrei	avrei corso
tu	correresti	avresti corso
lui	correrebbe	avrebbe corso
noi	correremmo	avremmo corso
voi	correreste	avreste corso
loro	correrebbero	avrebbero corso

	INFINITIF	GÉRONDIF	PARTICIPE
PRÉSENT	correre	correndo	corrente
PASSÉ	aver(e) corso	avendo corso	corso

108 **potere** pouvoir

	INDICATIF		SUBJONCTIF	
	PRÉSENT	PASSÉ COMPOSÉ	PRÉSENT	PASSÉ
io	posso	ho potuto	possa	abbia potuto
tu	puoi	hai potuto	possa	abbia potuto
lui	può	ha potuto	possa	abbia potuto
noi	possiamo	abbiamo potuto	possiamo	abbiamo potuto
voi	potete	avete potuto	possiate	abbiate potuto
loro	possono	hanno potuto	possano	abbiano potuto
	IMPARFAIT	PLUS-QUE-PARFAIT	IMPARFAIT	PLUS-QUE-PARFAIT
io	potevo	avevo potuto	potessi	avessi potuto
tu	potevi	avevi potuto	potessi	avessi potuto
lui	poteva	aveva potuto	potesse	avesse potuto
noi	potevamo	avevamo potuto	potessimo	avessimo potuto
voi	potevate	avevate potuto	poteste	aveste potuto
loro	potevano	avevano potuto	potessero	avessero potuto
	PASSÉ SIMPLE	PASSÉ ANTÉRIEUR		
io	potei/potetti	ebbi potuto		IMPÉRATIF
tu	potesti	avesti potuto		
lui	poté/potette	ebbe potuto	—	
noi	potemmo	avemmo potuto		
voi	poteste	aveste potuto		
loro	poterono/potettero	ebbero potuto		CONDITIONNEL
	FUTUR SIMPLE	FUTUR ANTÉRIEUR	PRÉSENT	PASSÉ
io	potrò	avrò potuto	potrei	avrei potuto
tu	potrai	avrai potuto	potresti	avresti potuto
lui	potrà	avrà potuto	potrebbe	avrebbe potuto
noi	potremo	avremo potuto	potremmo	avremmo potuto
voi	potrete	avrete potuto	potreste	avreste potuto
loro	potranno	avranno potuto	potrebbero	avrebbero potuto

	INFINITIF	GÉRONDIF	PARTICIPE
PRÉSENT	potere	potendo	potente
PASSÉ	aver(e) potuto	avendo potuto	potuto

- Le verbe potere ne se conjugue pas à l'impératif.
- Employé seul, il se conjugue avec l'auxiliaire avere aux temps composés.
- Suivi d'un autre verbe, il peut prendre l'auxiliaire qui convient à ce verbe (→ 177).

109 scuotere secouer

scossi | scosso

	INDICATIF		SUBJONCTIF	
	PRÉSENT	PASSÉ COMPOSÉ	PRÉSENT	PASSÉ
io	scuoto	ho scosso	scuota	abbia scosso
tu	scuoti	hai scosso	scuota	abbia scosso
lui	scuote	ha scosso	scuota	abbia scosso
noi	sc(u)otiamo	abbiamo scosso	sc(u)otiamo	abbiamo scosso
voi	sc(u)otete	avete scosso	sc(u)otiate	abbiate scosso
loro	scuotono	hanno scosso	scuotano	abbiano scosso
	IMPARFAIT	PLUS-QUE-PARFAIT	IMPARFAIT	PLUS-QUE-PARFAIT
io	sc(u)otevo	avevo scosso	sc(u)otessi	avessi scosso
tu	sc(u)otevi	avevi scosso	sc(u)otessi	avessi scosso
lui	sc(u)oteva	aveva scosso	sc(u)otesse	avesse scosso
noi	sc(u)otevamo	avevamo scosso	sc(u)otessimo	avessimo scosso
voi	sc(u)otevate	avevate scosso	sc(u)oteste	aveste scosso
loro	sc(u)otevano	avevano scosso	sc(u)otessero	avessero scosso
	PASSÉ SIMPLE	PASSÉ ANTÉRIEUR	IMPÉRATIF	
io	scossi	ebbi scosso		
tu	sc(u)otesti	avesti scosso		sc(u)otiamo (noi)
lui	scosse	ebbe scosso	scuoti (tu)	sc(u)otete (voi)
noi	sc(u)otemmo	avemmo scosso	scuota (Lei)	scuotano (Loro)
voi	sc(u)oteste	aveste scosso		
loro	scossero	ebbero scosso	CONDITIONNEL	
	FUTUR SIMPLE	FUTUR ANTÉRIEUR	PRÉSENT	PASSÉ
io	sc(u)oterò	avrò scosso	sc(u)oterei	avrei scosso
tu	sc(u)oterai	avrai scosso	sc(u)oteresti	avresti scosso
lui	sc(u)oterà	avrà scosso	sc(u)oterebbe	avrebbe scosso
noi	sc(u)oteremo	avremo scosso	sc(u)oteremmo	avremmo scosso
voi	sc(u)oterete	avrete scosso	sc(u)otereste	avreste scosso
loro	sc(u)oteranno	avranno scosso	sc(u)oterebbero	avrebbero scosso

	INFINITIF	GÉRONDIF	PARTICIPE
PRÉSENT	scuotere	sc(u)otendo	sc(u)otente
PASSÉ	aver(e) scosso	avendo scosso	scosso

• Dans l'usage courant, la forme avec **-u-** s'est imposée : noi scuotiamo au lieu de scotiamo.
→ La diphtongaison 182

110 **vertere** porter, avoir pour objet

INDICATIF		SUBJONCTIF	
PRÉSENT		PRÉSENT	
lui	verte	verta	
loro	vertono	vertano	
IMPARFAIT		IMPARFAIT	
lui	verteva	vertesse	
loro	vertevano	vertessero	
PASSÉ SIMPLE			
lui	verté		
loro	verterono	CONDITIONNEL	
FUTUR SIMPLE		PRÉSENT	
lui	verterà	verterebbe	
loro	verteranno	verterebbero	

	INFINITIF	GÉRONDIF	PARTICIPE
PRÉSENT	vertere	vertendo	vertente

111 **controvertere** controverser

INDICATIF		SUBJONCTIF	
PRÉSENT		IMPARFAIT	
io	controverto	controvertissi	
tu	controverti	controvertissi	
lui	controverte	controvertisse	
noi	controvertiamo	controvertissimo	
voi	controvertite	controvertiste	
loro	controvertono	controvertissero	

	INFINITIF
PRÉSENT	controvertere

112 estrovertere extravertir, extrovertir

	INDICATIF		SUBJONCTIF
	PRÉSENT		PRÉSENT
io	estroverto		estroverta
tu	estrroverti		estroverta
lui	estroverte		estroverta
noi	estrovertiamo		estrovertiamo
voi	estrovertite		estrovertiate
loro	estrovertono		estrovertano
	IMPARFAIT		IMPARFAIT
io	estrovertivo		estrovertissi
tu	estrovertivi		estrovertissi
lui	estrovertiva		estrovertisse
noi	estrovertivamo		estrovertissimo
voi	estrovertivate		estrovertiste
loro	estrovertivano		estrovertissero

			CONDITIONNEL
	FUTUR SIMPLE		PRÉSENT
io	estrovertirò		estrovertirei
tu	estrovertirai		estrovertiresti
lui	estrovertirà		estrovertirebbe
noi	estrovertiremo		estrovertiremmo
voi	estrovertirete		estrovertireste
loro	estrovertiranno		estrovertirebbero

	INFINITIF	GÉRONDIF	PARTICIPE
PRÉSENT	estrovertere	estrovertendo	estrovertente

• Ainsi se conjugue **introvertere**.
• Le participe passé estroverso est utilisé uniquement comme adjectif.

113 assistere *assister*

assistei/assistetti | assistito

	INDICATIF		SUBJONCTIF	
	PRÉSENT	PASSÉ COMPOSÉ	PRÉSENT	PASSÉ
io	assisto	ho assistito	assista	abbia assistito
tu	assisti	hai assistito	assista	abbia assistito
lui	assiste	ha assistito	assista	abbia assistito
noi	assistiamo	abbiamo assistito	assistiamo	abbiamo assistito
voi	assistete	avete assistito	assistiate	abbiate assistito
loro	assistono	hanno assistito	assistano	abbiano assistito
	IMPARFAIT	PLUS-QUE-PARFAIT	IMPARFAIT	PLUS-QUE-PARFAIT
io	assistevo	avevo assistito	assistessi	avessi assistito
tu	assistevi	avevi assistito	assistessi	avessi assistito
lui	assisteva	aveva assistito	assistesse	avesse assistito
noi	assistevamo	avevamo assistito	assistessimo	avessimo assistito
voi	assistevate	avevate assistito	assisteste	aveste assistito
loro	assistevano	avevano assistito	assistessero	avessero assistito
	PASSÉ SIMPLE	PASSÉ ANTÉRIEUR		
io	assistei	ebbi assistito		
tu	assistesti	avesti assistito		
lui	assisté	ebbe assistito		
noi	assistemmo	avemmo assistito		
voi	assisteste	aveste assistito		
loro	assisterono	ebbero assistito		

IMPÉRATIF

	assistiamo (noi)
assisti (tu)	assistete (voi)
assista (Lei)	assistano (Loro)

	FUTUR SIMPLE	FUTUR ANTÉRIEUR	CONDITIONNEL PRÉSENT	PASSÉ
io	assisterò	avrò assistito	assisterei	avrei assistito
tu	assisterai	avrai assistito	assisteresti	avresti assistito
lui	assisterà	avrà assistito	assisterebbe	avrebbe assistito
noi	assisteremo	avremo assistito	assisteremmo	avremmo assistito
voi	assisterete	avrete assistito	assistereste	avreste assistito
loro	assisteranno	avranno assistito	assisterebbero	avrebbero assistito

	INFINITIF	GÉRONDIF	PARTICIPE
PRÉSENT	assistere	assistendo	assistente
PASSÉ	aver(e) assistito	avendo assistito	assistito

• Au passé simple, les formes io assistetti, lui assistette, loro assistettero sont aussi possibles, mais généralement moins employées.

114 flettere _fléchir_

flessi | flesso

INDICATIF		SUBJONCTIF	
PRÉSENT	**PASSÉ COMPOSÉ**	**PRÉSENT**	**PASSÉ**
io fletto	ho flesso	fletta	abbia flesso
tu fletti	hai flesso	fletta	abbia flesso
lui flette	ha flesso	fletta	abbia flesso
noi flettiamo	abbiamo flesso	flettiamo	abbiamo flesso
voi flettete	avete flesso	flettiate	abbiate flesso
loro flettono	hanno flesso	flettano	abbiano flesso
IMPARFAIT	**PLUS-QUE-PARFAIT**	**IMPARFAIT**	**PLUS-QUE-PARFAIT**
io flettevo	avevo flesso	flettessi	avessi flesso
tu flettevi	avevi flesso	flettessi	avessi flesso
lui fletteva	aveva flesso	flettesse	avesse flesso
noi flettevamo	avevamo flesso	flettessimo	avessimo flesso
voi flettevate	avevate flesso	fletteste	aveste flesso
loro flettevano	avevano flesso	flettessero	avessero flesso

PASSÉ SIMPLE	PASSÉ ANTÉRIEUR	IMPÉRATIF	
io flessi/flettei	ebbi flesso		
tu flettesti	avesti flesso		flettiamo (noi)
lui flesse/fletté	ebbe flesso	fletti (tu)	flettete (voi)
noi flettemmo	avemmo flesso	fletta (Lei)	flettano (Loro)
voi fletteste	aveste flesso		
loro flessero/fletterono	ebbero flesso		

FUTUR SIMPLE	FUTUR ANTÉRIEUR	CONDITIONNEL	
		PRÉSENT	**PASSÉ**
io fletterò	avrò flesso	fletterei	avrei flesso
tu fletterai	avrai flesso	fletteresti	avresti flesso
lui fletterà	avrà flesso	fletterebbe	avrebbe flesso
noi fletteremo	avremo flesso	fletteremmo	avremmo flesso
voi fletterete	avrete flesso	flettereste	avreste flesso
loro fletteranno	avranno flesso	fletterebbero	avrebbero flesso

	INFINITIF	GÉRONDIF	PARTICIPE
PRÉSENT	flettere	flettendo	flettente
PASSÉ	aver(e) flesso	avendo flesso	flesso

- Les verbes qui suivent cette conjugaison n'ont que la première forme du passé simple : **connettere** → io connessi, lui connesse, loro connessero.
- **Riflettere** se comporte de la même façon lorsqu'il signifie _réfléchir/refléter/renvoyer_ : (passé simple : io riflessi... ; participe passé : riflesso). Lorsqu'il signifie _réfléchir/méditer_, il a la deuxième forme du passé simple (io riflettei...) et le participe passé (riflettuto).
- **Genuflettersi** peut utiliser les deux formes du passé simple.

115 m**e**ttere mettre

misi | messo

	INDICATIF		SUBJONCTIF	
	PRÉSENT	PASSÉ COMPOSÉ	PRÉSENT	PASSÉ
io	metto	ho messo	metta	abbia messo
tu	metti	hai messo	metta	abbia messo
lui	mette	ha messo	metta	abbia messo
noi	mettiamo	abbiamo messo	mettiamo	abbiamo messo
voi	mettete	avete messo	mettiate	abbiate messo
loro	mettono	hanno messo	mettano	abbiano messo
	IMPARFAIT	PLUS-QUE-PARFAIT	IMPARFAIT	PLUS-QUE-PARFAIT
io	mettevo	avevo messo	mettessi	avessi messo
tu	mettevi	avevi messo	mettessi	avessi messo
lui	metteva	aveva messo	mettesse	avesse messo
noi	mettevamo	avevamo messo	mettessimo	avessimo messo
voi	mettevate	avevate messo	metteste	aveste messo
loro	mettevano	avevano messo	mettessero	avessero messo
	PASSÉ SIMPLE	PASSÉ ANTÉRIEUR		
io	misi	ebbi messo		
tu	mettesti	avesti messo		
lui	mise	ebbe messo		
noi	mettemmo	avemmo messo		
voi	metteste	aveste messo		
loro	misero	ebbero messo		

IMPÉRATIF

	mettiamo (noi)
metti (tu)	mettete (voi)
metta (Lei)	mettano (Loro)

	FUTUR SIMPLE	FUTUR ANTÉRIEUR	CONDITIONNEL	
			PRÉSENT	PASSÉ
io	metterò	avrò messo	metterei	avrei messo
tu	metterai	avrai messo	metteresti	avresti messo
lui	metterà	avrà messo	metterebbe	avrebbe messo
noi	metteremo	avremo messo	metteremmo	avremmo messo
voi	metterete	avrete messo	mettereste	avreste messo
loro	metteranno	avranno messo	metterebbero	avrebbero messo

	INFINITIF	GÉRONDIF	PARTICIPE
PRÉSENT	mettere	mettendo	mettente
PASSÉ	aver(e) messo	avendo messo	messo

• **Scommettere** se conjugue sur ce modèle, mais au passé simple il a deux formes : io scommessi/scommisi, lui scommesse/scommise, loro scommessero/scommisero.

116 discutere discuter

	INDICATIF		SUBJONCTIF	
	PRÉSENT	PASSÉ COMPOSÉ	PRÉSENT	PASSÉ
io	discuto	ho discusso	discuta	abbia discusso
tu	discuti	hai discusso	discuta	abbia discusso
lui	discute	ha discusso	discuta	abbia discusso
noi	discutiamo	abbiamo discusso	discutiamo	abbiamo discusso
voi	discutete	avete discusso	discutiate	abbiate discusso
loro	discutono	hanno discusso	discutano	abbiano discusso
	IMPARFAIT	PLUS-QUE-PARFAIT	IMPARFAIT	PLUS-QUE-PARFAIT
io	discutevo	avevo discusso	discutessi	avessi discusso
tu	discutevi	avevi discusso	discutessi	avessi discusso
lui	discuteva	aveva discusso	discutesse	avesse discusso
noi	discutevamo	avevamo discusso	discutessimo	avessimo discusso
voi	discutevate	avevate discusso	discuteste	aveste discusso
loro	discutevano	avevano discusso	discutessero	avessero discusso

	PASSÉ SIMPLE	PASSÉ ANTÉRIEUR	IMPÉRATIF	
io	discussi	ebbi discusso		
tu	discutesti	avesti discusso		discutiamo (noi)
lui	discusse	ebbe discusso	discuti (tu)	discutete (voi)
noi	discutemmo	avemmo discusso	discuta (Lei)	discutano (Loro)
voi	discuteste	aveste discusso		
loro	discussero	ebbero discusso		

	FUTUR SIMPLE	FUTUR ANTÉRIEUR	CONDITIONNEL	
			PRÉSENT	PASSÉ
io	discuterò	avrò discusso	discuterei	avrei discusso
tu	discuterai	avrai discusso	discuteresti	avresti discusso
lui	discuterà	avrà discusso	discuterebbe	avrebbe discusso
noi	discuteremo	avremo discusso	discuteremmo	avremmo discusso
voi	discuterete	avrete discusso	discutereste	avreste discusso
loro	discuteranno	avranno discusso	discuterebbero	avrebbero discusso

	INFINITIF	GÉRONDIF	PARTICIPE
PRÉSENT	discutere	discutendo	discutente
PASSÉ	aver(e) discusso	avendo discusso	discusso

117 distinguere distinguer

distinsi | distinto

INDICATIF		SUBJONCTIF	
PRÉSENT	PASSÉ COMPOSÉ	PRÉSENT	PASSÉ

	PRÉSENT	PASSÉ COMPOSÉ	PRÉSENT	PASSÉ
io	distinguo	ho distinto	distingua	abbia distinto
tu	distingui	hai distinto	distingua	abbia distinto
lui	distingue	ha distinto	distingua	abbia distinto
noi	distinguiamo	abbiamo distinto	distinguiamo	abbiamo distinto
voi	distinguete	avete distinto	distinguiate	abbiate distinto
loro	distinguono	hanno distinto	distinguano	abbiano distinto

	IMPARFAIT	PLUS-QUE-PARFAIT	IMPARFAIT	PLUS-QUE-PARFAIT
io	distinguevo	avevo distinto	distinguessi	avessi distinto
tu	distinguevi	avevi distinto	distinguessi	avessi distinto
lui	distingueva	aveva distinto	distinguesse	avesse distinto
noi	distinguevamo	avevamo distinto	distinguessimo	avessimo distinto
voi	distinguevate	avevate distinto	distingueste	aveste distinto
loro	distinguevano	avevano distinto	distinguessero	avessero distinto

	PASSÉ SIMPLE	PASSÉ ANTÉRIEUR
io	distinsi	ebbi distinto
tu	distinguesti	avesti distinto
lui	distinse	ebbe distinto
noi	distinguemmo	avemmo distinto
voi	distingueste	aveste distinto
loro	distinsero	ebbero distinto

IMPÉRATIF

	distinguiamo (noi)
distingui (tu)	distinguete (voi)
distingua (Lei)	distinguano (Loro)

	FUTUR SIMPLE	FUTUR ANTÉRIEUR
io	distinguerò	avrò distinto
tu	distinguerai	avrai distinto
lui	distinguerà	avrà distinto
noi	distingueremo	avremo distinto
voi	distinguerete	avrete distinto
loro	distingueranno	avranno distinto

CONDITIONNEL

	PRÉSENT	PASSÉ
io	distinguerei	avrei distinto
tu	distingueresti	avresti distinto
lui	distinguerebbe	avrebbe distinto
noi	distingueremmo	avremmo distinto
voi	distinguereste	avreste distinto
loro	distinguerebbero	avrebbero distinto

INFINITIF		GÉRONDIF	PARTICIPE
PRÉSENT	distinguere	distinguendo	distinguente
PASSÉ	aver(e) distinto	avendo distinto	distinto

118 scrivere *écrire*

scrissi | scritto

INDICATIF

	PRÉSENT	PASSÉ COMPOSÉ
io	scrivo	ho scritto
tu	scrivi	hai scritto
lui	scrive	ha scritto
noi	scriviamo	abbiamo scritto
voi	scrivete	avete scritto
loro	scrivono	hanno scritto

	IMPARFAIT	PLUS-QUE-PARFAIT
io	scrivevo	avevo scritto
tu	scrivevi	avevi scritto
lui	scriveva	aveva scritto
noi	scrivevamo	avevamo scritto
voi	scrivevate	avevate scritto
loro	scrivevano	avevano scritto

	PASSÉ SIMPLE	PASSÉ ANTÉRIEUR
io	scrissi	ebbi scritto
tu	scrivesti	avesti scritto
lui	scrisse	ebbe scritto
noi	scrivemmo	avemmo scritto
voi	scriveste	aveste scritto
loro	scrissero	ebbero scritto

	FUTUR SIMPLE	FUTUR ANTÉRIEUR
io	scriverò	avrò scritto
tu	scriverai	avrai scritto
lui	scriverà	avrà scritto
noi	scriveremo	avremo scritto
voi	scriverete	avrete scritto
loro	scriveranno	avranno scritto

SUBJONCTIF

	PRÉSENT	PASSÉ
io	scriva	abbia scritto
tu	scriva	abbia scritto
lui	scriva	abbia scritto
noi	scriviamo	abbiamo scritto
voi	scriviate	abbiate scritto
loro	scrivano	abbiano scritto

	IMPARFAIT	PLUS-QUE-PARFAIT
io	scrivessi	avessi scritto
tu	scrivessi	avessi scritto
lui	scrivesse	avesse scritto
noi	scrivessimo	avessimo scritto
voi	scriveste	aveste scritto
loro	scrivessero	avessero scritto

IMPÉRATIF

	scriviamo (noi)
scrivi (tu)	scrivete (voi)
scriva (Lei)	scrivano (Loro)

CONDITIONNEL

	PRÉSENT	PASSÉ
io	scriverei	avrei scritto
tu	scriveresti	avresti scritto
lui	scriverebbe	avrebbe scritto
noi	scriveremmo	avremmo scritto
voi	scrivereste	avreste scritto
loro	scriverebbero	avrebbero scritto

	INFINITIF	GÉRONDIF	PARTICIPE
PRÉSENT	scrivere	scrivendo	scrivente
PASSÉ	aver(e) scritto	avendo scritto	scritto

119 **vivere** vivre

vissi | vissuto

	INDICATIF		SUBJONCTIF	
	PRÉSENT	PASSÉ COMPOSÉ	PRÉSENT	PASSÉ
io	vivo	ho vissuto	viva	abbia vissuto
tu	vivi	hai vissuto	viva	abbia vissuto
lui	vive	ha vissuto	viva	abbia vissuto
noi	viviamo	abbiamo vissuto	viviamo	abbiamo vissuto
voi	vivete	avete vissuto	viviate	abbiate vissuto
loro	vivono	hanno vissuto	vivano	abbiano vissuto
	IMPARFAIT	PLUS-QUE-PARFAIT	IMPARFAIT	PLUS-QUE-PARFAIT
io	vivevo	avevo vissuto	vivessi	avessi vissuto
tu	vivevi	avevi vissuto	vivessi	avessi vissuto
lui	viveva	aveva vissuto	vivesse	avesse vissuto
noi	vivevamo	avevamo vissuto	vivessimo	avessimo vissuto
voi	vivevate	avevate vissuto	viveste	aveste vissuto
loro	vivevano	avevano vissuto	vivessero	avessero vissuto
	PASSÉ SIMPLE	PASSÉ ANTÉRIEUR	IMPÉRATIF	
io	vissi	ebbi vissuto		
tu	vivesti	avesti vissuto		viviamo (noi)
lui	visse	ebbe vissuto	vivi (tu)	vivete (voi)
noi	vivemmo	avemmo vissuto	viva (Lei)	vivano (Loro)
voi	viveste	aveste vissuto		
loro	vissero	ebbero vissuto	CONDITIONNEL	
	FUTUR SIMPLE	FUTUR ANTÉRIEUR	PRÉSENT	PASSÉ
io	vivrò	avrò vissuto	vivrei	avrei vissuto
tu	vivrai	avrai vissuto	vivresti	avresti vissuto
lui	vivrà	avrà vissuto	vivrebbe	avrebbe vissuto
noi	vivremo	avremo vissuto	vivremmo	avremmo vissuto
voi	vivrete	avrete vissuto	vivreste	avreste vissuto
loro	vivranno	avranno vissuto	vivrebbero	avrebbero vissuto

	INFINITIF	GÉRONDIF	PARTICIPE
PRÉSENT	vivere	vivendo	vivente
PASSÉ	aver(e) vissuto	avendo vissuto	vissuto

• Les verbes qui suivent cette conjugaison peuvent avoir une deuxième forme non contractée au futur simple et au conditionnel présent : **convivere** → io conviverò/convererei...

120 assolvere *absoudre*

assolsi | assolto

	INDICATIF		SUBJONCTIF	
	PRÉSENT	PASSÉ COMPOSÉ	PRÉSENT	PASSÉ
io	assolvo	ho assolto	assolva	abbia assolto
tu	assolvi	hai assolto	assolva	abbia assolto
lui	assolve	ha assolto	assolva	abbia assolto
noi	assolviamo	abbiamo assolto	assolviamo	abbiamo assolto
voi	assolvete	avete assolto	assolviate	abbiate assolto
loro	assolvono	hanno assolto	assolvano	abbiano assolto
	IMPARFAIT	PLUS-QUE-PARFAIT	IMPARFAIT	PLUS-QUE-PARFAIT
io	assolvevo	avevo assolto	assolvessi	avessi assolto
tu	assolvevi	avevi assolto	assolvessi	avessi assolto
lui	assolveva	aveva assolto	assolvesse	avesse assolto
noi	assolvevamo	avevamo assolto	assolvessimo	avessimo assolto
voi	assolvevate	avevate assolto	assolveste	aveste assolto
loro	assolvevano	avevano assolto	assolvessero	avessero assolto
	PASSÉ SIMPLE	PASSÉ ANTÉRIEUR		
io	assolsi	ebbi assolto	**IMPÉRATIF**	
tu	assolvesti	avesti assolto		assolviamo (noi)
lui	assolse	ebbe assolto	assolvi (tu)	assolvete (voi)
noi	assolvemmo	avemmo assolto	assolva (Lei)	assolvano (Loro)
voi	assolveste	aveste assolto		
loro	assolsero	ebbero assolto	**CONDITIONNEL**	
	FUTUR SIMPLE	FUTUR ANTÉRIEUR	PRÉSENT	PASSÉ
io	assolverò	avrò assolto	assolverei	avrei assolto
tu	assolverai	avrai assolto	assolveresti	avresti assolto
lui	assolverà	avrà assolto	assolverebbe	avrebbe assolto
noi	assolveremo	avremo assolto	assolveremmo	avremmo assolto
voi	assolverete	avrete assolto	assolvereste	avreste assolto
loro	assolveranno	avranno assolto	assolverebbero	avrebbero assolto

	INFINITIF	GÉRONDIF	PARTICIPE
PRÉSENT	assolvere	assolvendo	assolvente
PASSÉ	aver(e) assolto	avendo assolto	assolto

• Attention au passé simple et au participe passé des verbes suivants : **devolvere** (devolvei/devolvetti, devoluto), **dissolvere** (dissolsi/dissolvetti/dissolvei, dissolto/dissoluto), **evolvere** (evolvetti/evolvei/evolsi, evoluto), **risolvere** (risolvei/risolvetti/risolsi, risolto), **involvere** (pas de passé simple ; participe passé : involuto).

121 | **dovere** devoir

dovetti/dovei | dovuto

INDICATIF		SUBJONCTIF	
PRÉSENT	**PASSÉ COMPOSÉ**	**PRÉSENT**	**PASSÉ**
io devo/debbo	ho dovuto	deva/debba	abbia dovuto
tu devi	hai dovuto	deva/debba	abbia dovuto
lui deve	ha dovuto	deva/debba	abbia dovuto
noi dobbiamo	abbiamo dovuto	dobbiamo	abbiamo dovuto
voi dovete	avete dovuto	dobbiate	abbiate dovuto
loro devono/debbono	hanno dovuto	debbano	abbiano dovuto
IMPARFAIT	**PLUS-QUE-PARFAIT**	**IMPARFAIT**	**PLUS-QUE-PARFAIT**
io dovevo	avevo dovuto	dovessi	avessi dovuto
tu dovevi	avevi dovuto	dovessi	avessi dovuto
lui doveva	aveva dovuto	dovesse	avesse dovuto
noi dovevamo	avevamo dovuto	dovessimo	avessimo dovuto
voi dovevate	avevate dovuto	doveste	aveste dovuto
loro dovevano	avevano dovuto	dovessero	avessero dovuto
PASSÉ SIMPLE	**PASSÉ ANTÉRIEUR**		
io dovetti/dovei	ebbi dovuto	IMPÉRATIF	
tu dovesti	avesti dovuto		
lui dovette/dové	ebbe dovuto	—	
noi dovemmo	avemmo dovuto		
voi doveste	aveste dovuto		
loro dovettero/doverono	ebbero dovuto	CONDITIONNEL	
FUTUR SIMPLE	**FUTUR ANTÉRIEUR**	**PRÉSENT**	**PASSÉ**
io dovrò	avrò dovuto	dovrei	avrei dovuto
tu dovrai	avrai dovuto	dovresti	avresti dovuto
lui dovrà	avrà dovuto	dovrebbe	avrebbe dovuto
noi dovremo	avremo dovuto	dovremmo	avremmo dovuto
voi dovrete	avrete dovuto	dovreste	avreste dovuto
loro dovranno	avranno dovuto	dovrebbero	avrebbero dovuto

	INFINITIF	GÉRONDIF	PARTICIPE
PRÉSENT	dovere	dovendo	—
PASSÉ	aver(e) dovuto	avendo dovuto	dovuto

- Des deux formes du passé simple, la plus employée est généralement celle en **-ett-**.
- Le verbe dovere ne se conjugue ni à l'impératif, ni au participe présent.
- Employé seul, il se conjugue avec l'auxiliaire avere aux temps composés.
- Suivi d'un autre verbe, il peut prendre l'auxiliaire qui convient à ce verbe (→ 177).

122 **pi**overe *pleuvoir*

	INDICATIF		SUBJONCTIF	
	PRÉSENT	PASSÉ COMPOSÉ	PRÉSENT	PASSÉ
io	piovo	sono piovuto	piova	sia piovuto
tu	piovi	sei piovuto	piova	sia piovuto
lui	piove	è piovuto	piova	sia piovuto
noi	pioviamo	siamo piovuti	pioviamo	siamo piovuti
voi	piovete	siete piovuti	pioviate	siate piovuti
loro	piovono	sono piovuti	piovano	siano piovuti
	IMPARFAIT	PLUS-QUE-PARFAIT	IMPARFAIT	PLUS-QUE-PARFAIT
io	piovevo	ero piovuto	piovessi	fossi piovuto
tu	piovevi	eri piovuto	piovessi	fossi piovuto
lui	pioveva	era piovuto	piovesse	fosse piovuto
noi	piovevamo	eravamo piovuti	piovessimo	fossimo piovuti
voi	piovevate	eravate piovuti	pioveste	foste piovuti
loro	piovevano	erano piovuti	piovessero	fossero piovuti
	PASSÉ SIMPLE	PASSÉ ANTÉRIEUR		
io	piovvi	fui piovuto		
tu	piovesti	fosti piovuto		
lui	piovve	fu piovuto		
noi	piovemmo	fummo piovuti		
voi	pioveste	foste piovuti		
loro	piovvero	furono piovuti		

IMPÉRATIF

	pioviamo (noi)
piovi (tu)	piovete (voi)
piova (Lei)	piovano (Loro)

	FUTUR SIMPLE	FUTUR ANTÉRIEUR	CONDITIONNEL	
			PRÉSENT	PASSÉ
io	pioverò	sarò piovuto	pioverei	sarei piovuto
tu	pioverai	sarai piovuto	pioveresti	saresti piovuto
lui	pioverà	sarà piovuto	pioverebbe	sarebbe piovuto
noi	pioveremo	saremo piovuti	pioveremmo	saremmo piovuti
voi	pioverete	sarete piovuti	piovereste	sareste piovuti
loro	pioveranno	saranno piovuti	pioverebbero	sarebbero piovuti

	INFINITIF	GÉRONDIF	PARTICIPE
PRÉSENT	piovere	piovendo	piovente
PASSÉ	esser(e) piovuto	essendo piovuto	piovuto

- Pi**o**vere est généralement employé comme impersonnel à la 3ᵉ personne du singulier et du pluriel (auxiliaire **e**ssere ou avere, → Verbes impersonnels 161).
- Au sens figuré, il peut avoir des formes personnelles.

123 **muovere** bouger

mossi | mosso

	INDICATIF		SUBJONCTIF	
	PRÉSENT	PASSÉ COMPOSÉ	PRÉSENT	PASSÉ
io	muovo	ho mosso	muova	abbia mosso
tu	muovi	hai mosso	muova	abbia mosso
lui	muove	ha mosso	muova	abbia mosso
noi	m(u)oviamo	abbiamo mosso	m(u)oviamo	abbiamo mosso
voi	m(u)ovete	avete mosso	m(u)oviate	abbiate mosso
loro	muovono	hanno mosso	muovano	abbiano mosso
	IMPARFAIT	PLUS-QUE-PARFAIT	IMPARFAIT	PLUS-QUE-PARFAIT
io	m(u)ovevo	avevo mosso	m(u)ovessi	avessi mosso
tu	m(u)ovevi	avevi mosso	m(u)ovessi	avessi mosso
lui	m(u)oveva	aveva mosso	m(u)ovesse	avesse mosso
noi	m(u)ovevamo	avevamo mosso	m(u)ovessimo	avessimo mosso
voi	m(u)ovevate	avevate mosso	m(u)oveste	aveste mosso
loro	m(u)ovevano	avevano mosso	m(u)ovessero	avessero mosso

	PASSÉ SIMPLE	PASSÉ ANTÉRIEUR	IMPÉRATIF	
io	mossi	ebbi mosso		
tu	m(u)ovesti	avesti mosso		m(u)oviamo (noi)
lui	mosse	ebbe mosso	muovi (tu)	m(u)ovete (voi)
noi	m(u)ovemmo	avemmo mosso	muova (Lei)	muovano (Loro)
voi	m(u)oveste	aveste mosso		
loro	mossero	ebbero mosso	CONDITIONNEL	

	FUTUR SIMPLE	FUTUR ANTÉRIEUR	PRÉSENT	PASSÉ
io	m(u)overò	avrò mosso	m(u)overei	avrei mosso
tu	m(u)overai	avrai mosso	m(u)overesti	avresti mosso
lui	m(u)overà	avrà mosso	m(u)overebbe	avrebbe mosso
noi	m(u)overemo	avremo mosso	m(u)overemmo	avremmo mosso
voi	m(u)overete	avrete mosso	m(u)overeste	avreste mosso
loro	m(u)overanno	avranno mosso	m(u)overebbero	avrebbero mosso

		INFINITIF	GÉRONDIF	PARTICIPE
	PRÉSENT	muovere	m(u)ovendo	m(u)ovente
	PASSÉ	aver(e) mosso	avendo mosso	mosso

- Les formes en -u- se sont imposées dans l'italien contemporain : noi muoviamo au lieu de moviamo.
- Ainsi se conjugue **commuovere**, sauf au participe présent : commovente.
  → La diphtongaison 182

124 **porre** mettre, poser

posi | posto

	INDICATIF		SUBJONCTIF	
	PRÉSENT	PASSÉ COMPOSÉ	PRÉSENT	PASSÉ
io	pongo	ho posto	ponga	abbia posto
tu	poni	hai posto	ponga	abbia posto
lui	pone	ha posto	ponga	abbia posto
noi	poniamo	abbiamo posto	poniamo	abbiamo posto
voi	ponete	avete posto	poniate	abbiate posto
loro	pongono	hanno posto	pongano	abbiano posto
	IMPARFAIT	PLUS-QUE-PARFAIT	IMPARFAIT	PLUS-QUE-PARFAIT
io	ponevo	avevo posto	ponessi	avessi posto
tu	ponevi	avevi posto	ponessi	avessi posto
lui	poneva	aveva posto	ponesse	avesse posto
noi	ponevamo	avevamo posto	ponessimo	avessimo posto
voi	ponevate	avevate posto	poneste	aveste posto
loro	ponevano	avevano posto	ponessero	avessero posto

	PASSÉ SIMPLE	PASSÉ ANTÉRIEUR	IMPÉRATIF	
io	posi	ebbi posto		
tu	ponesti	avesti posto		poniamo (noi)
lui	pose	ebbe posto	poni (tu)	ponete (voi)
noi	ponemmo	avemmo posto	ponga (Lei)	pongano (Loro)
voi	poneste	aveste posto		
loro	posero	ebbero posto	CONDITIONNEL	

	FUTUR SIMPLE	FUTUR ANTÉRIEUR	PRÉSENT	PASSÉ
io	porrò	avrò posto	porrei	avrei posto
tu	porrai	avrai posto	porresti	avresti posto
lui	porrà	avrà posto	porrebbe	avrebbe posto
noi	porremo	avremo posto	porremmo	avremmo posto
voi	porrete	avrete posto	porreste	avreste posto
loro	porranno	avranno posto	porrebbero	avrebbero posto

		INFINITIF	GÉRONDIF	PARTICIPE
	PRÉSENT	porre	ponendo	ponente
	PASSÉ	aver(e) posto	avendo posto	posto

• Par son origine (latin *ponere*), ce verbe fait partie du 2ᵉ groupe.

125 **trarre** tirer

trassi | tratto

	INDICATIF		SUBJONCTIF	
	PRÉSENT	PASSÉ COMPOSÉ	PRÉSENT	PASSÉ
io	traggo	ho tratto	tragga	abbia tratto
tu	trai	hai tratto	tragga	abbia tratto
lui	trae	ha tratto	tragga	abbia tratto
noi	traiamo	abbiamo tratto	traiamo	abbiamo tratto
voi	traete	avete tratto	traiate	abbiate tratto
loro	traggono	hanno tratto	traggano	abbiano tratto
	IMPARFAIT	PLUS-QUE-PARFAIT	IMPARFAIT	PLUS-QUE-PARFAIT
io	traevo	avevo tratto	traessi	avessi tratto
tu	traevi	avevi tratto	traessi	avessi tratto
lui	traeva	aveva tratto	traesse	avesse tratto
noi	traevamo	avevamo tratto	traessimo	avessimo tratto
voi	traevate	avevate tratto	traeste	aveste tratto
loro	traevano	avevano tratto	traessero	avessero tratto

	PASSÉ SIMPLE	PASSÉ ANTÉRIEUR
io	trassi	ebbi tratto
tu	traesti	avesti tratto
lui	trasse	ebbe tratto
noi	traemmo	avemmo tratto
voi	traeste	aveste tratto
loro	trassero	ebbero tratto

IMPÉRATIF	
	traiamo (noi)
trai (tu)	traete (voi)
tragga (Lei)	traggano (Loro)

	FUTUR SIMPLE	FUTUR ANTÉRIEUR	CONDITIONNEL	
			PRÉSENT	PASSÉ
io	trarrò	avrò tratto	trarrei	avrei tratto
tu	trarrai	avrai tratto	trarresti	avresti tratto
lui	trarrà	avrà tratto	trarrebbe	avrebbe tratto
noi	trarremo	avremo tratto	trarremmo	avremmo tratto
voi	trarrete	avrete tratto	trarreste	avreste tratto
loro	trarranno	avranno tratto	trarrebbero	avrebbero tratto

	INFINITIF	GÉRONDIF	PARTICIPE
PRÉSENT	trarre	traendo	traente
PASSÉ	aver(e) tratto	avendo tratto	tratto

• Par son origine (latin *trahere*), ce verbe fait partie du 2e groupe.

126 **condurre** conduire

condussi | condotto

	INDICATIF		SUBJONCTIF	
	PRÉSENT	PASSÉ COMPOSÉ	PRÉSENT	PASSÉ
io	conduco	ho condotto	conduca	abbia condotto
tu	conduci	hai condotto	conduca	abbia condotto
lui	conduce	ha condotto	conduca	abbia condotto
noi	conduciamo	abbiamo condotto	conduciamo	abbiamo condotto
voi	conducete	avete condotto	conduciate	abbiate condotto
loro	conducono	hanno condotto	conducano	abbiano condotto
	IMPARFAIT	PLUS-QUE-PARFAIT	IMPARFAIT	PLUS-QUE-PARFAIT
io	conducevo	avevo condotto	conducessi	avessi condotto
tu	conducevi	avevi condotto	conducessi	avessi condotto
lui	conduceva	aveva condotto	conducesse	avesse condotto
noi	conducevamo	avevamo condotto	conducessimo	avessimo condotto
voi	conducevate	avevate condotto	conduceste	aveste condotto
loro	conducevano	avevano condotto	conducessero	avessero condotto

	PASSÉ SIMPLE	PASSÉ ANTÉRIEUR	IMPÉRATIF	
io	condussi	ebbi condotto		
tu	conducesti	avesti condotto		conduciamo (noi)
lui	condusse	ebbe condotto	conduci (tu)	conducete (voi)
noi	conducemmo	avemmo condotto	conduca (Lei)	conducano (Loro)
voi	conduceste	aveste condotto		
loro	condussero	ebbero condotto		

	FUTUR SIMPLE	FUTUR ANTÉRIEUR	CONDITIONNEL	
			PRÉSENT	PASSÉ
io	condurrò	avrò condotto	condurrei	avrei condotto
tu	condurrai	avrai condotto	condurresti	avresti condotto
lui	condurrà	avrà condotto	condurrebbe	avrebbe condotto
noi	condurremo	avremo condotto	condurremmo	avremmo condotto
voi	condurrete	avrete condotto	condurreste	avreste condotto
loro	condurranno	avranno condotto	condurrebbero	avrebbero condotto

	INFINITIF	GÉRONDIF	PARTICIPE
PRÉSENT	condurre	conducendo	conducente
PASSÉ	aver(e) condotto	avendo condotto	condotto

• Par son origine (latin *conducere*), ce verbe fait partie du 2ᵉ groupe et se conjugue sur le radical conduc-.

127 **sentire** entendre, écouter, sentir — sentii | sentito

INDICATIF				SUBJONCTIF			
	PRÉSENT		PASSÉ COMPOSÉ		PRÉSENT		PASSÉ
io	sento		ho sentito		senta		abbia sentito
tu	senti		hai sentito		senta		abbia sentito
lui	sente		ha sentito		senta		abbia sentito
noi	sentiamo		abbiamo sentito		sentiamo		abbiamo sentito
voi	sentite		avete sentito		sentiate		abbiate sentito
loro	sentono		hanno sentito		sentano		abbiano sentito
	IMPARFAIT		PLUS-QUE-PARFAIT		IMPARFAIT		PLUS-QUE-PARFAIT
io	sentivo		avevo sentito		sentissi		avessi sentito
tu	sentivi		avevi sentito		sentissi		avessi sentito
lui	sentiva		aveva sentito		sentisse		avesse sentito
noi	sentivamo		avevamo sentito		sentissimo		avessimo sentito
voi	sentivate		avevate sentito		sentiste		aveste sentito
loro	sentivano		avevano sentito		sentissero		avessero sentito

	PASSÉ SIMPLE	PASSÉ ANTÉRIEUR	IMPÉRATIF	
io	sentii	ebbi sentito		
tu	sentisti	avesti sentito		sentiamo (noi)
lui	sentì	ebbe sentito	senti (tu)	sentite (voi)
noi	sentimmo	avemmo sentito	senta (Lei)	sentano (Loro)
voi	sentiste	aveste sentito		
loro	sentirono	ebbero sentito		

	FUTUR SIMPLE	FUTUR ANTÉRIEUR	CONDITIONNEL	
			PRÉSENT	PASSÉ
io	sentirò	avrò sentito	sentirei	avrei sentito
tu	sentirai	avrai sentito	sentiresti	avresti sentito
lui	sentirà	avrà sentito	sentirebbe	avrebbe sentito
noi	sentiremo	avremo sentito	sentiremmo	avremmo sentito
voi	sentirete	avrete sentito	sentireste	avreste sentito
loro	sentiranno	avranno sentito	sentirebbero	avrebbero sentito

	INFINITIF	GÉRONDIF	PARTICIPE
PRÉSENT	sentire	sentendo	senziente
PASSÉ	aver(e) sentito	avendo sentito	sentito

- Le participe présent senziente est rare et employé uniquement comme adjectif.
- Ainsi se conjuguent **dormire** et **servire**, sauf au participe présent où ils ont deux formes : dormiente (substantif)/dormente (adjectif), servente (participe présent)/serviente (substantif).
- Les verbes **applaudire**, **assorbire**, **eseguire**, **ipernutrire**, **languire**, **mentire**, **nutrire** et **riassorbire** se conjuguent sur ce modèle mais peuvent aussi se conjuguer sur finire (→ 128).

128 finire _finir_

finii | finito

	INDICATIF		SUBJONCTIF	
	PRÉSENT	PASSÉ COMPOSÉ	PRÉSENT	PASSÉ
io	finisco	ho finito	finisca	abbia finito
tu	finisci	hai finito	finisca	abbia finito
lui	finisce	ha finito	finisca	abbia finito
noi	finiamo	abbiamo finito	finiamo	abbiamo finito
voi	finite	avete finito	finiate	abbiate finito
loro	finiscono	hanno finito	finiscano	abbiano finito
	IMPARFAIT	PLUS-QUE-PARFAIT	IMPARFAIT	PLUS-QUE-PARFAIT
io	finivo	avevo finito	finissi	avessi finito
tu	finivi	avevi finito	finissi	avessi finito
lui	finiva	aveva finito	finisse	avesse finito
noi	finivamo	avevamo finito	finissimo	avessimo finito
voi	finivate	avevate finito	finiste	aveste finito
loro	finivano	avevano finito	finissero	avessero finito
	PASSÉ SIMPLE	PASSÉ ANTÉRIEUR	IMPÉRATIF	
io	finii	ebbi finito		
tu	finisti	avesti finito		finiamo (noi)
lui	finì	ebbe finito	finisci (tu)	finite (voi)
noi	finimmo	avemmo finito	finisca (Lei)	finiscano (Loro)
voi	finiste	aveste finito		
loro	finirono	ebbero finito	CONDITIONNEL	
	FUTUR SIMPLE	FUTUR ANTÉRIEUR	PRÉSENT	PASSÉ
io	finirò	avrò finito	finirei	avrei finito
tu	finirai	avrai finito	finiresti	avresti finito
lui	finirà	avrà finito	finirebbe	avrebbe finito
noi	finiremo	avremo finito	finiremmo	avremmo finito
voi	finirete	avrete finito	finireste	avreste finito
loro	finiranno	avranno finito	finirebbero	avrebbero finito

	INFINITIF	GÉRONDIF	PARTICIPE
PRÉSENT	finire	finendo	finente
PASSÉ	aver(e) finito	avendo finito	finito

- Ainsi se conjuguent **profferire** (participe passé profferito/profferto), seppellire (participe passé seppellito/sepolto).
- Les verbes **aborrire, compartire, inghiottire, ringhiottire, scompartire, tossire** se conjuguent sur ce modèle, mais peuvent aussi se conjuguer sur sentire (→ 127).
- **Inerire** et **stridire** se conjuguent comme finire, mais ils n'ont pas de participe passé, ni de temps composés.

129 **marcire** pourrir

marcii | marcito

INDICATIF	SUBJONCTIF
PRÉSENT	PRÉSENT
noi marciamo/imputridiamo	marciamo/imputridiamo
voi	marciate/imputridiate

• Ce verbe se conjugue comme finire (→ 128), mais certaines de ses formes pouvant être confondues avec des formes du verbe marciare (*marcher*), elles peuvent être remplacées par des formes du verbe **imputridire**.

130 **ardire** oser

ardii | ardito

INDICATIF	SUBJONCTIF
PRÉSENT	PRÉSENT
noi ardiamo/osiamo	ardiamo/osiamo
voi	ardiate/osiate

	GÉRONDIF	PARTICIPE
PRÉSENT	ardendo/osando	ardente/osante

• Ce verbe se conjugue comme finire (→ 128), mais certaines de ses formes pouvant être confondues avec des formes du verbe ardere (*brûler*), elles peuvent être remplacées par des formes du verbe **osare**.

131 **sparire** disparaître

sparii | sparito

INDICATIF	SUBJONCTIF
PRÉSENT	PRÉSENT
noi spariamo/scompariamo	spariamo/scompariamo
voi	spariate/scompariate

• Ce verbe se conjugue comme finire (→ 128), mais certaines de ses formes pouvant être confondues avec des formes du verbe sparare (*tirer avec une arme à feu*), elles peuvent être remplacées par des formes du verbe **scomparire**.
• Au passé simple, io sparvi, lui sparve, loro sparvero sont des formes littéraires.

132 atterrire *terrifier*

marcii | marcito

INDICATIF	SUBJONCTIF
PRÉSENT	PRÉSENT
noi atterriamo/spaventiamo	atterriamo/spaventiamo
voi	atterriate/spaventiate

• Ce verbe se conjugue comme finire (→ 128), mais certaines de ses formes pouvant être confondues avec des formes du verbe atterrare (*atterrir*), elles peuvent être remplacées par des formes du verbe **spaventare**.

133 aulire *embaumer*

INDICATIF
PRÉSENT
io aulisco
tu aulisci
lui aulisce
loro auliscono

IMPARFAIT
lui auliva
loro aulivano

	INFINITIF	GÉRONDIF	PARTICIPE
PRÉSENT	aulire	aulendo	aulente
PASSÉ			aulito

134 **compire** accomplir

compii | compito

	INDICATIF		SUBJONCTIF	
	PRÉSENT	PASSÉ COMPOSÉ	PRÉSENT	PASSÉ
io	compisco	ho compito	compisca	abbia compito
tu	compisci	hai compito	compisca	abbia compito
lui	compisce	ha compito	compisca	abbia compito
noi	compiamo	abbiamo compito	compiamo	abbiamo compito
voi	compite	avete compito	compiate	abbiate compito
loro	compiscono	hanno compito	compiscano	abbiano compito
	IMPARFAIT	PLUS-QUE-PARFAIT	IMPARFAIT	PLUS-QUE-PARFAIT
io	compivo	avevo compito	compissi	avessi compito
tu	compivi	avevi compito	compissi	avessi compito
lui	compiva	aveva compito	compisse	avesse compito
noi	compivamo	avevamo compito	compissimo	avessimo compito
voi	compivate	avevate compito	compiste	aveste compito
loro	compivano	avevano compito	compissero	avessero compito

	PASSÉ SIMPLE	PASSÉ ANTÉRIEUR	IMPÉRATIF	
io	compii	ebbi compito		
tu	compisti	avesti compito		compiamo (noi)
lui	compì	ebbe compito	compisci (tu)	compite (voi)
noi	compimmo	avemmo compito	compisca (Lei)	compiscano (Loro)
voi	compiste	aveste compito		
loro	compirono	ebbero compito	CONDITIONNEL	

	FUTUR SIMPLE	FUTUR ANTÉRIEUR	PRÉSENT	PASSÉ
io	compirò	avrò compito	compirei	avrei compito
tu	compirai	avrai compito	compiresti	avresti compito
lui	compirà	avrà compito	compirebbe	avrebbe compito
noi	compiremo	avremo compito	compiremmo	avremmo compito
voi	compirete	avrete compito	compireste	avreste compito
loro	compiranno	avranno compito	compirebbero	avrebbero compito

	INFINITIF	GÉRONDIF	PARTICIPE
PRÉSENT	compire	compiendo	compiente
PASSÉ	aver(e) compito	avendo compito	compito

- Verbe sovrabbondante dont on emploie usuellement les formes de l'imparfait de l'indicatif et du passé simple. Pour les autres temps, on utilise surtout les formes du verbe de 2ᵉ groupe **compiere** (→ 90).
- Suivent cette conjugaison les verbes **adempire, empire** et riempire qui sont toujours des verbes sovrabbondanti.
- Le participe passé **compito** est aussi employé comme adjectif dans le sens de *affable, courtois, bien élevé*. À ne pas confondre avec le substantif un compito (un devoir, une copie).

135 aprire ouvrir

aprii | aperto

INDICATIF		SUBJONCTIF	
PRÉSENT	**PASSÉ COMPOSÉ**	**PRÉSENT**	**PASSÉ**
io apro	ho aperto	apra	abbia aperto
tu apri	hai aperto	apra	abbia aperto
lui apre	ha aperto	apra	abbia aperto
noi apriamo	abbiamo aperto	apriamo	abbiamo aperto
voi aprite	avete aperto	apriate	abbiate aperto
loro aprono	hanno aperto	aprano	abbiano aperto
IMPARFAIT	**PLUS-QUE-PARFAIT**	**IMPARFAIT**	**PLUS-QUE-PARFAIT**
io aprivo	avevo aperto	aprissi	avessi aperto
tu aprivi	avevi aperto	aprissi	avessi aperto
lui apriva	aveva aperto	aprisse	avesse aperto
noi aprivamo	avevamo aperto	aprissimo	avessimo aperto
voi aprivate	avevate aperto	apriste	aveste aperto
loro aprivano	avevano aperto	aprissero	avessero aperto
PASSÉ SIMPLE	**PASSÉ ANTÉRIEUR**		
io aprii/apersi	ebbi aperto		

IMPÉRATIF	
	apriamo (noi)
apri (tu)	aprite (voi)
apra (Lei)	aprano (Loro)

PASSÉ SIMPLE	PASSÉ ANTÉRIEUR
tu apristi	avesti aperto
lui aprì/aperse	ebbe aperto
noi aprimmo	avemmo aperto
voi apriste	aveste aperto
loro aprirono/apersero	ebbero aperto

FUTUR SIMPLE	FUTUR ANTÉRIEUR	CONDITIONNEL	
		PRÉSENT	**PASSÉ**
io aprirò	avrò aperto	aprirei	avrei aperto
tu aprirai	avrai aperto	apriresti	avresti aperto
lui aprirà	avrà aperto	aprirebbe	avrebbe aperto
noi apriremo	avremo aperto	apriremmo	avremmo aperto
voi aprirete	avrete aperto	aprireste	avreste aperto
loro apriranno	avranno aperto	aprirebbero	avrebbero aperto

INFINITIF		GÉRONDIF	PARTICIPE
PRÉSENT	aprire	aprendo	aprente
PASSÉ	aver(e) aperto	avendo aperto	aperto

* Au passé simple, la première forme est la plus utilisée.

136 **apparire** *apparaître*

apparvi | apparso

INDICATIF		SUBJONCTIF	
PRÉSENT	**PASSÉ COMPOSÉ**	**PRÉSENT**	**PASSÉ**
io appaio	sono apparso	appaia	sia apparso
tu appari	sei apparso	appaia	sia apparso
lui appare	è apparso	appaia	sia apparso
noi appariamo	siamo apparsi	appariamo	siamo apparsi
voi apparite	siete apparsi	appariate	siate apparsi
loro appaiono	sono apparsi	appaiano	siano apparsi
IMPARFAIT	**PLUS-QUE-PARFAIT**	**IMPARFAIT**	**PLUS-QUE-PARFAIT**
io apparivo	ero apparso	apparissi	fossi apparso
tu apparivi	eri apparso	apparissi	fossi apparso
lui appariva	era apparso	apparisse	fosse apparso
noi apparivamo	eravamo apparsi	apparissimo	fossimo apparsi
voi apparivate	eravate apparsi	appariste	foste apparsi
loro apparivano	erano apparsi	apparissero	fossero apparsi
PASSÉ SIMPLE	**PASSÉ ANTÉRIEUR**		
io apparvi/apparsi	fui apparso		
tu apparisti	fosti apparso		
lui apparve/apparse	fu apparso		
noi apparimmo	fummo apparsi		
voi appariste	foste apparsi		
loro apparvero/apparsero	furono apparsi		

IMPÉRATIF

	appariamo (noi)
appari (tu)	apparite (voi)
appaia (Lei)	appaiano (Loro)

		CONDITIONNEL	
FUTUR SIMPLE	**FUTUR ANTÉRIEUR**	**PRÉSENT**	**PASSÉ**
io apparirò	sarò apparso	apparirei	sarei apparso
tu apparirai	sarai apparso	appariresti	saresti apparso
lui apparirà	sarà apparso	apparirebbe	sarebbe apparso
noi appariremo	saremo apparsi	appariremmo	saremmo apparsi
voi apparirete	sarete apparsi	apparireste	sareste apparsi
loro appariranno	saranno apparsi	apparirebbero	sarebbero apparsi

	INFINITIF	GÉRONDIF	PARTICIPE
PRÉSENT	apparire	apparendo	apparente
PASSÉ	esser(e) apparso	essendo apparso	apparso

• Au présent de l'indicatif et du subjonctif, ainsi qu'à l'impératif, apparire peut suivre le modèle de finire (→ 128), mais les formes en -isc- sont moins employées que les autres.

• Au passé simple, la première forme est la plus employée. Les formes io apparii, lui apparì, loro apparirono sont également possibles mais moins utilisées.

• Se conjuguent sur le même modèle :
  – **disparire** (passé simple : io disparvi/disparii..., participe passé : disparito, rare : disparso) ;
  – **scomparire** dans le sens de *disparaître*, mais dans le sens de *faire piètre figure* (présent : io scomparisco..., passé simple : io scomparii..., participe passé : scomparito) ;
  – **trasparire** (présent : io trasparisco/traspaio..., subjonctif présent : io trasparisca/traspaia..., participe passé : trasparito, rare : trasparso).

137 **morire** mourir

morii | morto

	INDICATIF		SUBJONCTIF	
	PRÉSENT	PASSÉ COMPOSÉ	PRÉSENT	PASSÉ
io	muoio	sono morto	muoia	sia morto
tu	muori	sei morto	muoia	sia morto
lui	muore	è morto	muoia	sia morto
noi	moriamo	siamo morti	moriamo	siamo morti
voi	morite	siete morti	moriate	siate morti
loro	muoiono	sono morti	muoiano	siano morti
	IMPARFAIT	PLUS-QUE-PARFAIT	IMPARFAIT	PLUS-QUE-PARFAIT
io	morivo	ero morto	morissi	fossi morto
tu	morivi	eri morto	morissi	fossi morto
lui	moriva	era morto	morisse	fosse morto
noi	morivamo	eravamo morti	morissimo	fossimo morti
voi	morivate	eravate morti	moriste	foste morti
loro	morivano	erano morti	morissero	fossero morti
	PASSÉ SIMPLE	PASSÉ ANTÉRIEUR		
io	morii	fui morto		
tu	moristi	fosti morto		
lui	morì	fu morto		
noi	morimmo	fummo morti		
voi	moriste	foste morti		
loro	morirono	furono morti		

IMPÉRATIF

	moriamo (noi)
muori (tu)	morite (voi)
muoia (Lei)	muoiano (Loro)

	FUTUR SIMPLE	FUTUR ANTÉRIEUR	CONDITIONNEL	
			PRÉSENT	PASSÉ
io	morirò	sarò morto	morirei	sarei morto
tu	morirai	sarai morto	moriresti	saresti morto
lui	morirà	sarà morto	morirebbe	sarebbe morto
noi	moriremo	saremo morti	moriremmo	saremmo morti
voi	morirete	sarete morti	morireste	sareste morti
loro	moriranno	saranno morti	morirebbero	sarebbero morti

	INFINITIF	GÉRONDIF	PARTICIPE
PRÉSENT	morire	morendo	morente
PASSÉ	esser(e) morto	essendo morto	morto

• Au futur simple et au conditionnel présent, les formes morrò, morrai... et morrei, morresti... sont aussi possibles, mais moins utilisées que les autres.

138 cucire coudre

cucii | cucito

INDICATIF		SUBJONCTIF	
PRÉSENT	**PASSÉ COMPOSÉ**	**PRÉSENT**	**PASSÉ**
io cucio	ho cucito	cucia	abbia cucito
tu cuci	hai cucito	cucia	abbia cucito
lui cuce	ha cucito	cucia	abbia cucito
noi cuciamo	abbiamo cucito	cuciamo	abbiamo cucito
voi cucite	avete cucito	cuciate	abbiate cucito
loro cuciono	hanno cucito	cuciano	abbiano cucito
IMPARFAIT	**PLUS-QUE-PARFAIT**	**IMPARFAIT**	**PLUS-QUE-PARFAIT**
io cucivo	avevo cucito	cucissi	avessi cucito
tu cucivi	avevi cucito	cucissi	avessi cucito
lui cuciva	aveva cucito	cucisse	avesse cucito
noi cucivamo	avevamo cucito	cucissimo	avessimo cucito
voi cucivate	avevate cucito	cuciste	aveste cucito
loro cucivano	avevano cucito	cucissero	avessero cucito

PASSÉ SIMPLE	**PASSÉ ANTÉRIEUR**		
io cucii	ebbi cucito	IMPÉRATIF	
tu cucisti	avesti cucito		cuciamo (noi)
lui cucì	ebbe cucito	cuci (tu)	cucite (voi)
noi cucimmo	avemmo cucito	cucia (Lei)	cuciano (Loro)
voi cuciste	aveste cucito		
loro cucirono	ebbero cucito		

		CONDITIONNEL	
FUTUR SIMPLE	**FUTUR ANTÉRIEUR**	**PRÉSENT**	**PASSÉ**
io cucirò	avrò cucito	cucirei	avrei cucito
tu cucirai	avrai cucito	cuciresti	avresti cucito
lui cucirà	avrà cucito	cucirebbe	avrebbe cucito
noi cuciremo	avremo cucito	cuciremmo	avremmo cucito
voi cucirete	avrete cucito	cucireste	avreste cucito
loro cuciranno	avranno cucito	cucirebbero	avrebbero cucito

INFINITIF	GÉRONDIF	PARTICIPE
PRÉSENT cucire	cucendo	cucente
PASSÉ aver(e) cucito	avendo cucito	cucito

• Ce verbe ajoute un -i- devant les désinences commençant par -o- et -a-.

139 **dire** dire

	INDICATIF		SUBJONCTIF	
	PRÉSENT	PASSÉ COMPOSÉ	PRÉSENT	PASSÉ
io	dico	ho detto	dica	abbia detto
tu	dici	hai detto	dica	abbia detto
lui	dice	ha detto	dica	abbia detto
noi	diciamo	abbiamo detto	diciamo	abbiamo detto
voi	dite	avete detto	diciate	abbiate detto
loro	dicono	hanno detto	dicano	abbiano detto
	IMPARFAIT	PLUS-QUE-PARFAIT	IMPARFAIT	PLUS-QUE-PARFAIT
io	dicevo	avevo detto	dicessi	avessi detto
tu	dicevi	avevi detto	dicessi	avessi detto
lui	diceva	aveva detto	dicesse	avesse detto
noi	dicevamo	avevamo detto	dicessimo	avessimo detto
voi	dicevate	avevate detto	diceste	aveste detto
loro	dicevano	avevano detto	dicessero	avessero detto
	PASSÉ SIMPLE	PASSÉ ANTÉRIEUR		
io	dissi	ebbi detto		
tu	dicesti	avesti detto		IMPÉRATIF
lui	disse	ebbe detto	di' (tu)	diciamo (noi)
noi	dicemmo	avemmo detto		dite (voi)
voi	diceste	aveste detto	dica (Lei)	dicano (Loro)
loro	dissero	ebbero detto		
	FUTUR SIMPLE	FUTUR ANTÉRIEUR	CONDITIONNEL	
			PRÉSENT	PASSÉ
io	dirò	avrò detto	direi	avrei detto
tu	dirai	avrai detto	diresti	avresti detto
lui	dirà	avrà detto	direbbe	avrebbe detto
noi	diremo	avremo detto	diremmo	avremmo detto
voi	direte	avrete detto	direste	avreste detto
loro	diranno	avranno detto	direbbero	avrebbero detto

	INFINITIF	GÉRONDIF	PARTICIPE
PRÉSENT	dire	dicendo	dicente
PASSÉ	aver(e) detto	avendo detto	detto

- Par son origine (latin *dicere*), ce verbe se conjugue sur le radical dic-.
- Ainsi se conjuguent les verbes qui se terminent par -dire, sauf à la 2ᵉ personne du singulier de l'impératif, qui a la terminaison -dici : **benedire → benedici, maledire →** male**dici**...
- **Benedire** et **strabenedire**, **maledire** et **stramaledire** à l'imparfait de l'indicatif et au passé simple ont une deuxième forme employée surtout dans le langage populaire : benedivo, benedivi... à la place de benedicevo, benedicevi... ; benedii, benedisti, benedì... à la place de benedissi, benedicesti, benedisse...

Verbes défectifs composés de dire

140 **addirsi** convenir

si addisse | addettosi

• Ce verbe suit le même modèle que dire (→ 139), mais il ne se conjugue qu'aux 3es personnes du singulier et du pluriel.

141 **disdire** ne pas convenir

disdisse | –

INDICATIF		SUBJONCTIF	
PRÉSENT		**PRÉSENT**	
lui	disdice	disdica	
loro	disdicono	disdicano	
IMPARFAIT		**IMPARFAIT**	
lui	disdiceva	disdicesse	
loro	disdicevano	disdicessero	
PASSE SIMPLE			
lui	disdisse		
loro	disdissero	**CONDITIONNEL**	
FUTUR SIMPLE		**PRÉSENT**	
lui	disdirà	disdirebbe	
loro	disdiranno	disdirebbero	

	INFINITIF	GÉRONDIF	PARTICIPE
PRÉSENT	disdire	disdicendo	disdicente

• Le verbe **disdire** dans le sens d'*annuler* suit la conjugaison 139.

142 udire *entendre*

udii | udito

INDICATIF		SUBJONCTIF	
PRÉSENT	**PASSÉ COMPOSÉ**	**PRÉSENT**	**PASSÉ**
io odo	ho udito	oda	abbia udito
tu odi	hai udito	oda	abbia udito
lui ode	ha udito	oda	abbia udito
noi udiamo	abbiamo udito	udiamo	abbiamo udito
voi udite	avete udito	udiate	abbiate udito
loro odono	hanno udito	odano	abbiano udito
IMPARFAIT	**PLUS-QUE-PARFAIT**	**IMPARFAIT**	**PLUS-QUE-PARFAIT**
io udivo	avevo udito	udissi	avessi udito
tu udivi	avevi udito	udissi	avessi udito
lui udiva	aveva udito	udisse	avesse udito
noi udivamo	avevamo udito	udissimo	avessimo udito
voi udivate	avevate udito	udiste	aveste udito
loro udivano	avevano udito	udissero	avessero udito

PASSÉ SIMPLE	**PASSÉ ANTÉRIEUR**	**IMPÉRATIF**	
io udii	ebbi udito		
tu udisti	avesti udito		udiamo (noi)
lui udì	ebbe udito	odi (tu)	udite (voi)
noi udimmo	avemmo udito	oda (Lei)	odano (Loro)
voi udiste	aveste udito		
loro udirono	ebbero udito	**CONDITIONNEL**	
FUTUR SIMPLE	**FUTUR ANTÉRIEUR**	**PRÉSENT**	**PASSÉ**
io udirò	avrò udito	udirei	avrei udito
tu udirai	avrai udito	udiresti	avresti udito
lui udirà	avrà udito	udirebbe	avrebbe udito
noi udiremo	avremo udito	udiremmo	avremmo udito
voi udirete	avrete udito	udireste	avreste udito
loro udiranno	avranno udito	udirebbero	avrebbero udito

	INFINITIF	GÉRONDIF	PARTICIPE
PRÉSENT	udire	udendo	udente
PASSÉ	aver(e) udito	avendo udito	udito

143 uscire sortir

uscii | uscito

	INDICATIF		SUBJONCTIF	
	PRÉSENT	**PASSÉ COMPOSÉ**	**PRÉSENT**	**PASSÉ**
io	esco	sono uscito	esca	sia uscito
tu	esci	sei uscito	esca	sia uscito
lui	esce	è uscito	esca	sia uscito
noi	usciamo	siamo usciti	usciamo	siamo usciti
voi	uscite	siete usciti	usciate	siate usciti
loro	escono	sono usciti	escano	siano usciti
	IMPARFAIT	**PLUS-QUE-PARFAIT**	**IMPARFAIT**	**PLUS-QUE-PARFAIT**
io	uscivo	ero uscito	uscissi	fossi uscito
tu	uscivi	eri uscito	uscissi	fossi uscito
lui	usciva	era uscito	uscisse	fosse uscito
noi	uscivamo	eravamo usciti	uscissimo	fossimo usciti
voi	uscivate	eravate usciti	usciste	foste usciti
loro	uscivano	erano usciti	uscissero	fossero usciti
	PASSÉ SIMPLE	**PASSÉ ANTÉRIEUR**		
io	uscii	fui uscito		
tu	uscisti	fosti uscito		**IMPÉRATIF**
lui	uscì	fu uscito		usciamo (noi)
noi	uscimmo	fummo usciti	esci (tu)	uscite (voi)
voi	usciste	foste usciti	esca (Lei)	escano (Loro)
loro	uscirono	furono usciti		
	FUTUR SIMPLE	**FUTUR ANTÉRIEUR**		CONDITIONNEL
			PRÉSENT	**PASSÉ**
io	uscirò	sarò uscito	uscirei	sarei uscito
tu	uscirai	sarai uscito	usciresti	saresti uscito
lui	uscirà	sarà uscito	uscirebbe	sarebbe uscito
noi	usciremo	saremo usciti	usciremmo	saremmo usciti
voi	uscirete	sarete usciti	uscireste	sareste usciti
loro	usciranno	saranno usciti	uscirebbero	sarebbero usciti

	INFINITIF	GÉRONDIF	PARTICIPE
PRÉSENT	uscire	uscendo	uscente
PASSÉ	esser(e) uscito	essendo uscito	uscito

144 **salire** monter

salii | salito

	INDICATIF		SUBJONCTIF	
	PRÉSENT	PASSÉ COMPOSÉ	PRÉSENT	PASSÉ
io	salgo	sono salito	salga	sia salito
tu	sali	sei salito	salga	sia salito
lui	sale	è salito	salga	sia salito
noi	saliamo	siamo saliti	saliamo	siamo saliti
voi	salite	siete saliti	saliate	siate saliti
loro	salgono	sono saliti	salgano	siano saliti
	IMPARFAIT	PLUS-QUE-PARFAIT	IMPARFAIT	PLUS-QUE-PARFAIT
io	salivo	ero salito	salissi	fossi salito
tu	salivi	eri salito	salissi	fossi salito
lui	saliva	era salito	salisse	fosse salito
noi	salivamo	eravamo saliti	salissimo	fossimo saliti
voi	salivate	eravate saliti	saliste	foste saliti
loro	salivano	erano saliti	salissero	fossero saliti

	PASSÉ SIMPLE	PASSÉ ANTÉRIEUR	IMPÉRATIF	
io	salii	fui salito		
tu	salisti	fosti salito		saliamo (noi)
lui	salì	fu salito	sali (tu)	salite (voi)
noi	salimmo	fummo saliti	salga (Lei)	salgano (Loro)
voi	saliste	foste saliti		
loro	salirono	furono saliti	CONDITIONNEL	

	FUTUR SIMPLE	FUTUR ANTÉRIEUR	PRÉSENT	PASSÉ
io	salirò	sarò salito	salirei	sarei salito
tu	salirai	sarai salito	saliresti	saresti salito
lui	salirà	sarà salito	salirebbe	sarebbe salito
noi	saliremo	saremo saliti	saliremmo	saremmo saliti
voi	salirete	sarete saliti	salireste	sareste saliti
loro	saliranno	saranno saliti	salirebbero	sarebbero saliti

	INFINITIF	GÉRONDIF	PARTICIPE
PRÉSENT	salire	salendo	saliente
PASSÉ	essere salito	essendo salito	salito

• Ainsi se conjugue **risalire**, sauf au participe présent : risalente.

145 **venire** venir

venni | **venuto**

	INDICATIF		SUBJONCTIF	
	PRÉSENT	PASSÉ COMPOSÉ	PRÉSENT	PASSÉ
io	vengo	sono venuto	venga	sia venuto
tu	vieni	sei venuto	venga	sia venuto
lui	viene	è venuto	venga	sia venuto
noi	veniamo	siamo venuti	veniamo	siamo venuti
voi	venite	siete venuti	veniate	siate venuti
loro	vengono	sono venuti	vengano	siano venuti
	IMPARFAIT	PLUS-QUE-PARFAIT	IMPARFAIT	PLUS-QUE-PARFAIT
io	venivo	ero venuto	venissi	fossi venuto
tu	venivi	eri venuto	venissi	fossi venuto
lui	veniva	era venuto	venisse	fosse venuto
noi	venivamo	eravamo venuti	venissimo	fossimo venuti
voi	venivate	eravate venuti	veniste	foste venuti
loro	venivano	erano venuti	venissero	fossero venuti

	PASSÉ SIMPLE	PASSÉ ANTÉRIEUR
io	venni	fui venuto
tu	venisti	fosti venuto
lui	venne	fu venuto
noi	venimmo	fummo venuti
voi	veniste	foste venuti
loro	vennero	furono venuti

	IMPÉRATIF	
		veniamo (noi)
	vieni (tu)	venite (voi)
	venga (Lei)	vengano (Loro)

	FUTUR SIMPLE	FUTUR ANTÉRIEUR	CONDITIONNEL	
			PRÉSENT	PASSÉ
io	verrò	sarò venuto	verrei	sarei venuto
tu	verrai	sarai venuto	verresti	saresti venuto
lui	verrà	sarà venuto	verrebbe	sarebbe venuto
noi	verremo	saremo venuti	verremmo	saremmo venuti
voi	verrete	sarete venuti	verreste	sareste venuti
loro	verranno	saranno venuti	verrebbero	sarebbero venuti

	INFINITIF	GÉRONDIF	PARTICIPE
PRÉSENT	venire	venendo	venente/veniente
PASSÉ	esser(e) venuto	essendo venuto	venuto

• Ainsi se conjuguent **rinvenire** et **svenire**, sauf au futur où ils ont une forme régulière : io rinvenirò..., io svenirò...
→ La voix passive avec venire 152
→ Formes idiomatiques avec venire 178

Grammaire du verbe

GÉNÉRALITÉS

LES CONJUGAISONS

LES AUXILIAIRES

LES VERBES IRRÉGULIERS

MODES ET TEMPS

LA CONCORDANCE DES TEMPS DANS LES SUBORDONNÉES

Les numéros renvoient aux paragraphes.

Généralités

LES RENSEIGNEMENTS FOURNIS PAR LE VERBE

146 Le verbe dans la phrase

Le verbe est la partie de la phrase qui, seule ou avec d'autres éléments, nous fournit des renseignements très variés et complexes sur le sujet en l'actualisant dans le temps.

Ces renseignements peuvent concerner une action (faite ou subie par le sujet), un événement, un état, une façon d'être ou l'existence même du sujet.

147 Le radical et la terminaison

▶ Il y a deux parties dans un verbe : le **radical** et la **terminaison**. Le radical reste le plus souvent invariable ; la terminaison varie.

▶ La terminaison nous fournit différents renseignements sur :

- **la personne** → 164

(io)	am-**o**	1re singulier
(tu)	am-**i**	2e singulier
(lui/lei)	am-**a**	3e singulier
(noi)	am-**iamo**	1re pluriel
(voi)	am-**ate**	2e pluriel
(loro)	am-**ano**	3e pluriel

- **le nombre** → 164

| (tu) | am-**i** | singulier |
| (voi) | am-**ate** | pluriel |

- **le temps** → 164

(io)	am-**o**	présent (presente)
(io)	am-**avo**	passé (passato)
(io)	am-**erò**	futur (futuro)

- **le mode** → 184-206
  - personnel ;

(tu) am-**avi**	indicatif (indicativo)
(tu) am-**assi**	subjonctif (congiuntivo)
(tu) am-**eresti**	conditionnel (condizionale)
am-**a** (tu)	impératif (imperativo)

– impersonnel.

am-**are**	infinitif (infinito)
am-**ando**	gérondif (gerundio)
am-**ato**, am-**ati**	} participe (participio)
am-**ata**, am-**ate**	

148 Les verbes transitifs

Un verbe est transitif *(vt)* lorsqu'il est suivi par un complément d'objet direct (COD).

> Andrea legge un libro.
>
> *Andrea lit un livre.*

149 Les verbes intransitifs

Un verbe est intransitif *(vi)* lorsqu'il exprime une action ou un état sans complément d'objet direct (COD).

> Il treno parte alle cinque.
>
> *Le train part à cinq heures.*
>
> Mio nonno non sta molto bene.
>
> *Mon grand-père ne va pas très bien.*

150 Les verbes transitifs et intransitifs

En italien comme en français, beaucoup de verbes peuvent être transitifs ou intransitifs selon leur emploi. Le dictionnaire des verbes en fin d'ouvrage indique toutes les possibilités, en suivant l'ordre d'emploi le plus fréquent : **cominciare vt, vi**...

> Comincio un lavoro. *(vt)*
>
> *Je commence un travail.*
>
> Il giorno comincia. *(vi)*
>
> *Le jour commence.*

GRAMMAIRE DU VERBE

LES VOIX DU VERBE

151 La voix active

Le sujet est l'agent actif : il fait l'action indiquée par le verbe. La voix active s'emploie aussi bien pour les verbes transitifs que pour les verbes intransitifs.

> Andrea mangia una mela. *Andrea mange une pomme.*
> Filippo arriva alle sei. *Filippo arrive à six heures.*

152 La voix passive

▶ Le sujet subit l'action exprimée par le verbe. La personne qui fait effectivement l'action est le complément d'agent, introduit par la préposition **da**. Seuls les verbes transitifs peuvent se mettre à la voix passive.

> La mela è mangiata da Andrea.
> *La pomme est mangée par Andrea.*

▶ Il y a en italien différentes manières de construire la voix passive.

• Avec l'auxiliaire **essere et le participe passé** du verbe conjugué (c'est la forme la plus courante, → CONJUGAISON 5) :

VOIX ACTIVE	VOIX PASSIVE
Andrea scrive una lettera.	Una lettera **è scritta** da Andrea.
Andrea écrit une lettre.	*Une lettre est écrite par Andrea.*
Andrea ha scritto una lettera.	Una lettera è stata scritta da Andrea.
Andrea a écrit une lettre.	*Une lettre a été écrite par Andrea.*

• Avec **le verbe venire** (mais **uniquement aux temps simples**) **et le participe passé** du verbe conjugué :

> La lettera **viene scritta** da Paola. *La lettre est écrite par Paola.*

• Avec le verbe **andare et le participe passé** du verbe conjugué :
– traduisant une idée d'obligation à la place du verbe dovere + essere ;

> Le lettere **vanno inviate**. (= Le lettere devono essere inviate.)
> *Les lettres doivent être envoyées.*

– devant les verbes disperdere, perdere, smarrire, sprecare.

> La lettera **andò perduta**. *La lettre fut perdue.*

• Avec les verbes **finire**, **restare**, **rimanere**, généralement aux temps simples, **et le participe passé** du verbe conjugué, pour exprimer une nuance de conclusion d'un processus inéluctable.

> La città **rimase sepolta** dalla lava. *La ville fut ensevelie par la lave.*

- Avec le pronom **si** (on) uniquement à la **3ᵉ personne du singulier et du pluriel** de la voix active des verbes transitifs.

> In Italia si mangia molta pasta.
> *En Italie, on mange beaucoup de pâtes.*
> In Italia si leggono molti settimanali.
> *En Italie, on lit beaucoup d'hebdomadaires.*

Cette forme impersonnelle est très employée dans la langue courante et dans le langage spécialisé (commerce, journaux…) ; elle peut donner lieu à des formes synthétiques avec inversion du pronom.

> Si affitta/Affittasi appartamento.
> *Appartement à louer.*

LES VERBES PRONOMINAUX

153 La forme pronominale

▶ Le sujet fait l'action et en subit en même temps les conséquences ; le verbe est précédé du pronom personnel réfléchi correspondant au sujet : **mi, ti, si, ci, vi, si** (→ 163, 166).

> Maria si veste. *Maria s'habille.*

▶ Aux temps composés, les verbes pronominaux se conjuguent toujours avec l'auxiliaire **essere**, et leur participe passé s'accorde généralement avec le sujet :

> Paola si è alzata. *Paola s'est levée.*
> Ci siamo tuffati nel lago. *Nous avons plongé dans le lac.*

→ Accord avec essere 204

→ Conjugaison 6

REMARQUE

À l'intérieur de la forme pronominale, on distingue en italien différentes catégories selon les rapports existant entre sujet, verbe et pronom complément (→ 154-158).

▶ ATTENTION Certains verbes, pronominaux en français, ne le sont pas en italien, et vice versa (→ 159,160).

154 Les verbes réfléchis propres

L'action exprimée par le verbe se « réfléchit » sur le sujet lui-même. Ce dernier fait l'action et, en même temps, la subit.

> Tu ti lavi. *Tu te laves.*

Les verbes réfléchis apparents

L'action exprimée par le verbe se « réfléchit » apparemment sur le sujet lui-même, car le pronom personnel réfléchi correspond au sujet, mais l'action est subie non par le sujet, mais par le complément direct.

Tu ti lavi le mani. *Tu te laves les mains.*

Les verbes réfléchis réciproques

L'action est à la fois faite et subie par deux ou plusieurs sujets.

Valentina e Andrea si baciano. *Valentina et Andrea s'embrassent.*

Les verbes essentiellement pronominaux

Ces verbes ont une forme pronominale avec une valeur active.

accanirsi	s'acharner	impadronirsi	s'emparer
accorgersi	s'apercevoir	incapricciarsi	s'enticher
adirarsi	se mettre en colère	intestardirsi	s'entêter
arrabbiarsi	se fâcher	lagnarsi	se plaindre
arrangiarsi	se débrouiller	ostinarsi	s'obstiner
arrendersi	se rendre, se résigner	pentirsi	se repentir
avvalersi	se servir, profiter	ravvedersi	se repentir
avvedersi	s'apercevoir	ribellarsi	se révolter
congratularsi	féliciter	suicidarsi	se suicider
imbattersi	tomber	vergognarsi	avoir honte
infischiarsi	se ficher		

Ils ne peuvent se conjuguer qu'avec les pronoms personnels réfléchis.

Les verbes accidentellement pronominaux

Un certain nombre de verbes, normalement transitifs, peuvent devenir accidentellement pronominaux. Dans ce cas, ils acquièrent une valeur intransitive et changent parfois de signification :

abbattere un albero (*abattre un arbre*)/abbattersi (*se décourager*).

Se comportent comme abbattere :

abbandonare	abandonner	abbandonarsi	s'abandonner
accostare	accoster	accostarsi a	accoster
addormentare	endormir	addormentarsi	s'endormir
allontanare	éloigner	allontanarsi	s'éloigner
annoiare	ennuyer	annoiarsi	s'ennuyer
avviare	entreprendre	avviarsi	se diriger
alzare	lever	alzarsi	se lever

decidere	décider	decidersi	se décider
dimenticare	oublier	dimenticarsi	oublier
eccitare	exciter	eccitarsi	s'exciter
fermare	arrêter	fermarsi	s'arrêter
invitare	inviter	invitarsi	s'inviter
muovere	bouger	muoversi	bouger
offendere	offenser	offendersi	s'offenser
rallegrare	réjouir	rallegrarsi	se réjouir, féliciter
rattristare	attrister	rattristarsi	s'attrister
ricordare	rappeler	ricordarsi	se rappeler, se souvenir
svegliare	réveiller	svegliarsi	se réveiller

159 Les pronominaux en français et pas en italien

se désister	desistere	se flétrir	avvizzire
se douter de	sospettare	se lever [soleil]	sorgere
s'échapper	scappare	se méfier	diffidare
s'écouler [temps]	trascorrere	se moquer de	deridere
s'écrier	esclamare, gridare	se noyer	annegare, affogare
s'écrouler	crollare	se passer de	fare a meno di
s'enfuir	fuggire	se porter [bien/mal]	stare [bene/male]
s'envoler	volare via	se promener	passeggiare
s'épanouir	sbocciare	se sauver	scappare
s'évader	evadere	se taire	tacere
s'évanouir	svenire	se terminer	terminare
s'exclamer	esclamare	se tromper de	sbagliare

160 Les pronominaux en italien et pas en français

accomiatarsi	prendre congé	dimettersi	démissionner
ammalarsi	tomber malade	felicitarsi con	féliciter
approfittarsi di	profiter de	muoversi	bouger
arrampicarsi	grimper	rallegrarsi con	féliciter
complimentarsi con	féliciter	sciogliersi	fondre
congratularsi con	féliciter	tuffarsi	plonger
degnarsi di	daigner	vergognarsi	avoir honte
dimenticarsi	oublier		

La construction de ces verbes étant particulièrement complexe, il convient de vérifier dans le dictionnaire leurs sens et leurs emplois, certains n'étant pas uniquement pronominaux.

dimenticarsi di qualcosa/qualcuno	approfittarsi di qualcosa/qualcuno
dimenticare qualcosa/qualcuno	approfittare di qualcosa/qualcuno

GRAMMAIRE DU VERBE

LES FORMES IMPERSONNELLES

Les verbes impersonnels

La forme impersonnelle (emploi du verbe à la 3ᵉ personne du singulier uniquement) est relativement rare en italien. Elle est réservée à certaines catégories de verbes.

▶ Les verbes indiquant des **phénomènes atmosphériques**[1] :

albeggiare	faire jour
annebbiare	embrumer
annottare	faire nuit
balenare	faire des éclairs
brinare	geler, givrer
diluviare	pleuvoir à torrents
fioccare	tomber à gros flocons
fulminare	faire des éclairs
gelare	geler
grandinare	grêler
imbrunire	s'assombrir
lampeggiare	faire des éclairs
nevicare	neiger
piovere	pleuvoir
piovigginare	pleuviner
rannuvolare	s'assombrir, se couvrir de nuages
rischiarare	s'éclaircir, s'éclairer
schiarire	s'éclaircir, s'éclairer
scurire	commencer à faire nuit
sgelare	dégeler
spiovere	cesser de pleuvoir
tempestare	faire de l'orage
tuonare	tonner, gronder

Ces verbes peuvent être construits personnellement et prennent alors un sens figuré, voire littéraire :

> Piovono tegole dal tetto.
> Des tuiles pleuvent du toit.
> Durante la battaglia grandinavano i proiettili.
> Les balles pleuvaient pendant la bataille.

---

1 Sont indiqués en caractères gras les verbes les plus usuels se conjuguant aussi bien avec **avere** qu'avec **essere**. Les autres verbes se conjuguent avec **essere**.

▶ Le verbe **fare** utilisé dans des locutions comme **fare bello**, **fare caldo**, **fare freddo** (auxiliaire avere) :

> Fa caldo oggi.
>
> Aujourd'hui, il fait chaud.
>
> Tutto l'inverno ha fatto freddo.
>
> Il a fait froid tout l'hiver.

▶ D'autres verbes **essentiellement impersonnels**[1] :

accadere	arriver, se passer
avvenire	arriver, se produire
bastare	suffire
bisognare	falloir
constare	comprendre, se composer de, résulter
convenire	convenir de
dispiacere	déplaire, regretter
giovare	convenir
occorrere	falloir
parere	paraître
piacere	plaire
rincrescere	regretter
spettare	revenir, incomber
succedere	arriver, se passer

▶ ATTENTION Ces verbes, qui sont employés à la 3ᵉ personne du singulier et du pluriel, s'accordent avec leur sujet :

> Occorre studiare molto.
>
> Il faut étudier beaucoup.
>
> Occorrono molti sforzi per riuscire.
>
> Il faut beaucoup d'efforts pour réussir.
>
> Succede una cosa strana.
>
> Il arrive une chose étrange.
>
> Succedono cose strane.
>
> Il arrive des choses étranges.

---

1 Ces verbes indiquant les phénomènes atmosphériques se conjuguent avec **essere**, sauf **giovare** qui se conjugue aussi bien avec **essere** qu'avec **avere**.

162 Les formes impersonnelles avec *ci* et *si*

▶ En italien, le verbe <u>e</u>ssere peut être employé dans des locutions impersonnelles précédées par **ci** qui permettent de :
– situer dans l'espace ;

C'è un libro sul tavolo.	*Il y a un livre sur la table.*
Ci sono due libri sul tavolo.	*Il y a deux livres sur la table.*

– introduire le début d'un conte, d'une fable.

C'era una volta un re...	*Il était une fois un roi...*

▶ D'autres formes impersonnelles peuvent être construites en recourant au pronom **si** (généralement on en français).

Si parla molto.	*On parle beaucoup.*
Si lavora tutto il giorno.	*On travaille toute la journée.*
Si raccomanda di non fumare.	*Prière de ne pas fumer.*

LES PRONOMS PERSONNELS

163 Les formes des pronoms personnels

SINGULIER

PERSONNE	SUJETS	COMPLÉMENTS FORMES FAIBLES[1]		COMPLÉMENTS FORMES FORTES[2]	
		directs	indirects	directs	indirects
1RE	io (je)	mi (me)		me (moi)	
2E	tu (tu)	ti (te)		te (toi)	
3E MASCULIN	lui (lui)[3] egli (il)[3] esso (il)[4]	lo (le)	gli (lui)	lui (lui)[3] esso (lui)[4]	
3E FÉMININ	lei (elle)[3] ella (elle)[3] essa (elle)[4]	la (la)	le (lui)	lei (elle)[3] essa (elle)[4]	
3E POLITESSE	Lei (vous)	La (vous)	Le (vous)	Lei (vous)	
3E PRONOMINALE		si (se)		sé (soi/lui/elle)[6]	

PLURIEL

PERSONNE	SUJETS	COMPLÉMENTS FORMES FAIBLES[1]		COMPLÉMENTS FORMES FORTES[2]	
		directs	indirects	directs	indirects
1RE	noi (nous)	ci (nous)		noi (nous)	
2E	voi (vous)	vi (vous)		voi (vous)	
3E MASCULIN	loro (eux)[3] essi (ils)[4]	li (les)	loro/gli (eux)[5]	loro (eux)[3] essi (eux)[4]	
3E FÉMININ	loro (elles)[3] esse (elles)[4]	le (les)	loro/gli (elles)[5]	loro (elles)[3] esse (elles)[4]	
3E POLITESSE	Loro (vous)	Le (vous)	Loro (vous)	Loro (vous)	
3E PRONOMINALE		si (se)		sé (eux/elles)[6]	

1 Les **formes faibles** se placent toujours avant le verbe, sauf à l'infinitif, au participe présent, au participe passé absolu, à l'impératif (à la 2e pers. du sing. et du plur., à la 1re pers. du plur.) et au gérondif.

2 Les **formes fortes** se placent après le verbe ou sont précédées d'une préposition :
Esco con te. *Je sors avec toi.*

3 Uniquement pour les personnes (**ella** est considérée comme une forme littéraire, très solennelle).

4 **Esso**, **essa**, **essi**, **esse** comme pronoms sujets et compléments indirects précédés de préposition s'emploient uniquement pour désigner un animal ou une chose.

5 Toujours après le verbe. Parlo loro. *Je leur parle.* Dans l'italien contemporain, on a tendance à remplacer **loro** par la forme du masculin singulier **gli** :
Parlo a Giovanni e Paolo → Parlo loro./Gli parlo. *Je leur parle.*
Parlo a Giovanni e Paola → Parlo loro./Gli parlo. *Je leur parle.*

6 **Sé** peut même se rapporter à un sujet déterminé ; dans ce cas, il remplace **lui/elle**, **eux/elles** :
Giovanna pensa solo a sé. *Giovanna ne pense qu'à elle.*
Alcuni pensano solo a sé. *Certains ne pensent qu'à eux-mêmes.*

Sé a un accent pour qu'on ne le confonde pas avec la conjonction **se** (si), mais il **peut ne pas être accentué** lorsqu'il est suivi de **stesso** ou **medesimo** :
È arrabbiata con se stessa. *Elle est fâchée contre elle-même.*

L'emploi des pronoms sujets

	PRONOMS SUJETS	
PERSONNE	**SINGULIER**	**PLURIEL**
1RE	io	noi
2^E	tu	voi
3^E MASCULIN	lui egli	loro
	esso	essi
3^E FÉMININ	lei ella	loro
	essa	esse
3^E POLITESSE	Lei	Loro

▶ En italien, l'emploi du pronom sujet n'est pas systématique. La terminaison suffit généralement à indiquer la personne.

> parl**o** *je parle*
> parl**i** *tu parles*
> parl**a** *il/elle parle*

▶ Lorsque le contexte n'est pas suffisamment explicite, on exprime le pronom sujet. C'est le cas des trois premières personnes du singulier du présent du subjonctif et des deux premières du singulier de l'imparfait du subjonctif.

PRÉSENT DU SUBJONCTIF		IMPARFAIT DU SUBJONCTIF	
io	parli	io	parlassi
tu	parli	tu	parlassi
lui/lei	parli	(lui/lei)	parlasse
(noi)	parliamo	(noi)	parlassimo
(voi)	parlate	(voi)	parlaste
(loro)	parlano	(loro)	parlassero

▶ Le pronom sujet s'emploie pour insister ou pour marquer une opposition.

> **Io** suono e **tu** canti.
> *Moi, je joue et toi, tu chantes.*
> Pago **io**.
> *C'est moi qui paie.*

165 La forme de politesse

	SINGULIER	PLURIEL
2ᵉ PERS.		Voi
3ᵉ PERS.	Lei Ella¹	Loro

1 Forme rare.

▶ Pour la forme de politesse (vous en français), l'italien emploie généralement la **3ᵉ personne au féminin**, indifféremment pour un homme ou pour une femme : **Lei** pour le singulier, **Loro** pour le pluriel.

▶ **Voi** (vous) comme pronom de politesse, pour vouvoyer, peut être utilisé uniquement à la 2ᵉ personne du pluriel, pour s'adresser à un groupe de personnes. Dans certains dialectes du sud de l'Italie, il est cependant employé pour s'adresser à un seul individu.

(per la Signora Rossi)	**Lei** conosce Roma?
(pour Mᵐᵉ Rossi)	*Est-ce que vous connaissez Rome ?*
(per il Signor Rossi)	**Lei** conosce Roma?
(pour M. Rossi)	*Est-ce que vous connaissez Rome ?*
(per i Signori Rossi)	**Loro** conoscono Roma?
	ou
	Voi, Signori, conoscete Roma?
(pour M. et Mᵐᵉ Rossi)	*Est-ce que vous connaissez Rome ?*

La forme **La Signoria Vostra** (*Votre Seigneurie*) est encore en usage dans le style formel.

> La S.V. è pregata di presentarsi a questo ufficio per comunicazioni che la riguardano.
>
> *Vous êtes prié de vous présenter à ce bureau pour des communications qui vous concernent.*

▶ Généralement, on accorde au féminin tous les pronoms, mais on préfère accorder avec le sujet réel les adjectifs et les participes passés.

(per la Signora Rossi)	**La** prego di essere buon**a** con noi.
(pour Mᵐᵉ Rossi)	*Vous êtes prié**e** d'être gentille avec nous.*
(per il Signor Rossi)	**La** prego di essere buon**o** con noi.
(pour M. Rossi)	*Vous êtes prié d'être gentil avec nous.*
(per la Signora Rossi)	**Lei** è pregat**a** di assistere allo spettacolo.
(pour Mᵐᵉ Rossi)	*Vous êtes prié**e** d'assister au spectacle.*

GRAMMAIRE DU VERBE

(per il Signor Rossi)	**Lei** è pregato di assistere allo spettacolo.
(pour M. Rossi)	*Vous êtes prié d'assister au spectacle.*
(per i Signori Rossi)	**Loro** sono pregati di assistere allo spettacolo.
	ou
	Voi siete pregati di assistere allo spettacolo.
(pour M. et Mme Rossi)	*Vous êtes priés d'assister au spectacle.*

▶ D'un usage plus rare et plus cérémonieux, **Ella** peut remplacer **Lei**.

Ella, Signor Ministro, ha già parlato.

(Vous,) monsieur le Ministre, vous avez déjà parlé.

166 La place des pronoms personnels réfléchis

▶ Les pronoms personnels réfléchis **mi** (*me*), **ti** (*te*), **si** (*se*), **ci** (*nous*), **vi** (*vous*), **si** (*se*) :

• **précèdent** généralement le verbe : mi lavo (*je me lave*) ;

• **sont** cependant **placés après** le verbe auquel ils se rattachent :
  – à l'infinitif (avec suppression du **-e** final de l'infinitif) : lavarsi (*se laver*) ;
  – au gérondif : lavandosi (*en se lavant*) ;
  – à l'impératif : lavati (*lave-toi*), laviamoci (*lavons-nous*), lavatevi (*lavez-vous*) ;
  – au participe présent : lavantesi (*se lavant, qui se lave*), lavantisi (*se lavant, qui se lavent*) ;
  – au participe passé absolu : lavatosi (*s'étant lavé*), lavatasi (*s'étant lavée*).

• D'autre part, ces pronoms personnels peuvent être placés indifféremment avant ou après le verbe dans les cas suivants :
  – à la forme négative de l'impératif ;
    Non **ti** lavare./Non lavar**ti**.
    Ne te lave pas.
    Non **ci** laviamo./Non laviamo**ci**.
    Ne nous lavons pas.
    Non **vi** lavate./Non lavate**vi**.
    Ne vous lavez pas.
  – à l'infinitif avec les verbes « servili » (**dovere**, **potere**, **volere**).
    Mi devo lavare./Devo lavar**mi**.
    Je dois me laver.
    Ti puoi servire./Puoi servir**ti**.
    Tu peux te servir.
    Ci vogliamo divertire./Vogliamo divertir**ci**.
    Nous voulons nous amuser.

167 ## Les formes des pronoms groupés

PRONOMS INDIRECTS FAIBLES	+ PRONOMS DIRECTS FAIBLES				
	lo	la	li	le	ne
mi[1]	me lo	me la	me li	me le	me ne
ti[1]	te lo	te la	te li	te le	te ne
gli[2]**/le**	glielo	gliela	glieli	gliele	gliene
ci[1]	ce lo	ce la	ce li	ce le	ce ne
vi[1]	ve lo	ve la	ve li	ve le	ve ne
loro/gli[2,3]	lo... loro glielo	la... loro gliela	li... loro glieli	le... loro gliele	ne... loro gliene

1 Changement de voyelle (-i → -e) pour les 1res et 2es personnes : mi/me, ti/te, ci/ce, vi/ve.
2 À la 3e personne du singulier et du pluriel, **gli** associé à un autre pronom devient **glie**.
3 Dans l'italien contemporain, on a tendance à employer, même pour le pluriel, **gli** à la place de **loro** :
  Glielo dico./Lo dico loro. *Je le leur dis.*

  Les formes avec **gli** sont accolées (**glielo**). Les autres formes restent sépa-
rées. Cependant, lorsqu'elles sont employées après le verbe à l'impératif (à
la 2e pers. du sing. et du plur., à la 1re pers. du plur.), à l'infinitif, au gérondif
et au participe passé, elles s'unissent au verbe avec lequel elles ne forment
qu'un seul mot.

> Portamelo.
> *Apporte-le-moi.*
> Devo dirglielo.
> *Je dois le lui/leur dire.*
> Chiedendoglielo.
> *En le lui/leur demandant.*
> Parlatogliene, mi sentivo meglio.
> *Après lui/leur en avoir parlé, je me sentais mieux.*

Les conjugaisons

LES GROUPES VERBAUX

168 ### La terminaison de l'infinitif

On classe les verbes italiens en **trois groupes** selon la terminaison de
l'infinitif :
– 1ᵉʳ groupe   **-are**   amare
– 2ᵉ groupe   **-ere**   temere, le**gg**ere
– 3ᵉ groupe   **-ire**   sentire, finire
Les voyelles **-a-**, **-e-**, **-i-** qui différencient les infinitifs de chaque groupe sont
appelées **voyelles caractéristiques**.

169 ### Les verbes du 1ᵉʳ groupe

▸ Le 1ᵉʳ groupe, de loin le plus important, s'enrichit continuellement de verbes
nouveaux. Les conjugaisons de ce groupe sont **régulières**, à quatre excep-
tions près : **andare**, **dare**, **fare** et **stare**.

▸ **Particularités orthographiques les plus importantes**
Les verbes se terminant en :
- **-care/-gare** prennent un **-h-** devant les terminaisons commençant
  par **-i-** et **-e-** (→ Conjugaisons 15, 16) ;

- **-ciare/-giare** perdent le **-i-** du radical devant les terminaisons commençant
  par **-e-** ou **-i-** (→ Conjugaisons 17, 18) ;

- **-iare** peuvent garder ou perdre le **-i-** du radical devant une terminaison
  commençant par **-i-** (→ Conjugaisons 19, 20).

170 ### Les verbes du 2ᵉ groupe

▸ Le 2ᵉ groupe est composé principalement de verbes **irréguliers** au passé simple et au participe passé.
À cause de leur étymologie, font partie de ce groupe les verbes en **-arre** (**trarre**,
latin *trahere*), **-orre** (**porre**, latin *ponere*), **-urre** (**condurre**, latin *conducere*).
Alors que les terminaisons **-are** et **-ire** sont toujours accentuées, pour les verbes en **-ere**, l'accent tonique peut porter soit sur la terminaison (**tem**e**re**), soit
sur le radical (**ced**ere).

▶ **Particularités**

Des deux formes régulières du passé simple, **-etti/-ei**, la première est la plus employée, sauf quand le radical se termine par **-t** :
– **dov**ere → (io) **dovetti** est plus employé que dovei ;
– **pot**ere → (io) **potei** est plus employé que potetti.

171 Les verbes du 3ᵉ groupe

Le 3ᵉ groupe est divisé en deux sous-groupes :
– les verbes, peu nombreux, qui se conjuguent comme **sentire** ;
– les verbes qui, comme **finire**, ajoutent **-isc-** entre le radical et la terminaison aux trois personnes du singulier et à la 3ᵉ personne du pluriel du présent de l'indicatif, du subjonctif et de l'impératif.

INDICATIF PRÉSENT		SUBJONCTIF PRÉSENT		IMPÉRATIF	
(io)	fin-isc-o	io	fin-isc-a		
(tu)	fin-isc-i	tu	fin-isc-a	fin-isc-i	(tu)
(lui/lei)	fin-isc-e	lui/lei	fin-isc-a	fin-isc-a	(Lei)
(loro)	fin-isc-ono	(loro)	fin-isc-ano	fin-isc-ano	(Loro)

LA PRONONCIATION DES VERBES

172 La place de l'accent tonique

La place de l'accent tonique, qui caractérise la prononciation de chaque verbe, peut poser des problèmes.

▶ Le plus souvent, l'accent tonique porte sur l'avant-dernière syllabe **(parola piana)**.

a-ma-re	te-me-re	sen-ti-re
a-mo	te-mo	sen-to

▶ Si l'accent porte sur la dernière syllabe **(parola tronca)**, il est obligatoirement marqué par un accent écrit ; c'est le cas de la 1ʳᵉ et de la 3ᵉ personne du singulier du futur simple et de la 3ᵉ personne du singulier du passé simple des verbes réguliers.

FUTUR SIMPLE	(io)	parlerò	ripeterò	sentirò
	(lui/lei)	parlerà	ripeterà	sentirà
PASSÉ SIMPLE	(lui/lei)	parlò	ripeté	sentì

▶ L'accent tonique peut porter aussi sur la 3ᵉ, 4ᵉ ou très rarement 5ᵉ syllabe à partir de la fin (parole sdrùcciole, bisdrùcciole, trisdrùcciole).

Il n'y a pas de règle absolue. En cas de doute, se reporter aux tableaux de conjugaison (→ 3-145), où sont soulignés tous les accents qui précèdent l'avant-dernière syllabe.

▶ On peut aussi s'en tenir à quelques **règles** empiriques valables surtout **pour les présents de l'indicatif et du subjonctif, et pour l'impératif.**

• Pour les **trois premières personnes du singulier et la 3ᵉ du pluriel**, l'accent tonique est toujours placé sur le **radical**. L'accent de la 3ᵉ personne du pluriel tombe toujours sur la syllabe déjà accentuée aux trois premières personnes du singulier.

INDICATIF PRÉSENT

(io)	am-o	tem-o	sent-o
(tu)	am-i	tem-i	sent-i
(lui/lei)	am-a	tem-e	sent-e
(loro)	am-ano	tem-ono	sent-ono

SUBJONCTIF PRÉSENT

io	am-i	tem-a	sent-a
tu	am-i	tem-a	sent-a
lui/lei	am-i	tem-a	sent-a
(loro)	am-ino	tem-ano	sent-ano

– Si la forme verbale a trois syllabes ou plus, l'accent peut porter sur l'antépénultième (3ᵉ syllabe avant la fin), mais toujours sur le radical.

(io)	agit-o	immagin-o
(tu)	agit-i	immagin-i
(lui/lei)	agit-a	immagin-a
(loro)	agit-ano	immagin-ano

– Les verbes du 3ᵉ groupe qui se conjuguent sur finire (→ 128) portent l'accent sur la première voyelle de **-isc-.**

(io)	cap-isc-o	fin-isc-o	imped-isc-o
(tu)	cap-isc-i	fin-isc-i	imped-isc-i
(lui/lei)	cap-isc-e	fin-isc-e	imped-isc-e
(loro)	cap-isc-ono	fin-isc-ono	imped-isc-ono

– Les verbes composés gardent l'accent du verbe de base.

	MANDARE	COMANDARE	RACCOMANDARE
(io)	m<u>a</u>nd-o	co-m<u>a</u>nd-o	racco-m<u>a</u>nd-o
(tu)	m<u>a</u>nd-i	co-m<u>a</u>nd-i	racco-m<u>a</u>nd-i
(lui/lei)	m<u>a</u>nd-a	co-m<u>a</u>nd-a	racco-m<u>a</u>nd-a
(loro)	m<u>a</u>nd-ano	co-m<u>a</u>nd-ano	racco-m<u>a</u>nd-ano

	METTERE	TRASMETTERE	TELETRASMETTERE
(io)	m<u>e</u>tt-o	tras-m<u>e</u>tt-o	teletras-m<u>e</u>tt-o
(tu)	m<u>e</u>tt-i	tras-m<u>e</u>tt-i	teletras-m<u>e</u>tt-i
(lui/lei)	m<u>e</u>tt-e	tras-m<u>e</u>tt-e	teletras-m<u>e</u>tt-e
(loro)	m<u>e</u>tt-ono	tras-m<u>e</u>tt-ono	teletras-m<u>e</u>tt-ono

	COPRIRE	SCOPRIRE	RISCOPRIRE
(io)	c<u>o</u>pr-o	s-c<u>o</u>pr-o	ris-c<u>o</u>pr-o
(tu)	c<u>o</u>pr-i	s-c<u>o</u>pr-i	ris-c<u>o</u>pr-i
(lui/lei)	c<u>o</u>pr-e	s-c<u>o</u>pr-e	ris-c<u>o</u>pr-e
(loro)	c<u>o</u>pr-ono	s-c<u>o</u>pr-ono	ris-c<u>o</u>pr-ono

• Pour les **deux premières personnes du pluriel**, l'accent est toujours placé sur l'**avant-dernière syllabe de la terminaison**.

	1ER GROUPE		
(noi)	am-i<u>a</u>mo	agit-i<u>a</u>mo	immagin-i<u>a</u>mo
(voi)	am-<u>a</u>te	agit-<u>a</u>te	immagin-<u>a</u>te

	2E GROUPE
(noi)	ten-i<u>a</u>mo
(voi)	ten-<u>e</u>te

	3E GROUPE	
(noi)	sent-i<u>a</u>mo	fin-i<u>a</u>mo
(voi)	sent-<u>i</u>te	fin-<u>i</u>te

N.B. : Pour faciliter la compréhension des paragraphes concernant la place de l'accent tonique, et contrairement au reste de l'ouvrage, on a marqué ici tous les accents, y compris celui de l'avant-dernière syllabe.

▶ À l'**impératif**, à l'**infinitif**, au **gérondif**, au **participe présent** et **au participe passé absolu**, la particule pronominale accolée au verbe ne change pas la place de l'accent tonique.

IMPÉRATIF		INFINITIF	GÉRONDIF	PARTICIPE PRÉSENT	PARTICIPE PASSÉ
l<u>a</u>va (tu)	lav<u>a</u>te (voi)	lav<u>a</u>re	lav<u>a</u>ndo	lav<u>a</u>nte	lav<u>a</u>to
l<u>a</u>vati	lav<u>a</u>te**li**	lav<u>a</u>r**la**	lav<u>a</u>ndo**si**	lav<u>a</u>nte**si**	lav<u>a</u>ta**la**
lave-toi	lavez-les	la laver	en se lavant	qui est en train de se laver	après l'avoir lavée
p<u>a</u>rla (tu)	parl<u>a</u>te (voi)	parl<u>a</u>re	parl<u>a</u>ndo	parl<u>a</u>nte	parl<u>a</u>to
parl<u>a</u>**mi**	parl<u>a</u>te**mi**	parl<u>a</u>r**gli**	parl<u>a</u>ndo**gli**	parl<u>a</u>nte**gli**	parl<u>a</u>to**gli**
parle-moi	parlez-moi	lui/leur parler	en lui/leur parlant	qui est en train de lui/leur parler	après lui/leur avoir parlé
scr<u>i</u>vi (tu)	scriv<u>e</u>te (voi)	scr<u>i</u>vere	scriv<u>e</u>ndo	scriv<u>e</u>nte	scr<u>i</u>tto
scriv<u>i</u>**mi**	scriv<u>e</u>te**glielo**	scr<u>i</u>ver**le**	scriv<u>e</u>ndo**ti**	scriv<u>e</u>nte**gli**	scr<u>i</u>tto**gli**
écris-moi	écrivez-le-lui, écrivez-le-leur	lui écrire (à elle)	en t'écrivant	qui est en train de lui/leur écrire	après lui/leur avoir écrit

Les auxiliaires

ESSERE **ET** AVERE

173 Comment choisir l'auxiliaire

Tout en ayant une signification propre, **essere** (*être, exister*) et **avere** (*avoir, posséder*) sont employés comme auxiliaires des autres verbes pour la formation des temps composés.

Le choix de l'un ou de l'autre n'est pas toujours aisé, car bon nombre de verbes peuvent être conjugués tantôt avec l'un, tantôt avec l'autre.

Le dictionnaire en fin d'ouvrage indique, pour chaque verbe, le ou les auxiliaires employés. On peut toutefois donner quelques points de repère pour le choix de l'auxiliaire des temps composés.

→ Conjugaisons 3, 4

174 *Avere*

C'est l'**auxiliaire** :
– du verbe **avere** lui-même ;
> Ho avuto molte noie.
> *J'ai eu beaucoup d'ennuis.*
– de tous les verbes **transitifs** *(vt)* à la **voix active** ;
> Abbiamo letto molti libri.
> *Nous avons lu beaucoup de livres.*
– de certains verbes **intransitifs** *(vi)*.
> Il cane ha abbaiato.
> *Le chien a aboyé.*

175 *Essere*

▶ C'est l'**auxiliaire** :
– du verbe **essere** lui-même ;
> Sono stato in spiaggia.
> *J'ai été à la plage.*
> Siamo stati invitati a cena.
> *Nous avons été invités à dîner.*

– de tous les verbes **pronominaux** *(vp)* ;

Mario si è lavato.

Mario s'est lavé.

Mi sono arrabbiato.

Je me suis fâché.

– de la **voix passive** des **verbes transitifs** *(vt)* ;

La lettera è scritta da Giovanni.

La lettre est écrite par Giovanni.

– des verbes **impersonnels** *(imp.)* ou employés d'une façon impersonnelle ;

È accaduto ieri.

C'est arrivé hier.

– de la plupart des verbes **intransitifs** *(vi)*.

Giovanni è partito con il treno delle sette.

Giovanni est parti par le train de sept heures.

Paolo è fuggito davanti al pericolo.

Paolo a fui devant le danger.

▶ Les verbes suivants se conjuguent **toujours avec essere** :

bastare	*suffire*	piacere	*plaire*
comparire	*comparaître*	rincrescere	*regretter*
dispiacere	*déplaire*	riuscire	*réussir*
esistere	*exister*	sembrare	*sembler*
parere	*paraître*		

176 ## *Essere* ou *avere*

▶ L'un ou l'autre peuvent être employés avec les verbes **intransitifs** indiquant :

– un **état**, une manière d'être, une **condition** physique ou morale, comme :

abortire	*avorter*	mancare	*manquer*
appartenere	*appartenir*	spirare	*expirer*
convivere	*cohabiter*	tardare	*être en retard*
fallire	*échouer*	trasudare	*suinter*
germinare	*germer*	vivere	*vivre*
iniziare	*commencer*	zampillare	*jaillir*

– un **mouvement**, comme :

accedere	*accéder*	emigrare	*émigrer*
affluire	*affluer*	espatriare	*s'expatrier*
approdare	*aborder*	evaporare	*s'évaporer*
atterrare	*atterrir*	gravitare	*graviter*
circolare	*circuler*	inciampare	*trébucher*
correre	*courir*	indietreggiare	*reculer*

naufragare	*faire naufrage*	sdrucciolare	*glisser*
procedere	*procéder*	slittare	*patiner*
progredire	*progresser*	strapiombare	*surplomber*
rifluire	*refluer*	straripare	*déborder*
traboccare	*déborder*	saltare	*sauter*
sciamare	*essaimer*	svicolare	*se dérober*
scivolare	*glisser*	volare	*voler*

L'aereo è/ha atterrato a Fiumicino. *L'avion a atterri à Fiumicino.*

▶ ATTENTION Les verbes **impersonnels** indiquant des **phénomènes atmosphériques** peuvent se conjuguer avec **essere** ou **avere**.

È/ha piovuto a dirotto. *Il a plu à verse.*

▶ L'utilisation d'un auxiliaire plutôt qu'un autre peut introduire des nuances de signification :

VERBES	AVEC ESSERE	AVEC AVERE
iniziare	È iniziata la trasmissione[1].	Hai iniziato bene[2].
	L'émission a commencé.	*Tu as bien commencé.*
volare	È volato via questa mattina[3].	Ha volato per la prima volta[4].
	Il s'est envolé ce matin.	*Il a pris l'avion pour la première fois.*

1 Le sujet est une chose.
2 Le sujet est une personne.
3 En premier plan, la constatation d'un fait.
4 L'accent est mis sur l'action.

LES VERBES MODAUX OU « SERVILI »

177 *Dovere, potere, volere*

▶ Tout en ayant une signification propre, ces verbes accompagnent souvent un verbe à l'infinitif ; pour cette fonction assez proche de l'auxiliaire, ils sont appelés servili (*serviles*) du verbe qui les suit, mais on peut les appeler aussi **modaux**, car ils indiquent les modalités de l'action exprimée par l'infinitif qui les suit, en apportant au verbe une signification supplémentaire de :
– nécessité : **dovere** (*devoir*) ;
– possibilité : **potere** (*pouvoir*) ;
– volonté : **volere** (*vouloir*).

Io devo/posso/voglio studiare. *Je dois/peux/veux étudier.*

GRAMMAIRE DU VERBE

▶ Aux temps composés, les verbes **dovere**, **potere**, **volere** :
– se conjuguent avec l'**auxiliaire avere** dans leur sens propre ;

> Hanno voluto quel libro.
> *Ils ont voulu ce livre.*

– suivis d'un infinitif, ils prennent l'**auxiliaire de l'infinitif**.

> Giovanni è dovuto/potuto/voluto partire.
> *Giovanni a dû/pu/voulu partir.*
> Giovanni ha dovuto/potuto/voluto scrivere una lettera.
> *Giovanni a dû/pu/voulu écrire une lettre.*

REMARQUE

Toutefois, dans l'usage contemporain, on tend à employer le plus souvent l'auxiliaire **avere**.

LES FORMES IDIOMATIQUES

178 *Andare, stare, venire*

▶ **Andare** (*aller*), **stare** (*être, rester*), **venire** (*venir*), tout en n'étant pas de vrais auxiliaires, contribuent au fonctionnement de la phrase au-delà de leur signification propre.
Ces verbes peuvent donner lieu à différentes constructions.

- **andare** + **a** + **infinitif** : cette construction est liée à une idée de déplacement. Comme tous les verbes de mouvement qui précèdent un infinitif, **andare** est **suivi** de la préposition **a**.

  > Vado a lavorare/a studiare...
  > *Je vais travailler/étudier...*

- **andare** + **participe passé** : cette construction traduit l'idée de nécessité, d'obligation.

  > La lezione va studiata.
  > *La leçon doit être étudiée.*

- **andare** + **gérondif** : on l'utilise pour exprimer une action qui est en train de se réaliser, qui se répète, qui s'intensifie, qui devient plus fréquente ; cette forme a une nuance d'objectivité (le locuteur n'est pas impliqué).

  > La quotazione dell'oro va aumentando di giorno in giorno.
  > *La cotation de l'or est en train d'augmenter jour après jour.*
  > Il brusio della folla andava crescendo.
  > *Le bruit de la foule allait croissant.*

- **stare** + **gérondif** (être en train de + infinitif) : c'est la forme la plus employée pour exprimer une action en train de se réaliser.

    Che cosa stai facendo?

    Qu'est-ce que tu es en train de faire ?

    Sto studiando.

    Je suis en train d'étudier.

- **stare** + **per** + **infinitif** (être sur le point de + infinitif) : pour exprimer une action qui va commencer.

    Giovanni sta per partire.

    Giovanni est sur le point de partir.

- **venire** + **gérondif** (être en train de + infinitif) : pour exprimer une action qui est en train de se réaliser, mais avec une nuance de subjectivité, avec l'implication du locuteur.

    Paola mi viene dicendo strane cose.

    Paola est en train de me dire des choses bizarres.

- **venire** + **participe passé** : pour la voix passive (→ 152).

    La lettera viene scritta da Marco.

    La lettre est écrite par Marco.

Les verbes irréguliers

Ce sont les verbes qui ne suivent pas la conjugaison des verbes types réguliers. Ils sont nombreux en italien. Seule la pratique permet de mémoriser ces verbes très employés.

179 Les irrégularités du passé simple et du participe passé

Nous regroupons ci-dessous les principales irrégularités concernant les formes du **passé simple** et du **participe passé**. Nous renvoyons aux tableaux de conjugaison pour les formes de tous les verbes irréguliers et de leurs composés.

▶ **Auxiliaires**

INFINITIF	INDICATIF PRÉSENT	PASSÉ SIMPLE	PARTICIPE PASSÉ
essere	sono	fui	stato
avere	ho	ebbi	avuto

▶ **1er groupe**

INFINITIF	INDICATIF PRÉSENT	PASSÉ SIMPLE	PARTICIPE PASSÉ
andare	vado	andai	andato
dare	do	diedi	dato
fare	faccio	feci	fatto
stare	sto	stetti	stato

▶ **2e groupe**

		-SI	-SO
INFINITIF	INDICATIF PRÉSENT	PASSÉ SIMPLE	PARTICIPE PASSÉ
accendere	accendo	accesi	acceso
accludere	accludo	acclusi	accluso
alludere	alludo	allusi	alluso
appendere	appendo	appesi	appeso
ardere	ardo	arsi	arso
aspergere	aspergo	aspersi	asperso
chiudere	chiudo	chiusi	chiuso

contundere	contundo	contusi	contuso
correre	corro	corsi	corso
decidere	decido	decisi	deciso
difendere	difendo	difesi	difeso
dividere	divido	divisi	diviso
elidere	elido	elisi	eliso
espandere	espando	espansi	espanso
espellere	espello	espulsi	espulso
esplodere	esplodo	esplosi	esploso
emergere	emergo	emersi	emerso
evadere	evado	evasi	evaso
fondere	fondo	fusi	fuso
immergere	immergo	immersi	immerso
incidere	incido	incisi	inciso
intridere	intrido	intrisi	intriso
invadere	invado	invasi	invaso
ledere	ledo	lesi	leso
mordere	mordo	morsi	morso
perdere	perdo	persi	perso[1]
persuadere	persuado	persuasi	persuaso
prendere	prendo	presi	preso
radere	rado	rasi	raso
recidere	recido	recisi	reciso
rendere	rendo	resi	reso
ridere	rido	risi	riso
rifulgere	rifulgo	rifulsi	rifulso
rodere	rodo	rosi	roso
scendere	scendo	scesi	sceso
spargere	spargo	sparsi	sparso
spendere	spendo	spesi	speso
tendere	tendo	tesi	teso
tergere	tergo	tersi	terso
uccidere	uccido	uccisi	ucciso
valere	valgo	valsi	valso

1 Mais aussi **perduto**.

		-SSI	-SSO
INFINITIF	INDICATIF PRÉSENT	PASSÉ SIMPLE	PARTICIPE PASSÉ
affiggere	affiggo	affissi	affisso
annettere	annetto	annessi	annesso
comprimere	comprimo	compressi	compresso
concedere	concedo	concessi	concesso
discutere	discuto	discussi	discusso
flettere	fletto	flessi	flesso
incutere	incuto	incussi	incusso
muovere	muovo	mossi	mosso
percuotere	percuoto	percossi	percosso
riflettere	rifletto	riflessi	riflesso
scindere	scindo	scissi	scisso
scuotere	scuoto	scossi	scosso

ATTENTION Le passé simple et le participe passé de **riflettere** dépendent du sens du verbe : lorsqu'il signifie *réfléchir/refléter/renvoyer*, son passé simple est riflessi et son participe passé riflesso ; lorsqu'il signifie *réfléchir/méditer*, son passé simple est riflettei et son participe passé riflettuto.

		-SI	-TO
INFINITIF	INDICATIF PRÉSENT	PASSÉ SIMPLE	PARTICIPE PASSÉ
assolvere	assolvo	assolsi	assolto
assumere	assumo	assunsi	assunto
cingere	cingo	cinsi	cinto
cogliere	colgo	colsi	colto
distinguere	distinguo	distinsi	distinto
dipingere	dipingo	dipinsi	dipinto
dolersi	mi dolgo	mi dolsi	dolutosi
ergere	ergo	ersi	erto
fingere	fingo	finsi	finto
frangere	frango	fransi	franto
giungere	giungo	giunsi	giunto
piangere	piango	piansi	pianto
mungere	mungo	munsi	munto
porgere	porgo	porsi	porto
pungere	pungo	punsi	punto
redimere	redimo	redensi	redento
scegliere	scelgo	scelsi	scelto
scorgere	scorgo	scorsi	scorto

spegnere/spengere	spengo	spensi	spento
spingere	spingo	spinsi	spinto
svellere	svello	svelsi	svelto
torcere	torco	torsi	torto
tingere	tingo	tinsi	tinto
ungere	ungo	unsi	unto
vincere	vinco	vinsi	vinto
volgere	volgo	volsi	volto

| | | -SSI | -TTO |
INFINITIF	INDICATIF PRÉSENT	PASSÉ SIMPLE	PARTICIPE PASSÉ
affliggere	affliggo	afflissi	afflitto
condurre	conduco	condussi	condotto
cuocere	cuocio	cossi	cotto
dire	dico	dissi	detto
dirigere	dirigo	diressi	diretto
distruggere	distruggo	distrussi	distrutto
friggere	friggo	frissi	fritto
leggere	leggo	lessi	letto
negligere	–	neglessi	negletto
proteggere	proteggo	protessi	protetto
redigere	redigo	redassi	redatto
reggere	reggo	ressi	retto
scrivere	scrivo	scrissi	scritto
struggere	struggo	strussi	strutto
trarre	traggo	trassi	tratto
vivere	vivo	vissi	vissuto

| | | -SI | -STO |
INFINITIF	INDICATIF PRÉSENT	PASSÉ SIMPLE	PARTICIPE PASSÉ
chiedere	chiedo	chiesi	chiesto
porre	pongo	posi	posto
rimanere	rimango	rimasi	rimasto
rispondere	rispondo	risposi	risposto

INFINITIF	INDICATIF PRÉSENT	REDOUBLEMENT DE LA CONSONNE AUTRE QUE -S	
		PASSÉ SIMPLE	PARTICIPE PASSÉ
bere	bevo	bevvi	bevuto
cadere	cado	caddi	caduto
conoscere	conosco	conobbi	conosciuto
crescere	cresco	crebbi	cresciuto
piovere	piove	piovve	piovuto
rompere	rompo	ruppi	rotto
sapere	so	seppi	saputo
tenere	tengo	tenni	tenuto
volere	voglio	volli	voluto

ATTENTION Piovere est conjugué à la troisième personne du singulier en tant que verbe impersonnel.

3e groupe

INFINITIF	INDICATIF PRÉSENT	PASSÉ SIMPLE	PARTICIPE PASSÉ
apparire	appaio	apparvi	apparso
aprire	apro	aprii	aperto
dire	dico	dissi	detto
morire	muoio	morii	morto
udire	odo	udii	udito
uscire	esco	uscii	uscito
venire	vengo	venni	venuto

180 Les irrégularités du futur et du conditionnel

INFINITIF	INDICATIF PRÉSENT	FUTUR SIMPLE	CONDITIONNEL PRÉSENT
andare	vado	andrò	andrei
avere	ho	avrò	avrei
bere	bevo	berrò	berrei
cadere	cado	cadrò	cadrei
dovere	devo	dovrò	dovrei
essere	sono	sarò	sarei
godere	godo	godrò	godrei
morire	muoio	morirò/morrò	morirei/morrei
parere	paio	parrò	parrei

potere	posso	potrò	potrei
sapere	so	saprò	saprei
valere	valgo	varrò	varrei
vedere	vedo	vedrò	vedrei
venire	vengo	verrò	verrei

181 Les verbes défectifs

Ce sont des verbes qui ne sont pas couramment employés à toutes les formes. Pour les formes qui font défaut, on fait souvent appel à d'autres verbes.

Ces verbes, dont on donne ici des exemples, sont tous indiqués par l'abréviation *déf.* dans le *Dictionnaire des verbes*, en fin d'ouvrage.

acquiescere → 50
addirsi → 140
aggradare → 10
aulire → 133
bisognare → 21
calere → 91
competere → 40
concernere → 40
controvertere → 111
convergere → 86
delinquere → 42
dirimere → 98
disaggradare → 10
discernere → 26
disdire[1] → 141
distare → 25
divergere → 86
dovere → 121
eccellere → 97

erompere → 105
esimere → 98
estrovertere → 112
fallare → 11
fervere → 41
incoare → 12
incombere → 27
indulgere → 79
inerire → 128
instare → 25
invalere → 92
istare → 25
licere → 28
lucere → 32
malandare → 22
malvolere → 95
mingere → 82
molcere → 31
negligere → 76

prudere → 34
riedere → 33
rilucere → 32
risplendere → 40
scernere → 40
serpere → 39
soccombere → 27
soffolcere → 30
solere → 94
splendere → 40
stridere → 59
stridire → 128
suggere → 40
tangere → 35
tepere → 38
tralucere → 32
urgere → 36
vertere → 110
vigere → 77

1 Ce verbe est défectif dans le sens de **ne pas convenir**.

La diphtongaison

La diphtongaison est un phénomène classique de la phonétique et de l'orthographe italiennes, qui a perdu beaucoup de son importance dans l'usage contemporain. Elle intéresse les verbes de tous les groupes et suit, en principe, deux règles.

▸ L'accent tonique qui tombe sur les voyelles **-e-/-o-** du radical peut les **transformer en -ie-/-uo-**, ou vice versa les diphtongues **-ie-/-uo-** en **-e-/-o-**.

-e- → -ie-	sed-ere (io) sied-o	(loro) sied-ono	mais (noi) sed-iamo
-o- → -uo-	mor-ire (io) muo-i-o	(loro) muo-i-ono	mais (noi) mor-iamo
-uo- → -o-	cuoc-ere (io) cuoc-i-o	(loro) cuoc-i-ono	mais (p. passé) cotto

La tendance actuelle est de **garder** pour toutes les personnes la **forme de l'infinitif**.

giocare	io gioco, tu giochi...	au lieu de io giuoco, tu giuochi...;
muovere	io muovo, tu muovi...	mais aussi noi muoviamo au lieu de noi moviamo

▸ Aux 1re et 3e personnes du singulier et à la 3e du pluriel du passé simple, tout comme au participe passé, il n'y a **pas de diphtongue**, même si les voyelles **-e-/-o-** sont accentuées lorsqu'elles se trouvent en syllabe fermée (se terminant par une consonne).

PASSÉ SIMPLE	(io)	mossi	parce que	**mos**-si
	(lui/lei)	mosse	parce que	**mos**-se
	(loro)	mossero	parce que	**mos**-sero
PARTICIPE PASSÉ		mosso	parce que	**mos**-so

▸ ATTENTION Quelquefois, la diphtongue peut servir à différencier des verbes de forme proche.

abbonare	abonner	abbuonare	remettre, pardonner
notare	remarquer	nuotare	nager
votare	voter	vuotare	vider

Les verbes « *sovrabbondanti* »

▸ Ce sont des verbes qui possèdent une double forme appartenant à deux groupes différents, en général le 1er et le 3e, mais ayant la même signification[1].

---

1 Les formes les plus employées de ces verbes sont en caractères gras.

accalorare → 9	accalorire → 128	enflammer
adempiere → 90	adempire → 134	accomplir
aggranchiare → 20	aggranchire → 128	engourdir
ammansare → 9	**ammansire** → 128	apprivoiser
annerare → 9	**annerire** → 128	noircir
approfondare → 9	**approfondire** → 128	approfondir
assordare → 9	assordire → 128	assourdir
attristare → 9	attristire → 128	attrister
cernere → 26	cernire → 127	discerner
colorare → 9	colorire → 128	colorier
compiere → 90	compire → 134	accomplir
dimagrare → 9	**dimagrire** → 128	maigrir
empiere → 90	**empire** → 134	remplir
imbiancare → 7	imbianchire → 128	blanchir
incapricciarsi → 9	incapriccirsi → 128	s'enticher
indurare → 9	**indurire** → 128	durcir
intorbidare → 9	**intorbidire** → 128	troubler
raggrinzare → 9	**raggrinzire** → 128	friper
riempiere → 90	**riempire** → 134	remplir
rischiarare → 9	rischiarire → 128	éclaircir
scandere → 61	**scandire** → 128	scander
scapricciare → 17	**scapriccire** → 128	faire passer ses fantaisies
schiarare → 9	**schiarire** → 128	éclaircir
scolorare → 9	**scolorire** → 128	décolorer
sgranchiare → 20	**sgranchire** → 128	dégourdir
smagrare → 9	**smagrire** → 128	maigrir
starnutare → 9	**starnutire**/sternutire → 128	éternuer
tintinnare → 9	tintinnire → 128	tinter

▶ D'autres verbes ne sont qu'apparemment « **sovrabbondanti** », il s'agit en réalité de verbes différents, avec formes et significations différentes.

abbonare	abonner → 9		abbonire	calmer → 128
ardere	brûler → 67		ardire	oser → 130
arrossare	rougir/rendre rouge → 9		arrossire	rougir/devenir rouge → 128
atterrare	abattre, atterrir → 9		atterrire	terrifier → 132
marciare	marcher → 17		marcire	pourrir → 129
sfiorare	effleurer → 9		sfiorire	se faner → 128
sparare	tirer avec une arme à feu → 9	sparire	disparaître → 131
tornare	revenir → 9		tornire	tourner autour → 128

Modes et temps

L'INDICATIF – L'INDICATIVO

C'est le mode de la réalité, de la certitude, de l'objectivité.
Dans l'ensemble, son usage en italien n'est pas différent du français.

184 Le présent de l'indicatif – *L'indicativo presente*

▶ Il indique **l'action au moment où elle se déroule**.

> Giovanni **parla**.
> *Giovanni parle.*

▶ Il peut prendre des valeurs de futur :

– futur proche introduit par des adverbes comme adesso, ora, subito… ;

> Ora **parto**.
> *Je vais partir.*

– futur avec des locutions temporelles comme fra…, domani…

> **Parto** domani.
> *Je pars demain.*
> Fra tre giorni **finiscono** le vacanze.
> *Les vacances finissent dans trois jours.*

Ici, le futur exprime une action à venir dont on est absolument certain.

185 L'imparfait de l'indicatif – *L'indicativo imperfetto*

Il peut exprimer :

– une action se déroulant dans le passé et **pas** encore entièrement **terminée** ;

> **Lavorava** da molti anni a Milano.
> *Il travaillait à Milan depuis de nombreuses années.*

– une action qui se **répétait habituellement** ;

> Tutte le mattine Sonia **andava** a scuola.
> *Tous les matins, Sonia allait à l'école.*

– un **désir** (registre familier).

> **Volevo** due pizze.
> *Je voudrais deux pizzas.*

186 Le passé composé – *Il passato prossimo*

Il indique un fait qui s'est réalisé dans un passé (proche ou lointain) qui garde des **liens avec le présent**.

> Stamattina **ho visto** un bel quadro.
>
> Ce matin, j'ai vu un beau tableau.
>
> **Mi sono trasferito** a Roma cinque anni fa.
>
> Je me suis installé à Rome il y a cinq ans.

187 Le passé simple – *Il passato remoto*

Il indique un fait complètement révolu dans le passé, qui **n'a plus de relations avec le présent de l'énonciation**.

> Cesare **conquistò** la Gallia nel 50 avanti Cristo.
>
> César conquit la Gaule en 50 avant J.-C.

mais on dira :

> Mio fratello è nato nel 1996.
>
> Mon frère est né en 1996.

D'une manière générale, le passé simple est davantage ressenti comme une forme de la langue écrite. Dans la langue parlée, il est de plus en plus souvent **remplacé par le passé composé**.

188 Le plus-que-parfait de l'indicatif – *Il trapassato prossimo*

Il est employé pour exprimer l'**antériorité** d'une action accomplie dans le passé, par rapport à une autre également passée. Cette dernière peut être à l'imparfait, au passé composé ou au passé simple.

> Si riposavano perché **avevano camminato** tutto il giorno.
>
> Ils se reposaient parce qu'ils avaient marché toute la journée.
>
> Te lo **avevo promesso** e così l'ho fatto.
>
> Je te l'avais promis et je l'ai donc fait.
>
> Siccome non **avevo dormito** abbastanza, non potei svegliarmi.
>
> Comme je n'avais pas assez dormi, je ne pus me réveiller.

189 Le passé antérieur – *Il trapassato remoto*

Il indique, généralement **dans une subordonnée temporelle**, une action qui s'est complètement **réalisée** dans le passé, avant une autre, accomplie elle aussi dans le passé.

Il n'est plus très employé dans la langue parlée.

> Quando **ebbi finito** il lavoro, andai in vacanza.
> *Quand j'eus terminé mon travail, je partis en vacances.*

190 Le futur simple – *Il futuro semplice*

▸ Il indique **un fait encore à venir** au moment où l'on parle, où l'on écrit.

> **Partiremo** il mese prossimo.
> *Nous partirons le mois prochain.*

▸ Le futur peut aussi exprimer :

– une **supposition**, une **approximation** ;

> **Saranno** dieci anni che non fumo più.
> *Ça fait peut-être dix ans que je ne fume plus.*
> Sul tavolo ci **saranno** una ventina di libri.
> *Sur la table, il y a peut-être une vingtaine de livres.*

– une **incertitude** dans le présent ou dans le futur (phrases **interrogatives**) ;

> Di chi **sarà** questo libro ?
> *À qui ce livre peut-il appartenir ?*

– un **doute**, la **négation** d'une affirmation faite par autrui.

> **Sarà** un film interessante, ma a me, non è piaciuto.
> *C'est peut-être un film intéressant, mais je n'ai pas aimé.*

191 Le futur antérieur – *Il futuro anteriore*

Ce temps est employé pour marquer l'**antériorité** par rapport au futur simple.

> Quando **avrò finito** questo libro, ne leggerò un altro.
> *Quand j'aurai terminé ce livre, j'en lirai un autre.*

LE SUBJONCTIF – IL CONGIUNTIVO
Emploi

C'est le mode de la possibilité, du doute, de l'incertitude, de l'hypothèse.
Il s'oppose à l'indicatif pour indiquer ce qui est peu vraisemblable, incertain, douteux.

192 ## L'emploi obligatoire du subjonctif

Même si l'italien contemporain tend à réduire son importance, l'usage du subjonctif est obligatoire dans les cas suivants.

- Dans les phrases subordonnées en dépendance des verbes suivants :
  - les verbes d'**opinion** credere, dire, pensare, supporre, trovare... quand ils n'envisagent pas ce qui est dit comme réel ;
    Credo che tu **abbia** molta fortuna.
    (abbia : subjonctif présent)
    Je crois que tu as beaucoup de chance.
    Pensavo che **fosse** vero.
    (fosse : subjonctif imparfait)
    Je pensais que c'était vrai.
  - le verbe sperare ;
    Spero che tu **venga** al cinema con me.
    (venga : subjonctif présent)
    J'espère que tu viendras au cinéma avec moi.
    Speravamo che tu **venissi** al cinema con noi.
    (venissi : subjonctif imparfait)
    Nous espérions que tu viendrais au cinéma avec nous.

ATTENTION

En français, après les verbes d'opinion et le verbe *espérer*, on utilise le subjonctif lorsque le verbe de la proposition principale est à la forme négative ou interrogative ; à la forme affirmative, le subjonctif italien est rendu en français par les temps correspondants de l'indicatif ou du conditionnel.

> **Trovo** che Maria **dimostri** più della sua età.
> *Je trouve que Maria fait plus que son âge.*
> **Non trovo** che Maria **dimostri** più della sua età.
> *Je ne trouve pas que Maria fasse plus que son âge.*
> **Trovi** che Maria **dimostri** più della sua età?
> *Trouves-tu que Maria fasse plus que son âge?*

GRAMMAIRE DU VERBE

– les verbes et les locutions verbales indiquant un **sentiment**, un **doute**, la **crainte** : dispiacere, piacere, temere, avere paura, essere contento, dubitare... ;

Mi dispiace che lui non **venga** questa sera.

Je regrette qu'il ne vienne pas ce soir.

Temo che tu **abbia** torto.

Je crains que tu n'aies tort.

– les verbes indiquant la **volonté** ou le **souhait** : volere, esigere, pretendere, ordinare, augurare, chiedere, desiderare, pregare... ;

Voglio che tu **venga** subito.

Je veux que tu viennes tout de suite.

– les verbes ou locutions impersonnels traduisant la **nécessité**, la **possibilité**, l'**impossibilité**, l'**improbabilité** : bisognare, occorrere, parere, sembrare, essere necessario/importante/indispensabile/possibile, convenire, può darsi, dicono/si dice ;

È possibile che **sia partito** questa mattina.

Il est possible qu'il soit parti ce matin.

– certains verbes à la **forme négative** lorsqu'ils impliquent l'**incertitude**.

Non capisco chi **sia**.

Je ne comprends pas qui il peut bien être.

Non vedo dove tu **vada**.

Je ne vois pas où tu peux bien aller.

Non ricordo come si **chiami**.

Je ne me rappelle pas comment il peut bien s'appeler.

Non so dove lui **abiti**.

Je ne sais pas où il peut bien habiter.

• Dans les subordonnées introduites par un **pronom relatif** ayant pour antécédent :

– un superlatif relatif ou un comparatif ;

Il monte Bianco è la cima più alta **che** io **abbia visto**.

Le mont Blanc est le sommet le plus élevé que j'aie vu.

– les adjectifs solo, unico ;

Filippo è l'unico amico **che abbia**.

Filippo est le seul ami que j'aie.

– les pronoms ou adjectifs indéfinis négatifs nessuno, niente...

Non c'è nessuno **che sappia** risolvere questo problema.

Il n'y a personne qui sache résoudre ce problème.

• Dans les **phrases hypothétiques** exprimant la **possibilité** ou l'**impossibilité**, introduites par **se**, un adverbe ou une locution, comme qualora, quand'anche, nel caso che/in cui, caso mai, magari... On emploie alors le subjonctif imparfait ou plus-que-parfait (→ 207).

> **Se** tu **lavorassi**, avresti dei buoni risultati.
> Si tu travaillais, tu aurais de bons résultats.
> **Se** tu **avessi lavorato**, avresti avuto dei buoni risultati.
> Si tu avais travaillé, tu aurais eu de bons résultats.

→ Le subjonctif dans le discours rapporté 209, 210

→ Le subjonctif dans d'autres cas de concordance 211, 212

Temps

193 Le présent du subjonctif – *Il congiuntivo presente*

C'est le temps le plus employé du subjonctif.

▶ Il indique la **contemporanéité** par rapport à un présent ou à un futur.

> Penso che **sia** vero. *Je pense que c'est vrai.*
> Crederanno che **sia** vero. *Ils croiront que c'est vrai.*

▶ Il **remplace** les personnes manquantes de l'**impératif** (3e du singulier et 1re et 3e du pluriel).

sia	ami	tema	senta	(lui/lei/Lei)
siamo	amiamo	temiamo	sentiamo	(noi)
siano	amino	temano	sentano	(loro/Loro)

194 L'imparfait du subjonctif – *Il congiuntivo imperfetto*

▶ Il exprime un **désir**, un **souhait** que l'on estime **irréalisable** ou bien **que l'on craint**.

> Se **fossi** una colomba! *Si j'étais une colombe !*
> Se mio padre **fosse** qui! *Si mon père était ici !*

▶ Dans les subordonnées, il indique la **contemporanéité** par rapport à un temps **passé**.

> Credevo **fosse** in casa. *Je croyais qu'il était chez lui.*

▶ Il est aussi employé dans la phrase hypothétique pour indiquer la possibilité (→ 207).

> Se **studiassi**, saresti promosso. *Si tu étudiais, tu serais reçu.*

195 Le passé du subjonctif – *Il congiuntivo passato*

▸ Il exprime un **doute**, un **désir**, une **possibilité** dans le passé.

> Che **abbiano vinto** alla lotteria?
> *Serait-il possible qu'ils aient gagné au Loto ?*

▸ Dans les subordonnées, il indique une **action antérieure** à un temps **présent** ou **futur**[1].

> Spero che tu **abbia trovato** un appartamento.
> *J'espère que tu as trouvé un appartement.*

196 Le plus-que-parfait du subjonctif – *Il trapassato*

▸ Il indique un **désir**, un **souhait**, qui ne se sont pas réalisés dans le passé.

> **Avessi avuto** più fortuna!
> *Si j'avais eu plus de chance !*

▸ Dans la phrase hypothétique, il indique que la condition n'a pas été réalisée (→ 207).

> Se **avessi studiato**, sarei stato promosso.
> *Si j'avais étudié, j'aurais été reçu.*

---

1 En français, avec les verbes d'opinion et le verbe **espérer**, on ne garde le subjonctif que lorsqu'ils sont utilisés à la forme négative ou interrogative ; à la forme affirmative, le subjonctif italien est rendu en français par les temps correspondants de l'indicatif ou du conditionnel.

LE CONDITIONNEL – IL CONDIZIONALE

Le conditionnel a deux temps : le présent (formé d'un seul élément) et le passé (le conditionnel présent de l'auxiliaire suivi du participe passé du verbe).

C'est le mode de l'hypothèse, de la condition ; il peut avoir différentes valeurs.

197 La valeur modale

▶ Pour indiquer l'atténuation :
– d'une **demande** ;

> **Vorresti** dirmi dove siamo?
>
> *Voudrais-tu me dire où nous sommes ?*

– d'un **ordre** ;

> **Dovresti** aiutare la mamma.
>
> *Tu devrais aider ta mère.*

– d'un **désir** ;

> **Mi piacerebbe** visitare Venezia.
>
> *J'aimerais visiter Venise.*

– d'un **conseil**.

> **Potresti** studiare di più.
>
> *Tu pourrais étudier davantage.*

▶ Pour rapporter un fait dont on n'est pas sûr.

> Secondo la stampa l'aereo **sarebbe caduto** in mare.
>
> *D'après la presse, l'avion serait tombé en mer.*

▶ Dans les **phrases hypothétiques** introduites par **se**, un adverbe ou une locution, comme qualora, quand'anche, nel caso che/in cui, caso mai, magari... (→ 207).

Si la condition est considérée comme réalisable, on emploie le conditionnel présent en concordance avec le subjonctif imparfait. Si elle est donnée comme impossible, irréalisable, on emploie le conditionnel passé en concordance avec le subjonctif plus-que-parfait.

> Se tu mi ascoltassi, mi **capiresti** meglio.
>
> *Si tu m'écoutais, tu me comprendrais mieux.*
>
> Se tu mi avessi ascoltato, mi **avresti capito** meglio.
>
> *Si tu m'avais écouté, tu m'aurais mieux compris.*
>
> Qualora venisse, **andremmo** tutti al cinema.
>
> *Au cas où il viendrait, nous irions tous au cinéma.*

Le futur dans le passé (la valeur temporelle)

Lorsque le conditionnel introduit une action future par rapport à un temps passé, **l'italien emploie le conditionnel passé** et non le conditionnel présent comme en français.

>Diceva che **sarebbe venuto.**
>Il disait qu'il viendrait.
>Aveva detto che **sarebbe venuto.**
>Il avait dit qu'il viendrait.

L'IMPÉRATIF – L'IMPERATIVO

L'impératif affirmatif

Il n'a pas de première personne. Il n'a en propre que la 2ᵉ personne du singulier, les autres personnes étant empruntées au présent de l'indicatif ou du subjonctif.

sii (tu)	abbi (tu)	parla (tu)	temi (tu)	senti (tu)
sia (Lei)	abbia (Lei)	parli (Lei)	tema (Lei)	senta (Lei)
siamo (noi)	abbiamo (noi)	parliamo (noi)	temiamo (noi)	sentiamo (noi)
siate (voi)	abbiate (voi)	parlate (voi)	temete (voi)	sentite (voi)
siano (Loro)	abbiano (Loro)	parlino (Loro)	temano (Loro)	sentano (Loro)

REMARQUE

Andare, dare, fare, stare, dire ont plusieurs formes pour la **2ᵉ personne du singulier** : va'/vai, da'/dai, fa'/fai, sta'/stai, di'/di.

L'impératif négatif

▶ À la forme négative, la 2ᵉ personne du singulier de l'impératif se forme avec **non + infinitif**.

non fumare (tu)	non temere (tu)	non mentire (tu)

▶ Les autres personnes se forment régulièrement.

non fumi (Lei)	non tema (Lei)	non menta (Lei)
non fumiamo (noi)	non temiamo (noi)	non mentiamo (noi)
non fumate (voi)	non temete (voi)	non mentite (voi)
non fumino (Loro)	non temano (Loro)	non mentano (Loro)

▶ ATTENTION à la place des pronoms personnels compléments **mi**, **ti**, **ci**, **vi**, **lo**, **li**, **l'**, **la**, **le**, **gli**, **ne** :
– **après** le verbe avec la 1ʳᵉ personne du pluriel et les 2ᵉˢ personnes du singulier et du pluriel ;

ama**mi**	te**milo**	prendi**gli**
ami**amoci**	temi**amola**	prendi**amone**
ama**tevi**	teme**tela**	prende**teli**

– **devant** le verbe avec la 3ᵉ du singulier et du pluriel ;

li ami	**lo** tema	**le** senta
li amino	**lo** temano	**le** sentano

– avec les verbes **andare**, **dare**, **stare**, **fare** et **dire**, la 2ᵉ personne du singulier de l'impératif étant monosyllabique, il y a **redoublement** de la consonne initiale du pronom complément.

va' + ci → **vacci**   sta' + ci → **stacci**   da' + lo → **dallo**   fa' + lo → **fallo**
di' + mi → **dimmi**   di' + lo → **dillo**

REMARQUE
Vattene! Va-t-en !

L'INFINITIF – L'INFINITO

L'infinitif présent – *L'infinito presente*

▶ Il indique d'une manière indéfinie l'action exprimée par le verbe sans indications de personne ou de nombre. Ses terminaisons marquent le groupe d'appartenance du verbe : **-are**, **-ere**, **-ire**.
Il n'a aucune notation temporelle : amare, temere, sentire.

▶ L'infinitif présent a différentes valeurs.
• **La valeur nominale**, lorsqu'il remplit toutes les fonctions d'un substantif.

> **Leggere** troppo fa male agli occhi.
> *Lire trop abîme les yeux.*
> **Lavorare** stanca.
> *Le travail fatigue.*

REMARQUE
Comme un substantif, il peut être précédé d'un déterminant : article, adjectif possessif ou démonstratif.

> **Il troppo bere** rovina la salute. *Boire trop nuit à la santé.*

- **La valeur modale**, lorsqu'il indique la modalité d'une action.
  - un **ordre** ou **un conseil** ;

    Agitare prima dell'uso. *Agiter avant usage.*

    Aprire lentamente la porta. *Ouvrir lentement la porte.*
  - une **interdiction** ;

    Non fumare. *Ne pas fumer.*
  - un **doute**, une **inquiétude** ;

    Che fare? Che dire? *Que faire ? Que dire ?*
  - l'**indignation**, la **surprise** ;

    Dirmi una cosa simile! A me! *Me dire une chose pareille ! À moi !*
  - un **regret**.

    Pensare che ero così felice! *Et dire que j'étais si heureux !*

▶ L'infinitif présent peut être **précédé** de différentes **prépositions**, en particulier :
- **a** après les verbes de **mouvement** andare, correre, fuggire...

    Vado **a lavorare**. *Je vais travailler.*

    Corro **a comprare** il giornale. *Je cours acheter le journal.*
- **a/per** pour indiquer un **but**.

    Si fermano **ad/per ammirare** il panorama.

    Ils s'arrêtent pour regarder le paysage.

    Restano **a/per giocare** a carte con gli amici.

    Ils restent pour jouer aux cartes avec leurs amis.
- **da**

    Un libro **da studiare**. *Un livre à étudier.*

    È così intelligente **da capire** ciò che deve fare.

    Il est assez intelligent pour comprendre ce qu'il doit faire.
- **di**

    Penso **di fare** una gita. *Je pense faire une excursion.*

    Credo **di essermi** sbagliato. *Je crois m'être trompé.*

202 L'infinitif passé – *L'infinito passato*

Tout comme l'indicatif présent, il indique d'une manière indéfinie l'action exprimée par le verbe sans indications de personne ou de nombre, mais il marque l'**antériorité** par rapport aux autres temps : avere amato, avere temuto, avere sentito.

> Si è lamentato di **essere stato** bocciato.
>
> *Il s'est plaint d'avoir été recalé.*
>
> Ad **averlo saputo** non avremmo preso quella strada.
>
> *Si nous l'avions su, nous n'aurions pas pris cette route.*

LE PARTICIPE – IL PARTICIPIO

203 ## Le participe présent – *Il participio presente*

▶ Il se forme en ajoutant au radical les terminaisons **-ante** (1ᵉʳ groupe), **-ente** (2ᵉ et 3ᵉ groupes). Il s'accorde toujours.

	am-are	cred-ere	part-ire
SING. MASC./FÉM.	am-ante	cred-ente	part-ente
PLUR. MASC./FÉM.	am-anti	cred-enti	part-enti

▶ En italien, le participe présent a rarement une valeur verbale, il est plutôt employé comme **adjectif** ou **substantif**.

> Non ci sono più animali feroci **viventi** in Italia.
> *Il n'y a plus d'animaux féroces vivant en Italie.*
> I **residenti** in città devono presentarsi al Comune.
> *Les personnes résidant en ville doivent se présenter à la mairie.*

▶ Le participe présent français avec valeur verbale est souvent remplacé en italien par une proposition relative.

> Gli studenti **che hanno** la Maturità possono iscriversi all'Università.
> *Les élèves **ayant** le baccalauréat peuvent s'inscrire à l'université.*
> Cerco un alunno **che parli** cinese.
> *Je cherche un élève **parlant** chinois.*

REMARQUE

Le verbe avere a deux participes présents : avente/aventi (utilisé comme adjectif ou nom : *ayant*) et abbiente/abbienti (uniquement comme adjectif ou nom : *aisé, riche, nanti*). Le participe présent du verbe essere, ente/enti, est employé comme nom.

> Dio è l'Ente supremo. *Dieu est l'Être Suprême.*
> L'ENEL[1] è un ente pubblico. *L'ENEL est un organisme public.*

---

1 Ente Nazionale per l'Energia Elettrica (l'EDF italien).

Le participe passé – *Il participio passato* : accord

▶ Il se forme en ajoutant au radical les terminaisons **-ato** (1er groupe), **-uto** (2e groupe) et **-ito** (3e groupe). Le participe passé sert à former les temps composés.

▶ Il peut s'accorder en genre et en nombre.

	am-are	cred-ere	part-ire
MASC. SING.	am-ato	cred-uto	part-ito
MASC. PLUR.	am-ati	cred-uti	part-iti
FÉM. SING.	am-ata	cred-uta	part-ita
FÉM. PLUR.	am-ate	cred-ute	part-ite

Son accord dépend :
– de l'auxiliaire employé (essere ou avere) ;
– de la forme (impersonnelle/pronominale) ;
– et dans certains cas, de la place et de la nature du complément d'objet direct (COD).

▶ Avec l'auxiliaire **essere**, l'accord doit se faire **avec le sujet**.

> Piero è partit**o**. *Piero est parti.*
> Paola è partit**a**. *Paola est partie.*
> Piero e Giovanna sono partit**i**. *Piero et Giovanna sont partis.*
> Giovanni e Paolo sono partit**i**. *Giovanni et Paolo sont partis.*
> Paola e Giovanna sono partit**e**. *Paola et Giovanna sont parties.*

Cas particuliers

• Avec les verbes à la forme impersonnelle, le participe passé reste invariable.

> È nevicat**o** per due ore.
> *Il a neigé pendant deux heures.*
> Si è lavorat**o** fino a tarda notte.
> *On a travaillé tard dans la nuit./Nous avons travaillé tard dans la nuit.*

• Avec les verbes **réfléchis apparents accompagnés d'un COD** autre que la particule pronominale (mi, ti, si, ci, vi, si), l'accord se fait avec le sujet et plus rarement avec le COD, et cela, indépendamment de la place occupée par le COD.

> Paola si è lavat**a** le mani./Paola si è lavat**e** le mani.
> *Paola s'est lavé les mains.*
> Le camicie che Paola si è comprat**a** sono bianche./Le camicie che Paola si è comprat**e** sono bianche.
> *Les chemises que Paola s'est achetées sont blanches.*

▶ Avec l'auxiliaire **avere**, l'accord se fait avec le **COD s'il précède le verbe**, mais à certaines conditions.

- Si le COD est un pronom complément de la 3e personne, **lo/li**, **la/le**, l'accord est **obligatoire**.

  Li ho visti nel negozio.

  Je les ai vus dans le magasin.

  Le abbiamo incontrate per strada.

  Nous les avons rencontrées dans la rue.

- Avec les pronoms **mi** (me), **ti** (te), **ci** (nous), **vi** (vous) COD, l'accord est **facultatif**.

  Maria, non ti ho visto/vista ieri.

  Maria, je ne t'ai pas vue hier.

  Bambini, per fortuna che vi ho ritrovato/ritrovati.

  Les enfants, heureusement que je vous ai retrouvés.

- Lorsque **ne** a une signification partitive, l'accord est **obligatoire**.

  Le pere? **Ne** ho già mangiate due.

  Les poires ? J'en ai déjà mangé deux.

- Si le COD est un nom ou un pronom relatif, l'accord est possible, mais assez rare.

  I **libri** che ho letto/letti sono molto interessanti.

  Les livres que j'ai lus sont très intéressants.

▶ Le participe passé, employé **sans auxiliaire**, s'accorde avec le nom auquel il se rapporte.

  Arrivato alla stazione, comprai un giornale.

  Arrivé à la gare, j'achetai un journal.

  Dette queste parole, è partita.

  Après avoir prononcé ces mots, elle est partie.

▶ ATTENTION Le participe passé employé avec un auxiliaire s'accorde obligatoirement :
– avec le **sujet** quand il est accompagné de l'auxiliaire essere ;
– avec le **COD** exprimé par les pronoms lo/li, la/le, ne (avec signification partitive), quand ils précèdent le verbe accompagné de l'auxiliaire avere.

LE GÉRONDIF PRÉSENT – IL GERUNDIO PRESENTE

205 Le gérondif présent – *Il gerundio presente*

▶ Le gérondif se forme en ajoutant au radical du verbe la terminaison **-ando** pour le 1ᵉʳ groupe et **-endo** pour les deux autres groupes.

am-are	tem-ere	sent-ire
am-**ando**	tem-**endo**	sent-**endo**

Il indique une action dans son devenir, au moment même où elle se produit.

▶ Il peut s'employer **seul**.

> **Leggendo** ho imparato molte cose.
> *En lisant, j'ai appris beaucoup de choses.*
> **Sbagliando** s'impara.
> *C'est en forgeant qu'on devient forgeron.*

▶ Il peut aussi s'employer dans des constructions idiomatiques pour indiquer une **action qui est en train de se réaliser** :

– **stare** + **gérondif** (c'est la forme la plus employée) ;

> Fai silenzio, il professore **sta parlando**.
> *Tais-toi, le professeur est en train de parler.*

– **andare** + **gérondif** (pour exprimer une action qui est en train de se réaliser, qui se répète, qui s'intensifie, qui devient plus fréquente) ;

> La situazione **va migliorando** di ora in ora.
> *La situation s'améliore d'heure en heure.*

– **venire** + **gérondif** (forme plus subjective) : le locuteur est impliqué directement.

> Mi **viene raccontando** cose strane.
> *Il est en train de me raconter des choses bizarres.*

206 Le gérondif passé – *Il gerundio passato*

Le gérondif a aussi une forme passée : **avendo/essendo** + **participe passé**. Elle exprime une action antérieure à celle de la phrase principale.

> **Avendo scritto** la lettera, la imbucai.
> *Ayant écrit la lettre, je la postai.*

Concordance des temps dans les subordonnées

Les degrés de probabilité

Dans la phrase hypothétique introduite par **se**, les modes et les temps employés changent selon le degré de probabilité de réalisation des hypothèses.

▶ La condition est donnée comme **réalisable**.

SE + PRÉSENT INDICATIF	FUTUR SIMPLE/PRÉSENT INDICATIF
Se vinco al Totocalcio,	**comprerò/compro** una Ferrari.
Si je gagne au Loto sportif,	j'achèterai/j'achète une Ferrari.

SE + FUTUR INDICATIF	FUTUR SIMPLE
Se vincerò al Totocalcio,	**comprerò** una Ferrari.
Si je gagne au Loto sportif,	j'achèterai une Ferrari.

▶ La condition est **irréalisable dans le présent**, mais **possible dans le futur**.

SE + IMPARFAIT DU SUBJONCTIF	CONDITIONNEL PRÉSENT
Se vincessi al Totocalcio,	**comprerei** una Ferrari.
Si je gagnais au Loto sportif,	j'achèterais une Ferrari.

▶ La condition **n'a pas été réalisée**.

SE + PLUS-QUE-PARFAIT DU SUBJONCTIF	CONDITIONNEL PASSÉ
Se io avessi vinto al Totocalcio,	**avrei comprato** una Ferrari.
Si j'avais gagné au Loto sportif,	j'aurais acheté une Ferrari.

▶ ATTENTION Contrairement au français, l'italien peut employer :
– un double futur dans la phrase hypothétique de la probabilité ;

Se **verrò**, mi **vedrai**.

Si je viens, tu me verras.

– le subjonctif après **se** pour exprimer le doute ou l'irréalité.

Se tu **partissi** subito, **arriveresti** in tempo.

Si tu partais tout de suite, tu arriverais à l'heure.

Se tu **fossi partito** subito, **saresti arrivato** in tempo.

Si tu étais parti tout de suite, tu serais arrivé à l'heure.

DISCOURS DIRECT ET DISCOURS INDIRECT

208 Les modifications du discours

Le passage du discours direct au discours indirect entraîne des modifications du message initial, en ce qui concerne :
– les pronoms personnels et adjectifs possessifs ;
– les adverbes et adjectifs de temps et de lieu ;
– les modes et les temps des verbes.

209 Le discours au présent ou au futur

Si le verbe introducteur (chiedere, dire, domandare, rispondere...) est au présent ou au futur de l'indicatif, **le mode et le temps de la subordonnée ne changent pas, sauf pour l'impératif** qui devient présent du subjonctif.

	PRINCIPALE	SUBORDONNÉE			
DISCOURS DIRECT	Présent de l'indicatif Futur simple	Passé composé	Présent de l'indicatif	Futur simple	Impératif
	Dice:	«Ho studiato ieri.»	«Studio oggi.»	«Studierò domani.»	«Studia al posto mio.»
	Dirà:				
		action antérieure	action simultanée	action postérieure	
DISCOURS INDIRECT	Présent de l'indicatif Futur simple	Passé composé	Présent de l'indicatif	Futur simple	Impératif
	Dice che	ha studiato ieri.	studia oggi.	studierà domani.	io studi al posto suo.
	Dirà che	ha studiato il giorno prima.	studia quel giorno.	studierà il giorno dopo.	

210 Le discours au passé

Si le verbe introducteur est au passé (imparfait, passé composé, passé simple de l'indicatif), on a :

PRINCIPALE		SUBORDONNÉE			
DISCOURS DIRECT	Imparfait de l'indicatif Passé composé Passé simple	Passé composé	Présent de l'indicatif	Futur simple	Impératif
	Diceva:	«Ho studiato ieri.»	«Studio oggi.»	«Studierò domani.»	«Studia al posto mio.»
	Ha detto:				
	Disse:				
		action antérieure	action simultanée	action postérieure	
DISCOURS INDIRECT	Imparfait de l'indicatif Passé composé Passé simple	Plus-que-parfait de l'indicatif	Imparfait de l'indicatif	Conditionnel passé	Subjonctif imparfait
	Diceva che	aveva già studiato il giorno prima.	studiava quel giorno.	avrebbe studiato il giorno dopo.	io studiassi al posto suo.
	Ha detto che				
	Disse che				

AUTRES CAS DE CONCORDANCE

211 La concordance avec l'indicatif

Si le verbe introducteur (à l'indicatif) **demande un subjonctif**, on a :

PRINCIPALE	SUBORDONNÉE		
Présent de l'indicatif Futur simple	Subjonctif imparfait	Subjonctif présent	Futur simple
Penso (che) Penserò (che)	ieri tu avessi ragione[1].	oggi tu abbia ragione.	domani avrai ragione.
	action antérieure	action simultanée	action postérieure
Imparfait de l'indicatif Passé composé Passé simple	Subjonctif plus-que-parfait	Subjonctif imparfait	Conditionnel passé
Pensavo (che) Ho pensato (che) Pensai (che)	il giorno prima tu avessi avuto ragione.	quel giorno tu avessi ragione.	il giorno dopo tu avresti avuto ragione.

[1] ieri tu **abbia avuto ragione** (subjonctif passé) pour indiquer une action complètement terminée dans le passé.

212 La concordance avec le conditionnel

Si le verbe introducteur (au conditionnel) **demande un subjonctif**, on a :

PRINCIPALE	SUBORDONNÉE		
Conditionnel présent	Subjonctif plus-que-parfait	Subjonctif imparfait	Subjonctif imparfait
Vorrei (che)	ieri tu avessi lavorato.	oggi tu lavorassi.	domani tu lavorassi.
	action antérieure	action simultanée	action postérieure
Conditionnel passé	Subjonctif plus-que-parfait	Subjonctif imparfait	Subjonctif imparfait

Guide des verbes
à régime prépositionnel

PRÉSENTATION   213-216

VERBES ET PRÉPOSITIONS

Les numéros renvoient aux paragraphes.

Présentation

Le verbe est l'élément dynamique autour duquel s'organise la phrase entière ; il en est le moteur et il permet d'en expliquer la structure. Le répertoire *Verbes et prépositions*, qui suit, apporte des informations sur les éléments dépendant des verbes retenus. En particulier, pour le choix des verbes, environ 1 500, nous avons privilégié ceux qui sont suivis par des prépositions introduisant des compléments ou parfois des phrases subordonnées.

En italien, on distingue différents types de prépositions.

213 Les prépositions simples

a	à
con	avec
da	de, depuis, par
di	de
in	en, dans
per	pour
su	sur
tra/fra	entre, parmi

214 Les prépositions contractées (prépositions + articles définis)

GENRE ET NOMBRE	ARTICLE	EXEMPLE
MASCULIN SINGULIER	il	il libro
	lo	lo studente
	l'	l'amico
MASCULIN PLURIEL	i	i libri
	gli	gli studenti/amici
FÉMININ SINGULIER	la	la studentessa
	l'	l'amica
FÉMININ PLURIEL	le	le studentesse/amiche

PRÉPOSITIONS CONTRACTÉES

	A[1]	CON[2]	DA	DI[3]	IN	SU
MASCULIN SINGULIER	al	con il (col)	dal	del	nel	sul
	allo	con lo (collo)	dallo	dello	nello	sullo
	all'	con l' (coll')	dall'	dell'	nell'	sull'
MASCULIN PLURIEL	ai	con i (coi)	dai	dei	nei	sui
	agli	con gli (cogli)	dagli	degli	negli	sugli
FÉMININ SINGULIER	alla	con la (colla)	dalla	della	nella	sulla
	all'	con l' (coll')	dall'	dell'	nell'	sull'
FÉMININ PLURIEL	alle	con le (colle)	dalle	delle	nelle	sulle

1 Devant un mot commençant par a-, la préposition a peut devenir ad, surtout à la forme écrite.
2 Les formes entre parenthèses sont à déconseiller.
3 Devant un mot commençant par une voyelle, la préposition di peut devenir d'.
4 La locution prépositionnelle oltre a signifie en plus de :

Ho mangiato una pera oltre alla mela. J'ai mangé une poire en plus de la pomme.

215 Les prépositions impropres

Elles sont d'origine adverbiale, adjectivale ou verbale. Suivies d'une préposition simple, elles forment des locutions prépositionnelles. Nous en donnons quelques exemples.

contro	contre	mediante	au moyen de, par
davanti	devant	oltre[4]	au-delà de
dentro	dedans	presso	près de, auprès de
dietro	derrière	rasente	au ras de
dopo	après	secondo	selon
durante	pendant, durant	sopra	sur, au-dessus de
entro	dans [temps futur]	sotto	sous, au-dessous de
fuori	hors de	senza	sans
lungo	le long de	verso	vers, envers

PRÉPOSITION IMPROPRE	EXEMPLE	LOCUTION PRÉPOSITIONNELLE	EXEMPLE
contro	Voterò **contro** questo candidato. Je voterai contre ce candidat.	contro di	Ho sempre votato **contro di** lui. J'ai toujours voté contre lui.
davanti	Ero **davanti** la porta. J'étais devant la porte.	davanti a	Ero **davanti alla** porta. J'étais devant la porte.

Autres locutions prépositionnelles
(formées par plusieurs mots)

accanto a	à côté de	in forza di	sur la base de,
addosso a	sur (le dos de)		en vertu de
assieme a	avec	di fronte a	en face de
in barba a	à la barbe de	fuori di/da	hors de
in base a	selon, sur la base de	al di fuori di/da	en dehors de
a cagione di	à cause de	a furia di	à force de
in cambio di	en échange de	in grembo a	au sein de
in capo a	au bout de	a guisa di	en guise de
in caso di	en cas de	innanzi a	devant
a causa di	à cause de	all'insegna di	à l'enseigne de
in cima a	en haut de,	insieme con	avec
	au sommet de	invece di	au lieu de
in compagnia di	en compagnie de,	di là da	au-delà de
	avec	al di là di	au-delà de
in compenso di	en échange de	dal lato di	du côté de
conformemente a	en conformité avec,	lontano da	loin de
	selon	in luogo di	au lieu de
in confronto a	en comparaison de	a meno di	à moins de
a confronto di	en comparaison de	in merito a	à propos de,
in conseguenza di	par suite de,		au sujet de
	à cause de	per mezzo di	au moyen de
in considerazione di	en considération de	in mezzo a	au milieu de
sul conto di	sur le compte de	nel mezzo di	au milieu de
per conto di	pour le compte de	a motivo di	à cause de
contro di	contre	ad onta di	en dépit de, malgré
al cospetto di	devant,	per opera di	par
	en présence de	al pari di	aussi bien que
davanti a	devant	a paragone di	en comparaison de
dentro a	dans,	prima di	avant de
	à l'intérieur de	a proposito di	à propos de
dietro a	derrière	al di qua di	en deçà de
dinanzi a	devant	in quanto a	en ce qui concerne
dirimpetto a	en face de,	riguardo a	en ce qui concerne
	vis-à-vis de	di rimpetto a	en face de,
a dispetto di	en dépit de		vis-à-vis de
dopo di	après	rispetto a	en ce qui concerne
a favore di	en faveur de	a seconda di	selon
a fianco di	à côté de	senza di	sans
di fianco a	à côté de	sopra a	au-dessus de
fino a	jusqu'à	sotto a	au-dessous de
fin(o) da	depuis	per via di	à cause de
a forza di	à force de	vicino a	près de

Verbes et prépositions

A

abbandonare ▸ un paese al suo destino ▸ la testa sulle spalle

abbandonarsi ▸ ai ricordi ▸ sul divano

abbarbicarsi ▸ ai muri

abbassare ▸ il tasso di interesse a un livello più accettabile ▸ un immobile di valore

abbassarsi ▸ a chiedere scusa ▸ i prezzi si sono abbassati del 2%

abbellire ▸ la casa con/di fiori

abbellirsi ▸ con/di gioielli

abbinare ▸ l'immagine al testo ▸ la borsa con le scarpe

abbinarsi ▸ la borsetta si abbina al/con il vestito

abboccare ▸ il pesce ha abboccato all'amo

abboccarsi ▸ con un collega

abbonare ▸ un'azienda a una rivista

abbonarsi ▸ a una rivista

abbondare ▸ di ogni ricchezza ▸ in/con le illustrazioni

abbracciarsi ▸ a/con un amico

abbrancarsi ▸ alla maniglia per non cadere

abbuffarsi ▸ di dolci

abbuonare ▸ un debito a un cliente

abdicare ▸ al trono

abilitare ▸ un neolaureato all'insegnamento ▸ un docente in lingue

abilitarsi ▸ all'insegnamento ▸ in lingue

abitare ▸ a Roma ▸ con i genitori ▸ da una nonna ▸ in Grecia ▸ sulle Alpi

abituare ▸ i figli a mangiare sempre alla stessa ora

abituarsi ▸ a non reagire alle offese

abusare ▸ del proprio potere

accadere ▸ di dimenticare un appuntamento

accedere ▸ a un luogo

accennare ▸ a un problema delicato ▸ a un alunno di tacere ▸ il temporale non accenna a smettere

accertare ▸ hanno accertato ai passeggeri che il biglietto sarà rimborsato

accertarsi ▸ di aver controllato tutto

accettare ▸ di perdere

accingersi ▸ a partire

accludere ▸ una foto alla lettera

accodarsi ▸ alla fila

accollare ▸ alla società le spese del viaggio

accomiatarsi ▸ dagli invitati

accompagnare ▸ il fratellino a scuola ▸ un pianista al/con il violino ▸ la nonna dal dottore ▸ un autostoppista in macchina

accompagnarsi ▸ a un collega ▸ al/con il pianoforte ▸ il pesce si accompagna con un buon vino bianco

accomunare ▸ i propri interessi a/con quelli di qualcun altro

accondiscendere ▸ alle richieste di un superiore

acconsentire ▸ a una richiesta ▸ non acconsento a scrivergli

accontentare ▸ la moglie in/su tutto

accontentarsi ▸ di ciò che si ha

accoppiare ▸ il bianco al/con il nero

accoppiarsi ▸ a/con un compagno per giocare a carte

accordare ▸ un pianoforte a/con un violino

accorgersi ▸ dei propri errori

accorpare ▸ un istituto a/con un altro

accostare ▸ una sedia alla parete ▸ un colore con un altro

accostarsi ▸ a una dottrina filosofica

accrescere ▸ le proprie ricchezze del 20%

accrescersi ▸ la temperatura si è accresciuta di 2 gradi

accusare ▸ un indiziato di omicidio ▸ un contraente di non aver rispettato il contratto

accusarsi ▸ di omicidio

acquistare ▸ merce a credito ▸ un'auto in/per contanti

adattare ▸ le parole alla musica

adattarsi ▸ la cravatta non si adatta al vestito

addebitare ▸ un errore a un dipendente ▸ un assegno sul conto corrente

addirsi ▸ questo incarico si addice a un dirigente

addivenire ▸ a una transazione

addossare ▸ tutta la responsabilità a una persona

addottorarsi ▸ in lettere

adeguare ▸ le tariffe al costo della vita

adeguarsi ▸ alle circostanze

adempiere/adempire ▸ a una promessa

aderire ▸ a una manifestazione

adibire ▸ una chiesa ad ospedale

adoperarsi ▸ per una giusta causa

adornare ▸ la sala di/con fiori per la festa

adornarsi ▸ di/con gioielli per la cerimonia

affacciarsi ▸ alla finestra ▸ sulla terrazza

afferire ▸ il caso afferisce alla sede centrale

affermare ▸ di non essere responsabile

affermarsi ▸ in campo internazionale

affezionarsi ▸ a un amico

affiancare ▸ un quadro a uno specchio

affiancarsi ▸ a un'auto per sorpassarla

affidare ▸ il figlio a un parente

affidarsi ▸ a un avvocato

affiliarsi ▸ a una setta

affiorare ▸ dall'acqua ▸ in superficie

affondare ▸ la nave affonda nel fango

affrancare ▸ un popolo dalla schiavitù

affrancarsi ▸ dalla schiavitù

affrettarsi ▸ a preparare le valigie

agevolare ▸ gli allievi nello studio ▸ una tastiera che agevola a scrivere

agganciare ▸ un vagone al treno

agghindare ▸ un neonato di/con pizzi e merletti per il battesimo

agghindarsi ▸ di/con perle per la festa

aggiornare ▸ i radioascoltatori sulle ultime novità

aggiornarsi ▸ sulle ultime novità

aggirarsi ▸ un estraneo si aggira per il paese

aggiungere ▸ un libro alla biblioteca ▸ aggiunse di voler partire

aggiungersi ▸ la notizia si aggiunse alle altre

aggrapparsi ▸ all'ultima speranza

agognare ▸ alla felicità

aizzare ▸ la folla alla rivolta

alienare ▸ da sé la simpatia dei colleghi

alimentare ▸ un cucciolo con il biberon

alimentarsi ▸ di pesce e frutta ▸ la speranza si alimenta con la fede

allargarsi ▸ nel proprio lavoro

allearsi ▸ all'/con l'opposizione

allegare ▸ un documento alla lettera

alleggerire ▸ un turista del portafoglio

allenare ▸ la mente allo studio

allinearsi ▸ al/con il partito

allontanare ▸ un tavolo dal muro

allontanarsi ▸ da casa

alludere ▸ all'ultima lettera ricevuta

alternare ▸ il pianto al riso ▸ il dolce con il salato

alternarsi ▸ con gli altri infermieri in ospedale ▸ la notte si alterna al giorno

alzare ▸ le braccia in alto

alzarsi ▸ in cielo

amalgamare ▸ lo zucchero con l'acqua

amalgamarsi ▸ con l'olio

ambire ▸ al successo

amicarsi ▸ con un collega

ammalarsi ▸ di influenza

ammazzarsi ▸ di fatica durante tutto il giorno

ammettere ▸ un candidato al concorso statale ▸ di aver commesso un errore

ammiccare ▸ all'amico

ammontare ▸ la somma ammonta a 2000 euro

ancorare ▸ una barca al molo

ancorarsi ▸ al molo con una catena

andare ▸ a teatro ▸ con tutti gli amici ▸ da casa a scuola ▸ in facoltà ▸ per la città ▸ sui trampoli

anelare ▸ alla libertà

annettere ▸ un documento alla richiesta

annoverare ▸ personaggi illustri tra i propri amici

annunciare ▸ di aver conseguito il diploma

anteporre ▸ gli amici al danaro

anticipare ▸ la riunione è anticipata alle otto ▸ la riunione è anticipata di un'ora

appagarsi ▸ con/di poco

appartenere ▸ ad un'associazione

appassionarsi ▸ allo studio dei classici ▸ di cucina toscana

appellarsi ▸ ci siamo appellati al suo buon cuore

appendere ▸ un calendario alla parete

appendersi ▸ il braccio rotto al collo

appigliarsi ▸ a una scusa

applaudire ▸ a una proposta

applicare ▸ un teorema a un problema ▸ un francobollo sulla busta

applicarsi ▸ allo/nello studio

appoggiare ▸ un mobile al muro ▸ i propri dubbi su solide prove

appoggiarsi ▸ al tavolo ▸ l'accusa si appoggia su fatti precisi

apprendere ▸ a scrivere ▸ di aver vinto il concorso

approfittare ▸ di un'occasione straordinaria

approfittarsi ▸ della buona fede altrui

appropriarsi ▸ questo vestito si appropria alla circostanza ▸ si è appropriato di tutti i loro averi

aprire ▸ la porta agli ospiti

aprirsi ▸ non si apre mai con nessuno

ardere ▸ di passione

argomentare ▸ abbiamo argomentato il suo stato d'animo dalle sue affermazioni

arguire ▸ dalla tua espressione arguisco i tuoi sentimenti

armarsi ▸ di pazienza

armonizzare/armonizzarsi ▸ con lo stile dell'arredamento

arrabattarsi ▸ per arrivare alla fine del mese

arrabbiarsi ▸ con i propri coinquilini ▸ per gli errori fatti

arrampicarsi ▸ su un albero

arrancare ▸ nello studio del latino ▸ nel seguire le lezioni ▸ su per le scale ▸ per trovare una soluzione

arricchire ▸ la propria biblioteca con/di nuovi libri

arricchirsi ▸ la lingua si arricchisce con/di nuove espressioni

arrischiarsi ▸ a comprare nuove azioni

arrivare ▸ a casa ▸ a capire ▸ dai propri genitori ▸ in città

arrossire ▸ dall'/per l'emozione ▸ di gioia

arruffianarsi ▸ con un insegnante

arruolarsi ▸ si è arruolato in marina

articolare ▸ un testo in sei capitoli

articolarsi ▸ la sua tesi si articola in tre parti

ascrivere ▸ l'azione venne ascritta a merito del soldato ▸ il valoroso venne ascritto nell'elenco dei migliori

aspettare ▸ a trarre conclusioni ▸ di ricevere una ricompensa

aspettarsi ▸ mi aspetto di parlarti presto

aspirare ▸ a divenire ingegnere

asportare ▸ i ladri hanno asportato i gioielli dalla cassaforte

assegnare ▸ mi hanno assegnato al reparto vendite

assentarsi ▸ da scuola per una settimana

asserire ▸ di non appartenere ad alcuna associazione

asservire ▸ gli istinti alla ragione

assestare ▸ un pugno al proprio avversario

assicurare ▸ la libreria alla parete ▸ vi assicuro di aver chiuso la porta

assicurarsi ▸ della validità di una proposta ▸ di aver spento il riscaldamento

assimilare ▸ un fatto al precedente

assimilarsi ▸ alla maggioranza

assistere ▸ a una conferenza

associare ▸ un sostenitore a un club

associarsi ▸ alla felicità dei vincitori ▸ con alcuni amici per un'attività sportiva

assoggettare ▸ gli enti locali **al** governo centrale

assoggettarsi ▸ **all'**autorità centrale

assolvere ▸ **ai** propri compiti ▸ i fedeli **dai** peccati

assomigliare ▸ **al** padre

assommare ▸ i danni assommano **a** vari milioni

assommarsi ▸ un enigma che si assomma **ad** altri misteri

assuefare ▸ il palato **a** nuovi sapori

assuefarsi ▸ **a** una medicina

astenersi ▸ **dall'**esprimere la propria opinione

astrarre ▸ la mente **dallo** studio

astrarsi ▸ **dal** mondo circostante

attaccare ▸ la spina **alla** presa ▸ un francobollo **con** la colla

attaccarsi ▸ **a** un'amica

attardarsi ▸ **a** guardare un film

atteggiarsi ▸ **a** martire

attendere ▸ **alla** propria attività lavorativa ▸ **di** essere ascoltato

attenere ▸ una riflessione che non attiene **alla** questione trattata

attenersi ▸ **alle** regole scritte

attentare ▸ **alla** libertà di stampa

attentarsi ▸ **a/di** intervenire

attestare ▸ **di** non aver parlato con nessuno

attingere ▸ acqua **al/dal** pozzo

attorniarsi ▸ **di** buoni amici

attraccare ▸ la nave attracca **al** porto

attribuire ▸ una disgrazia **all'**imprudenza

augurare ▸ **a** un concorrente **di** essere premiato

augurarsi ▸ **di** essere promosso

aumentare ▸ il costo della vita è aumentato **del** 5%

auspicare/auspicarsi ▸ **di** vedere la fine delle ostilità

autorizzare ▸ un alunno **ad** uscire da scuola in anticipo

avanzare ▸ **verso** la montagna

avere ▸ molto **da** fare

avvalersi ▸ **di** tutti gli strumenti a propria disposizione

avvampare ▸ **di** rabbia ▸ **in** viso per la timidezza

avvantaggiarsi ▸ **delle** nuove tecniche ▸ **nello** studio ▸ **su** tutti i concorrenti

avvedersi ▸ **dei** propri errori

avvertire ▸ gli alleati **di** un pericolo

avviare ▸ un avvocato **alla** professione notarile

avviarsi ▸ **a/verso** casa

avvicinare ▸ il tavolo **alla** parete

avvicinarsi ▸ **alla** finestra

avvinghiarsi ▸ il bambino si avvinghiò **al** braccio del padre

avvisare ▸ una persona **del** proprio arrivo

azzardarsi ▸ **a** rifiutare una proposta

B

badare ▸ non bada **a** spese ▸ badate **di** tornare presto

ballare ▸ **con** un allievo

balzare ▸ **agli** occhi ▸ **dal** letto ▸ il gatto balzò **sul** tetto

bandire ▸ Dante fu bandito **da** Firenze

barare ▸ **al** gioco ▸ **con** i propri sentimenti ▸ **in** amore

barattare ▸ un libro **con** un disco

basare ▸ una ricerca **su** dati concreti

basarsi ▸ **sulle** apparenze

bastare ▸ l'acqua deve bastare **a** tutti ▸ le riserve devono bastare **per** un mese

battere ▸ un coetaneo **a** tennis ▸ il cuore batte **per** l'emozione ▸ il sole batte **sul** tetto

battersi ▸ **all'**ultimo sangue ▸ **con** il nemico ▸ **per** il proprio ideale

bearsi ▸ **a** contemplare il tramonto ▸ **dei** propri difetti ▸ **per** la promozione

beffarsi ▸ **di** tutto e tutti

beneficiare ▸ **di** uno sconto promozionale

bere ▸ **a** garganella ▸ **dalla** bottiglia

bersagliare ▸ gli avversari **di** insulti

bisticciare/bisticciarsi ▸ con i vicini

bombardare ▸ l'intervistato di domande

brindare ▸ alla salute ▸ per il successo dello spettacolo

brulicare ▸ i centri commerciali brulicano di clienti

burlarsi ▸ di un coetaneo

bussare ▸ alla porta

buttare ▸ un cadavere a mare ▸ una sigaretta dalla finestra ▸ una persona in acqua ▸ l'asciugamano sporco per terra ▸ il cuscino sulla sedia

buttarsi ▸ a capofitto ▸ con il paracadute ▸ in politica ▸ per terra ▸ sul letto

C

cacciare ▸ un allievo da scuola ▸ il marito di casa

cacciarsi ▸ in un brutto guaio

cadere ▸ dalle nuvole ▸ per terra ▸ l'accento tonico cade sulla penultima sillaba

calare ▸ nella considerazione collettiva ▸ il sole cala ad occidente ▸ i lupi calano dalle montagne

calarsi ▸ dal tetto ▸ l'attore si è calato nel personaggio

calcolare ▸ di arrivare in tempo

cambiare ▸ un orologio con una collana ▸ le carte in tavola

cambiarsi ▸ di abito ▸ spesso la gioia si cambia in dolore

campare ▸ con poche risorse ▸ di rendita

camuffare ▸ un bambino da Arlecchino ▸ la tristezza con la stanchezza

camuffarsi ▸ da giornalista per passare inosservato

cancellare ▸ una persona dalla lista degli invitati

cancellarsi ▸ i ricordi si sono cancellati dalla memoria

candidare ▸ il capopartito alle elezioni per la Camera dei Deputati

candidarsi ▸ a sindaco ▸ per il Senato

capacitarsi ▸ non si capacitava della sua disgrazia

capire ▸ di aver torto

capitare ▸ capita a tutti di sbagliare

caricare ▸ gli operai di lavoro straordinario ▸ i bagagli in macchina ▸ le merci sulla nave

caricarsi ▸ di impegni lavorativi

cascare ▸ da una scala ▸ per terra

cassare ▸ un paragrafo da un documento

cavare ▸ un sassolino dalla scarpa

cedere ▸ a un ricatto

celare ▸ la verità al malato

celarsi ▸ agli occhi del pubblico

cenare ▸ a/in casa ▸ da amici

cercare ▸ di leggere un manoscritto

certificare ▸ di aver frequentato un corso

cessare ▸ di sparare

chiamare ▸ l'esercito a raccolta

chiarire ▸ di amare gli animali ▸ una questione con un amico

chiedere ▸ un prestito a Giovanni ▸ di essere ascoltato

chiudere ▸ il giardino con uno steccato ▸ il cane in casa ▸ i negozi chiudono alle otto

chiudersi ▸ in convento

cibarsi ▸ unicamente di vegetali

cimentarsi ▸ con gravi problemi ▸ in una grande impresa

cingere ▸ le braccia al collo del proprio amato ▸ la città con/di mura

cingersi ▸ il capo con/di una corona

circondare ▸ i genitori con/di grande stima

circondarsi ▸ di molti amici

citofonare ▸ al terzo piano

coabitare ▸ nello stesso palazzo con altri studenti

coalizzarsi ▸ con altri Stati europei

coesistere ▸ la bontà non può coesistere con la malvagità

coincidere ▸ le mie idee non coincidono con le tue

coinvolgere ▸ un innocente in vicende criminali

collaborare ▸ a un progetto ▸ con i migliori ricercatori

collegare ▸ con un cavo il computer e il televisore ▸ l'autobus collega il centro alla periferia

collegarsi ▸ alla torre di controllo ▸ con un numero telefonico

colmare ▸ i figli di attenzioni

colorare ▸ una tela ad olio ▸ una parete di rosso con il pennello ▸ un lenzuolo in bianco rosso e verde

colorarsi ▸ il cielo si colora di rosso al tramonto

comandare ▸ un'inchiesta alla polizia ▸ al capitano di partire

combaciare ▸ le impronte rilevate combaciano con quelle dell'imputato

combattere ▸ con gli avversari ▸ per la salvezza

combinare ▸ la sciarpa con i guanti ▸ di fare una scampagnata

combinarsi ▸ l'arredamento si combina con la sua personalità

cominciare ▸ a mangiare ▸ con il primo capitolo ▸ da pagina 11

commerciare ▸ in spezie

commissionare ▸ un ritratto ad un grande artista

commisurare ▸ l'investimento agli utili ▸ gli ideali con la realtà

commutare ▸ l'ergastolo in una pena detentiva

comparare ▸ un paese a/con un altro

compartecipare ▸ a una società ▸ nelle spese

compensare ▸ un favore con un regalo ▸ i collaboratori dell'impegno continuo ▸ un artista in denaro per l'opera compiuta

competere ▸ con i campioni per la vittoria finale

compiacere ▸ non si può compiacere a tutti

compiacersi ▸ con un attore per i successi conseguiti

complimentarsi ▸ con uno scienziato per la sua impresa

comporre ▸ una frase con quattro parole

comporsi ▸ la collana si compone di quattro volumi

comprare ▸ una barca in/per contanti

comprendere ▸ il servizio è compreso nel prezzo

compromettersi ▸ per delle sciocchezze

comunicare ▸ a un parente una notizia per lettera

comunicarsi ▸ il panico si comunicò al pubblico

concedere ▸ a una persona di aver sbagliato

concedersi ▸ ai propri ammiratori

conciliare ▸ il dovere con il piacere

conciliarsi ▸ con la propria famiglia

concludersi ▸ lo spettacolo si conclude con un applauso

concordare ▸ l'aggettivo con il sostantivo

concorrere ▸ all'assegnazione di un premio ▸ per un posto di lavoro

condannare ▸ un imputato all'ergastolo

condensare ▸ condensò in poche parole il contenuto del libro

condire ▸ l'insalata con sale, olio e aceto

condividere ▸ l'appartamento con altri studenti

condizionare ▸ un figlio nelle proprie scelte

confabulare ▸ con i vicini

confarsi ▸ la risposta non si confà alla domanda

conferire ▸ un alto incarico al responsabile della filiale ▸ con il direttore della società

confermare ▸ a un dipendente la nomina a direttore ▸ di aver preso servizio ▸ un ministro nel proprio incarico

confermarsi ▸ nelle proprie convinzioni

confessare ▸ al sacerdote i propri peccati ▸ di aver commesso un crimine

confessarsi ▸ con un amico

confidare ▸ un segreto a un amico ▸ di essere disperato ▸ confido nella tua discrezione

confidarsi ▸ con un'amica

confinare ▸ a nord con il Belgio ▸ per un lungo tratto con la Germania

confiscare ▸ il passaporto agli inquisiti

confluire ▸ gli affluenti confluiscono nel fiume

confondere ▸ una persona con un'altra
conformare ▸ la propria vita a un ideale

conformarsi ▸ alle abitudini locali

confrontare ▸ gli originali con le copie

confrontarsi ▸ con gli avversari ▸ sul nuovo disegno di legge

congedarsi ▸ dagli invitati

congiungere ▸ la mano sinistra alla destra ▸ la ferrovia nord con quella sud ▸ due giovani in matrimonio

congiungersi ▸ le due strade si congiungono a valle ▸ l'autostrada si congiunge con la statale ▸ si sono congiunti in matrimonio

congratularsi ▸ con un attore per il successo

connettere ▸ il computer alla rete

connettersi ▸ il vostro intervento si connette alla/con la nostra richiesta

consacrare ▸ le proprie energie al progetto

consacrarsi ▸ alla propria professione

consegnare ▸ una lettera al destinatario

consegnarsi ▸ alla giustizia

consentire ▸ alle richieste di un sindacato ▸ con le opinioni di qualcun altro ▸ di approvare le spese proposte

considerare ▸ di avere molti vantaggi

consigliare ▸ ai malati di non fumare

consigliarsi ▸ con un amico

consistere ▸ l'appartamento consiste di cinque stanze ▸ l'esame consiste in una prova grammaticale

consociare ▸ un partito con un altro

consociarsi ▸ la nostra organizzazione si è consociata con un'altra dello stesso settore

consorziare ▸ una azienda con un'altra

consorziarsi ▸ gli imprenditori si sono consorziati con altre associazioni di categoria

constare ▸ il fatto consta alla polizia ▸ la biblioteca consta di mille volumi ▸ la dichiarazione consta nel certificato

constatare ▸ di non aver compreso nulla

consultare ▸ il medico sulle cure da seguire

consultarsi ▸ con il medico sulle cure da seguire

contaminare ▸ le acque dei fiumi con/di rifiuti tossici

contare ▸ di lavorare tutta la settimana ▸ per quattro ▸ sulla punta delle dita

contemperare ▸ il rimedio al danno ▸ le proprie esigenze con quelle altrui

contemplare ▸ l'accordo non contemplava di poter annullare l'intesa

contendere ▸ ai propri vicini il diritto di passo ▸ con i propri vicini per il diritto di passo ▸ in giudizio

contestare ▸ all'accusa il mandato di perquisizione ▸ di arrivare spesso in ritardo

continuare ▸ a scrivere per tutto il giorno ▸ il racconto continua con il secondo capitolo ▸ la strada continua in discesa

contornare ▸ una cornice di fiori

contornarsi ▸ di amici fidati

contrabbandare ▸ falsi per originali

contraddire ▸ spesso il suo comportamento contraddice ai suoi principi

contrapporre ▸ la realtà ai sogni

contrapporsi ▸ alla volontà di un malato

contrastare ▸ le sue idee contrastano con la realtà

contravvenire ▸ al regolamento

contribuire ▸ al successo di un'impresa

controllare ▸ di aver spento il riscaldamento ▸ un neopatentato nella guida dell'auto

controllarsi ▸ nel bere

convenire ▸ con i colleghi sulla soluzione di un problema ▸ di tacere ▸ conviene a tutti aspettare

convertire ▸ un laico al buddismo ▸ dollari in euro

convertirsi ▸ all'Islam ▸ l'euforia si convertì in delusione

convincere ▸ il rapitore a non sparare ▸ il giudice della propria innocenza/di essere innocente

convincersi ▸ di un errore ▸ di aver sbagliato

cooperare ▸ alla riuscita dell'impresa ▸ con i membri di una società

coordinare ▸ il proprio lavoro con l'operato di vari dipartimenti

coordinarsi ▸ con le filiali estere

coprire ▸ il letto con una coperta ▸ un bambino di regali

coprirsi ▸ con una coperta ▸ dagli attacchi nemici ▸ di vergogna

corredare ▸ un laboratorio di strumenti

corredarsi ▸ di acqua per il viaggio

correggere ▸ la benzina con un additivo

correggersi ▸ dai propri difetti

correlare ▸ la teoria con la prassi

correre ▸ a casa ▸ dal medico ▸ in bicicletta ▸ per strada

corrispondere ▸ i fatti non sempre corrispondono alle aspettative ▸ corrispondo con un compagno finlandese

cospargere ▸ il sentiero di fiori

cospargersi ▸ il capo di cenere

costringere ▸ gli avversari alla resa/ad rrendersi

credere ▸ alle streghe ▸ di realizzare una grande impresa ▸ nella medicina

crescere ▸ di cinque centimetri ▸ in altezza

cristallizzarsi ▸ nelle proprie idee ▸ su vecchie proposte

culminare ▸ la manifestazione culminò in una protesta

curare ▸ un dente a un paziente

curarsi ▸ non curarti delle male lingue

D

dannarsi ▸ l'esistenza con preoccupazioni continue ▸ per i propri peccati

dare ▸ da fare a una persona ▸ di testa ▸ offerte in elemosina ▸ il balcone dà sul mare

darsi ▸ all'arte ▸ da fare ▸ per vinto

datare ▸ gli storici datano il documento al 1492 ▸ a datare da oggi Lei è assunto

debordare ▸ l'acqua deborda dalla pentola

decadere ▸ da un diritto

decidere ▸ un avvenimento che può decidere della nostra vita

decidersi ▸ a traslocare

declinare ▸ il sole declina all'orizzonte ▸ non declinare dalla tua rettitudine

decorare ▸ la facciata con un fregio ▸ i combattenti della croce di guerra

decorrere ▸ i termini di iscrizione al concorso decorrono da domani

decrescere ▸ le acque stanno decrescendo di 20 cm al giorno

decretare ▸ il governo ha decretato di sopprimere gli esami

decurtare ▸ le spese della Camera del 10%

dedicare ▸ il tempo libero al volontariato

dedicarsi ▸ completamente alla lotta contro i tumori

dedurre ▸ le spese generali dall'incasso ▸ del 18% le spese mediche

defalcare ▸ gli anticipi dalla bolletta

deferire ▸ una causa alla Corte

defilarsi ▸ da ogni impegno

deflettere ▸ dalla propria intransigenza

defluire ▸ i tifosi defluiscono lentamente dallo stadio

defraudare ▸ i lavoratori di ogni diritto

degenerare ▸ dalle tradizioni dei padri ▸ la protesta ha degenerato in una violenta contestazione

degnare ▸ non mi ha degnata di uno sguardo

degnarsi ▸ non si è degnato neanche di rivolgermi la parola

delegare ▸ un ambasciatore a rappresentare il proprio paese

deliberare ▸ sui punti all'ordine del giorno

deliziarsi ▸ ad ascoltare musica classica ▸ della compagnia di un vecchio amico

demandare ▸ ad altri i propri impegni

demordere ▸ dalle proprie decisioni

denudare ▸ una chiesa degli arredi

denunciare ▸ uno scippo al commissariato ▸ di aver subito un furto

depauperare ▸ la regione delle sue ricchezze naturali

depennare ▸ un candidato dalla lista

deporre ▸ un re dal trono

depositare ▸ una lettera alla posta ▸ il ricorso dall'avvocato ▸ i bagagli in albergo

depositarsi ▸ sul fondo del fiume

depredare ▸ di ogni avere

deprivare ▸ un ostaggio dell'indispensabile

depurare ▸ l'aria dall'inquinamento

depurarsi ▸ da ogni sostanza tossica

deputare ▸ i consiglieri a rappresentare la società

derivare ▸ molte parole italiane derivano dal latino

derogare ▸ a una legge

derubare ▸ un turista del portafoglio

desiderare ▸ (di) partire

designare ▸ un manager alla direzione della società

desistere ▸ da un'impresa

destare ▸ dal sonno una persona ▸ questo fatto desta in noi qualche preoccupazione

destarsi ▸ dal sonno

destinare ▸ un impiegato ad un nuovo incarico

desumere ▸ una notizia dai giornali ▸ dalle mie informazioni desumo di aver ragione

determinare ▸ la pioggia lo determinò a restare a casa ▸ la giunta ha determinato di iniziare i lavori

determinarsi ▸ ad accettare una promessa

detrarre ▸ valore ad una impresa ▸ le spese dall'incasso

deviare ▸ a destra e a manca ▸ dalla strada principale ▸ per un una nuova strada

devolvere ▸ una causa al tribunale competente ▸ una somma in beneficienza

dialogare ▸ con gli avversari

dichiarare ▸ al giudice la propria innocenza ▸ di non aver mai visto l'accusato

difendere ▸ la città dagli attacchi del nemico

difettare ▸ a lui non difetta proprio l'intelligenza ▸ l'opera difetta nei particolari

differenziare ▸ le proprie idee da quelle altrui

differenziarsi ▸ le nostre idee si differenziano dalle tue

differire ▸ un pagamento al mese prossimo ▸ un pagamento di un mese ▸ le mie opinioni differiscono dalle tue

diffidare ▸ di tutti

dilettarsi ▸ a scrivere poesie ▸ di storia dell'arte

diluire ▸ la tempera con acqua ▸ la candeggina in acqua

dimenticarsi ▸ di tutto

dimettere ▸ un detenuto dal carcere

dimettersi ▸ dalla carica di direttore generale

diminuire ▸ di peso

dimostrare ▸ a tutti di essere il migliore

dipartirsi ▸ si dipartono due linee di autobus dal centro

dipendere ▸ la decisione dipende dal responsabile

diramare ▸ a tutti i comandi un avviso di ricerca

diramarsi ▸ le strade si diramano dal centro in tutte le direzioni per l'intera regione

dire ▸ di' ai tuoi amici di parlare più piano

disabituare ▸ i pazienti al/dal fumo

disabituarsi ▸ al/dal vino

disaffezionarsi ▸ dall'alcol

disamorare ▸ un giovane dal/del lavoro

disamorarsi ▸ dallo/dello studio

disancorare ▸ l'Euro dal Dollaro

disancorarsi ▸ dalle tradizioni

disapplicare ▸ un minorenne dallo studio

disapplicarsi ▸ dallo studio

disassuefare ▸ i giovani dall'abuso di alcol

disassuefarsi ▸ dall'abuso di alcol

disavvezzare ▸ i pazienti dal fumo

disavvezzarsi ▸ dal fumo

discendere ▸ a valle ▸ da una famiglia aristocratica

discernere ▸ il vero dal falso

discolpare ▸ la sentenza mi discolpa da/di ogni accusa

discolparsi ▸ mi discolpo di/da ogni sospetto

disconnettere ▸ un computer **da** Internet

disconnettersi ▸ **da** Internet

discordare ▸ le mie idee discordano **dalle** tue

discostarsi ▸ il tasso bancario italiano non si discosta **da** quello europeo

discutere ▸ **con** i colleghi **di/su** argomenti molto importanti

disertare ▸ **dall'**esercito

disfarsi ▸ **di** un oggetto ingombrante ▸ **in** pianti **dal/per** il dolore

disgiungere ▸ un'idea **dalla** sua realizzazione

disgiungersi ▸ **dai** propri figli

disimparare ▸ **a** leggere il greco

disimpegnare ▸ un carro **dal** fango

disimpegnarsi ▸ **da** un obbligo ▸ mi disimpegno bene **nelle** faccende domestiche

disinfestare ▸ un campo **dalle** erbacce

disinnamorarsi ▸ **del** proprio lavoro

disinnestare ▸ la spina **dalla** presa

disinserire ▸ il cavo telefonico **dal** modem

disinteressare ▸ i giovani **dalla** musica

disinteressarsi ▸ **delle** opinioni altrui

disintossicare ▸ i fumatori **dalla** nicotina

disintossicarsi ▸ **dall'**alcol

disobbligarsi ▸ **di/da** un impegno

dispensare ▸ sorrisi **a** tutti ▸ un giovane **dal** servizio militare

dispensarsi ▸ mi sono dipensato **da** una banale riunione

disperare ▸ **della** buona riuscita del progetto ▸ **di** riuscire nella propria impresa

disperarsi ▸ mi dispero **per** la sua salute

dispiacere ▸ **a** Giovanni dispiace il torto subito ▸ **a** me dispiace molto **di** non poter venire

dispiacersi ▸ **dell'/per** l'offesa ricevuta

disporre ▸ le posate **a** tavola ▸ **dell'**indispensabile per la partenza

disporsi ▸ **a** ferro di cavallo ▸ **in** cerchio

disputare ▸ la vittoria **alla** squadra ospite ▸ **con** i colleghi **di** politica

disquisire ▸ **di** politica ▸ **su** argomenti di attualità

disseminare ▸ un quaderno **di** scarabocchi

dissentire ▸ dissento **dai** miei colleghi **su** questa idea

dissertare ▸ **di** letteratura ▸ **su** varie questioni storiche

dissociare ▸ la teoria **dalla** pratica

dissociarsi ▸ mi dissocio **dagli** altri imputati

distaccare ▸ un contingente **al** gruppo operativo ▸ il francobollo **dalla** busta ▸ il gruppo dei ciclisti **di** cinque minuti

distaccarsi ▸ **dagli** amici

distanziare ▸ il quadro **di** un centimetro **dal** muro

distare ▸ la scuola dista **da** casa solo trecento metri

distinguere ▸ il bello **dal** brutto ▸ una sinfonia **in** vari movimenti

distinguersi ▸ un'opera che si distingue **dalle** altre **per** la sua originalità

distogliere ▸ il pensiero **dal** lavoro

distogliersi ▸ **dallo** studio

distrarre ▸ danaro **da** un bilancio

distribuire ▸ i premi **ai** vincitori

districare ▸ una corda **dal** groviglio

districarsi ▸ **da** una situazione difficile

disubbidire ▸ **ai** propri genitori

divagare ▸ **dall'**argomento proposto

divampare ▸ **di** passione

divergere ▸ la mia strada diverge **dalla** tua

diversificare ▸ la propria produzione **da** quella immessa nel mercato

diversificarsi ▸ i due disegni si diversificano **per** alcuni particolari

divertirsi ▸ **a** una festa

dividere ▸ i guadagni **con** i soci ▸ la torta **in** fette ▸ le Alpi dividono l'Italia **dalla** Francia

dividersi ▸ **dalla** famiglia

divincolarsi ▸ **da** un abbraccio

divorziare ▸ **dalla** moglie

documentare ▸ **di** aver assolto le formalità necessarie

dolere ▸ a me duole la testa e a lui lo stomaco ▸ ci duole di essere in ritardo

dolersi ▸ dei propri peccati

domandare ▸ la strada al vigile ▸ a un nipote dei suoi genitori

dominare ▸ su tutti per orgoglio

donare ▸ tutto se stesso agli altri

dotare ▸ la città di nuove scuole

dubitare ▸ dei fatti

durare ▸ da due anni ▸ per un anno

E

eccedere ▸ nei consumi di elettricità

eccellere ▸ su tutti in matematica

eccitare ▸ il popolo alla rivolta

educare ▸ i figli al rispetto degli altri

elevare ▸ un numero all'ennesima potenza ▸ il tetto di un metro

elevarsi ▸ la temperatura si è elevata di cinque gradi

eliminare ▸ le tossine dal sangue

emanare ▸ dal suo volto emanano calma e serenità

emancipare ▸ un popolo dal dominio straniero

emarginare ▸ non bisogna emarginare gli studenti diversamente abili dal resto della classe

emendare ▸ uno scritto da imperfezioni

emendarsi ▸ dai propri vizi

emergere ▸ dal mare ▸ su tutti i partecipanti

emigrare ▸ dal Brasile in Italia

entrare ▸ a scuola ▸ dalla porta ▸ in acqua

epurare ▸ un funzionario dai pubblici uffici

equiparare ▸ il trattamento economico a tutti i dipendenti

equivalere ▸ il sei in Italia equivale alla sufficienza

equivocare ▸ hai equivocato sulle mie affermazioni

erigere ▸ un particolare a legge ▸ una fondazione in ente morale

erigersi ▸ a censore

esagerare ▸ con le/nelle punizioni

esalare ▸ dal terreno esala un cattivo odore

escludere ▸ alcuni partecipanti da un corso ▸ non escludo di essere riammesso

escludersi ▸ da una conversazione

esentare ▸ dal pagamento delle tasse

esercitare ▸ il corpo al nuoto ▸ gli scolari nel disegno ▸ pressioni su un uomo politico

esercitarsi ▸ al tiro dell'arco ▸ nella caccia

esibire ▸ i documenti alla polizia

esigere ▸ di essere pagato immediatamente

esiliare ▸ i dissidenti politici da una nazione in un paesino sperduto

esiliarsi ▸ dal proprio paese in un'altra nazione per motivi politici

esimere ▸ una persona dalle proprie responsabilità

esimersi ▸ da ogni impegno

esitare ▸ ad accettare ▸ nel decidere

esonerare ▸ gli studenti da un esame

esonerarsi ▸ da obblighi

esortare ▸ i partecipanti alla pazienza

espellere ▸ un allievo dall'aula

esporre ▸ gli occhi al sole ▸ le proprie opinioni in assemblea

esporsi ▸ alle critiche

espropriare ▸ le case illegali agli abusivi ▸ i mafiosi di ogni avere

espropriarsi ▸ di ogni diritto

espungere ▸ una frase dal capitolo

essere ▸ a scuola ▸ con gli amici ▸ dal notaio ▸ di sua proprietà ▸ in piscina ▸ per strada ▸ sul tavolo ▸ tra i libri

estendere ▸ il diritto di voto ai sedicenni

estendersi ▸ il territorio italiano si estende dalla Vetta d'Italia all'Isola di Lampedusa per circa 300.000 km² ▸ ci siamo estesi molto sul problema

estraniare ▸ un ostaggio dall'ambiente familiare

estraniarsi ▸ dalla conversazione

estrapolare ▸ una teoria da un'osservazione scientifica

estrarre ▸ un numero al lotto ▸ un brano da un libro

estromettere ▸ un dirigente da una società

estromettersi ▸ da una setta

esulare ▸ dai propri compiti

evacuare ▸ da una scuola per motivi di sicurezza

evadere ▸ agli obblighi fiscali ▸ dalla realtà quotidiana

evitare ▸ di bere troppo

evocare ▸ i fantasmi dal passato

evolvere ▸ i costumi evolvono nel tempo

F

fallire ▸ in un tentativo

fare ▸ causa a un medico ▸ da sindaco

farsi ▸ di cocaina

faticare ▸ a capire una persona

favoleggiare ▸ di una città misteriosa

felicitarsi ▸ con i colleghi dei/per i loro successi

ferirsi ▸ alla testa

fermare ▸ l'autobus ferma in stazione

ficcare ▸ le mani in tasca

ficcarsi ▸ nei pasticci

fidanzarsi ▸ con una collega

fidare ▸ nella propria stella

fidarsi ▸ a cambiare strada ▸ di un amico

figurare ▸ di essere residente all'estero

figurarsi ▸ di cadere dalle nuvole

filare ▸ con il proprio compagno di banco

fingere ▸ di essere malato

finire ▸ di leggere ▸ la vicenda finì in tragedia ▸ ho finito con il/per ripetere gli stessi errori

fissare ▸ un quadro al muro ▸ una scena nella memoria ▸ gli occhi su una ragazza

fissarsi ▸ con la pittura ▸ di voler diventare un pittore

flirtare ▸ con un conoscente

fondare ▸ l'accusa su prove convincenti

fondarsi ▸ su vaghe promesse

fondere ▸ una classe ad un'altra ▸ il bianco con il rosso

fondersi ▸ la mia azienda si è fusa con una società di servizi

formicolare ▸ di gente

fornire ▸ la merce ai clienti ▸ gli sfollati di abiti

fornirsi ▸ di generi di prima necessità

forzare ▸ un anziano a firmare un testamento

forzarsi ▸ a seguire una dieta

fottere ▸ il portafoglio a un cliente

fottersi ▸ delle critiche

frammentare ▸ un vetro in mille pezzi

frammentarsi ▸ in mille pezzi

fraternizzare ▸ con il nemico

fregiare ▸ la bandiera con/di medaglie al merito

fregiarsi ▸ il petto di numerose decorazioni

friggere ▸ con olio d'oliva ▸ dal desiderio ▸ di impazienza ▸ in padella ▸ per il desiderio

frodare ▸ ai danni dello Stato ▸ la banca di una somma di danaro

fruire ▸ di una rendita

fuggire ▸ alla polizia ▸ dalle cattive amicizie ▸ di prigione ▸ in città ▸ sulle montagne

fungere ▸ in questa assemblea lui fungerà da presidente

fuoriuscire ▸ il mosto fuoriesce dal tino

G

garantire ▸ a un'associazione il proprio impegno ▸ di fare il proprio dovere ▸ per un creditore

garantirsi ▸ da qualsiasi infortunio

gettare ▸ una bottiglia dal treno ▸ la polvere negli occhi ▸ un libro per terra ▸ il proprio amante sul letto

gettarsi ▸ ai piedi di una persona ▸ dal treno ▸ nel fiume ▸ per terra ▸ sul letto

giocare ▸ a tennis ▸ con le parole ▸ di gambe ▸ la squadra gioca in casa giovare ▸ alla causa comune

giovarsi ▸ dell'esperienza altrui

girare ▸ a sinistra ▸ per la città ▸ sulla strada

giungere ▸ al traguardo ▸ in porto

giurare ▸ fedeltà allo Stato ▸ di vendicarsi
▸ sulla Bibbia

giustificarsi ▸ con il dirigente per il ritardo

glissare ▸ sull'argomento

gloriarsi ▸ dei propri successi

godere ▸ di buona salute ▸ a/nel bere del buon
vino ▸ per la promozione ricevuta

gratificare ▸ i collaboratori con/di un elogio
pubblico

gravare ▸ un bilancio con/di spese eccessive
▸ è una responsabilità che grava sulle mie spalle

gravarsi ▸ con/di tutte le responsabilità

gremirsi ▸ il cortile si gremì di studenti

gridare ▸ vendetta al mondo intero ▸ di non capire

grondare ▸ di sudore

guardare ▸ a destra ▸ di non fare tardi ▸ in faccia
una persona ▸ la porta guarda sul giardino

guardarsi ▸ allo specchio ▸ dalle lusinghe

guarire ▸ da una ferita

guarnire ▸ il brasato con/di carote

I

identificarsi ▸ con il/nel protagonista del film

ignorare ▸ di conoscere l'imputato

illudere ▸ gli elettori con false promesse ▸ un
concorrente di poter riuscire ▸ gli altri sulle
proprie intenzioni

illudersi ▸ di poter riuscire ▸ sulle intenzioni di
una persona

imbarcare ▸ un conoscente in una faccenda
pericolosa ▸ i passeggeri sull'aereo

imbarcarsi ▸ in un'avventura ▸ su una nave
per l'Africa

imbattersi ▸ in ostacoli insuperabili

imbevere ▸ la pioggia imbeve la terra di umidità

imbeversi ▸ la spugna s'imbeve di acqua

imboscarsi ▸ al Ministero ▸ in infermeria

imbottire ▸ un panino con il salame
▸ i cuscini di lana

imbottirsi ▸ di tranquillanti

imbrattare ▸ i muri con/di scritte

imbrattarsi ▸ le scarpe con/di fango

imbucarsi ▸ a una festa ▸ in una biblioteca

immaginare/immaginarsi ▸ di vincere alla
lotteria

immedesimarsi ▸ nel dolore altrui

immergere ▸ il black-out ha immerso la città
nel buio

immergersi ▸ nel lago

immettere ▸ aria nei polmoni

immettersi ▸ in una strada principale

immischiare ▸ il proprio coniuge in una
faccenda poco chiara

immischiarsi ▸ in una lite

immolare ▸ la vita alla patria ▸ la propria vita
per il bene dell'umanità

immolarsi ▸ alla patria ▸ per il bene dell'umanità

impadronirsi ▸ della lingua italiana

imparare ▸ a vivere ▸ dalla famiglia il rispetto
delle regole

impastare ▸ la farina con l'acqua

impastarsi ▸ la farina si impasta con l'acqua

impazzire ▸ dal/per il dolore ▸ di gioia

impedire ▸ la tempesta impedì alla nave di
entrare in porto

impegnare ▸ il contratto impegna alla consegna
immediata del lavoro

impegnarsi ▸ a terminare gli studi
▸ con i colleghi in una difficile impresa
▸ nel lavoro ▸ per essere un buon genitore

impegolarsi ▸ con persone inaffidabili
▸ in guai seri

impelagarsi ▸ in un brutto affare

imperniare ▸ il racconto è imperniato su questo
concetto

imperniarsi ▸ la tesi si impernia su pochi concetti

impersonarsi ▸ in lei si impersona la bontà

impiastrare ▸ la carta con/di colori

impiastrarsi ▸ il viso con/di creme

impiccare ▸ il condannato a una trave

impiccarsi ▸ a un lampadario

impicciarsi ▸ con persone poco raccomandabili ▸ degli/negli affari altrui

impigliarsi ▸ a un ramo ▸ negli ingranaggi di una macchina

impinguare ▸ le casse comunali con le multe ▸ il racconto di descrizioni superflue

impinguarsi ▸ con il lavoro degli altri ▸ di dolci

implicare ▸ un innocente in uno scandalo

imporre ▸ un argomento all'attenzione dei lettori ▸ ai presenti di tacere ▸ le mani sul capo

imporsi ▸ all'attenzione generale ▸ negli affari ▸ su tutto il mercato ▸ tra i colleghi

importare ▸ grano dagli Stati Uniti in Europa ▸ la salute importa a tutti ▸ non gli importa di nessuno

impossessarsi ▸ di una lingua straniera

impratichire ▸ (un anziano) nell'uso del computer

impratichirsi ▸ a scrivere sms ▸ con l'/dell'auto ▸ nell'uso del computer

impregnare ▸ il cotone con/di alcol

impregnarsi ▸ la terra si è impregnata di acqua

imprimere ▸ velocità alla moto ▸ un ricordo nella mente ▸ un bacio sulla fronte

imprimersi ▸ imprimiti in mente i miei consigli ▸ le impronte si imprimono sulla sabbia

improntare ▸ la relazione a una certa severità

improntarsi ▸ il volto si improntò a commozione

impuntarsi ▸ a dire di no ▸ in/su una idea

imputare ▸ la sciagura alla fatalità ▸ l'indiziato del delitto

inabilitare ▸ un insegnante al lavoro

incallirsi ▸ nel vizio del gioco

incantarsi ▸ a guardare il panorama

incappare ▸ in un infortunio

incapricciarsi ▸ a desiderare un gioiello ▸ di un vestito

incardinare ▸ un processo su prove certe

incardinarsi ▸ la sua teoria si incardina su dati scientifici

incaricare ▸ è stato incaricato della presidenza di una commissione

incaricarsi ▸ si è incaricato dell'insegnamento della matematica

incassare ▸ una pietra preziosa in un gioiello

incatenare ▸ un cane al palo

incatenarsi ▸ in segno di protesta al cancello della fabbrica

incespicare ▸ in uno scalino

inchinarsi ▸ ai desideri altrui

inchiodare ▸ una persona alle proprie responsabilità

inciampare ▸ in un ostacolo

incitare ▸ la folla alla rivolta

inclinare ▸ i giovani allo studio

includere ▸ una clausola nel contratto

incolpare ▸ un individuo di/per un reato

incolparsi ▸ mi sono incolpato di/per ogni responsabilità

incombere ▸ una grave minaccia incombe sulla regione

incominciare ▸ a pensare a un viaggio ▸ con un discorso ▸ da pagina 11

incontrarsi ▸ con un avversario

incoraggiare ▸ i figli a continuare a studiare

incorporare ▸ le uova allo zucchero ▸ l'acqua con la farina ▸ un comune in un'altra provincia

incorporarsi ▸ le uova si incorporano allo/ con lo zucchero ▸ questo comune si incorporerà in un'altra provincia

incorrere ▸ in diverse contraddizioni

incriminare ▸ un venditore ambulante per contrabbando

incrostare ▸ l'impianto con/di calcare

incrostarsi ▸ il ferro si incrosta con la/di ruggine

inculcare ▸ ai/nei figli il senso del dovere

indebitarsi ▸ con la banca

indicare ▸ a un turista la strada da seguire ▸ di girare a destra

indiziare ▸ un ex detenuto di/per tentata rapina

indugiare ▸ ad accettare ▸ nella risposta

indugiarsi ▸ a partire ▸ nelle risposte

indulgere ▸ alle richieste degli amici

indurre ▸ un giudice alla pietà ▸ gli altri
a trarre conclusioni ▸ i fedeli in tentazione

indursi ▸ a lasciare la città

industriarsi ▸ le api si industriano a/per
costruire l'alveare

inerire ▸ la facciata inerisce all'edificio

infarcire ▸ un panino con la mortadella
▸ un discorso di citazioni

infarinare ▸ un dolce con/di zucchero

infarinarsi ▸ mi sono infarinata le mani di cacao

infatuarsi ▸ del calcio

inferire[1] ▸ un colpo alla stabilità monetaria

inferire[2] ▸ le responsabilità dai fatti

infiammare ▸ di entusiasmo

infiammarsi ▸ di ira

infiggere ▸ un chiodo nel muro

infiggersi ▸ un dubbio si infisse nella sua testa

infilare ▸ l'anello al dito ▸ le mani in tasca

infilarsi ▸ nel letto

infiocchettare ▸ una notizia con/di dettagli
piccanti

infiorare ▸ il compito di/con errori

infiorettare ▸ il racconto con/di parole preziose
e ricercate

infischiarsi ▸ delle opinioni altrui

influire ▸ il clima influisce sul comportamento

infognarsi ▸ in un mare di debiti

informare ▸ la propria vita alla morale
▸ i giornalisti dell'accaduto ▸ la polizia
sullo svolgimento dei fatti

informarsi ▸ alle nuove disposizioni ▸ del corso
della malattia ▸ sull'orario dei treni

infuocarsi ▸ di passione

ingelosirsi ▸ del successo altrui

ingerirsi ▸ nei fatti altrui

ingiungere ▸ alla folla di allontanarsi

ingolfare ▸ la famiglia nei debiti

ingolfarsi ▸ nei debiti

ingombrare ▸ con i mobili l'intero
appartamento ▸ la mente di nozioni inutili

ingozzare ▸ le oche con/di granturco

ingozzarsi ▸ di pasticcini

ingrassare/ingrassarsi ▸ di tre chili

inibire ▸ l'accesso agli estranei ▸ la presenza
della madre lo inibisce dal bere alcolici

inibirsi ▸ dal bere alcolici

iniettare ▸ un'iniezione al malato ▸ il liquido
nel sangue

inimicarsi ▸ con i vicini

iniziare ▸ a studiare ▸ con lo studio della
matematica ▸ da pagina 5

innalzare ▸ un monumento ai caduti ▸ il muro
di un metro

innalzarsi ▸ il livello del fiume si è innalzato di
mezzo metro

innamorarsi ▸ di una donna sposata

inneggiare ▸ alla vittoria

innestare ▸ la spina nella presa di corrente
▸ le viti nostrane su quelle americane

innestarsi ▸ il secondo racconto si innesta nel
primo ▸ il nuovo si innesta sul vecchio

inoltrare ▸ una lettera al destinatario

inoltrarsi ▸ nella foresta

inondare ▸ l'Oriente ha inondato l'Italia
con i/dei suoi prodotti

inquinare ▸ l'aria con i gas di scarico

inquisire ▸ la polizia inquisisce sulla vita
dell'imputato

insegnare ▸ a un bambino a scrivere

inserire ▸ un episodio in un racconto
▸ una notizia sul giornale

inserirsi ▸ in una nuova società

insidiare ▸ alla vita di una persona

insignire ▸ un personaggio illustre di una
onorificenza

insinuare ▸ in una donna il dubbio sulla fedeltà
di suo marito

insinuarsi ▸ nelle grazie di un ricco
benefattore ▸ tra la folla

insistere ▸ ad aspettare ▸ con le accuse ▸ nelle/sulle proprie richieste ▸ per ottenere giustizia

insozzare ▸ il pavimento con il/di fango

insozzarsi ▸ le scarpe con il/di fango

installare ▸ la televisione nel soggiorno ▸ l'antenna sul tetto

installarsi ▸ in un appartamento

insudiciare ▸ il pavimento con il/di fango

insudiciarsi ▸ con il/di fango

intasare ▸ le tubazioni con il/di calcare

integrare ▸ la teoria con la pratica ▸ i diversamente abili nel mondo del lavoro

integrarsi ▸ nel sistema

intendersi ▸ con i colleghi ▸ di auto sportive

intercorrere ▸ tra me e i miei nonni non intercorrono più buoni rapporti

interdire ▸ l'accesso ai minorenni ▸ un poliziotto dai pubblici uffici ▸ di fumare

interessare ▸ allo studente interessa di essere promosso ▸ i lavoratori sono interessati alle sorti dell'azienda

interessarsi ▸ agli affari ▸ di pittura

interferire ▸ con le indagini in corso ▸ nelle decisioni altrui

internare ▸ i prigionieri nei campi di concentramento

internarsi ▸ nella foresta

interporre ▸ un filtro tra due tubi

interporsi ▸ la Luna si è interposta tra il Sole e la Terra

intervenire ▸ all'assemblea ▸ in una discussione

intestardirsi ▸ a restare ▸ di voler restare ▸ nelle/sulle proprie idee

intestare ▸ una ditta al titolare

intimare ▸ all'automobilista di fermarsi

intingere ▸ la penna nel calamaio

intitolare ▸ la piazza a Giuseppe Verdi

intonare ▸ la cornice al/con il quadro

intonarsi ▸ questo abito si intona alla/con la circostanza

intoppare ▸ in una difficoltà

intrattenere ▸ buoni rapporti con i vicini ▸ gli amici sulle ultime notizie

intrattenersi ▸ a discutere con i colleghi

intrecciare ▸ un nastro ai capelli ▸ i capelli con un nastro

intrecciarsi ▸ la vicenda si intreccia agli avvenimenti odierni ▸ l'esistenza degli uni si intreccia con quella degli altri

intridere ▸ il gesso con/di acqua

intrigarsi ▸ delle/nelle vicende altrui

introdurre ▸ gli alunni allo studio della storia ▸ la chiave nella serratura

introdursi ▸ il ladro si introdusse nell'appartamento

intromettersi ▸ in una discussione ▸ tra due contendenti

intrufolare ▸ la mano nella cesta per rubare la frutta

intrufolarsi ▸ nei servizi segreti nemici ▸ tra gli invitati

intuire ▸ di essere vittima di una truffa

invaghirsi ▸ di una ragazza

investire ▸ un politico di una carica ▸ i risparmi in buoni del tesoro

investirsi ▸ di pieni poteri

inviare ▸ una lettera a un amico

invidiare ▸ al vicino la riuscita professionale ▸ il vicino per la riuscita professionale

invischiare ▸ un estraneo in una discussione interminabile

invischiarsi ▸ in una discussione interminabile

invitare ▸ una ragazza a pranzo ▸ la propria fidanzata a pranzare fuori

invogliare ▸ uno scultore a lavorare il marmo

invogliarsi ▸ a partire in vacanza ▸ di un abito

inzuppare ▸ il pan di spagna con lo sciroppo ▸ i vestiti di sudore ▸ i biscotti nel latte

inzupparsi ▸ i vestiti si sono inzuppati con la pioggia ▸ il terreno si è inzuppato di acqua

irrorare ▸ le piante con anticrittogamici ▸ il prato di rugiada

iscrivere ▸ un figlio all'anagrafe ▸ gli eredi nel registro dei soci

iscriversi ▸ a una gara

isolare ▸ la città dal contagio

isolarsi ▸ dalla società civile

ispirarsi ▸ ai principi costituzionali

istigare ▸ alla ribellione ▸ a delinquere

istruire ▸ all'/nell'uso del computer

L

lagnarsi ▸ della/per la propria sorte

lamentare ▸ di non essere ascoltati

lamentarsi ▸ con i colleghi ▸ dei propri studenti ▸ per il trattamento ricevuto

lasciare ▸ l'eredità a un parente ▸ i figli da un'amica ▸ una valigia in deposito ▸ le chiavi sul tavolo

laurearsi ▸ in ingegneria

lavare ▸ la mamma lavò il viso al figlio

legare ▸ il cane alla catena ▸ con i vicini ▸ un diamante in un anello

legarsi ▸ a una amica ▸ i capelli con un nastro

leggere ▸ un brano letterario agli studenti ▸ nel pensiero di una persona ▸ tra le righe

levare ▸ levare gli occhi al cielo ▸ i vestiti dalla valigia

levarsi ▸ da tavola ▸ di torno ▸ in piedi

liberare ▸ un popolo dalla schiavitù

liberarsi ▸ dai rimorsi

limitarsi ▸ all'ascolto ▸ ad ascoltare ▸ nel cibo

litigare ▸ per l'eredità ▸ con il vicino

lottare ▸ con la morte ▸ per la libertà ▸ contro l'ingiustizia

lucrare ▸ molto denaro con le tangenti ▸ sulle indulgenze

M

macchiare ▸ il foglio con/di inchiostro

macchiarsi ▸ il vestito con/di inchiostro ▸ di orrendi delitti

macerare ▸ la canapa nell'acqua

macerarsi ▸ dal/per il rimorso ▸ nella penitenza

mancare ▸ a un impegno ▸ da diversi giorni ▸ di coraggio ▸ nel momento del bisogno

mandare ▸ un figlio a scuola ▸ un condannato in galera

manifestare ▸ le proprie perplessità al direttore ▸ contro la direzione ▸ davanti alla prefettura

marciare ▸ da due ore ▸ in colonna ▸ sulla strada

martellare ▸ una segretaria con una serie di richieste ▸ un imputato di domande ▸ un'idea fissa mi martellava nella testa

mascherare ▸ gli alunni da animali

mascherarsi ▸ da Pierrot

massacrare ▸ un tifoso di pugni

meditare ▸ di cambiare vita ▸ sui propri errori

meritare/meritarsi ▸ di ricevere una ricompensa

mescolare ▸ la crusca alla/con la farina

mescolarsi ▸ alla/tra la folla ▸ l'olio non si mescola con l'aceto

mettere ▸ le virgole al posto giusto ▸ le chiavi in tasca ▸ i libri sullo scaffale

mettersi ▸ a tavola ▸ in regola

millantare ▸ di fare facili guadagni

minacciare ▸ un ostaggio di morte ▸ un ladro di chiamare la polizia ▸ la cassiera con una pistola ▸ una punizione alla classe

miscelare ▸ la benzina all'olio ▸ l'acqua con il vino

mischiare ▸ l'acqua allo/con lo zucchero

mischiarsi ▸ alla/tra la folla ▸ non mischiatevi in faccende che non vi riguardano

misurarsi ▸ con compagni più forti ▸ in competizioni superiori alle proprie forze

modellare ▸ un articolo giornalistico su schemi classici

moderarsi ▸ con la velocità ▸ nelle spese

mollare ▸ una sberla a un bambino

montare ▸ di guardia ▸ in cattedra ▸ su una sedia

morire ▸ dalle risate ▸ di fame ▸ per il proprio paese ▸ sulla sedia elettrica

mostrare ▸ il biglietto al controllore ▸ di aver capito

motivare ▸ i giovani allo sport

munire ▸ il passaporto di visto

munirsi ▸ dell'occorrente per l'escursione

muovere ▸ l'animo a compassione

mutare ▸ di gusto ▸ in meglio

mutarsi ▸ d'abito ▸ la situazione si è mutata in peggio

narrare ▸ una favola ai nipotini ▸ il libro narra di un viaggio

nascere ▸ a Milano ▸ con la camicia ▸ il Pò nasce dal Monviso ▸ in Europa ▸ per comandare ▸ sotto una buona stella

nascondere ▸ la propria identità ai vicini ▸ di non conoscere la verità ▸ un tesoro sotto terra ▸ un oggetto tra le mani

nascondersi ▸ alla polizia ▸ dietro (a) un albero ▸ sotto il letto

necessitare ▸ di una revisione

negare ▸ il visto d'ingresso a uno straniero ▸ di averlo detto

negarsi ▸ al telefono

negoziare ▸ un immobile con il proprietario ▸ in cereali

nutrire ▸ una passione per la musica ▸ avversione verso il proprio fratello

nutrirsi ▸ gli uccelli si nutrono di insetti

obbedire ▸ l'aereo non obbedisce più ai comandi

obbligare ▸ un cattivo impiegato alle dimissioni

obbligarsi ▸ per una forte somma ▸ mi sono obbligato alla restituzione del prestito

obiettare ▸ di non poter realizzare il progetto proposto

occorrere[1] ▸ a Giovanni occorrono molte medicine per curare la popolazione

occultare ▸ la verità alla polizia ▸ le armi in cantina

occuparsi ▸ degli ospiti

odorare ▸ di muffa

offrire ▸ ospitalità a un amico

offrirsi ▸ ai nostri occhi si è offerto un panorama meraviglioso ▸ si offrì di/per accompagnarmi a casa

omaggiare ▸ una collega con/di un mazzo di rose

omettere ▸ di firmare un documento

omologare ▸ la TV ha omologato la lingua ai modelli della società di massa

onerare ▸ il direttore di impegni ▸ il fisco mi ha onerato con numerose tasse

onorare ▸ il pubblico con la propria presenza ▸ un vecchio allievo della propria stima

operare ▸ un malato al cuore ▸ il ricoverato di appendicite ▸ nel settore edilizio ▸ per il proprio paese ▸ sul terreno

operarsi ▸ al cuore ▸ di appendicite

opporsi ▸ al/contro il nemico

optare ▸ per un altro incarico

ordinare ▸ agli studenti di sedersi ▸ i soldati in fila per quattro

orientare ▸ una carta geografica a sud ▸ gli studenti nella scelta di una facoltà ▸ i maturandi verso gli studi scientifici

ornare ▸ la parete con/di una ghirlanda

ornarsi ▸ la testa con/di una corona

osannare ▸ al vincitore

oscillare ▸ il valore del dollaro oscilla tra gli ottanta e i sessanta centesimi

ostare ▸ nulla osta alla concessione della licenza edilizia

ostentare ▸ di essere indifferente

ostinarsi ▸ a negare l'evidenza ▸ in/su un'idea

ottemperare ▸ agli ordini del direttore

ottenere ▸ l'idrogeno dall'acqua ▸ di pagare a rate una multa

ovviare ▸ ad un inconveniente

P

pacificare ▸ gli amici con i vicini ▸ una lite tra vicini

pacificarsi ▸ con tutta la famiglia

palpitare ▸ di paura ▸ per la propria famiglia ▸ il sangue palpita nelle vene

paragonare ▸ un attore a un altro ▸ il presente con il passato

parare[1] ▸ la chiesa a festa
parare[2] ▸ il viso con le mani ▸ il corpo dal freddo

pararsi[1] ▸ a festa

pararsi[2] ▸ dalla pioggia

pareggiare ▸ la Juve ha pareggiato con la Fiorentina ▸ nessuno lo pareggia in astuzia

parere ▸ pareva a tutti una persona onesta ▸ non mi pare vero di aver terminato gli studi

parificare ▸ la scuola privata a/con quella pubblica

parlare ▸ al pubblico ▸ con il direttore ▸ di politica ▸ in francese

partecipare ▸ ad un'assemblea ▸ della condizione umana

parteggiare ▸ per la squadra del cuore

partire[1] ▸ con l'auto ▸ da casa ▸ in aereo ▸ per un lungo viaggio

passare ▸ dalla vita alla morte ▸ in Francia ▸ la strada passa per il paese

pasteggiare ▸ a polenta ▸ con un buon Chianti

patire ▸ di mal di testa ▸ per un'ingiustizia

pattuire ▸ con i propri creditori di pagare entro la fine del mese

peccare ▸ di inesperienza ▸ in severità

pendere ▸ dalle labbra di un amante ▸ una taglia pende sulla sua testa

penetrare ▸ i ladri penetrarono nella gioielleria

pensare ▸ alla figlia lontana ▸ di uscire sabato sera

pentirsi ▸ delle proprie colpe

percepire ▸ di dover intervenire

perdere ▸ (di) prestigio

perdonare ▸ un torto ai propri nemici ▸ una persona per gli errori commessi

perdurare ▸ nelle proprie opinioni

permeare ▸ le proprie idee di materialismo

permettere ▸ non permette al figlio di uscire

permettersi ▸ di andare in vacanza

permutare ▸ un terreno con un appartamento ▸ la pena dell'ergastolo in venti anni di detenzione

perseverare ▸ a fare il male ▸ con gli studi ▸ in un'impresa

persistere ▸ a sostenere i propri errori ▸ nelle proprie idee

persuadere ▸ il figlio a restare a casa ▸ il giudice della verità

pesare ▸ il tuo giudizio pesa sulla mia decisione

pescare ▸ una carta dal mazzo ▸ una notizia in un vecchio giornale

piacere ▸ la musica piace a tutti

piangere ▸ di rabbia ▸ sulle proprie sventure

piantare ▸ un campo a fragole ▸ un palo nel terreno

piccarsi ▸ di essere di nobili origini ▸ per un nonnulla

piegare ▸ un subordinato al proprio volere ▸ una coperta in due

piegarsi ▸ alla violenza

placcare ▸ una cornice di/in oro

poggiare ▸ l'accusa poggia su prove sicure

porgere ▸ aiuto ai bisognosi

porre ▸ una pianta a dimora ▸ una sentinella di guardia ▸ i fiori nei vasi ▸ i vestiti sul letto

portare ▸ il pranzo alla nonna ▸ il malato dal medico ▸ una squadra in trionfo

portarsi ▸ i compiti a scuola ▸ in prima fila ▸ sulla scena del disastro

posare ▸ lo zaino a terra ▸ il bambino nella culla ▸ la penna sul tavolo

posporre ▸ l'indice alle note di un testo ▸ un viaggio di un mese

posticipare ▸ l'incontro **al** giorno successivo ▸ l'assemblea **di** una settimana

postulare ▸ **di** essere ammesso all'ordine francescano

praticare ▸ **con** persone simpatiche ▸ **in** un locale malfamato

preavvertire ▸ i colleghi **del** proprio ritardo

preavvisare ▸ la famiglia **della** decisione presa

precipitare ▸ **nel** vuoto ▸ l'alpinista è precipitato **da** una parete

precipitarsi ▸ **alla** stazione ▸ **da** una rupe ▸ **sulla** preda

precisare ▸ **di** non aver commesso il fatto

precludere ▸ l'ingresso **ai** minori

predicare ▸ **al** vento ▸ **nel** deserto

predire ▸ **a** un uomo molte sventure

predisporre ▸ il necessario **per la** partenza ▸ il fumo può predisporre **al** cancro ai polmoni

predisporsi ▸ **ai** continui cambiamenti

predominare ▸ **in** autunno predominano le piogge ▸ è abituato a predominare **su** tutti

preesistere ▸ grandi civiltà preesistevano **allo** sbarco di Colombo

preferire ▸ il teatro **al** cinema

prefiggersi ▸ **di** rispettare le scadenze ▸ il pronome si prefigge **al** verbo

prefissarsi ▸ **di** conseguire l'obiettivo stabilito

pregare ▸ **di** avere compassione ▸ **per** i propri cari

pregiarsi ▸ mi pregio **di** informarla della sua assunzione nella nostra ditta

prelevare ▸ 2.000 euro **dalla** banca

preludere ▸ il vento polare prelude **all'**arrivo della neve

premere ▸ **per la** soluzione della controversia ▸ **sul** pedale del gas

premettere ▸ un'introduzione **al** volume

premiare ▸ il vincitore **con** una medaglia

premurarsi ▸ si premura sempre **di** avvisarmi del suo arrivo

prendere ▸ un'occasione **al** volo ▸ le patate **dal** sacco ▸ due piccioni **con** una fava ▸ **in** odio una persona ▸ un infermiere **per** un medico

prenotare ▸ un tavolo **al** ristorante **per i** colleghi

prenotarsi ▸ **al** cinema ▸ **per lo** spettacolo

preoccuparsi ▸ **al** pensiero dell'esame ▸ **delle** conseguenze ▸ **per i** genitori lontani

preparare ▸ gli studenti **all'**esame ▸ gli atleti **per** una gara

prepararsi ▸ **a** una bella sorpresa ▸ **ad/per** andare a cena

preporre ▸ il cognome **al** nome

prescindere ▸ **a** prescindere **da** casi personali

presentare ▸ i documenti **alla** polizia

presentarsi ▸ **alle** elezioni ▸ **in** ufficio

presentire ▸ **di** essere in pericolo

presenziare ▸ **a** una cerimonia

preservare ▸ l'ambiente **dall'**inquinamento

presiedere ▸ **ai** lavori di un congresso

prestare ▸ soccorso **a** un ferito

prestarsi ▸ **a** ogni genere di lavoro ▸ questo tessuto si presta **per** questo tipo di abito

presumere ▸ troppo **della** propria intelligenza ▸ **di** sapere tutto

pretendere ▸ **(al)l'**eredità ▸ **di** avere sempre ragione

prevalere ▸ **sul** nemico

prevalersi ▸ mi prevalgo **di** questa occasione per ringraziare il sindaco

prevaricare ▸ **sui** propri dipendenti

primeggiare ▸ **nelle** arti ▸ **su** tutti

privare ▸ un cittadino **di** un diritto

privarsi ▸ **del** necessario

procedere ▸ **all'**arresto dell'imputato ▸ **nelle** indagini ▸ ciò procede **dalla** loro ignoranza

proclamare ▸ **a** tutti la propria vittoria ▸ **di** essere vincitore

procurare ▸ un alloggio **a** un amico ▸ procura **di** svegliarti presto

prodigare ▸ consigli **agli** amici

profittare ▸ **dell'**amicizia di un politico

profondersi ▸ **in** lodi

proibire ▸ **al** figlio **di** andare a ballare

prolungare ▸ la vacanza **di** cinque giorni

prolungarsi ▸ l'attesa si prolungò per due ore

promettere ▸ aiuto a un compagno ▸ di arrivare in orario

promettersi ▸ il santo si promise a Dio

promuovere ▸ un dipendente alla direzione dell'azienda ▸ uno studente alla classe terza

pronosticare ▸ al generale una vittoria

propendere ▸ a viaggiare in treno ▸ per la pace

propinare ▸ il veleno ad un nemico

proporre ▸ un dipendente alla carica di direttore ▸ di accettare una proposta

proporsi ▸ alla/per la carica di presidente ▸ di smettere di fumare

proporzionare ▸ le tasse al reddito

prorogare ▸ l'iscrizione ai corsi ▸ la scadenza di un mese

prorompere ▸ in lacrime

prosciogliere ▸ da un giuramento

proseguire ▸ a cercare ▸ con le indagini ▸ nella ricerca ▸ per ore

proteggere ▸ dal freddo

proteggersi ▸ dall'umidità

protestare ▸ di essere innocente

provare[2] ▸ agli altri le proprie teorie ▸ di aver capito

provenire ▸ questi rumori provengono dalla cantina

provvedere ▸ alla manutenzione delle strade ▸ la nave di viveri

provvedersi ▸ dell'attrezzatura necessaria

pulire ▸ il campo dalle erbacce

pulirsi ▸ il viso con il sapone ▸ dalla polvere

pullulare ▸ la città pullula di iniziative

puntare[1] ▸ alla/verso la cima ▸ la ditta punta sulle vendite

puntare[2] ▸ un coltello al collo della vittima

purgare ▸ i responsabili dalle/delle proprie colpe

purgarsi ▸ dalle/delle accuse

purificare ▸ l'aria dall'inquinamento ▸ la coscienza dei propri peccati

purificarsi ▸ dalle/delle passioni

puzzare ▸ di aglio ▸ la faccenda puzzava a tutti di imbroglio

Q

quadrare ▸ le uscite non quadrano con le entrate

questionare ▸ con i genitori

R

raccogliersi ▸ in meditazione

raccomandare ▸ agli studenti una seria preparazione/di prepararsi seriamente

raccomandarsi ▸ mi raccomando al vostro buon senso

raccontare ▸ un film a un amico ▸ il film racconta di un lungo viaggio

radicare ▸ la malattia è profondamente radicata in lui

radicarsi ▸ vari pregiudizi si sono radicati nella nostra società

raffrontare ▸ i lineamenti del figlio a/con quelli del padre

ragguagliare ▸ una situazione ad un'altra ▸ il presidente con i risultati delle trattative ▸ i telespettatori sull'esito delle votazioni

ragionare ▸ di sport ▸ sui fatti di cronaca nera

rallegrarsi ▸ con gli sposi ▸ dell'/per l'esito dell'esame

rammaricarsi ▸ della maleducazione di un figlio ▸ per il comportamento di un genitore

rammentare ▸ agli amici di andare a teatro

rammentarsi ▸ dell'accaduto

rapinare ▸ tutto il contante alla banca ▸ un passeggero del portafoglio

rappacificarsi ▸ con la propria famiglia

rapportare ▸ i salari non sono rapportati all'aumento del costo della vita

rapportarsi ▸ i dati si rapportano a situazioni diverse ▸ mi rapporto bene con i miei colleghi

raschiare ▶ il grasso **dalla** pentola

rassegnarsi ▶ **alla** sventura

rassomigliare ▶ al padre

reagire ▶ alle difficoltà

realizzare ▶ di essere in ritardo

recapitare ▶ una lettera al destinatario

recarsi ▶ a teatro ▶ dal notaio ▶ in città ▶ sulla collina

recedere ▶ da un contratto

redimere ▶ l'umanità dall'ignoranza

redimersi ▶ dal male

regalare ▶ un fiore ad un'amica

reggere ▶ all'emozione

reggersi ▶ a un sostegno ▶ in piedi ▶ non reggersi **sulle** gambe

regolarsi ▶ **nello** spendere ▶ non so come regolarmi **con** questo impiegato

reintegrare ▶ le proprie energie **con** l'attività fisica ▶ un giudice **nelle** sue funzioni

reintegrarsi ▶ **nella** società

relazionarsi ▶ con un'amica

rendere ▶ agli amici i favori ricevuti

replicare ▶ a una lettera ▶ di badare ai fatti propri

reputare ▶ di dover intervenire

resistere ▶ al dolore

restare ▶ a scuola ▶ con gli amici ▶ dai propri genitori ▶ in città ▶ sulla collina

retribuire ▶ un collaboratore **con** un bonifico bancario o **in** contanti **per** il lavoro effettuato

retrocedere ▶ un soldato a un grado inferiore ▶ da una decisione ▶ una squadra in serie B ▶ la squadra è stata retrocessa di una posizione in classifica

revocare ▶ un dirigente **dalla** sua carica

riabilitare ▶ un concittadino agli occhi di tutti

riabituare ▶ gli scolari allo studio dopo le vacanze

riabituarsi ▶ al lavoro

riadattare ▶ un abito alla moda attuale

riappropriarsi ▶ **della** propria libertà

riaversi ▶ da uno svenimento

riavvicinare ▶ il bicchiere alla bottiglia

riavvicinarsi ▶ ai vecchi amici

ribattere ▶ alla stessa affermazione

ribellarsi ▶ ai soprusi

ricadere ▶ in acqua ▶ tutte le responsabilità ricadono sulle mie spalle

ricalcitrare ▶ (di fronte) alla disciplina militare

ricavare ▶ il petrolio dal sottosuolo

ricevere ▶ una lettera da un amico ▶ un libro in consegna

richiamarsi ▶ al regolamento

richiedere ▶ un parere a uno specialista ▶ di partire insieme

ricollegare ▶ un attentato a/con quello precedente

ricollegarsi ▶ **con** l'inviato a Madrid ▶ a quanto già detto

ricolmare ▶ l'amico di doni

ricominciare ▶ a nevicare ▶ con la pagina 8 ▶ dal secondo capitolo

ricompensare ▶ **con** un regalo ▶ un amico del/per il favore ricevuto

riconciliare ▶ i genitori con i figli

riconciliarsi ▶ con la propria coscienza

ricondurre ▶ la classe all'ordine

ricongiungere ▶ i fratelli alla famiglia ▶ il fratello con la sorella

ricongiungersi ▶ ai genitori ▶ con gli amici

riconnettere ▶ la strada comunale alla/con la provinciale

riconnettersi ▶ la strada si riconnette alla/con la via principale

riconoscere ▶ un tessuto al tatto ▶ un'auto dalla targa ▶ di avere torto

riconoscersi ▶ in una foto

riconvertire ▶ un amico alla solidarietà ▶ l'industria bellica in industria di pace

riconvertirsi ▶ al cristianesimo

ricoprire ▶ le poltrone con/di velluto

ricoprirsi ▸ con/di un velo

ricordare ▸ agli amici i giorni passati ▸ di passare dall'ufficio

ricordarsi ▸ di quella vacanza al mare

ricorrere ▸ alla violenza ▸ in cassazione

ricredersi ▸ su di un amico

ridere ▸ di gusto ▸ per la situazione ridicola

ridondare ▸ il testo ridonda di figure retoriche

ridurre ▸ gli scettici alla ragione ▸ il testo di un terzo ▸ un romanzo per il cinema

riempire ▸ una bottiglia di vino

riempirsi ▸ la stanza si è riempita di fumo

rientrare ▸ da Napoli ▸ in gara ▸ tra i vincitori

rifarsi ▸ alle favole di Fedro ▸ con gli avversari ▸ delle perdite al gioco ▸ sui propri clienti

riferire ▸ alla commissione ▸ sul lavoro fatto

riferirsi ▸ il romanzo si riferisce a un fatto realmente accaduto

rifilare ▸ un quadro falso a un collezionista

rifiutare ▸ un prestito al richiedente ▸ di parlare

rifiutarsi ▸ di obbedire

riflettere[1] ▸ sulla propria esistenza

riflettersi ▸ la sua immagine si rifletteva nello specchio ▸ la luce si riflette sul parabrezza

rifornire ▸ gli abitanti di acqua

rifornirsi ▸ di carburante

rifuggire ▸ dalla menzogna

riguardarsi ▸ dalle correnti d'aria

rigurgitare ▸ l'acqua rigurgita dai tombini ▸ il cinema rigurgita di spettatori ▸ il canale rigurgita per la pioggia

riluttare ▸ a partire

rimandare ▸ il pacco al mittente ▸ l'appuntamento di una settimana ▸ il figlio in collegio

rimborsare ▸ il prestito ai creditori ▸ i creditori del prestito

rimediare ▸ ai propri errori

rimettere ▸ una fattura alla banca ▸ il vestito nell'armadio ▸ i libri sugli scaffali

rimettersi ▸ alla clemenza della Corte ▸ dallo spavento ▸ in viaggio

rimontare ▸ a cavallo ▸ il fiume in barca ▸ sulla bicicletta

rimpiangere ▸ di non aver potuto studiare

rimpiazzare ▸ un docente con un supplente

rimpinzare ▸ i nipoti con/di dolciumi

rimpinzarsi ▸ con/di leccornie

rimproverare ▸ a uno studente la sua maleducazione ▸ uno studente di essere svogliato ▸ uno studente per la sua negligenza

rimuovere ▸ un funzionario dal suo incarico

rincrescere ▸ la tua partenza rincresce a tutti ▸ mi rincresce di non poterti aiutare

rinfacciare ▸ a un amico di non aver ricambiato un favore

ringraziare ▸ dell'/per l'aiuto ricevuto

rintoppare/rintopparsi ▸ nell'ennesimo impostore

rinunciare ▸ a un invito

rinviare ▸ una lettera al mittente ▸ l'appuntamento di due giorni

riparare[1] ▸ al danno fatto

riparare[2] ▸ gli occhi dal sole

ripararsi ▸ dal freddo

ripercuotersi ▸ il costo delle materie prime si ripercuote sull'economia nazionale

ripetere ▸ la domanda al figlio ▸ di scrivere in maniera leggibile

ripiegare ▸ su un programma più modesto

riprendere ▸ a sperare

ripromettersi ▸ di diventare migliore

ripugnare ▸ alla coscienza

risalire ▸ ai ricordi d'infanzia ▸ in superficie

riscattare ▸ un popolo dalla schiavitù

riscattarsi ▸ dal disonore

rischiare ▸ di cadere

riscuotere ▸ l'amico dall'indifferenza

riscuotersi ▸ dal torpore

risentire ▸ dello sforzo eccessivo

risentirsi ▸ con i vicini delle/per le offese ricevute

riservare ▸ un posto **agli/per gli** abbonati

risiedere ▸ a Firenze ▸ in Francia

risolversi ▸ ad andare dal medico ▸ la discussione si è risolta **in** tragedia

risparmiare ▸ un dispiacere a un amico

risparmiarsi ▸ di fare una telefonata

risplendere ▸ di gloria ▸ per ingegno

rispondere ▸ alle provocazioni ▸ con un rifiuto ▸ delle proprie azioni

risultare ▸ la sua innocenza non risulta ai giudici ▸ la sua colpevolezza risulta da tutte le testimonianze ▸ non mi risulta di aver commesso il fatto

ritagliare ▸ un articolo dal giornale

ritardare ▸ l'arrivo di quindici minuti

ritirare ▸ una lettera alla posta ▸ un vestito dalla tintoria

ritirarsi ▸ dagli affari ▸ in campagna

ritornare ▸ a scuola ▸ dalle vacanze ▸ in città ▸ su un argomento

ritrarre ▸ lo sguardo dalla scena

ritrarsi ▸ da un'impresa

riuscire ▸ all'esame ▸ nella gara

rivalersi ▸ delle spese ▸ sui responsabili dei danni

rivelare ▸ i nomi dei complici alla polizia ▸ di essere una spia

rivestire ▸ una poltrona con/di/in velluto

rivivere ▸ l'emozione rivive nel ricordo

rivolgere ▸ una critica a un collega

rivolgersi ▸ al pubblico

rompere ▸ i timpani a una persona ▸ con la famiglia ▸ un ramo dal tronco

rompersi ▸ di stare ad aspettare

rovinare ▸ la casa è rovinata per il terremoto ▸ la slavina è rovinata sul rifugio alpino

sacrificare ▸ Greci e Romani sacrificavano animali agli dei

sacrificarsi ▸ per la patria

salire ▸ a piedi ▸ con l'ascensore ▸ in treno ▸ per le scale ▸ sull'autobus ▸ è salito dal primo all'ultimo piano ▸ il pane è salito di prezzo

saltare ▸ al collo di un amico ▸ di gioia ▸ dal balcone ▸ in/per aria ▸ sul treno

salvare ▸ una vittima da morte certa

salvarsi ▸ dalle maldicenze

sapere ▸ questa pietanza non sa di niente

saturarsi ▸ la mente di dati inutili

saziarsi ▸ di dolci

sbarazzare ▸ la scrivania dai libri

sbarazzarsi ▸ degli avversari

sbarcare ▸ dalla nave

sbizzarrirsi ▸ a/nel comporre canzoni

scacciare ▸ un ladro dal negozio ▸ un figlio di casa

scadere ▸ nella stima di tutti

scagionare ▸ un imputato da un'accusa

scagionarsi ▸ da un'accusa

scambiare ▸ il grano con il petrolio ▸ scambiare di posto ▸ il sale per lo zucchero

scampare ▸ al/dal naufragio

scansare ▸ il divano dal tavolo

scappare ▸ all'estero ▸ di prigione ▸ dal collegio ▸ mi scappa da ridere

scaricare ▸ la merce a terra da un camion ▸ l'auto di tutti i bagagli

scaricarsi ▸ di ogni responsabilità ▸ a terra

scarseggiare ▸ a benzina ▸ di viveri

scaturire ▸ l'acqua scaturisce dalla sorgente

scendere ▸ a terra ▸ con l'auto ▸ dal letto ▸ di un piano

schermirsi ▸ da domande importune

scherzare ▸ con il fuoco

scindere ▸ la responsabilità civile da quella penale ▸ il partito in varie correnti

scindersi ▸ il movimento più estremista si è scisso dal partito ▸ il composto si è scisso in due elementi

sciogliere ▸ le vele al vento ▸ un suddito da una promessa ▸ il sale nell'acqua

sciogliersi ▸ la neve si scioglie al sole ▸ dalle catene ▸ in un pianto dirotto

scippare ▸ la vittoria alla squadra avversaria ▸ un passante del portafoglio

scomporre ▸ un numero in fattori

sconnettere ▸ la spina dalla presa

sconnettersi ▸ dalla rete Internet

scontrarsi ▸ con un camion

scoppiare ▸ a ridere ▸ dalla rabbia ▸ la sala scoppia di gente ▸ in una risata ▸ l'autostrada scoppia per il traffico

scoraggiare ▸ la mia famiglia mi scoraggia dall'effettuare investimenti finanziari

scordare ▸ non ti scordare di telefonarle

scordarsi [1] ▸ di un appuntamento

scostare ▸ la sedia dalla finestra

scostarsi ▸ dal muro

scrivere ▸ a un amico ▸ in prosa ▸ su Dante

scuotere ▸ la polvere dal tappeto

scuotersi ▸ dal sonno

sdegnare ▸ non sdegnare di lavorare duramente

sdegnarsi ▸ con i responsabili dell'atto criminale

seccarsi ▸ ad/di aspettare

segnalare ▸ il caso all'autorità ▸ di essere in ritardo

seguire ▸ alla conferenza è seguito un dibattito

sembrare ▸ a me sembra di averti già incontrato

sensibilizzare ▸ il pubblico alla prevenzione delle malattie

sensibilizzarsi ▸ al problema dell'emarginazione

sentire ▸ ho sentito della disgrazia due giorni fa

separare ▸ le Alpi separano la Francia dall'Italia

separarsi ▸ dalla famiglia

servire ▸ il caffè agli invitati ▸ il filo serve per cucire

servirsi ▸ delle posate per mangiare ▸ in un supermercato

sezionare ▸ un testo in paragrafi

sfamare ▸ la popolazione con aiuti umanitari

sfamarsi ▸ con un panino

sfidare ▸ a carte

sfidarsi ▸ a duello

sfilare ▸ il portafoglio dalla tasca a un malcapitato

sfilarsi ▸ l'anello dal dito

sfogare ▸ l'ira con i vicini ▸ l'acqua sfoga dal tubo ▸ il malcontento sfogò in una rivolta

sfogarsi ▸ a correre ▸ con un collega ▸ sui parenti

sfollare ▸ dalla città ▸ in campagna

sforare ▸ il programma ha sforato di un quarto d'ora

sforzarsi ▸ a stare tranquillo ▸ di capire ▸ per vincere la paura

sfrattare ▸ l'inquilino dall'appartamento

sfrondare ▸ la notizia dalle opinioni personali

sfuggire ▸ alla morte ▸ di mente

sganciare ▸ il rimorchio dal camion

sganciarsi ▸ il rimorchio si è sganciato dal camion

sgarrare ▸ questo cronometro non sgarra di un secondo

sgombrare ▸ la mente dai pregiudizi

sgorgare ▸ il sangue sgorga dalla ferita

sgravare ▸ un genitore dai rimorsi ▸ un cittadino di una colpa

sgravarsi ▸ da/di ogni responsabilità

sguarnire ▸ l'abito di ogni ornamento

simpatizzare ▸ con il nemico ▸ per la Fiorentina

sincerarsi ▸ delle intenzioni di uno sconosciuto

sindacare ▸ sulla vita privata di un conoscente

sintonizzare ▸ il movimento delle braccia con quello delle gambe ▸ la radio su una trasmissione

sintonizzarsi ▸ con gli altri componenti della squadra ▸ su un canale televisivo

sistemare ▸ le bottiglie in cantina ▸ i libri sugli scaffali

sloggiare ▸ il nemico da una posizione strategica

smentire ▸ di aver diffuso una notizia

smettere ▸ con il fumo ▸ di nevicare

sobbarcare ▸ non posso sobbarcare la ditta a questo impegno

sobbarcarsi ▸ a un impegno

socializzare ▸ con i colleghi

soddisfare ▸ ai propri impegni

soffermarsi ▸ a guardare una vetrina

soffrire ▸ di malinconia

soggiacere ▸ all'autorità dello Stato

sognare ▸ di rivederlo

sognarsi ▸ di volare

sollecitare ▸ alla lettura ▸ a leggere

sollevare ▸ da un impegno

somigliare ▸ alla propria madre

sommare ▸ una cifra a/con un'altra

sopperire ▸ alle necessità della famiglia

sopraelevare ▸ l'edificio di un piano

sopravvivere ▸ alla tempesta

soprintendere ▸ all'ufficio del personale

sorpassare ▸ in curva

sorprendere ▸ il marito con l'amante ▸ un ladro in flagrante ▸ l'omicida sul luogo del delitto

sorprendersi ▸ si sorprese a pensare a lei ▸ non mi sorprendo più di niente

sorvolare ▸ sui dettagli

sospendere ▸ dalle lezioni ▸ per una settimana

sospettare ▸ di tutti e di tutto

sostenere ▸ sostiene di non conoscerlo

sostituire ▸ un supplente all'insegnante ▸ un insegnante con un supplente

sostituirsi ▸ la repubblica si è sostituita alla monarchia

sottomettere ▸ la passione alla ragione

sottomettersi ▸ alle decisioni dell'assemblea

sottoporre ▸ un paziente ad un intervento

sottoporsi ▸ ad un interrogatorio

sottoscrivere ▸ a un'iniziativa

sottostare ▸ a un controllo

sottrarre ▸ un indiziato alla curiosità della folla ▸ venti da cento

sottrarsi ▸ a un pericolo

sovrapporre ▸ il commento ai fatti

sovrapporsi ▸ il rumore si sovrappone alle voci

sovrastare ▸ la montagna sovrasta (al)la/sulla valle

spacciare ▸ banconote false ai commercianti ▸ vino comune per champagne

spacciarsi ▸ per medico

spalmare ▸ la tela di colori ▸ i colori sulla tela

spalmarsi ▸ di/con olio solare ▸ olio solare sul corpo

sparare ▸ a vista ▸ sulla folla

spargere ▸ una strada di fiori ▸ semi nel campo ▸ per casa i vestiti ▸ sale sulla strada

spartire ▸ il bottino con i complici

spartirsi ▸ l'eredità con i fratelli

spasimare ▸ di partire ▸ per il dolore

spaventarsi ▸ a sentire il prezzo ▸ per il prezzo

specializzare ▸ la coltivazione in cereali

specializzarsi ▸ in elettronica

speculare ▸ sui titoli in borsa

spedire ▸ una lettera al domicilio del destinatario

spendere ▸ in divertimenti ▸ per l'acquisto della casa

sperare [1] ▸ di essere stato utile ▸ nella promozione

sperticarsi ▸ a lodare una persona ▸ in lodi

spettare ▸ spetta ai medici formulare una diagnosi

spiacere ▸ la tua partenza è spiaciuta a tutti ▸ gli è spiaciuto di non averti visto

spiccare ▸ le pere dall'albero

spiegare ▸ la lezione ad uno studente

spingere ▸ al suicidio ▸ sull'acceleratore ▸ un tavolo contro il muro

spingersi ▸ in alto mare

splendere ▸ di luce propria ▸ la felicità splende nei suoi occhi

spogliare ▸ i cittadini della libertà

sporcare ▸ il pavimento col/di fango

sporcarsi ▸ con la/di vernice

sporgere ▸ nel vuoto ▸ un cornicione sporge dal muro ▸ un balcone sporge sul giardino

sporgersi ▸ è pericoloso sporgersi dal finestrino ▸ nel vuoto

sposare ▸ l'utile al/col dilettevole

sposarsi ▸ il vino bianco si sposa al/con il pesce

spostare ▸ la sede da Milano a Torino ▸ la riunione di una settimana ▸ un funzionario in un nuovo ufficio

spostarsi ▸ a Roma ▸ da Firenze ▸ in un'altra città ▸ non spostarsi di un passo

sprizzare ▸ l'acqua sprizza dalla fontana

sprofondare ▸ nel sonno

sprofondarsi ▸ nella lettura ▸ per l'imbarazzo

spuntare ▸ un coniglio spuntò da un cespuglio

sradicare ▸ un albero dal terreno

sradicarsi ▸ dall'ambiente familiare

stabilire ▸ di partire

stabilirsi ▸ a Milano ▸ dai parenti ▸ in città

staccare ▸ il francobollo dalla busta

staccarsi ▸ dalle braccia della madre

stanare ▸ un cinghiale dal suo nascondiglio

stancarsi ▸ a studiare ▸ della compagnia di una persona noiosa

stare ▸ all'aria aperta ▸ con gli amici ▸ in fila ▸ sulle spine

stendere ▸ la tovaglia sulla tavola

stimolare ▸ uno studente all'impegno ▸ con le lusinghe

strappare ▸ gli applausi al pubblico ▸ le erbacce dal prato

stravedere ▸ per il figlio

stringere ▸ il figlio al seno ▸ il pacco con una corda ▸ in pugno il potere ▸ un gattino tra/fra le braccia

studiare ▸ una poesia a memoria

subentrare ▸ il pianto subentra talora al riso ▸ sono subentrato a mia madre nell'incarico di amministratore condominiale

subordinare ▸ gli interessi privati a quelli pubblici

succedere ▸ Elisabetta II successe al padre Giorgio VI ▸ mi succede spesso di vederlo

suonare ▸ le campane suonano a festa

superare ▸ di un chilometro il confine di Stato ▸ mio fratello mi supera in generosità

supplicare ▸ di concedere la grazia

supplire ▸ alla mancanza di docenti con nuove assunzioni

svelare ▸ un segreto a un amico ▸ di essere il colpevole

svestirsi ▸ di ogni superbia

svezzare ▸ un alcolizzato dal bere

svezzarsi ▸ dal vizio del fumo

sviare ▸ i giovani dallo studio

svincolare ▸ un contribuente dai propri obblighi

svincolarsi ▸ dall'oppressione della propria famiglia

svuotare ▸ il cestino dai rifiuti ▸ l'accordo di ogni valore

svuotarsi ▸ la sala si è svuotata da/di tutto il pubblico

T

tacciare ▸ un medico di negligenza

tacere ▸ la verità al malato ▸ di averlo visto ▸ sull'incidente

telefonare ▸ a casa

temere ▸ di sbagliare ▸ per la salute

tempestare ▸ il servizio clienti con frequenti telefonate ▸ l'intervistato di domande inutili

tendere ▸ all'ottimismo

tenere ▸ più alla forma che alla sostanza ▸ molto dalla madre ▸ i figli in casa ▸ per una squadra di calcio ▸ un avvenimento che tiene del prodigioso

tenersi ▸ alla ringhiera ▸ per mano ▸ non riusciva a tenersi dalle risa

tentare ▸ di uscire

tifare ▸ per l'Inter

tingere ▸ le pareti di/in rosa

tirare ▸ l'acqua al proprio mulino ▸ una palla con i piedi ▸ di boxe ▸ i remi in barca ▸ un bambino per i capelli ▸ sul prezzo

toccare ▸ il cielo con un dito ▸ tutte le faccende toccano a lui

togliere ▸ il saluto a un vicino ▸ le castagne dal fuoco ▸ a una persona la parola di bocca

togliersi ▸ un'idea dalla testa ▸ il danaro di tasca

tollerare ▸ non tollerare di perdere al gioco

tornare ▸ al lavoro ▸ dalle vacanze

traboccare ▸ l'acqua trabocca dalla caldaia ▸ il viale trabocca di gente

tradurre ▸ una conferenza dall'italiano all'inglese ▸ un testo in francese

trafficare ▸ con la droga ▸ in stupefacenti

tralasciare ▸ non tralasciare di telefonarmi tutti i giorni

tramutare ▸ il suo ritorno tramutò l'angoscia in felicità

tramutarsi ▸ il rospo si tramutò in principe

trapelare ▸ dai giornali sono trapelate molte indiscrezioni

trarre ▸ un amico dai guai ▸ un sospetto in arresto

trascendere ▸ a vie di fatto ▸ nel bere

trascurare ▸ non trascurare di telefonarmi

trascurarsi ▸ non trascuratevi nel vestirvi

trasferire ▸ un detenuto da Roma a Milano ▸ un docente in un'altra scuola ▸ le proprie aspirazioni sui figli

trasferirsi ▸ a Milano ▸ da Roma ▸ in un'altra scuola

trasformare ▸ il piombo in oro

trasformarsi ▸ il bruco si è trasformato in una farfalla

trasmettere ▸ un documento al ministero

trasmettersi ▸ dai genitori ai figli ▸ questa malattia si trasmette a tutti gli abitanti

trasmigrare ▸ in inverno questi uccelli trasmigrano in zone più calde

trasportare ▸ un malato sulla barella da casa all'ospedale con l'/in ambulanza

trattare ▸ con il nemico ▸ di affari

trattenere ▸ un cliente a pranzo ▸ il quindici per cento dello/dallo/sullo stipendio ▸ i ragionieri in ufficio

trattenersi ▸ al telefono ▸ dal ridere ▸ in città ▸ su un problema

travestire ▸ un bambino da Arlecchino

travestirsi ▸ da Pulcinella

trionfare ▸ sui propri nemici ▸ l'atleta ha trionfato nei cento metri piani

trovare ▸ i ladri in casa ▸ una scritta sul muro

tuffare ▸ un pennello nella vernice

tuffarsi ▸ dal trampolino ▸ in piscina

tutelare ▸ la salute pubblica dalle malattie contagiose

tutelarsi ▸ dai ladri

U

ubbidire ▸ ai genitori

ubriacare ▸ gli elettori con le proprie promesse ▸ il marito di chiacchiere

ubriacarsi ▸ con la birra ▸ di vino

uguagliare ▸ non è possibile uguagliare una città all'altra ▸ i due laghi non si uguagliano in profondità

uguagliarsi ▸ a/con un amico ▸ i due atleti si uguagliano in velocità

umiliarsi ▸ ha dovuto umiliarsi a mendicare

ungere ▸ il tegame con/di olio d'oliva

ungersi ▸ le braccia con/di crema abbronzante

uniformare ▸ il sistema scolastico a quello degli altri Stati europei

uniformarsi ▸ al nuovo orario ferroviario

unire ▸ l'utile al dilettevole ▸ la fantasia con la realtà

unirsi ▸ a una comitiva ▸ con i propri amici ▸ in un gruppo

uscire ▸ dai binari ▸ di prigione ▸ in/per strada

usufruire ▸ di un permesso

V

valere ▸ il biglietto vale per due persone

valersi ▸ mi sono valso di ottimi collaboratori

vantarsi ▸ della propria cultura ▸ di essere il più intelligente

variare ▸ il cielo varia di colore ▸ le idee variano da persona a persona

vedere ▸ vedrò di telefonarti subito ▸ non vedo il libro nella mia stanza

vedersi ▸ con i vicini ▸ nei panni del provocatore

vegliare ▸ sui figli

vendicarsi ▸ del torto subito

venire ▸ a Roma ▸ dal Brasile ▸ in Italia ▸ venite con noi!

versare ▸ acqua ai commensali ▸ il vino nel bicchiere ▸ acqua sul fuoco

vertere ▸ la controversia verte su questioni finanziarie

vietare ▸ l'ingresso agli estranei ▸ di fumare

vincere ▸ un terno al lotto ▸ con l'inganno ▸ di/per pochi punti ▸ in astuzia

vivere ▸ all'estero ▸ con i propri genitori ▸ da persona onesta ▸ del proprio lavoro ▸ in campagna ▸ per i figli

vociferare ▸ di un aumento dei prezzi

voltare ▸ a sinistra

votare ▸ la propria esistenza al servizio della comunità ▸ per un candidato

votarsi ▸ allo studio

vuotare ▸ un cassetto di tutto il suo contenuto

Z

zampillare ▸ il sangue zampilla da una ferita

zoppicare ▸ con la gamba sinistra ▸ lo studente zoppica in matematica

Dictionnaire
des verbes

COMMENT UTILISER CE DICTIONNAIRE

7 300 VERBES DE A À Z

COMMENT UTILISER CE DICTIONNAIRE

Ce dictionnaire rassemble un grand nombre de verbes italiens, ceux de la langue courante parlée et écrite mais également ceux de la langue littéraire ou technique.

À chaque verbe est associé de manière systématique un ensemble d'informations déterminantes pour sa compréhension et son utilisation.

Toutes les informations utiles

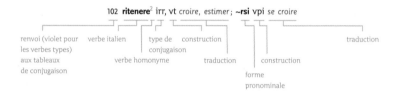

102 **ritenere**² irr, vt *croire, estimer* ; **~rsi** vpi *se croire*

renvoi (violet pour les verbes types) aux tableaux de conjugaison	verbe italien	type de conjugaison	construction		traduction
		verbe homonyme	traduction	construction	
				forme pronominale	

15/13 **biancicare** *litt.* → *biancheggiare*

renvoi à 2 tableaux de conjugaison : morphologie/accentuation   niveau de langue   variante plus fréquente

20 **presenziare** ❖ vi (avere) **a**, vt *assister à*

renvoi à la partie *Verbes et prépositions*   auxiliaire (différent de essere) du verbe intransitif   préposition liée à l'entrée

9 **maritare** vt *marier* [une femme] ; **~rsi** vpi [femme] *se marier*

COD précisant la traduction   sujet précisant la traduction

Abréviations utilisées

déf	défectif	*sout.*	soutenu
fam.	familier	vi	verbe intransitif
fig.	figuré	vpi	verbe pronominal intransitif
irr	irrégulier	vpt	verbe pronominal transitif
litt.	littéraire	vt	verbe transitif
pop.	populaire	*vulg.*	vulgaire
rég.	régionalisme	*vx*	vieilli

A

20 **abbacchiare** vt décourager, *rare* gauler;
~**rsi** vi se décourager
14 **abbacinare** vt aveugler, éblouir
20 **abbagliare** vt, vi aveugler, éblouir;
~**rsi** vpi être ébloui
20 **abbaiare** vi (avere) aboyer
9 **abballare** vt emballer
9 **abbandonare** ❖ vt abandonner;
~**rsi** ❖ vpi s'abandonner
20 **abbarbagliare** vt aveugler, éblouir,
fig. troubler; ~**rsi** vpi s'aveugler,
se troubler
15/14 **abbarbicare** vi (avere), ~**rsi** ❖ vpi
s'enraciner, s'accrocher
15 **abbarcare** vt épauler
9 **abbaruffare** vt mettre sens dessus dessous;
~**rsi** vpi se chamailler
9 **abbassare** ❖ vt, vi abaisser, descendre;
~**rsi** ❖ vpi se baisser
26 **abbattere** vt abattre; ~**rsi** vpi s'abattre,
se décourager
128 **abbellire** ❖ vt embellir;
~**rsi** ❖ vpi s'embellir
9 **abbeverare** vt abreuver;
~**rsi** vpi s'abreuver
15 **abbicare** vt engerber, entasser
20 **abbigliare** vt habiller; ~**rsi** vpi s'habiller
9 **abbinare** ❖ vt associer, assortir;
~**rsi** ❖ vpi s'assortir
9 **abbindolare** vt dévider, rouler [quelqu'un];
~**rsi** vpi se dévider
17 **abbiosciare** vi, ~**rsi** vpi s'affaisser
17 **abbisciare** vt élonger; vi, ~**rsi** vpi s'élonger
21 **abbisognare** vi (avere) avoir besoin, falloir
9 **abbittare** vt bitter
15 **abboccare** ❖ vt aboucher; vi (avere)
[poisson] mordre; ~**rsi** ❖ vpi s'aboucher
9 **abboffarsi** → *abbuffarsi*
9 **abbominare** → *abominare*
17 **abbonacciare** *vx*, vt calmer, apaiser;
vi, ~**rsi** *vx*, vpi se calmer
9 **abbonare**[1] → *abbuonare*
9 **abbonare**[2] ❖ vt abonner;
~**rsi** ❖ vpi s'abonner
9 **abbondare** ❖ vi (avere) abonder
128 **abbonire** vt abonnir, bonifier;
~**rsi** vpi se calmer
9 **abbordare** vt, vi (avere) aborder
17 **abborracciare** vt bâcler
9 **abbottonare** vt boutonner;
~**rsi** vpi, vpt se boutonner

9 **abbozzare** vt, vi (avere) ébaucher
9 **abbozzolarsi** vpi filer son cocon
17 **abbracciare** vt serrer dans ses bras;
~**rsi** ❖ vpi s'étreindre
15 **abbrancare** vt saisir, agripper;
~**rsi** ❖ **a** vpi s'agripper
20 **abbreviare** vt abréger
9 **abbrivare** vt donner de l'erre à;
vi (avere) prendre de l'erre
9 **abbronzare** vt (faire) bronzer;
~**rsi** vpi bronzer, se bronzer
17 **abbruciare** *litt.* → *bruciare*
9 **abbrunare** vt mettre un crêpe à;
~**rsi** vpi prendre le deuil
128 **abbrustolire** vt, ~**rsi** vpi griller
128 **abbrutire** vt abrutir; vi, ~**rsi** vpi s'abrutir
128 **abbruttire** vt enlaidir
9 **abbuffarsi** ❖ vpi s'empiffrer
20 **abbuiare** vt assombrir; vi imp se faire nuit;
~**rsi** vpi s'assombrir
9 **abbuonare** ❖ vt remettre, pardonner,
valider
9 **abburattare** vt tamiser, bluter
15/13 **abdicare** ❖ vi (avere) abdiquer
9 **aberrare** vi (avere) s'égarer, s'éloigner
9 **abilitare** ❖ vt habiliter;
~**rsi** ❖ vpi obtenir l'habilitation
13 **abitare** ❖ vt, vi (avere) habiter
14 **abituare** ❖ vt habituer;
~**rsi** ❖ vpi s'habituer
9 **abiurare** vt abjurer
16 **abnegare** vt renoncer
128 **abolire** vt abolir
14 **abominare** vt abominer
9 **abondare** *vx* → *abbondare*
128 **aborrire** vt abhorrer, détester
128 **abortire** vt (avere/essere) avorter,
faire une fausse couche
52 **abradere** irr, *litt.* vt abraser
16/13 **abrogare** vt abroger
9 **abusare** ❖ vi (avere) abuser
53 **accadere** ❖ irr, vi, vi imp arriver,
se passer
9 **accagionare** *vx*, vt inculper
20 **accagliare** vt, vi cailler; ~**rsi** vpi se cailler
20 **accalappiare** vt attraper
15 **accalcarsi** vpi se presser, s'entasser
9 **accaldarsi** vpi s'échauffer
9 **accallare** vt entrouvrir
9 **accalorare** vt enflammer;
~**rsi** vpi s'enflammer
128 **accalorire** → *accalorare*
9 **accampare** vt, ~**rsi** vpi camper

9 **accampionare** vt cadastrer
128 **accanirsi** vpi s'acharner
9 **accannellare** vt canneter
9 **accantonare** vt mettre de côté;
   ~**rsi** vpt se mettre de côté
9 **accaparrare** vt accaparer
9 **accapezzare** vt équarrir [des dalles]
20 **accapigliarsi** vpi se quereller, se chamailler
20 **accappiare** vt lier avec un nœud coulant
9 **accapponare** vt chaponner;
   ~**rsi** vpi donner la chair de poule
9 **accarezzare** vt caresser;
   ~**rsi** vpi, vpt se caresser
17 **accartocciare** vt rouler en cornet;
   ~**rsi** vpi se recroqueviller
9 **accasare** vt caser; ~**rsi** vpi se caser
17 **accasciare** vt abattre, accabler;
   ~**rsi** vpi s'écrouler, s'abattre
9 **accasermare** vt caserner
9 **accastellare** vt empiler, entasser
9 **accatastare** vt empiler, entasser
9 **accattare** vt quêter, mendier
9 **accattivare** vt captiver
15 **accavalcare** vt croiser, enjamber
9 **accavallare** vt croiser; ~**rsi** vpi se croiser
15 **accecare** vt aveugler;
   vi, ~**rsi** vpi devenir aveugle
26 **acced̲ere** ❖ vi (avere) accéder
14 **accelerare** vt, vi (avere) accélérer;
   ~**rsi** vpi s'accélérer
62 **accend̲ere** irr, vt allumer;
   ~**rsi** vpi, vpt s'allumer
9 **accennare** ❖ vt montrer, désigner,
   indiquer; vi (avere) faire signe,
   faire allusion
9 **accentrare** vt centraliser, concentrer;
   ~**rsi** vpi se centraliser, se concentrer
14 **accentuare** vt accentuer;
   ~**rsi** vpi s'accentuer
20 **accerchiare** vt encercler;
   ~**rsi** vpi s'entourer
9 **accertare** ❖ vt vérifier; ~**rsi** ❖ vpi s'assurer
128 **accestire** vi (avere) taller
9 **accettare** ❖ vt accepter
9 **acchiappare** vt attraper
9 **acchiocciolare** vt enrouler;
   ~**rsi** vpi s'enrouler
9 **acciabattare** vi (avere) traîner ses savates;
   vt bâcler
15 **acciaccare** vt bosseler, cabosser
20 **acciaiare** vt aciérer
9 **acciambellare** vt ramasser en boule;
   ~**rsi** vpi se ramasser en boule

9 **acciarpare** vt bâcler
15 **acciecare** → accecare
20 **accigliarsi** vpi froncer les sourcils
82 **acci̲ngersi** ❖ irr, vpi a s'apprêter à,
   se préparer à
9 **acciottolare** vt caillouter
9 **acciuffare** vt attraper; ~**rsi** vpi s'attraper
9 **accivettare** vt appâter, séduire
9 **acclamare** vt acclamer
9 **acclarare** vt préciser, tirer au clair
14 **acclimatare** vt acclimater;
   ~**rsi** vpi s'acclimater
71 **acclud̲ere** ❖ irr, vt joindre, inclure
15 **accoccare** vt encocher
9 **accoccolarsi** vpi s'accroupir
9 **accodare** vt mettre en file;
   ~**rsi** ❖ vpi se mettre en file
89 **accogliere** irr, vt accueillir
9 **accollare** ❖ vt, vi (avere) faire endosser;
   ~**rsi** vpt endosser
9 **accoltellare** vt poignarder;
   ~**rsi** vpi se battre au couteau
9 **accomandare** vx, vt confier à la garde de
9 **accomiatare** vt congédier;
   ~**rsi** ❖ vpi prendre congé
14 **accomodare** ❖ vt réparer, préparer;
   vi (avere) arranger, convenir;
   ~**rsi** vpi s'asseoir, s'arranger
21 **accompagnare** ❖ vt accompagner;
   ~**rsi** ❖ vpi s'accompagner,
   a/con fréquenter, être assorti avec
9 **accomunare** ❖ vt mettre en commun;
   ~**rsi** vpi se mettre en commun
17 **acconciare** vt arranger, coiffer;
   ~**rsi** vpi s'arranger, se coiffer
62 **accondiscend̲ere** ❖ irr, vi (avere) consentir
127 **acconsentire** ❖ vi (avere) consentir
9 **accontentare** ❖ vt contenter;
   ~**rsi** ❖ vpi se contenter
9 **accoppare** vt assommer;
   ~**rsi** vpi s'assommer
20 **accoppiare** vt accoupler;
   ~**rsi** ❖ vpi s'accoupler
9 **accorare** vt affliger; ~**rsi** vpi s'affliger
17 **accorciare** vt, vi, ~**rsi** vpi raccourcir
9 **accordare** ❖ vt accorder, concilier;
   ~**rsi** vpi s'accorder, se concilier
87 **accorgersi** ❖ irr, vpi s'apercevoir
9 **accorpare** ❖ vt regrouper
107 **accorrere** irr, vi accourir
17 **accosciarsi** vpi s'accroupir
9 **accostare** ❖ vt, vi (avere),
   ~**rsi** ❖ a vpi accoster

9 **accostumare** vt *accoutumer, habituer*;
~**rsi** vpi *s'accoutumer, s'habituer*

9 **accotonare** vt *crêper [les cheveux]*

17 **accovacciarsi** vpi *se blottir*

9 **accovonare** vt *engerber*

9 **accozzare** vt *mêler, mélanger*;
~**rsi** vpi *se mêler, se mélanger*

14 **accreditare** vt *accréditer, confirmer*;
~**rsi** vpi *se confirmer*

50 **accrescere** ❖ irr, vt, vi *augmenter, accroître*; ~**rsi** ❖ vpi *s'accroître*

9 **accrespare** → *increspare*

17 **accucciarsi** vpi *se coucher, se blottir*

9 **accucciolarsi** → *accucciarsi*

128 **accudire** vi (avere), vt *s'occuper de*

9 **acculare** vt *faire reculer*

14 **accumulare** vt *accumuler*;
~**rsi** vpi *s'accumuler*

9 **accusare** ❖ vt *accuser*;
~**rsi** ❖ vpi *s'accuser*

15/14 **acetificare** vt *acétifier*

15/14 **acidificare** vt *acidifier*;
vi, ~**rsi** vpi *s'acidifier*

9 **acidulare** vt *aciduler*

9 **acquarellare** → *acquerellare*

9 **acquartierare** vt *cantonner*;
~**rsi** vpi *prendre ses quartiers*

9 **acquattare** vt *cacher*; ~**rsi** vpi *se cacher*

9 **acquerellare** vt *peindre à l'aquarelle*

9 **acquetare** → *acquietare*

50 **acquiescere** déf, *litt.* vi *acquiescer*

9 **acquietare** vt *calmer, apaiser*;
~**rsi** vpi *se calmer, s'apaiser*

128 **acquisire** vt *acquérir*

9 **acquistare** ❖ vt, vi (avere) *acheter*

128 **acuire** vt *aiguiser, aviver*;
~**rsi** vpi *s'aiguiser, s'aviver*

9 **acuminare** vt *tailler en pointe*

9 **acutizzare** vt *aiguiser*; ~**rsi** vpi *s'aggraver*

9 **adacquare** vt *arroser*

18 **adagiare** vt *coucher, étendre*;
~**rsi** vpi *se coucher, s'étendre*

9 **adattare** ❖ vt *adapter*;
~**rsi** ❖ vpi *s'adapter*

14 **addebitare** ❖ vt *débiter, attribuer*

9 **addensare** vt *épaissir, accumuler*;
~**rsi** vpi *s'épaissir, s'accumuler*

9 **addentare** vt *mordre*; ~**rsi** vpi *se mordre*

9 **addentellare** vt *denteler*

9 **addentrare** vt *enfoncer*; ~**rsi** vpi *s'enfoncer*

9 **addestrare** vt *dresser*; ~**rsi** vpi *s'entraîner*

9 **addipanare** *litt.* vt *démêler, débrouiller*

139 **addire** irr, *litt.* vt *dédier, consacrer*

9 **addirizzare** vt *redresser*;
~**rsi** vpi *se redresser*

140 **addirsi** ❖ irr, vpi *convenir*

9 **additare** vt *montrer du doigt, désigner*

145 **addivenire** ❖ irr, vi *parvenir*

9 **addizionare** vt *additionner*

9 **addobbare** vt *décorer, orner*;
~**rsi** vpi *se pomponner*

128 **addocilire** vt *rendre docile, assouplir*

20 **addogliare** *litt.* → *addolorare*

15 **addolcare** vx, vi, vt *radoucir*

128 **addolcire** vt *sucrer, adoucir*;
~**rsi** vpi *s'adoucir*

9 **addolorare** vt *affliger, peiner*;
~**rsi** vpi *s'affliger*

15/14 **addomesticare** vt *apprivoiser*;
~**rsi** vpi *s'apprivoiser*

9 **addormentare** vt *endormir*;
~**rsi** vpi *s'endormir*

9 **addossare** ❖ vt *adosser*;
~**rsi** ❖ vpt *s'adosser*

9 **addottorare** vt *conférer le titre de docteur*;
~**rsi** ❖ vpi *obtenir le titre de docteur*

9 **addottrinare** vt *endoctriner*;
~**rsi** vpi *s'endoctriner*

9 **addrizzare, ~rsi** → *addirizzare*

20 **addugliare** vt *lover*

126 **addurre** irr, vt *alléguer*

9 **adeguare** ❖ vt *adapter*;
~**rsi** ❖ vpi *s'adapter*

90 **adempiere** ❖ irr, vt *accomplir*;
vi (avere) **a** *s'acquitter de*

134 **adempire** ❖ irr, vt *accomplir*; vi (avere) **a** *s'acquitter de*; ~**rsi** vpi *se réaliser*

86 **adergere** irr, *litt.* vt *élever*;
~**rsi** *litt.* vpi *s'élever*

128 **aderire** ❖ vi (avere) *adhérer*

9 **aderizzare** vt *adhériser*

15 **adescare** vt *appâter, amorcer*

128 **adibire** ❖ vt *destiner, affecter*

9 **adirarsi** vpi *se mettre en colère*

128 **adire** vt *saisir [la justice], recourir à*

9 **adiuvare** *sout.* vt *aider*

20 **adocchiare** vt *aviser, repérer*

9 **adombrare** vt *ombrager*;
~**rsi** vpi *s'offusquer*

9 **adontarsi** vpi *s'indigner*

14 **adoperare** ❖ vt *se servir de*;
~**rsi** ❖ vpi *se prodiguer*

14 **adoprare, ~rsi** vx → *adoperare*

9 **adorare** vt *adorer*

9 **adornare** ❖ vt *orner*; ~**rsi** ❖ vpi *s'orner*

9 **adottare** vt *adopter*

127 **adsorbire** vt adsorber
18 **aduggiare** litt. vt ombrager;
~**rsi** litt. vpi se tarir
21 **adugnare** vx → adunghiare
13 **adulare** vt flatter; ~**rsi** vpi se flatter
9 **adulterare** vt, vi (avere) altérer
9 **adunare** vt rassembler, réunir;
~**rsi** vpi se rassembler, se réunir
20 **adunghiare** litt. vt saisir [avec ses griffes]
9 **adusare** litt. vt habituer;
~**rsi** litt. vpi s'habituer
9 **aerare** vt aérer
9 **aereare** → aerare
9 **aeroportare** vt aéroporter
9 **aerotrasportare** vt aérotransporter
9 **affabulare** vt affabuler
9 **affaccendare** vt occuper; ~**rsi** vpi s'affairer
17 **affacciare** vt montrer;
~**rsi** ❖ vpi se montrer [à la fenêtre]
9 **affagottare**, ~**rsi** → infagottare
9 **affamare** vt, vi affamer
9 **affannare** vt essouffler;
~**rsi** vpi se donner du mal
9 **affardellare** vt faire son balluchon
14 **affascinare**[1] vt fasciner
9 **affascinare**[2] vt mettre en fagots
9 **affastellare** vt mettre en fagots/en bottes
15 **affaticare** vt fatiguer; ~**rsi** vpi se fatiguer
9 **affatturare** vt ensorceler
9 **affazzonare** → raffazzonare
128 **afferire** ❖ vi (avere) a concerner
9 **affermare** ❖ vt affirmer;
~**rsi** ❖ vpi s'affirmer
9 **afferrare** vt saisir; ~**rsi** vpi s'accrocher
9 **affettare**[1] vt affecter;
9 **affettare**[2] vt couper [en tranches];
~**rsi** vpi fam. se couper
9 **affezionare** vt attacher [sur le plan
affectif]; ~**rsi** ❖ vpi s'attacher,
se prendre d'affection
15 **affiancare** ❖ vt flanquer;
~**rsi** ❖ vpi a se placer à côté de
9 **affiatare** vt harmoniser, accorder;
~**rsi** vpi s'harmoniser, s'accorder
20 **affibbiare** vt boucler
9 **affidare** ❖ vt confier;
~**rsi** ❖ a vpi se fier à, compter sur
128 **affievolire** vt affaiblir; ~**rsi** vpi s'affaiblir
73 **affiggere** irr, vt afficher; ~**rsi** vpi se fixer
20 **affigliare**, ~**rsi** → affiliare
9 **affilare** vt aiguiser; ~**rsi** vpi s'aiguiser
20 **affiliare** vt affilier, adopter;
~**rsi** vpi s'affilier

9 **affinare** vt aiguiser, affiner;
~**rsi** vpi s'aiguiser, s'affiner
15 **affiocare**, ~**rsi** → affiochire
128 **affiochire** vt affaiblir; vi, ~**rsi** vpi s'affaiblir
9 **affiorare** ❖ vi émerger, affleurer
9 **affittare** vt louer [une maison];
~**rsi** vpi être à louer
128 **affittire** vt, vi épaissir; ~**rsi** vpi s'épaissir
74 **affliggere** irr, vt affliger; ~**rsi** vpi s'affliger
17 **afflosciare** vt affaisser; ~**rsi** vpi s'affaisser
128 **afflosciare**, ~**rsi** → afflosciare
128 **affluire** vi affluer
15 **affocare** litt. vt incendier, embraser;
~**rsi** litt. vpi prendre feu
16 **affogare** vt noyer; vi, ~**rsi** vpi se noyer
9 **affollare** vt envahir; ~**rsi** vpi se presser
9 **affondare** ❖ vt, vi, ~**rsi** vpi couler
15 **afforcare** vt affourcher
9 **afforzare** vx, vt fortifier
9 **affossare** vt enterrer [un projet], creuser
[des fossés]; ~**rsi** vpi s'affaisser
15 **affrancare** ❖ vt affranchir;
~**rsi** ❖ vpi s'affranchir
81 **affrangere** irr, litt. vt exténuer, éreinter
9 **affratellare** vt unir; ~**rsi** vpi fraterniser
15 **affrescare** vt peindre à fresque
9 **affrettare** vt hâter; ~**rsi** ❖ vpi se hâter
9 **affrittellare** vt frire
9 **affrontare** vt affronter; ~**rsi** vpi s'affronter
15/14 **affumicare** vt enfumer
14 **affusolare** vt fuseler
14 **agevolare** ❖ vt faciliter
9 **aggallare** vi émerger
17 **agganciare** ❖ vt accrocher
9 **aggelare** vx, vt, vi, ~**rsi** vpi geler
9 **aggettare** vi faire saillie
9 **aggettivare** vt adjectiver
17 **agghiacciare** vt, vi, ~**rsi** vpi geler
20 **agghiaiare** vt couvrir de gravier
9 **agghindare** ❖ vt bichonner, pomponner;
~**rsi** ❖ vpi se pomponner
15 **aggiaccare** vt coucher par terre, froisser
16 **aggiogare** vt atteler
9 **aggiornare** ❖ vt mettre à jour;
~**rsi** ❖ vpi se mettre à jour
9 **aggirare** vt tourner, contourner;
~**rsi** ❖ vpi per errer dans, su tourner
autour de
15/14 **aggiudicare** vt adjuger, attribuer;
~**rsi** vpt s'adjuger
84 **aggiungere** ❖ irr, vt ajouter;
~**rsi** ❖ vpi s'ajouter
9 **aggiuntare** vt assembler

9 **aggiustare** vt *arranger, ajuster;*
  ~rsi vpi, vtp *s'arranger*
14 **agglomerare** vt *agglomérer;*
  ~rsi vpi *s'agglomérer*
14 **agglutinare** vt *agglutiner;*
  ~rsi vpi *s'agglutiner*
128 **aggobbire** vt *voûter, rendre bossu;*
  vi *se voûter, devenir bossu*
9 **aggomitolare** vt *pelotonner;*
  ~rsi vpi *se pelotonner*
9 **aggottare** vt *écoper, assécher*
10 **aggradare** déf, *litt.* vi *plaire*
128 **aggradire** *litt.* vt *apprécier;* vi *plaire*
9 **aggraffare** vt *agrafer*
20 **aggraffiare** vt *saisir [avec ses griffes]*
20 **aggranchiare, ~rsi** → *aggranchire*
128 **aggranchire** vt *engourdir;*
  vi, **~rsi** vpi *s'engourdir*
128 **aggrandire** *litt.* vt *agrandir;*
  vi, **~rsi** *litt.* vpi *s'agrandir*
20 **aggranfiare** vt *saisir [avec ses griffes]*
9 **aggrappare** vt *agripper;*
  ~rsi ✧ vpi *s'agripper*
17 **aggraticciare** vt *entrelacer;*
  ~rsi vpi *s'entrelacer*
9 **aggravare** vt *aggraver;*
  vi, **~rsi** vpi *s'aggraver*
20 **aggraziare** vt *agrémenter, enjoliver*
128 **aggredire** vt *agresser*
16 **aggregare** vt *agréger;* **~rsi** vpi *s'agréger*
9 **aggrevare** *litt.* vt *opprimer*
128 **aggrinzire** vt *froncer, plisser;*
  vi, **~rsi** vpi *[peau] se rider*
9 **aggrottare** vt *froncer*
20 **aggrovigliare** vt *emmêler;*
  ~rsi vpi *s'emmêler*
9 **aggrumare** vt *coaguler;*
  vi, **~rsi** vpi *se cailler*
9 **aggruppare** vt *grouper, regrouper;*
  ~rsi vpi *se grouper, se regrouper*
20 **agguagliare** vt *égaliser, niveler*
9 **agguantare** vt *empoigner;*
  ~rsi vpi *s'empoigner*
128 **agguerrire** vt *aguerrir;* **~rsi** vpi *s'aguerrir*
128 **agire** vi (avere) *agir*
13 **agitare** vt *agiter;* **~rsi** vpi *s'agiter*
21 **agognare** ✧ vt, vi (avere) **a** *convoiter*
9 **agonizzare** vi (avere) *agoniser*
20 **agucchiare** vi (avere) *tirer l'aiguille;*
  litt. vt *coudre*
9 **aguzzare** vt *aiguiser;* **~rsi** vpi *s'aiguiser*
9 **aiutare** vt *aider;* **~rsi** vpi *s'aider*
9 **aizzare** ✧ vt *exciter;* **~rsi** vpi *s'exciter*

9 **alare** vt *haler*
18 **albeggiare** vi imp *faire jour*
9 **alberare** vt *border d'arbres*
16 **albergare** vt *héberger;* vi (avere) *habiter*
15/13 **albicare** vi *blanchir*
9 **alcolizzare** vt *alcooliser;*
  ~rsi vpi *s'alcooliser*
18 **aleggiare** vi (avere) *flotter*
9 **alenare** vx → *anelare*
9 **alfabetizzare** vt *alphabétiser*
20 **aliare** *litt.* vi *battre des ailes*
9 **alienare** ✧ vt, vi *aliéner*
9 **alimentare** ✧ vt *alimenter;*
  ~rsi ✧ vpi *s'alimenter*
9 **alitare** vi (avere) *respirer, souffler*
17 **allacciare** vt *lacer, nouer;*
  ~rsi vpt *boutonner, lacer*
16 **allagare** vt *inonder;* **~rsi** vpi *être inondé*
9 **allappare** vt *agacer [les dents]*
16 **allargare** vt *élargir;* **~rsi** ✧ vpi *s'élargir*
9 **allarmare** vt *alarmer;* **~rsi** vpi *s'alarmer*
15 **allascare** vt *larguer*
9 **allattare** vt, vi (avere) *allaiter*
9 **alleare** vt *allier;* **~rsi** ✧ vpi *s'allier*
16 **allegare** ✧ vt *joindre, agacer [dents]*
128 **alleggerire** ✧ vt *alléger, soulager;*
  ~rsi vpi *s'alléger*
9 **allegorizzare** vt, vi (avere) *allégoriser*
9 **allegrare, ~rsi** *litt.* → *rallegrare*
9 **allenare** ✧ vt *entraîner;* **~rsi** vpi *s'entraîner*
9 **allentare** vt *desserrer, ralentir;*
  ~rsi vpi *se desserrer, se ralentir*
9 **allessare** → *lessare*
128 **allestire** vt *aménager, équiper*
9 **allettare** vt *allécher*
9 **allevare** vt *élever*
20 **alleviare** vt *soulager;* **~rsi** vpi *s'apaiser*
9 **allibare** vt *alléger*
128 **allibire** vi *rester interdit/pantois*
9 **allibrare** vt *enregistrer*
17 **allicciare** vt *avoyer*
9 **allietare** vt *réjouir, égayer;*
  ~rsi ✧ vpi *se réjouir*
21 **allignare** vi (avere) *pousser, prendre racine*
14 **allineare** vt *aligner;* **~rsi** ✧ vpi *s'aligner*
16 **allogare** vt *ranger, loger;* **~rsi** vpi *se loger*
18 **alloggiare** vt, vi (avere) *loger*
9 **allontanare** ✧ vt *éloigner;*
  ~rsi ✧ vpi *s'éloigner*
20 **alloppiare** vt *droguer avec de l'opium;*
  ~rsi vpi *se droguer avec de l'opium*
14 **allucinare** vt *éblouir, halluciner*
71 **alludere** ✧ irr, vi (avere) **a** *faire allusion à*

15 **allumacare** vt souiller de bave, lustrer
9 **allumare** vt aluner, mégisser, *litt.* illuminer
9 **alluminare** *vx*, vt aluminer
9 **allunare** vi alunir
16 **allungare** vt allonger; **~rsi** vpi s'allonger
15 **almanaccare** vi (avere) se creuser la cervelle
20 **alpeggiare** vt transhumer;
    vi (avere) transhumer
9 **altalenare** vi (avere) se balancer
13 **alterare** vt altérer; **~rsi** vpi s'altérer
15 **altercare** vi (avere) se quereller, se disputer
9 **alternare** ❖ vt alterner;
    ~rsi ❖ vpi se relayer
9 **alzare** ❖ vt lever; **~rsi** ❖ vpi se lever
14 **amalgamare** ❖ vt amalgamer;
    ~rsi ❖ vpi s'amalgamer
9 **amare** vt aimer; **~rsi** vpi s'aimer
18 **amareggiare** vt peiner, assombrir;
    vi, **~rsi** vpi s'assombrir
9 **amarrare** → *ammarrare*
9 **ambientare** vt acclimater;
    ~rsi vpi s'acclimater
128 **ambire** ❖ vi (avere) **a**, vt ambitionner,
    briguer
9 **americanizzare** vt américaniser;
    vi, **~rsi** vpi s'américaniser
15 **amicare** vt, **~rsi** ❖ vpi **con**, vpt gagner
    l'amitié de
15 **ammaccare** vt cabosser, bosseler;
    ~rsi vpi se cabosser
9 **ammaestrare** vt dresser
20 **ammagliare** vt mailler, frapper avec un
    maillet
9 **ammainare** vt amener [le drapeau]
9 **ammalare** vt faire tomber malade;
    vi, **~rsi** ❖ vpi tomber malade
20 **ammaliare** vt envoûter
128 **ammalinconire** vt attrister;
    vi, **~rsi** vpi s'attrister
20 **ammaliziare** vt rendre malicieux;
    ~rsi vpi devenir malicieux
128 **ammalizzire** *rég.* vt rendre malicieux;
    vi devenir malicieux
9 **ammanettare** vt passer les menottes à
9 **ammanierare** vt rendre maniéré
20 **ammanigliare** vt mailler, maniller
9 **ammannare** vt javeler, enjaveler
128 **ammannire** vt préparer, apprêter
9 **ammansare, ~rsi** *litt.* → *ammansire*
128 **ammansire** vt apprivoiser;
    vi, **~rsi** vpi s'apprivoiser
9 **ammantare** vt couvrir d'un manteau;
    ~rsi vpi se couvrir d'un manteau

9 **ammantellare** → *ammantare*
9 **ammarare** vi (avere) [avion] amerrir
9 **ammarrare** vt amarrer [un bateau]
9 **ammassare** vt amasser
9 **ammassellare** vt mettre dans des barils
17 **ammassicciare** vt ballaster; **~rsi** vpi durcir
9 **ammatassare** vt mettre en écheveau
128 **ammattire** vi devenir fou
9 **ammattonare** vt briqueter
9 **ammazzare** vt tuer; **~rsi** ❖ vpi se tuer
9 **ammennicolare** vi (avere) chicaner
9 **ammestare** vt intriguer
9 **ammetare** vt réunir en meules
115 **ammettere** ❖ irr, vt admettre
9 **ammezzare** vt partager en deux
128 **ammezzire** vi, **~rsi** vpi blettir
15 **ammiccare** ❖ vi (avere) faire signe,
    faire un clin d'œil
9 **amministrare** vt administrer
9 **amminutare** vt émietter
9 **ammirare** vt admirer; **~rsi** vpi s'admirer
128 **ammiserire** vt appauvrir
20 **ammobiliare** vt ameubler
9 **ammodernare** vt moderniser
20 **ammogliare** vt marier [un homme];
    ~rsi vpi [homme] se marier
9 **ammollare** vt tremper; **~rsi** vpi se tremper
128 **ammollire** vt amollir; **~rsi** vpi s'amollir
128 **ammonire** vt avertir
9 **ammontare** ❖ vi **a** se monter à
20 **ammonticchiare** vt amonceler;
    ~rsi vpi s'amonceler
9 **ammorbare** vt, vi empester
128 **ammorbidire** vt assouplir;
    vi, **~rsi** vpi s'assouplir
9 **ammorsare** vt serrer [dans un étau]
9 **ammortare** vt amortir [dette]
128 **ammortire** vt amortir, engourdir
9 **ammortizzare** vt amortir
9 **ammorzare** *litt.* vt amortir, atténuer
17 **ammosciare** vt avachir;
    vi, **~rsi** vpi s'avachir
128 **ammoscire** → *ammosciare*
9 **ammostare** vt fouler [le raisin];
    vi (avere) donner du moût
20 **ammucchiare** vt entasser;
    ~rsi vpi s'entasser
9 **ammuffare** vi → *ammuffire*
128 **ammuffire** vi moisir
9 **ammusare** *litt.* vi, **~rsi** vpi être museau
    contre museau
128 **ammusire** vi bouder
9 **ammutinarsi** vpi se mutiner

128 ammutire *rare, litt.* → *ammutolire*
128 ammutolire vi devenir muet, se taire;
vt rendre muet, faire taire
19/20 amnistiare vt amnistier
18 amoreggiare vi (avere) *flirter*
20 ampliare vt agrandir; ~rsi vpi *s'agrandir*
15/14 amplificare vt amplifier
13 amputare vt amputer
9 analizzare vt analyser
9 anastomizzare vt anastomiser
9 anatematizzare vt anathématiser
9 anatemizzare → anatematizzare
9 anatomizzare vt anatomiser
18 ancheggiare vi (avere) se déhancher,
se dandiner
9 ancorare ❖ vt ancrer; ~rsi ❖ vpi s'ancrer
22 andare ❖ irr, vi aller
9 andicappare → handicappare
9 anelare ❖ *litt.* vi (avere) aspirer; vt désirer
ardemment
9 anellare *vx*, vt → *inanellare*[2]
9 anestetizzare vt anesthésier
9 anfanare vi (avere) parler à tort et
à travers
18 anfaneggiare *vx* → anfanare
20 angariare vt tourmenter, persécuter
18 angarieggiare vt tourmenter, persécuter
9 anglicizzare vt angliciser;
~rsi vpi s'angliciser
9 angolare vt disposer en forme d'angle
17 angosciare vt, ~rsi vpi angoisser
20 angustiare vt préoccuper;
~rsi vpi se préoccuper
13 animare vt animer; ~rsi vpi s'animer
9 annacquare vt diluer
20 annaffiare vt arroser
9 annaspare vt dévider; vi (avere) avancer
à tâtons
20 annebbiare vt embrumer; vi imp y avoir
du brouillard; ~rsi vpi s'embrumer
16 annegare vt noyer; vi, ~rsi vpi se noyer
9 annerare, ~rsi → annerire
128 annerire vt, vi, ~rsi vpi noircir
114 annettere ❖ irr, vt annexer
9 annichilare, ~rsi → annichilire
128 annichilire vt annihiler; ~rsi vpi s'annihiler
9 annidare vt nicher; ~rsi vpi se nicher
9 annientare vt anéantir; ~rsi vpi s'anéantir
128 annitrire vi hennir
20 annobiliare → annobilire
128 annobilire vt anoblir
15 annoccare vt courber en arcure [plante];
~rsi vpi se courber en arcure

9 annodare vt nouer; ~rsi vpi se nouer
20 annoiare vt, vi ennuyer; ~rsi vpi s'ennuyer
9 annotare vt noter, annoter
9 annottare vi imp, ~rsi vpi imp faire nuit
9 annoverare ❖ vt compter, inclure
128 annuire vi (avere) faire signe que oui
9 annullare vt annuler; ~rsi vpi s'annuler
17 annunciare ❖ vt annoncer
20 annunziare → annunciare
9 annusare vt flairer
9 annuvolare vt assombrir, obscurcir;
~rsi vpi s'assombrir, s'obscurcir
9 anodizzare vt anodiser
9 ansare vi (avere) haleter
9 ansimare vi (avere) haleter
26 antecedere *litt.* vt, vi précéder
124 anteporre ❖ irr, vt placer avant
9 anticipare ❖ vt avancer, anticiper
56 antivedere irr, vt prévoir, pressentir
9 apocopare vt apocoper
9 apologizzare vt faire l'apologie de;
vi (avere) apologiser
9 apostatare vi (avere) apostasier
14 apostrofare vt apostropher, mettre une
apostrophe à
15/14 appacificare vt réconcilier;
~rsi vpi se réconcilier
16 appagare vt assouvir, satisfaire;
~rsi ❖ vpi se contenter
20 appaiare vt appareiller, apparier;
~rsi vpi s'appareiller, s'apparier
9 appallottolare vt réduire en boulettes;
~rsi vpi se réduire en boulettes
9 appaltare vt attribuer par adjudication
9 appannare vt embuer; ~rsi vpi s'embuer
20 apparecchiare vt préparer, apprêter;
~rsi vpt se préparer, s'apprêter
9 apparentare vt apparenter;
~rsi vpi s'apparenter
20 apparigliare vt accoupler
136 apparire irr, vi apparaître
9 appartare vt écarter; ~rsi vpi s'écarter
102 appartenere ❖ irr, vi (avere/essere)
appartenir; ~rsi vpi s'appartenir
9 appassionare vt passionner;
~rsi ❖ vpi se passionner
128 appassire vi, ~rsi vpi se faner, se flétrir
9 appastellarsi vpi se grumeler
9 appellare vt, *litt.* appeler;
~rsi ❖ vpi faire appel
62 appendere ❖ irr, vt accrocher, suspendre;
~rsi ❖ vpi s'accrocher, se suspendre
9 appennellare vt penneler [une encre]

128 **appesantire** vt alourdir; **~rsi** vpi s'alourdir
9 **appestare** vt empester; **~rsi** vpi s'empester
128 **appetire** litt. vt convoiter, ambitionner;
vi (avere) aiguiser l'appétit
9 **appezzare** vt couper, morceler
9 **appianare** vt aplanir; **~rsi** vpi s'aplanir
9 **appiattare** vt cacher; **~rsi** vpi se cacher
128 **appiattire** vt aplatir; **~rsi** vpi s'aplatir
15 **appiccare** vt mettre [le feu]
17 **appicciare** rég. vt mettre le feu à;
~rsi rég. vpi prendre feu
15/14 **appiccicare** vt, **~rsi** vpi coller
128 **appiccinire** → appiccolire
128 **appiccolire** vt rapetisser
9 **appiedare** vt obliger à mettre pied à terre
9 **appigionare** vt louer
20 **appigliarsi** ❖ vpi s'accrocher, s'agripper
9 **appinzare** vt piquer
9 **appiombare** vt mettre d'aplomb
9 **appioppare** vt flanquer [une gifle]
9 **appisolarsi** vpi s'assoupir
127 **applaudire** ❖ vt, vi (avere) applaudir
15/13 **applicare** ❖ vt appliquer;
~rsi ❖ vpi s'appliquer
18 **appoggiare** ❖ vt appuyer, poser;
vi (avere) reposer; **~rsi** ❖ vpi s'appuyer
20 **appollaiarsi** vpi se percher
9 **appontare** vi apponter
9 **appoppare** vt déplacer vers l'arrière
[un navire]
124 **apporre** irr, vt apposer, mettre
9 **apportare** vt apporter
9 **appostare** vt poster [une sentinelle],
guetter; **~rsi** vpi se poster
62 **apprendere** ❖ irr, vt apprendre
9 **appressare** vt, vi, **~rsi** vpi approcher
9 **apprestare** vt apprêter, préparer;
~rsi vpi s'apprêter, se préparer
9 **apprettare** vt apprêter, mettre de l'appret à
9 **apprezzare** vt apprécier
9 **approdare** vi (avere/essere) aborder,
aboutir
9 **approfittare** ❖ vi (avere), **~rsi** ❖ vpi
profiter
9 **approfondare** litt. → approfondire
128 **approfondire** vt approfondir;
~rsi vpi s'approfondir
9 **approntare** vt apprêter, préparer
9 **appropinquare** vt, vi, **~rsi** vpi approcher
20 **appropriare** vt approprier;
~rsi ❖ vpi s'approprier
14 **approssimare** vt approcher;
~rsi vpi s'approcher

9 **approvare** vt approuver
9 **approvisionare** → approvvigionare
9 **approvvigionare** vt approvisionner;
~rsi vpi s'approvisionner
9 **appruare** vt déplacer vers l'avant;
~rsi vpi se déplacer vers l'avant
9 **appuntare** vt épingler, fixer, noter;
~rsi vpi se fixer
9 **appuntare** vt noter
9 **appuntellare** vt étayer, soutenir;
~rsi vpi s'appuyer
9 **appurare** vt vérifier, contrôler
9 **appuzzare** vt empuantir, empester
135 **aprire** ❖ irr, vt, vi (avere) ouvrir;
~rsi ❖ vpi s'ouvrir
15 **arabescare** vt décorer d'arabesques
9 **arare** vt labourer
9 **arbitrare** vt arbitrer; **~rsi** vpi s'arbitrer
9 **arborare** vx → alberare
9 **arcaicizzare** vi (avere) archaïser
9 **arcaizzare** vi (avere) archaïser
18 **archeggiare** vi (avere) manier l'archet
9 **architettare** vt échafauder
20 **archiviare** vt archiver
9 **arcuare** vt arquer, cambrer;
~rsi vpi se cambrer
67 **ardere** ❖ irr, vt, vi brûler
130 **ardire** déf, litt. vi (avere), vt, **~rsi** vpi oser
9 **areare** vt aérer
9 **arenarsi** vpi s'échouer, s'enliser
9 **argentare** vt argenter
14 **arginare** vt endiguer
9 **argomentare** ❖ vt, vi (avere) argumenter
128 **arguire** ❖ vt arguer, déduire
9 **arianizzare** vt aryaniser
18 **arieggiare** vt aérer; vi (avere) se donner
des airs
9 **armare** vt armer; **~rsi** ❖ vpi s'armer
18 **armeggiare** vi (avere) s'affairer
9 **armonizzare** ❖ vt harmoniser;
vi (avere), **~rsi** ❖ vpi s'harmoniser
9 **aromatizzare** vt aromatiser
18 **arpeggiare** vi (avere) arpéger
9 **arpionare** vt harponner
9 **arponare** → arpionare
9 **arrabattarsi** ❖ vpi se donner du mal
20 **arrabbiarsi** ❖ vpi se mettre en colère
9 **arraffare** vt rafler
15/14 **arrampicare** vi, **~rsi** ❖ vpi grimper
15 **arrancare** ❖ vi (avere) avancer péniblement
18 **arrangiare** vt arranger; **~rsi** vpi s'arranger
9 **arrapare** fam. vt exciter;
~rsi fam. vpi s'exciter

15 **arrecare** vt *causer*
9 **arredare** vt *meubler*
9 **arrembare** vt *aborder*
9 **arrenarsi** → *arenarsi*
62 **arrendersi** irr, vpi *se rendre*
9 **arrestare** vt *arrêter*; ~**rsi** vpi *s'arrêter*
9 **arretrare** vt, vi, ~**rsi** vpi *reculer*
128 **arricchire** ❖ vt *enrichir*;
 vi, ~**rsi** ❖ vpi *s'enrichir*
17 **arricciare** vt, vi, ~**rsi** vpi *friser, boucler*
9 **arricciolare** vt, ~**rsi** vpi *frisotter*
9 **arridare** vt *rider*
59 **arridere** irr, *litt.* vi (avere) *sourire*
16 **arringare** vt *haranguer*
20 **arrischiare** vt *risquer*; ~**rsi** ❖ vpi *se risquer*
9 **arrivare** ❖ vi, vt *arriver*
15 **arroccare** vt *roquer*; ~**rsi** vpi *roquer,*
 se retrancher
128 **arrochire** vt *enrouer*; vi, ~**rsi** vpi *s'enrouer*
16 **arrogare** vt, ~**rsi** vpt *s'arroger*
9 **arrossare** vt, vi, ~**rsi** vpi *rougir* [peau, yeux]
128 **arrossire** ❖ vi, ~**rsi** vpi [visage, joues] *rougir*
128 **arrostire** vt, vi, ~**rsi** vpi *rôtir*
9 **arrotare** vt *aiguiser, affûter*
14 **arrotolare** vt *enrouler*
9 **arrotondare** vt *arrondir*; ~**rsi** vpi *s'arrondir*
9 **arrovellare** vt *tourmenter*;
 ~**rsi** vpi *se tourmenter*
9 **arroventare** vt, ~**rsi** vpi *chauffer au rouge/*
 à blanc
17 **arrovesciare** vt *renverser*;
 ~**rsi** vpi *se renverser*
9 **arruffare** vt *ébouriffer*; ~**rsi** vpi *s'ébouriffer*
9 **arruffianare** vt *prostituer*;
 ~**rsi** ❖ vpi *se prostituer*; vpt *fayoter avec*
128 **arrugginire** vt *rouiller*; vi, ~**rsi** vpi *se rouiller*
9 **arruolare** vt *engager*; ~**rsi** ❖ vpi *s'engager*
17 **arsicciare** *rare,* vt *roussir*
24 **artefare** irr, vt *contrefaire*
14 **articolare** ❖ vt *articuler*;
 ~**rsi** ❖ vpi *s'articuler*
20 **artigliare** vt *saisir* [avec ses griffes]
15/14 **aruspicare** vi (avere) *prédire l'avenir*
9 **arzigogolare** vi *subtiliser*
62 **ascendere** irr, vi *monter*
17 **asciare** vt *dégrossir* [à la hache]
16 **asciugare** vt *essuyer*; vi, ~**rsi** vpi *s'essuyer,*
 sécher; vpt *s'essuyer, se sécher*
9 **ascoltare** vt *écouter*
64 **ascondere** irr, *litt.* vt *cacher*
118 **ascrivere** ❖ irr, *litt.* vt *attribuer*
9 **asfaltare** vt *asphalter*
20 **asfissiare** vt, vi *asphyxier*

86 **aspergere** irr, vt *asperger*
9 **aspettare** ❖ vt *attendre*;
 ~**rsi** ❖ vpt *s'attendre à*
9 **aspirare** ❖ vt, vi (avere) *aspirer*
9 **asportare** ❖ vt *emporter*
18 **assaggiare** vt *goûter*
144 **assalire** irr, vt *assaillir*
9 **assaltare** vt *prendre d'assaut*
9 **assaporare** vt *savourer*
128 **assaporire** → *insaporire*
9 **assassinare** vt *assassiner*
9 **assecondare** vt *seconder, favoriser*
20 **assediare** vt *assiéger*
21 **assegnare** ❖ vt *assigner*
9 **assemblare** vt *assembler*
9 **assembrare, ~rsi** *litt.* → *assemblare*
9 **assentarsi** ❖ vpi *s'absenter*
127 **assentire** vi (avere) *acquiescer*
9 **asserenare, ~rsi** *litt.* → *rasserenare*
128 **asserire** ❖ vt *affirmer*
20 **asserragliare** vt *barricader*;
 ~**rsi** vpi *se barricader*
128 **asservire** ❖ vt *asservir*; ~**rsi** vpi *s'asservir*
9 **assestare** ❖ vt *arranger, ajuster*;
 ~**rsi** vpi *s'installer*
9 **assetare** vt *assoiffer*
9 **assettare** vt *arranger*; ~**rsi** vpi *s'arranger*
9 **asseverare** vt *affirmer*
9 **assicurare** ❖ vt *assurer*;
 ~**rsi** ❖ vpi *s'assurer*
14 **assiderare** vt, vi, ~**rsi** vpi *transir, geler*
59 **assidere** irr, *litt.* vt *faire asseoir*;
 vi, ~**rsi** *litt.* vpi *s'asseoir*
9 **assiemare** vt *assembler*
9 **assiepare** vt *entourer de haies, entourer*;
 ~**rsi** vpi [foule] *se presser*
9 **assillare** vt *harceler*
9 **assimilare** ❖ vt *assimiler*;
 ~**rsi** ❖ vpi *s'assimiler*
9 **assiomatizzare** vt *axiomatiser*
113 **assistere** ❖ irr, vi (avere), vt *assister*
17 **associare** ❖ vt *associer*;
 ~**rsi** ❖ vpi *s'associer*
9 **assodare** vt *raffermir*; ~**rsi** vpi *se raffermir*
9 **assoggettare** ❖ vt *assujettir*;
 ~**rsi** ❖ vpi *s'assujettir*
15 **assolcare** vt *billonner* [un champ]
9 **assoldare** vt *soudoyer*
120 **assolvere** ❖ irr, vt *absoudre*
20 **assomigliare** ❖ vi *ressembler*;
 litt. vt *comparer*; ~**rsi** vpi *se ressembler*
9 **assommare** ❖ vt *réunir*; vi [patrimoine]
 se monter; ~**rsi** ❖ vpi *se réunir, s'ajouter*

9 **assonare** *litt.* vi assoner
9 **assonnare** *litt.* vt endormir;
   vi avoir sommeil
128 **assopire** vt assoupir; ~rsi vpi s'assoupir
127 **assorbire** vt absorber
9 **assordare** vt assourdir; vi, ~rsi vpi devenir
   sourd
128 **assordire**, ~rsi → assordare
87 **assorgere** irr → assurgere
128 **assortire** vt assortir
20 **assottigliare** vt amincir; ~rsi vpi s'amincir
24 **assuefare** ❖ irr, vt habituer;
   ~rsi ❖ vpi s'habituer
100 **assumere** irr, vt prendre, embaucher
87 **assurgere** irr, *litt.* vi s'élever
18 **asteggiare** vi (avere) faire des barres
102 **astenersi** ❖ irr, vpi s'abstenir
86 **astergere** irr, *litt.* vt essuyer
125 **astrarre** ❖ irr, vt abstraire, détourner;
   vi (avere) faire abstraction;
   ~rsi ❖ vpi s'abstraire
83 **astringere** irr, vt astreindre
16/14 **astrologare** vi s'adonner à l'astrologie
9 **atomizzare** vt atomiser
9 **atrofizzare** vt atrophier; ~rsi vpi s'atrophier
15 **attaccare** ❖ vt, vi (avere) attaquer;
   ~rsi ❖ vpi s'accrocher, s'affronter
20 **attagliarsi** vpi aller bien, convenir
9 **attalentare** vx → talentare
20 **attanagliare** vt serrer avec des tenailles
9 **attardare** vt, *litt.* retarder;
   ~rsi ❖ vpi s'attarder
9 **attastare** → tastare
128 **attecchire** vi (avere) s'enraciner
20 **attediare**, ~rsi *litt.* → tediare
18 **atteggiare** vt affecter; ~rsi ❖ vpi prendre
   un air
9 **attemparsi** *litt.* vpi vieillir
9 **attendarsi** vpi camper
62 **attendere** ❖ irr, vt attendre;
   vi (avere) s'occuper
102 **attenere** ❖ irr, vi a concerner;
   ~rsi ❖ vpi a s'en tenir à
9 **attentare** ❖ vi (avere) attenter;
   ~rsi ❖ vpi a/di oser
9 **attenuare** vt atténuer; ~rsi vpi s'atténuer
9 **atterrare** vt abattre; vi (avere) atterrir
132 **atterrire** déf, vt terrifier;
   vi, ~rsi vpi s'effrayer
9 **attestare** ❖ vt attester; ~rsi vpi [armée]
   prendre position
9 **atticizzare** vi (avere) s'exprimer avec
   élégance

9 **attillare** vt [un vêtement] serrer;
   ~rsi vpi se pomponner
82 **attingere** ❖ irr, vt puiser
9 **attirare** vt attirer
9 **attivare** vt activer
9 **attivizzare** vt rendre actif
9 **attizzare** vt attiser
48 **attorcere** irr, vt tordre; ~rsi vpi se tordre
20 **attorcigliare** vt tortiller; ~rsi vpi s'entortiller
20 **attorniare** vt entourer;
   ~rsi ❖ vpi s'entourer
20 **attortigliare** vt tortiller;
   ~rsi vpi s'entortiller
15/14 **attossicare** vx, vt empoisonner
15 **attraccare** ❖ vi a, vt accoster, aborder
128 **attrappire** vt engourdir;
   ~rsi vpi s'engourdir
125 **attrarre** irr, vt attirer
9 **attraversare** vt traverser
9 **attrezzare** vt équiper; ~rsi vpi s'équiper
128 **attribuire** ❖ vt attribuer
9 **attristare** *litt.* vt attrister;
   vi, ~rsi *litt.* vpi s'attrister, s'étioler
128 **attristire** → attristare
9 **attruppare** *litt.* vt attrouper;
   ~rsi *litt.* vpi s'attrouper
9 **attualizzare** vt actualiser
9 **attuare** vt réaliser; ~rsi vpi se réaliser
128 **attutire** vt amortir, atténuer;
   ~rsi vpi s'atténuer
13 **augurare** ❖ vt souhaiter;
   ~rsi ❖ vpt souhaiter, se souhaiter
133 **aulire** déf, vi embaumer
9 **aumentare** ❖ vt, vi augmenter
9 **aureolare** *litt.* vt auréoler
9 **auscultare** vt ausculter
15/13 **auspicare** ❖ vt, ~rsi ❖ vpt souhaiter
9 **autarchizzare** vt rendre autarcique
15/14 **autenticare** vt authentifier
15/14 **autentificare** → autenticare
9 **autoaccusarsi** vpi s'auto-accuser
9 **autoaffondarsi** vpi se saborder
120 **autoassolversi** irr, vpi s'absoudre
75 **autodistruggersi** irr, vpi s'autodétruire
9 **autofinanziarsi** vpi s'autofinancer
9 **autografare** vt autographier
9 **autolimitarsi** vpi se limiter
9 **automatizzare** vt automatiser
126 **autoridurre** irr, vt autoréduire
9 **autorizzare** ❖ vt autoriser
9 **autosuggestionarsi** vpi se suggestionner
9 **autotrasportare** vt camionner, voiturer
9 **avallare** vt avaliser

9 **avanzare**[1] ❖ vi (avere), vt avancer ;
 ~rsi vpi s'avancer
9 **avanzare**[2] vi (avere) rester ;
 vt devoir [argent]
20 **avariare** vt avarier ; vi, **~rsi** vpi s'avarier
96 **avellere** irr, vt arracher
4 **avere** ❖ irr, vt, vi (avere) avoir
17 **aviolanciare** vt parachuter
9 **aviotrasportare** vt aéroporter
15/13 **avocare** vt évoquer [juridiquement],
 confisquer, prendre sur soi
91 **avvalersi** ❖ irr, vpi se servir
9 **avvallare** vt avaliser ; **~rsi** vpi [terrain]
 s'affaisser
9 **avvalorare** vt confirmer ;
 ~rsi vpi se confirmer
9 **avvampare** ❖ vi, vt flamber, s'enflammer
18 **avvantaggiare** vt avantager ;
 ~rsi ❖ vpi s'avantager
56 **avvedersi** ❖ irr, vpi s'apercevoir
9 **avvelenare** vt empoisonner ;
 ~rsi vpi s'empoisonner
145 **avvenire** irr, vi, vi imp arriver, se produire
9 **avventare** vt, vi (avere) lancer ;
 rsi vpi se ruer
9 **avventurare** vt aventurer ;
 ~rsi vpi s'aventurer
9 **avverare** vt confirmer, réaliser ;
 ~rsi vpi s'avérer, se réaliser
9 **avversare** vt contrecarrer ;
 ~rsi vpi s'opposer [l'un l'autre]
127 **avvertire** ❖ vt avertir
9 **avvezzare** vt accoutumer, habituer ;
 ~rsi vpi s'habituer
19 **avviare** ❖ vt entreprendre, lancer ;
 ~rsi ❖ vpi se diriger
9 **avvicendare** vt alterner ; **~rsi** vpi se relayer
9 **avvicinare** ❖ vt approcher ;
 ~rsi ❖ vpi s'approcher
128 **avvilire** vt avilir ; **~rsi** vpi s'avilir
9 **avviluppare** vt envelopper ;
 ~rsi vpi s'envelopper
9 **avvinare** vt aviner
9 **avvinazzare** vt soûler ; **~rsi** vpi se soûler
45 **avvincere** irr, vt étreindre
20 **avvinghiare** vt serrer ;
 ~rsi ❖ vpi se cramponner
9 **avvisare** vt avertir
9 **avvistare** vt repérer, apercevoir
9 **avvitare** vt visser
20 **avviticchiare** vt vriller ; **~rsi** vpi s'enrouler
9 **avvivare** ❖ litt. vt aviver, raviver ;
 ~rsi litt. vpi s'animer

128 **avvizzire** vt flétrir ; vi, **~rsi** se flétrir
78 **avvolgere** irr, vt envelopper, enrouler ;
 ~rsi vpi s'envelopper
14 **avvoltolare** vt envelopper ;
 ~rsi vpi s'envelopper
9 **azionare** vt actionner
9 **azzannare** vt saisir [entre ses crocs]
9 **azzardare** vt hasarder ;
 ~rsi ❖ vpi se hasarder
15 **azzeccare** vt deviner
9 **azzerare** vt mettre à zéro
9 **azzimare** vt pomponner ;
 ~rsi vpi se pomponner
9 **azzittare, ~rsi** → azzittire
128 **azzittire** vt faire taire ; vi, **~rsi** vpi se taire
9 **azzoppare** vt estropier ;
 vi, **~rsi** vpi s'estropier
128 **azzoppire, ~rsi** → azzoppare
9 **azzuffarsi** vpi se battre
9 **azzurrare** vt, vi azurer, bleuir ;
 ~rsi vpi bleuir
18 **azzurreggiare** litt. vi tirer sur le bleu

B

15 **bacare** vt gâter ; vi, **~rsi** vpi se gâter
20 **baccagliare** vi criailler
9 **bacchettare** vt battre, fustiger
20 **bacchiare** vt gauler
17 **baciare** vt embrasser ; **~rsi** vpi s'embrasser
20 **baciucchiare** vt bécoter
9 **badare** ❖ vi (avere) **a** s'occuper de
21 **bagnare** vt mouiller ; **~rsi** vpi se mouiller,
 se baigner ; vpt mouiller
9 **bagordare** vi (avere) faire la noce
9 **balbettare** vi (avere), vt bégayer, balbutier
128 **balbutire** litt. → balbettare
9 **balcanizzare** vt balkaniser
9 **balenare** vi imp faire des éclairs
9 **balestrare** vt, vi (avere) tirer à l'arbalète
9 **ballare** ❖ vi (avere), vt danser
9 **ballonzolare** vi (avere) dansotter, sautiller
9 **ballottare** vt ballotter
15 **baloccare** vt amuser ; **~rsi** vpi s'amuser
14 **baluginare** vi resplendir, briller
9 **balzare** ❖ vi sauter, bondir
9 **balzellare** vi (avere) sautiller
18 **bambineggiare** vi (avere) faire l'enfant
18 **bamboleggiare** vi (avere) minauder
9 **banalizzare** vt banaliser
9 **banchettare** vi (avere) banqueter
128 **bandire** ❖ vt organiser [un concours],
 bannir

9 **barare** ❖ vi (avere) *tricher*
9 **barattare** ❖ vt *troquer*
20 **barbagliare** vi *étinceler*
18 **barbareggiare** *litt.* vi (avere) *faire des barbarismes*
9 **barbarizzare** vt *rendre barbare ; litt.* vi *faire des barbarismes*
15/13 **barbicare** vi (avere) *s'enraciner*
15/14 **barbificare** vi (avere) → *barbicare*
9 **barbottare** *rég.* vt, vi (avere) *grommeler*
20 **barbugliare** vt, vi (avere) *bafouiller, brédouiller*
9 **barcamenarsi** vpi *se débrouiller*
20 **barcheggiare** vi *se débrouiller*
9 **barcollare** vi (avere) *chanceler, tituber*
9 **bardare** vt *barder, harnacher*
9 **barellare** vt, vi (avere) *brancarder, chanceler*
9 **barrare** vt *barrer*
15/13 **barricare** vt *barricader ; ~rsi* vpi *se barricader*
128 **barrire** vi (avere) *barrir*
9 **baruffare** *rare*, vi (avere) *se bagarrer*
9 **basare** ❖ vt *baser ; ~rsi* ❖ vpi *se baser*
128 **basire** vi *s'ébahir, litt. s'évanouir*
9 **bastare** ❖ vi imp *suffire*
9 **bastionare** vt *bastionner*
9 **bastonare** vt *bâtonner ; ~rsi* vpi *se battre à coups de bâton*
20 **batacchiare** vt *triquer*
20 **battagliare** vi (avere) *combattre*
26 **battere** ❖ vt, vi (avere) *battre ; ~rsi* ❖ vpi *se battre*
9 **battezzare** vt *baptiser ; ~rsi* vpi *se baptiser*
15 **battibeccare** vi *avoir des prises de bec*
15/13 **bazzicare** vt *fréquenter, hanter ;* vi (avere) *traîner*
9 **bearsi** ❖ vpi *se délecter*
15/14 **beatificare** vt *béatifier*
15 **beccare** vt *becqueter, fam. choper ;* vi *picorer ; ~rsi* vpi *se donner des coups de bec, se chamailler ; fam.* vtp *se choper*
18 **beccheggiare** vi (avere) *tanguer*
9 **beffare** vt, *~rsi* ❖ *di* vpi *berner, duper, se moquer de*
18 **beffeggiare** → *beffare*
9 **belare** vi (avere) *bêler*
9 **bendare** vt *bander*
139 **benedire** irr, vt *bénir*
15/14 **beneficare** vt *faire du bien à*
17 **beneficiare** ❖ vi (avere) *bénéficier*
9 **benemeritare** *litt.* → *benmeritare*

9 **benmeritare** vi (avere) *bien mériter*
17 **berciare** vi (avere) *brailler, gueuler*
43 **bere** ❖ irr, vt *boire*
20 **bersagliare** vt *tirer sur*
18 **berteggiare** *litt.* vt *railler*
20 **bestemmiare** vt *blasphémer*
43 **bevere** irr, vx → *bere*
20 **bevicchiare** vt *boire un peu*
20 **bevucchiare** → *bevicchiare*
15/13 **bezzicare** vt *becqueter*
18 **biancheggiare** vi (avere) *blanchir*
128 **bianchire** vt *blanchir*
15/13 **biancicare** *litt.* → *biancheggiare*
15/13 **biascicare** vt *mâchonner, marmonner*
9 **biasimare** vt *blâmer ; ~rsi* vpi *se blâmer*
9 **bidonare** *fam.* vt *rouler, pigeonner*
9 **biffare** vt *jalonner*
15 **biforcare** vt *diviser en deux ; ~rsi* vpi *bifurquer*
9 **bighellonare** vi (avere) *vadrouiller, flâner*
18 **bigiare** *rég.* vt *sécher [un cours]*
17 **bilanciare** vt *balancer ; ~rsi* vpi *se balancer*
9 **binare** vt *doubler*
9 **biografare** vt *faire la biographie de*
18 **biondeggiare** vi (avere) *blondir*
128 **bipartire** vt *diviser en deux ; ~rsi* vpi *se diviser en deux*
18 **birbanteggiare** vi (avere) *faire le coquin*
18 **birboneggiare** vi (avere) *faire le coquin*
20 **bisbigliare** vi (avere), vt *chuchoter*
17 **bisbocciare** vi (avere) *ripailler*
9 **biscazzare** *litt.* vi (avere) *fréquenter les tripots*
9 **biscottare** vt *sécher au four*
21 **bisognare** *déf*, vi imp *falloir*
9 **bissare** vt *bisser*
17 **bisticciare** vi (avere), *~rsi* ❖ vpi *se disputer*
9 **bistrare** vt *bistrer*
9 **bistrattare** vt *malmener, maltraiter*
9 **bitumare** vt *bitumer*
9 **bituminare** vt *bituminer*
15 **bivaccare** vi (avere) *bivouaquer*
18 **bizantineggiare** vi (avere) *imiter l'art byzantin*
128 **blandire** vt *blandir*
9 **blasonare** vt *blasonner*
9 **blaterare** vi (avere) *jacasser ;* vt *dégoiser*
9 **blindare** vt *blinder*
15 **bloccare** vt, vi (avere) *bloquer ; ~rsi* vpi *se bloquer*
9 **bluffare** vi (avere) *bluffer*

9 **bobinare** vt bobiner
18 **boccheggiare** vi (avere) agoniser
9 **bocciardare** vt boucharder
17 **bocciare** vt repousser, recaler
20 **bofonchiare** vi (avere), vt bougonner
9 **boicottare** vt boycotter
9 **bolinare** vi (avere) naviguer au près, louvoyer; vt bouliner
9 **bollare** vt timbrer
127 **bollire** vi (avere), vt bouillir
9 **bolscevizzare** vt bolcheviser
9 **bomare** vt bômer
9 **bombardare** ✧ vt bombarder
9 **bombare** vt bomber
15/14 **bonificare** vt bonifier
20 **borbogliare** litt. vi (avere) gargouiller
9 **borbottare** vi (avere), vt grogner, marmonner
9 **bordare** vt border
18 **bordeggiare** vi (avere) louvoyer
20 **boriarsi** vpi se donner de grands airs
9 **borrare** vt bourrer
18 **borseggiare** vt voler, dérober
9 **boxare** vi (avere) boxer
15 **braccare** vt traquer
17 **bracciare** vt brasser, brasseyer
9 **bramare** litt. vt désirer ardemment
128 **bramire** vi (avere) bramer
15/13 **brancicare** vi (avere), vt tâtonner, tripoter
9 **brancolare** vi (avere) tâtonner
18 **brandeggiare** vt pointer
128 **brandire** vt brandir
9 **bravare** litt. vt réprimander
18 **braveggiare** vi (avere) faire le bravache
9 **brevettare** vt breveter
9 **brezzare** vt vanner [le blé]
16 **brigare** vi (avere) intriguer
9 **brillantare** vt brillanter
9 **brillare** vi (avere) briller; vt faire sauter [une mine]
9 **brinare** vt, vi imp geler, givrer
9 **brindare** ✧ vi (avere) trinquer, porter un toast
20 **brogliare** vi (avere) intriguer
13 **brontolare** vi (avere), vt grogner, marmonner
9 **bronzare** vt bronzer
15 **brucare** vt brouter
20 **bruciacchiare** vt roussir
17 **bruciare** vt, vi brûler; ~**rsi** vpi brûler, se brûler; vpt se brûler
128 **bruire** litt. vi bruire
15/13 **brulicare** ✧ vi (avere) grouiller, fourmiller

18 **bruneggiare** rare, vi (avere) tirer sur le brun
128 **brunire** vt brunir
15 **bruscare** vt griller
128 **brusire** litt. vi bourdonner
9 **brutalizzare** vt brutaliser
9 **brutare** vi brouter
9 **bruttare** litt. vt souiller
9 **bubbolare** vi (avere) trembler [de froid]
15 **bucare** vt trouer; vi (avere) crever; ~**rsi** vpi trouer, crever, se piquer
9 **bucherellare** vt trouer, cribler de trous
9 **buffare** vt souffler [un pion]
18 **buffoneggiare** vi (avere) bouffonner
9 **buggerare** fam. vt rouler
15/13 **bulicare** litt. vi (avere) [eau] bouillonner, [personnes] grouiller
9 **bulinare** vt buriner
9 **bullettare** vt clouer
9 **bullonare** vt boulonner
9 **burattare** vt bluter, tamiser
9 **burlare** vi (avere) plaisanter; vt, ~**rsi** ✧ **di** vpi railler, berner, se moquer de
9 **burocratizzare** vt bureaucratiser
15/14 **burrificare** vt baratter
15 **buscare** vt attraper
9 **bussare** ✧ vi (avere) frapper [à la porte]
9 **buttare** ✧ vt, vi (avere) jeter; ~**rsi** ✧ vpi se jeter
9 **butterare** vt grêler

C

9 **cablare** vt câbler
9 **cablografare** vt câbler
9 **cabotare** vi (avere) caboter
9 **cabrare** vi (avere), vt cabrer
15 **cacare** vulg. vi, vt, chier
17 **cacciare** ✧ vt, vi (avere) chasser; ~**rsi** ✧ fam. vpi se cacher, se fourrer
9 **cadenzare** vt cadencer
53 **cadere** ✧ irr, vi tomber
9 **cagionare** vt causer
20 **cagliare** vi, vt cailler
9 **calafatare** vt calfater
9 **calamitare** vt aimanter
9 **calandrare** vt calandrer
9 **calare** ✧ vt, vi baisser; ~**rsi** ✧ vpi descendre
15 **calcare** vt tasser, piétiner
17 **calciare** vi (avere) donner des coups de pied; vt shooter dans
9 **calcinare** vt chauler, calciner

9 **calcitrare** vi (avere) regimber
13 **calcolare** ◆ vt calculer
18 **caldeggiare** vt appuyer
91 **calere** irr, déf, litt. vi imp chaloir
9 **calettare** vt, vi (avere) caler, assembler
9 **calibrare** vt calibrer
9 **calmare** vt calmer; **~rsi** vpi se calmer
9 **calorizzare** vt caloriser
9 **calpestare** vt piétiner
20 **calunniare** vt calomnier
9 **calzare** vt, vi (avere) chausser
20 **cambiare** ◆ vt, vi changer;
    ~rsi ◆ vpt changer de; vpi se changer
9 **camminare** vi (avere) marcher
17 **camosciare** → scamosciare
9 **campare** ◆ vi, vt vivre, réchampir
18 **campeggiare** vi (avere) camper
20 **campicchiare** vi vivoter
9 **campionare** vt échantillonner
9 **camuffare** ◆ vt camoufler;
    ~rsi ◆ vpi se camoufler
9 **canalizzare** vt canaliser
9 **cancellare** ◆ vt effacer;
    ~rsi ◆ vpi s'effacer
9 **cancerizzarsi** vpi se cancériser
9 **cancrenare** vt gangrener;
    vi, **~rsi** vpi se gangrener
18 **candeggiare** vt blanchir
13 **candidare** ◆ vt proposer comme candidat;
    ~rsi ◆ vpi se porter candidat
128 **candire** vt candir, confire
18 **cangiare** litt. vt, vi, **~rsi** vpi changer
    [de couleur]
18 **canneggiare** vt arpenter
9 **cannibalizzare** vt cannibaliser
18 **cannoneggiare** vt, vi (avere) canonner
9 **canonizzare** vt canoniser
9 **cantare** vi (avere), vt chanter
9 **cantarellare** → canterellare
9 **canterellare** vt, vi (avere) chantonner,
    fredonner
20 **canticchiare** vt, vi (avere) chantonner,
    fredonner
9 **cantilenare** vt, vi (avere) psalmodier
9 **canzonare** vt, vi (avere) railler, plaisanter
9 **capacitarsi** ◆ vpi réaliser, se rendre compte
9 **capare** rég. vt monder
18 **capeggiare** vt être à la tête de
128 **capire** ◆ vt comprendre;
    ~rsi vpi se comprendre
9 **capitalizzare** vt capitaliser
9 **capitanare** vt commander
18 **capitaneggiare** → capitanare

13 **capitare** ◆ vi, vi imp arriver
9 **capitolare** vi (avere) capituler
9 **capitombolare** vi dégringoler
9 **capitozzare** vt étêter
9 **capotare** → cappottare
78 **capovolgere** irr, vt retourner, renverser;
    ~rsi vpi se renverser
18 **cappeggiare** vt capéer, capeyer
9 **capponare** vt chaponner
9 **cappottare** vi (avere), vt capoter
15/14 **caprificare** vt opérer la caprification sur
9 **capriolare** rare, vi cabrioler
9 **caprugginare** rare, vt jabler
9 **captare** vt capter
9 **caracollare** vi (avere) caracoler
9 **carambolare** vi caramboler
9 **caramellare** vt caraméliser
9 **caratare** vt peser en carats
9 **caratterizzare** vt caractériser
9 **carbonare** vt charbonner
9 **carbonizzare** vt carboniser;
    ~rsi vpi se carboniser
9 **carburare** vt, vi (avere) carburer
15 **carcare, ~rsi** vx → caricare
9 **carcerare** vt incarcérer
9 **cardare** vt carder
9 **carenare** vt caréner
9 **carezzare** → accarezzare
20 **cariare** vt carier; **~rsi** vpi se carier
15/13 **caricare** ◆ vt charger;
    ~rsi vpi se charger
9 **carnevalare** vi faire le carnaval/la noce
9 **carotare** vt carotter
9 **carpionare** vt faire mariner [du poisson]
128 **carpire** vt soutirer, extorquer
18 **carreggiare** litt. vt, vi (avere) charrier
9 **carrellare** vi (avere) tourner en travelling
9 **carrozzare** vt carrosser
9 **carrucolare** vt hisser [à l'aide d'une poulie]
18 **carteggiare**[1] vi (avere) correspondre
    [par lettre]
18 **carteggiare**[2] vi (avere) [navire, avion]
    pointer la carte; vt polir avec du papier
    de verre
9 **cartolinare** vt brocher
9 **cartonare** vt cartonner
15 **cascare** vi tomber
9 **cassare** ◆ vt effacer, radier, abroger
16 **castigare** vt châtier; **~rsi** vpi se châtier
9 **castrare** vt castrer, châtrer
9 **catalizzare** vt catalyser
16/14 **catalogare** vt cataloguer
9 **catapultare** vt catapulter

9 **catastare** vt empiler [du bois], cadastrer [un champ]
9 **catechizzare** vt catéchiser
9 **categorizzare** vt catégoriser
9 **cateterizzare** vt cathétériser
18 **catoneggiare** vi (avere) jouer les censeurs
9 **catramare** vt goudronner
9 **cattivare** litt. vt captiver
9 **catturare** vt capturer
9 **causare** vt causer
15/14 **caustificare** vt caustifier
9 **cautelare** vt protéger; ~**rsi** vpi se protéger
9 **cauterizzare** vt cautériser
9 **cauzionare** vt cautionner
15 **cavalcare** vt, vi (avere) chevaucher
9 **cavare** ❖ vt arracher, extraire; ~**rsi** vpi s'en tirer, s'arracher
9 **cavillare** vi (avere), vt pinailler
9 **cazzare** vt border
9 **cazzottare** fam. vt rosser; ~**rsi** fam. vpi se bagarrer
15 **cecare** rég. → accecare
26 **cedere** ❖ vi (avere), vt céder
9 **cedrare** vt traiter au jus de cédrat
9 **celare** ❖ vt cacher; ~**rsi** ❖ vpi se cacher
13 **celebrare** vt célébrer
20 **celiare** vi (avere) plaisanter
9 **cementare** vt cimenter
9 **cenare** ❖ vi (avere) dîner
128 **censire** vt recenser
9 **censurare** vt censurer
9 **centellinare** vt siroter
9 **centinare** vt center
9 **centralizzare** vt centraliser
9 **centrare** vt centrer
16/14 **centrifugare** vt centrifuger
15/14 **centuplicare** vt centupler
9 **cerare** vt cirer
15 **cercare** ❖ vt chercher; vi (avere) di chercher à, essayer de
20 **cerchiare** vt cercler
9 **cerchiettare** vt cercler
26 **cernere** irr, déf, litt. vt discerner
15/14 **certificare** ❖ vt certifier
9 **cerziorare** vx, vt informer, renseigner; ~**rsi** vx, vpi se renseigner
9 **cesellare** vt ciseler
9 **cessare** ❖ vi (avere/essere), vt arrêter, cesser
9 **cestinare** vt jeter au panier
128 **cestire** vi (avere) taller
9 **ceterizzare** vi cithariser

9 **chattare** vi chatter
9 **cheratinizzare** vt kératiniser
9 **chetare** vt calmer; ~**rsi** vpi se calmer
13 **chiacchierare** vi (avere) bavarder
9 **chiamare** ❖ vt appeler; ~**rsi** vpi s'appeler
9 **chiappare** vt attraper; ~**rsi** vpi s'attraper
15/14 **chiarificare** vt clarifier
128 **chiarire** ❖ vt éclaircir; ~**rsi** vpi s'éclaircir
9 **chiaroscurare** vt donner un effet de clair-obscur à; vi (avere) faire des clairs-obscurs
9 **chiavare** vulg. vt, vi baiser
9 **chiazzare** vt tacher
20 **chicchiriare** vi (avere) [coq] chanter, pousser des cocoricos
58 **chiedere** ❖ irr, vt demander; vi (avere) di vouloir parler à, demander des nouvelles de; ~**rsi** vpi se demander
9 **chinare** vt baisser, pencher; ~**rsi** vpi se baisser, se pencher
15 **chioccare** vx → schioccare
17 **chiocciare** vi (avere) caqueter, glousser
9 **chioccolare** vi (avere) siffler
9 **chiodare** vt clouter
9 **chiosare** vt gloser
71 **chiudere** ❖ irr, vt fermer; ~**rsi** ❖ vpi se fermer
9 **chiurlare** vi (avere) huer
9 **ciabattare** vi (avere) traîner les pieds
9 **cianchettare** vi (avere) se balancer
17 **cianciare** vi (avere) papoter
15/13 **ciancicare** vi (avere) mâchonner
9 **cianfrinare** vt chanfreiner
20 **cianfrugliare** vt, vi bâcler
9 **ciangottare** vi (avere) babiller, gazouiller
9 **cianurare** vt cyanurer
13 **ciappolare** vt échopper
9 **ciaramellare** vi (avere) papoter
9 **ciarlare** vi (avere) ragoter, jaser
9 **cibare** vt nourrir; ~**rsi** vpi se nourrir
9 **cicalare** vi (avere) jacasser, caqueter
9 **cicatrizzare** vt cicatriser; vi (avere), ~**rsi** vpi se cicatriser
15 **ciccare** vi (avere) chiquer
9 **cicchettare** vi (avere) passer un savon à; vt boire la goutte
9 **ciclostilare** vt polycopier
9 **cifrare** vt chiffrer
9 **cigolare** vi (avere) grincer
9 **cilindrare** vt cylindrer
9 **cimare** vt écimer, étêter
9 **cimentare** vt mettre à l'épreuve; ~**rsi** ❖ vpi s'essayer, se mesurer

20 **cincischiare** vt *froisser*; **~rsi** vpi *se froisser*
9 **cinematografare** vt *filmer*
9 **cinesizzare** vt *siniser*
82 **cingere** ❖ irr, vt, **~rsi** ❖ vpt *ceindre, ceinturer*
20 **cinghiare** vt *sangler*
9 **cinguettare** vi (avere) *gazouiller, jaser*
9 **cintare** → *recintare*
9 **cinturare** vt *ceinturer*
15 **cioccare** vt *choquer* [un câble]
9 **ciondolare** vi (avere), vt *balancer*
13 **circolare** vi (avere/essere) *circuler*
59 **circoncidere** irr, vt *circoncire*
9 **circondare** ❖ vt *entourer*;
~rsi ❖ vpi *s'entourer*
126 **circondurre** irr, vt *faire des circumductions avec, faire pivoter*
114 **circonflettere** vt *plier en rond, mettre un accent circonflexe sur*
65 **circonfondere** irr, *litt.* vt *auréoler*
118 **circonscrivere** irr, vt *circonscrire*
20 **circonstanziare** vt *circonstancier*
145 **circonvenire** irr, vi *circonvenir*
128 **circuire** vt *circonvenir, entortiller*
16/14 **circumnavigare** vt *circumnaviguer*
9 **ciriolare** *rég.* vi *glisser entre les doigts*
9 **citare** vt *citer*
9 **citofonare** ❖ vi (avere) **a** *appeler à l'interphone*; vt *communiquer par interphone*
17 **ciucciare** *fam.* vt, **~rsi** vpt *téter*
9 **ciurlare** *fam.* vi (avere) *branler*
9 **ciurmare** *fam.* vt *tromper, rouler*
9 **civettare** vi (avere) *faire la coquette*
9 **civilizzare** vt, vi *civiliser*
9 **clacsonare** vi (avere) *klaxonner*
9 **classare** vt *classer*
18 **classicheggiare** vi (avere) *imiter les classiques*
9 **classicizzare** vt *conformer*; vi (avere) *tendre au goût classique*
15/14 **classificare** vt *classer*; **~rsi** vpi *se classer*
15/13 **claudicare** vi (avere) *claudiquer*
9 **claxonare** → *clacsonare*
9 **climatizzare** vt *climatiser*
9 **clonare** vi *cloner*
9 **cloroformizzare** vt *chloroformer*
14 **coabitare** ❖ vi (avere) *cohabiter*
128 **coaderire** vi *adhérer ensemble*
14 **coadiuvare** vt *aider, coopérer avec*
9 **coadunare** vt *réunir*
14 **coagulare** vt, vi, **~rsi** vpi *coaguler*
9 **coalizzare** vt *coaliser*; **~rsi** ❖ vpi *se coaliser*

9 **coartare** *litt.* vt *contraindre, forcer*
13 **coccolare** vt *chouchouter, câliner*; **~rsi** vpi *se complaire*
20 **codiare** *vx*, vt *suivre de près* [le gibier]
15/14 **codificare** vt *codifier*
14 **coeditare** vt *coéditer*
113 **coesistere** ❖ irr, vi *coexister*
13 **cogitare** *litt.* vt, vi (avere) *cogiter*
89 **cogliere** irr, vt *cueillir*
9 **coglionare** *vulg.* vt *couillonner*
9 **coibentare** vt *isoler*
59 **coincidere** ❖ irr, vi (avere) *coïncider*
9 **cointeressare** vt *coïntéresser*
78 **coinvolgere** ❖ irr, vt *impliquer*
15/14 **cokificare** vt *cokéfier*
9 **colare** vi *couler, fondre*; vt *filtrer*
14 **collaborare** ❖ vi *collaborer*
9 **collare** vt *coller*
9 **collassare** vi (avere) *avoir un collapsus*; vt *provoquer un collapsus à*
9 **collaudare** vt *essayer*
9 **collazionare** vt *collationner*
16 **collegare** ❖ vt *relier*; **~rsi** ❖ vpi *se relier*
9 **collettare** *vx*, vt *collecter*
9 **collettivizzare** vt *collectiviser*
9 **collezionare** vt *collectionner*
59 **collidere** irr, vi (avere), **~rsi** vpi *se heurter*
9 **collimare** vi (avere) *concorder*
9 **colliquare** vt *liquéfier*
15/13 **collocare** vt *placer*; **~rsi** vpi *se placer*
20 **collodiare** vt *traiter au collodion*
20 **colloquiare** vi (avere) *s'entretenir, converser*
71 **colludere** irr, vi (avere) *colluder*
9 **colluttare** *litt.* vi (avere) *en venir aux mains*
9 **colmare** ❖ vt *combler*
18 **colombeggiare** *litt.* vi (avere) *roucouler*
9 **colonizzare** vt *coloniser*
9 **colorare** ❖ vt *colorier, colorer*; **~rsi** vpi *se colorer*
128 **colorire** vt *colorier*
9 **colpevolizzare** vt *culpabiliser*
128 **colpire** vt *frapper*
9 **coltivare** vt *cultiver*
9 **comandare** ❖ vt, vi (avere) *commander*
17 **combaciare** ❖ vi (avere), **~rsi** vpi *coïncider parfaitement, se joindre*
26 **combattere** ❖ vi (avere), vt *combattre*; **~rsi** vpi *se battre*
9 **combinare** ❖ vt *combiner*; vi (avere) *concorder*; **~rsi** ❖ vpi *aller ensemble, s'accoûtrer*
9 **comicizzare** vt *rendre comique*

17 **cominciare** ❖ vt, vi commencer	9 **complimentare** vt, **~rsi** ❖ **con** vpi féliciter, complimenter
14 **commemorare** vt commémorer	
9 **commendare** litt. vt louer, approuver	9 **complottare** vi (avere) comploter
9 **commensurare** litt. vt proportionner	124 **comporre** ❖ irr, vt composer;
9 **commentare** vt commenter	**~rsi** ❖ vpi se composer
9 **commercializzare** vt commercialiser	9 **comportare** vt comporter;
17 **commerciare** ❖ vi (avere), vt commercer	**~rsi** vpi se comporter
115 **commettere** irr, vt commettre	9 **comprare** ❖ vt acheter
13/14 **comminare** vt prescrire	62 **comprendere** ❖ irr, vt comprendre
14 **commiserare** vt plaindre, avoir pitié de	99 **comprimere** irr, vt comprimer
9 **commissionare** ❖ vt commissionner, commander	115 **compromettere** irr, vt compromettre;
	~rsi ❖ vpi se compromettre
9 **commisurare** ❖ vt proportionner	9 **comprovare** vt établir, attester
123 **commuovere** irr, vt émouvoir;	9 **compulsare** vt compulser
~rsi vpi s'émouvoir	84 **compungere** irr, litt. vt affliger
9 **commutare** ❖ vt commuer	13 **computare** vt calculer
9 **comodare** fam. vi convenir, servir, être utile; sout. vt prêter par commodat	15/14 **comunicare** ❖ vt, vi (avere) communiquer;
	~rsi ❖ vpi se communiquer, communier
14 **compaginare** litt. vt assembler	9 **comunistizzare** vt marxiser
9 **comparare** ❖ vt comparer	9 **concatenare** vt enchaîner;
136 **comparire** irr, vi paraître, comparaître	**~rsi** vpi s'enchaîner
14 **compartecipare** ❖ vi (avere) participer	57 **concedere** ❖ irr, vt accorder, octroyer;
9 **compartimentare** vt compartimenter	**~rsi** ❖ vpt s'accorder; vpi **a** se donner à
128 **compartire** litt. vt partager, diviser;	9 **concelebrare** vt concélébrer
~rsi litt. vpi se diviser	9 **concentrare** vt concentrer;
9 **compassare** vt compasser	**~rsi** vpi se concentrer
9 **compassionare** vt compatir, plaindre	128 **concepire** vt concevoir
128 **compatire** vt compatir;	26 **concernere** déf, vt concerner
~rsi vpi se souffrir, se supporter	9 **concertare** vt concerter;
20 **compendiare** vt résumer;	**~rsi** vpi se concerter
~rsi vpi se résumer	71 **conchiudere** irr, litt. → concludere
14 **compenetrare** vt pénétrer;	17 **conciare** vt tanner, accoutrer;
~rsi vpi s'identifier, s'interpénétrer	**~rsi** vpi s'accoutrer
9 **compensare** ❖ vt compenser, rémunérer	20 **conciliare** ❖ vt concilier;
13 **comperare** → comprare	**~rsi** ❖ vpi se concilier
40 **competere** ❖ déf, vi rivaliser	9 **concimare** vt engraisser, fumer
44 **compiacere** ❖ irr, vi (avere) **a**, vt complaire, satisfaire;	9 **concionare** litt. vi (avere) haranguer
	9 **concitare** litt. vt exciter
~rsi ❖ vpi **con** féliciter	9 **conclamare** litt. vt acclamer
81 **compiangere** irr, vt plaindre;	71 **concludere** irr, vt, vi (avere) conclure;
~rsi vpi se plaindre	**~rsi** ❖ vpi se conclure
16 **compiegare** vt inclure	9 **concordare** ❖ vt accorder, faire concorder; vi (avere) convenir, concorder
90 **compiere** irr, vt accomplir, réaliser, achever; **~rsi** vpi s'accomplir	
	107 **concorrere** ❖ irr, vi (avere) concourir
9 **compilare** vt remplir [un formulaire], compiler [une chronique], dresser [un inventaire]	9 **concreare** litt. vt créer ensemble
	9 **concretare** vt concrétiser;
	~rsi vpi se concrétiser
134 **compire** irr, vt, vi (avere) accomplir, réaliser, achever; **~rsi** vpi s'accomplir	9 **concretizzare** vt concrétiser;
	~rsi vpi se concrétiser
13 **compitare** vt épeler	15 **conculcare** litt. vt piétiner, violer
9 **completare** vt compléter	46 **concuocere** irr, vx, vt digérer
15/13 **complicare** vt compliquer;	128 **concupire** vt convoiter
~rsi vpi se compliquer	9 **condannare** ❖ vt condamner

9 **condensare** ❖ vt condenser;
~**rsi** vpi se condenser
128 **condire** ❖ vt assaisonner
62 **condiscendere** irr, vi (avere) condescendre
59 **condividere** ❖ irr, vt partager
9 **condizionare** ❖ vt conditionner
93 **condolersi** irr, vpi prendre part à la
douleur
9 **condonare** vt remettre [une peine],
faire grâce de
126 **condurre** irr, vt, vi (avere) conduire;
~**rsi** vpi se conduire
9 **confabulare** ❖ vi (avere) comploter
24 **confarsi** ❖ irr, vpi convenir
9 **confederare** vt confédérer;
~**rsi** vpi se confédérer
128 **conferire** ❖ vt, vi (avere) conférer
9 **confermare** ❖ vt confirmer;
~**rsi** ❖ vpi se confirmer
9 **confessare** ❖ vt avouer, confesser;
~**rsi** ❖ vpi se confesser
9 **confettare** vx, vt dragéifier
9 **confezionare** vt confectionner
15 **conficcare** vt enfoncer, planter;
~**rsi** vpi se planter
9 **confidare** ❖ vi (avere) avoir confiance;
vt confier; ~**rsi** ❖ vpi se confier
74 **configgere** irr, vt enfoncer, planter;
~**rsi** vpi se planter
9 **configurare** vt représenter, configurer;
~**rsi** vpi se présenter
9 **confinare** ❖ vi (avere), vt confiner;
~**rsi** vpi se confiner
15 **confiscare** ❖ vt confisquer
9 **conflagrare** litt. vi prendre feu,
[guerre] éclater
128 **confluire** ❖ vi (avere/essere) confluer
65 **confondere** ❖ irr, vt confondre;
~**rsi** vpi s'embrouiller
9 **conformare** ❖ vt conformer;
~**rsi** ❖ vpi se conformer
9 **confortare** ❖ vt réconforter;
~**rsi** vpi se réconforter
15 **confricare** litt. vt frotter
9 **confrontare** ❖ vt confronter;
~**rsi** ❖ vpi se confronter
9 **confutare** vt réfuter
9 **congedare** vt congédier;
~**rsi** ❖ vpi prendre congé
21 **congegnare** vt agencer, combiner
9 **congelare** vt congeler; ~**rsi** vpi se congeler
9 **congestionare** vt congestionner;
~**rsi** vpi se congestionner

9 **congetturare** vt conjecturer
84 **congiungere** ❖ irr, vt joindre;
~**rsi** ❖ vpi se joindre
9 **congiurare** vi (avere) comploter, conspirer
9 **conglobare** vt incorporer
9 **conglomerare** vt conglomérer;
~**rsi** vpi s'agglomérer
9 **conglutinare** vt conglutiner;
~**rsi** vpi s'agglutiner
14 **congratularsi** ❖ vpi con féliciter
16 **congregare** vt rassembler;
~**rsi** vpi se rassembler
20 **coniare** vt frapper [monnaie]
16/14 **coniugare** vt conjuguer;
~**rsi** vpi se conjuguer
9 **connaturare** vt rendre naturel;
~**rsi** vpi devenir naturel
114 **connettere** ❖ irr, vt relier, connecter;
~**rsi** ❖ vpi se relier, se connecter
9 **connotare** vt connoter
51 **conoscere** irr, vt connaître;
~**rsi** vpi se connaître
59 **conquidere**, ~**rsi** irr, litt.→ conquistare
9 **conquistare** vt, ~**rsi** vpt conquérir
9 **consacrare** ❖ vt consacrer, sacrer;
~**rsi** ❖ vpi se consacrer
21 **consegnare** ❖ vt consigner, livrer,
remettre; ~**rsi** ❖ vpi se livrer
127 **conseguire** vt obtenir, atteindre;
vi (avere) s'ensuivre
127 **consentire** ❖ vi (avere), vt consentir
9 **consertare** litt. vt entrelacer
9 **conservare** vt conserver;
~**rsi** vpi se conserver
14 **considerare** ❖ vt considérer;
~**rsi** vpi se considérer
20 **consigliare** ❖ vt conseiller;
~**rsi** ❖ vpi se consulter,
con qn consulter qqn
113 **consistere** ❖ irr, vi consister
17 **consociare** ❖ vt associer;
~**rsi** vpi s'associer
9 **consolare** vt consoler;
~**rsi** vpi se consoler
14 **consolidare** vt consolider;
~**rsi** vpi se consolider
9 **consonare** litt. vi (avere) s'accorder
20 **consorziare** ❖ vt réunir en consortium;
~**rsi** ❖ vpi se réunir en consortium
9 **constare** ❖ vi imp comprendre,
se composer, résulter
9 **constatare** ❖ vt constater
9 **constellare** → costellare

9 **consultare** ❖ vt *consulter*;
~**rsi** ❖ vpi *se consulter,*
con qn *consulter qqn*
9 **consumare** vt *user, consommer*;
~**rsi** vpi *s'user*
9 **contabilizzare** vt *comptabiliser*
18 **contagiare** vt *contaminer*;
~**rsi** vpi *se contaminer*
9 **contaminare** ❖ vt *contaminer*
9 **contare** ❖ vt, vi (avere) *compter*;
~**rsi** vpi *se compter*
9 **contattare** vt *contacter*
18 **conteggiare** vt *compter, calculer*
9 **contemperare** ❖ vt *modérer, tempérer*
9 **contemplare** ❖ vt *contempler*
62 **contendere** ❖ irr, vt *disputer*;
vi (avere) *rivaliser*;
~**rsi** vpt *se disputer*
102 **contenere** irr, vt *contenir*;
~**rsi** vpi *se contenir*
9 **contentare** vt *contenter*;
~**rsi** vpi *se contenter*
26 **contessere** irr, *litt.* vt *tisser*
9 **contestare** ❖ vt, vi (avere) *contester*
9 **contestualizzare** vt *contextualiser*
9 **contingentare** vt *contingenter*
82 **contingere** irr, *vx*, vi [*un événement*]
arriver; vt *toucher*
14 **continuare** ❖ vt, vi (avere/essere)
continuer
48 **contorcere** irr, vt *tordre*; ~**rsi** vpi *se tordre*
9 **contornare** ❖ vt *contourner, entourer*;
~**rsi** ❖ vpi *s'entourer*
9 **contrabbandare** ❖ vt *faire la contrebande de*
20 **contraccambiare** vt *rendre* [*une invitation*],
payer de retour
139 **contraddire** ❖ irr, vt, vi (avere) *contredire*;
~**rsi** vpi *se contredire*
117 **contraddistinguere** irr, vt *caractériser,*
distinguer; ~**rsi** vpi *se caractériser,*
se distinguer
139 **contradire**, ~**rsi** → *contraddire*
24 **contraffare** irr, vt *contrefaire*;
~**rsi** vpi *se déguiser*
9 **contraffortare** vt *contrebuter* [*un mur*]
9 **contrappesare** vt *équilibrer*;
~**rsi** vpi *s'équilibrer*
124 **contrapporre** ❖ irr, vt *opposer*;
~**rsi** ❖ vpi *s'opposer*
9 **contrappuntare** vt *composer selon les*
règles du contrepoint
9 **contrare** vt *contrer*
20 **contrariare** vt, vi (avere) *contrarier*

125 **contrarre** irr, vt *contracter, crisper*;
~**rsi** vpi *se contracter*
21 **contrassegnare** vt *marquer, caractériser*
9 **contrastare** ❖ vi (avere) *contraster*;
vt *contrarier*; ~**rsi** vpi *se disputer*
15 **contrattaccare** vt *contre-attaquer*
9 **contrattare** vt *négocier*
145 **contravvenire** ❖ irr, vi (avere) *contrevenir*
128 **contribuire** ❖ vi (avere) *contribuer*
9 **contristare** *litt.* vt *attrister, contrister*;
~**rsi** *litt.* vpi *s'attrister*
26 **controbattere** vt *riposter*
17 **controbilanciare** vt *contrebalancer*;
~**rsi** vpi *se contrebalancer*
17 **controbracciare** vt *contre-brasser*
9 **controchiavare** vt *fermer à double tour*
9 **controdatare** vt *postdater*
9 **controeccitare** vt *contre-exciter*
15/14 **controindicare** vt *contre-indiquer*
9 **controllare** ❖ vt *contrôler*;
~**rsi** ❖ vpi *se contrôler*
15 **contromarcare** vt *contremarquer*
9 **controminare** vt *contre-miner*
9 **controprofilare** vt *contre-profiler*
9 **controprovare** vt *fournir la*
contre-épreuve de
15/14 **controreplicare** vt *rejeter*;
vi (avere) *répliquer*
9 **controsterzare** vi *contre-braquer*
9 **controventare** vt *haubaner, entretoiser*
111 **controvertere** irr, déf, vt *controverser*;
vi (avere) *contester en justice*
66 **contundere** irr, vt *contusionner*
9 **conturbare** vt *troubler*;
~**rsi** vpi *se troubler*
14 **convalidare** vt *valider*
145 **convenire** ❖ irr, vt *établir*;
vi (avere), vi imp, ~**rsi** vpi *convenir*
86 **convergere** irr, déf, vi *converger*
9 **conversare** vi *converser*
127 **convertire** ❖ vt *convertir*;
~**rsi** ❖ vpi *se convertir*
45 **convincere** ❖ irr, vt *convaincre*;
~**rsi** ❖ vpi *se convaincre, se résoudre à*
9 **convitare** *litt.* vt *convier*
119 **convivere** irr, vi (avere/essere) *vivre*
ensemble, cohabiter
15/13 **convocare** vt *convoquer*
20 **convogliare** vt *acheminer*
9 **convolare** vi *convoler*
9 **coobare** vt *cohober*
9 **coonestare** *rare*, vt *pallier, justifier*
14 **cooperare** ❖ vi (avere) *coopérer*

9 **cooptare** vt coopter
14 **coordinare** ❖ vt coordonner;
~**rsi** ❖ vpi se coordonner
20 **copiare** vt copier
135 **coprire** ❖ irr, vt couvrir;
~**rsi** ❖ vpi se couvrir
9 **corazzare** vt cuirasser, blinder;
~**rsi** vpi se cuirasser, se blinder
15 **corcare**, ~**rsi** *litt.* → *coricare*
15/13 **coricare** vt coucher; ~**rsi** vpi se coucher
17 **corniciare** → *incorniciare*
9 **coronare** vt couronner;
~**rsi** vpi se couronner
9 **corredare** ❖ vt munir; ~**rsi** ❖ vpi se munir
72 **correggere** ❖ irr, vt corriger;
~**rsi** ❖ vpi se corriger
9 **correlare** ❖ vt mettre en corrélation
107 **correre** ❖ irr, vi (avere/essere), vt courir
64 **corrispondere** ❖ irr, vt payer [une
somme]; vi (avere) correspondre,
répondre; ~**rsi** vpi se correspondre
14 **corroborare** vt fortifier;
~**rsi** vpi se fortifier
69 **corrodere** irr, vt corroder, ronger;
~**rsi** vpi se corroder
105 **corrompere** ❖ irr, vt corrompre;
~**rsi** vpi se corrompre
17 **corrucciare** vt courroucer; ~**rsi** vpi s'irriter
16 **corrugare** vt plisser, froncer;
~**rsi** vpi se plisser, se froncer
15 **corruscare** *litt.* vi (avere) étinceler
18 **corseggiare** vi (avere) faire la course,
écumer les mers
18 **corteggiare** vt courtiser
118 **coscrivere** irr, *litt.* vt recruter, enrôler
15/14 **cosificare** vt chosifier
85 **cospargere** ❖ irr, vt parsemer, joncher,
saupoudrer; ~**rsi** ❖ vpt se couvrir
86 **cospergere** irr, *litt.* vt parsemer, asperger
9 **cospirare** vi (avere) conspirer
9 **costare** vi, vt coûter
9 **costatare** vt → *constatare*
18 **costeggiare** vt côtoyer, longer
9 **costellare** vt consteller, parsemer
9 **costernare** vt consterner;
~**rsi** vpi être consterné
9 **costipare** vt constiper, enrhumer;
~**rsi** vpi être constipé, s'enrhumer
128 **costituire** vt constituer;
~**rsi** vpi se constituer
83 **costringere** ❖ irr, vt contraindre
128 **costruire** vt construire
9 **costumare** vi avoir l'habitude de

9 **cotonare** vt crêper
9 **cotonizzare** vt cotoniser
9 **covare** vt, vi (avere) couver
9 **coventrizzare** vt raser au sol
9 **cozzare** vi (avere) **contro**, vt heurter,
cogner; ~**rsi** vpi se heurter, se cogner
9 **creare** vt créer
26 **credere** ❖ vt, vi (avere) croire;
~**rsi** vpi se croire
9 **cremare** vt incinérer
9 **crepare** vi crever; ~**rsi** vpi se fendre
9 **crepitare** vi (avere) crépiter
50 **crescere** ❖ irr, vi, vt grandir, croître
9 **cresimare** vt confirmer; ~**rsi** vpi faire sa
confirmation
9 **crespare** vt, vi crêper; ~**rsi** vpi se crêper
9 **cribrare** *litt.* vt cribler, pondérer
15 **criccare** vi criquer
20 **cricchiare** vi (avere) craquer
9 **criminalizzare** vt criminaliser
9 **cristallizzare** vi, vt cristalliser;
~**rsi** ❖ vpi se cristalliser
18 **cristianeggiare** *litt.* vi (avere) christianiser
15/13 **criticare** vt critiquer
9 **crivellare** vt cribler
20 **crocchiare** vi (avere) craquer
9 **crocchiolare** vi (avere) glousser
17 **crociare** vt croiser
9 **crocidare** *litt.* vi (avere) croasser
73 **crocifiggere** irr, vt crucifier
9 **crogiolare** vt mijoter;
~**rsi** vpi se prélasser
9 **crollare** vi s'écrouler, s'effondrer
9 **cromare** vt chromer
9 **cromatizzare** vt rendre chromatique
9 **cronometrare** vt chronométrer
17 **crosciare** *litt.* vi (avere) tomber à verse
9 **crossare** vi (avere) centrer [au football]
17 **crucciare** vt tourmenter; ~**rsi** vpi s'inquiéter
9 **cruentare** vt raviver, aviver
9 **cubare** vt cuber
15 **cuccare** *fam.* vt choper;
~**rsi** *fam.* vpt se choper
17 **cucciare** vi, ~**rsi** vpi [chien] se coucher
9 **cucinare** vt cuisiner
138 **cucire** irr, vt coudre
9 **cullare** vt bercer; ~**rsi** vpi se bercer
13 **culminare** ❖ vi culminer
9 **cumulare** vt cumuler
46 **cuocere** irr, vt, vi cuire
9 **curare** ❖ vt soigner; ~**rsi** ❖ vpi se soigner,
di se soucier de
9 **curiosare** vi (avere) fureter, fouiner

9 **curvare** vt *courber*; vi (avere) *tourner*;
~**rsi** vpi *se courber*
128 **custodire** vt *garder*;
~**rsi** vpi *se soigner*

D

9 **damare** vt *damer*
15 **damascare** vt *damasser, damasquiner*
9 **dannare** vt *damner*; ~**rsi** ❖ vpi *se damner*
18 **danneggiare** vt *endommager, abîmer*;
~**rsi** vpi *s'endommager, s'abîmer*
9 **danzare** vi (avere), vt *danser*
18 **dardeggiare** vt, vi (avere) *darder*
23 **dare** ❖ irr, vt *donner*; vi (avere) [*fenêtre*]
donner; ~**rsi** ❖ vpi **a** *s'adonner à*;
vtp *se donner*
9 **datare** ❖ vt, vi (avere) *dater*
9 **dattilografare** vt *dactylographier*
20 **daziare** vt *soumettre à l'octroi*
9 **deambulare** *sout.* vi (avere) *déambuler*
20 **debbiare** vt *écouer*
9 **debellare** vt *vaincre, anéantir*
9 **debilitare** vt *débiliter*; ~**rsi** vpi *se débiliter*
9 **debordare** ❖ vi (avere) *déborder*
9 **debuttare** vi (avere) *débuter*
53 **decadere** ❖ irr, vi *déchoir*
15 **decalcare** vt *décalquer*
15/14 **decalcificare** vt *décalcifier*;
~**rsi** vpi *se décalcifier*
9 **decantare** vt, vi *vanter, décanter*
9 **decapare** vt *décaper*
9 **decapitare** vt *décapiter*
9 **decappottare** vt *décapoter*
9 **decarbonizzare** vt *décarboniser*
9 **decarburare** vt *décarburer*
9 **decatizzare** vt *décatir*
9 **decatramare** vt *dégoudronner*
26 **decedere** vi *décéder*
9 **decelerare** vt, vi (avere) *décélerer*
9 **decentralizzare** vt *décentraliser*
9 **decentrare** vt *décentrer*
59 **decidere** ❖ irr, vt, vi (avere) *décider*;
~**rsi** ❖ vpi *se décider*
9 **decifrare** vt *déchiffrer*
9 **decimare** vt *décimer*
9 **declamare** vt *déclamer*
9 **declassare** vt *déclasser*
9 **declinare** ❖ vi (avere), vt *décliner*
9 **declorurare** vt *dechlorurer*
15/14 **decodificare** vt *décoder*
9 **decollare** vi (avere) *décoller*; vt *décapiter*
9 **decolonizzare** vt *décoloniser*

9 **decolorare** vt *décolorer*
124 **decomporre** irr, vt *décomposer*
99 **decomprimere** irr, vt *décomprimer*
9 **deconcentrare** vt *déconcentrer*;
~**rsi** vpi *se déconcentrer*
9 **decondizionare** vt *déconditionner*
9 **decongelare** vt *décongeler*
9 **decongestionare** vt *décongestionner*
9 **decontaminare** vt *décontaminer*
9 **decorare** ❖ vt *décorer*
9 **decornare** vt *décorner*
107 **decorrere** ❖ irr, vi *passer, courir*
15/14 **decorticare** vt *décortiquer*
14 **decrepitare** vt *décrépiter*
50 **decrescere** ❖ irr, vi *décroître*
9 **decretare** ❖ vt *décréter*
9 **decriptare** vt *décrypter*
9 **decrittare** vt → *decriptare*
15/14 **decuplicare** vt *décupler*
9 **decurtare** ❖ vt *réduire, diminuer*
15/13 **dedicare** ❖ vt *dédier, consacrer*;
~**rsi** vpi *se consacrer*
126 **dedurre** ❖ irr, vt, vi (avere) *déduire*
15 **defalcare** ❖ vt *défalquer*
15 **defaticarsi** vpi *se défatiguer*
16 **defatigare** vt *fatiguer, épuiser*
15 **defecare** vi (avere), vt *déféquer*
9 **defenestrare** vt *défenestrer*
128 **deferire** ❖ vt *déférer*; vi (avere) *soumettre*
9 **defezionare** vi (avere) *faire défection,*
déserter
9 **defibrinare** vt *défibriner*
73 **defiggere** irr, vt *détacher, décoller*
9 **defilare** vt *abriter* [*armement*];
vi [*armée*] *défiler*; ~**rsi** ❖ vpi *se défiler*
128 **definire** vt *définir*
9 **defiscalizzare** vt *défiscaliser*
9 **deflagrare** vi (avere) *éclater, exploser*
9 **deflazionare** vt *réduire, diminuer*
114 **deflettere** ❖ irr, *sout.* vi (avere) *dévier*
9 **deflorare** vt *déflorer*
128 **defluire** ❖ vi *s'écouler*
20 **defogliare** vt *défolier*
20 **defoliare** → *defogliare*
9 **deformare** vt *déformer*
9 **defraudare** ❖ vt *frustrer*
9 **degassare** vt *dégazer*
15/14 **degassificare** vt *dégazer*
9 **degenerare** ❖ vi (avere/*essere*),
vt *dégénérer*
9 **deglassare** vt *déglacer*
128 **deglutire** vt *déglutir*
21 **degnare** ❖ vt, ~**rsi** ❖ vpi **di** *daigner*

9 **degradare** vt, vi dégrader;
~**rsi** vpi se dégrader
9 **degustare** vt déguster
15/14 **deificare** vt déifier, diviniser;
~**rsi** vpi se diviniser
16/13 **delegare** ❖ vt déléguer
9 **delibare** *litt.* vt savourer
9 **deliberare** ❖ vt, vi (avere) **su** délibérer
9 **delimitare** vt délimiter
9 **delineare** vt tracer, esquisser;
~**rsi** vpi se dessiner
42 **delinquere** déf, vi (avere) commettre un
crime
9 **delirare** vi (avere) délirer
20 **deliziare** vt charmer;
~**rsi** ❖ vpi se délecter
9 **delucidare** vt élucider, délustrer [un tissu]
71 **deludere** irr, vt décevoir
20 **demagliare** vt démailler
9 **demagnetizzare** vt démagnétiser
9 **demandare** ❖ vt déférer
15 **demarcare** vt délimiter
20 **demaschiare** vt démascler
9 **demeritare** *sout.* vt, vi (avere) démériter
15/14 **demistificare** vt démystifier
9 **democratizzare** vt démocratiser;
~**rsi** vpi se démocratiser
128 **demolire** vt démolir
15/14 **demoltiplicare** vt démultiplier
9 **demonizzare** vt démoniser
9 **demoralizzare** vt démoraliser;
~**rsi** vpi se démoraliser
69 **demordere** ❖ vi démordre
9 **demotivare** vt démotiver;
~**rsi** vpi se démotiver
15/14 **demulsificare** vt démulsifier
9 **demulsionare** vt démulsifier
9 **denaturare** vt dénaturer
15/14 **denazificare** vt dénazifier
9 **denazionalizzare** vt dénationaliser
9 **denicotinizzare** vt dénicotiniser
9 **denigrare** vt dénigrer
14 **denominare** vt dénommer, appeler;
~**rsi** vpi se nommer, s'appeler
9 **denotare** vt dénoter
9 **dentellare** vt denteler
9 **denudare** ❖ vt dénuder;
~**rsi** vpi se dénuder
17 **denunciare** ❖ vt dénoncer
20 **denunziare** → *denunciare*
9 **deodorare** vt désodoriser
9 **depauperare** ❖ *litt.* vt appauvrir
9 **depenalizzare** vt dépénaliser

9 **depennare** ❖ vt rayer, biffer
128 **deperire** vi dépérir
9 **depicciolare** vt équeuter
9 **depilare** vt épiler
9 **depistare** vt dépister
9 **deplorare** vt déplorer
9 **depolarizzare** vt dépolariser
9 **depolimerizzare** vt dépolymériser
9 **depoliticizzare** vt dépolitiser
9 **depolverizzare** vt dépoussiérer
124 **deporre** ❖ irr, vt, vi (avere) déposer
9 **deportare** vt déporter
14 **depositare** ❖ vt déposer;
~**rsi** ❖ vpi se déposer
20 **depotenziare** vt affaiblir
9 **depravare** vt dépraver
15 **deprecare** vt désapprouver
9 **depredare** ❖ vt piller
9 **depressurizzare** vt dépressuriser
9 **deprezzare** vt déprécier;
~**rsi** vpi se déprécier
99 **deprimere** irr, vt, ~**rsi** vpi déprimer
9 **depurare** ❖ vt dépurer;
~**rsi** ❖ vpi être dépuré
9 **deputare** ❖ vt députer
15/14 **dequalificare** vt déqualifier
20 **deragliare** vi dérailler
9 **derapare** vi (avere) déraper
9 **derattizzare** vt dératiser
9 **deregolamentare** vt déréglementer
9 **deresponsabilizzare** vt déresponsabiliser
59 **deridere** irr, vt se moquer de
9 **derivare** vt tirer; vi dériver
16/13 **derogare** ❖ vi (avere) **a**, vt déroger à
9 **derubare** ❖ vt voler
15 **derubricare** vt requalifier [un délit]
9 **desacralizzare** vt désacraliser
9 **desalinizzare** vt dessaler
9 **descolarizzare** vt déscolariser
118 **descrivere** irr, vt décrire
9 **desensibilizzare** vt désensibiliser
15/14 **desertificare** vt désertifier
19 **desiare** *litt.* → *desiderare*
14 **desiderare** ❖ vt désirer
21 **designare** ❖ vt désigner
9 **desinare** *vx*, vi (avere) déjeuner
113 **desistere** ❖ irr, vi (avere) désister
9 **desolare** vt dévaster, désoler
9 **desonorizzare** vt désonoriser, insonoriser
14 **desossidare** → *disossidare*
9 **desquamare** vt desquamer;
~**rsi** vpi se desquamer
9 **destabilizzare** vt déstabiliser

9 **destare** ❖ vt *réveiller*;	20 **differenziare** ❖ vt *différencier*;
~rsi ❖ vpi *se réveiller*	**~rsi** ❖ vpi *se différencier*
9 **destinare** vt *destiner*	128 **differire** ❖ vt, vi *différer*
128 **destituire** vt *destituer*	9 **diffidare** ❖ vi (avere) *se méfier*; vt *sommer*
18 **destreggiarsi** vpi *se débrouiller*	65 **diffondere** irr, vt *répandre*;
9 **destrutturare** vt *déstructurer*	**~rsi** vpi *se répandre*
100 **desumere** ❖ irr, vt *déduire, tirer*	81 **diffrangersi** irr, vpi *se diffracter*
102 **detenere** irr, vt *détenir*	128 **digerire** vt *digérer*
86 **detergere** irr, vt *nettoyer*	9 **digitalizzare** vt *numériser*
9 **deteriorare** vt *détériorer*;	9 **digitare** vt *taper, saisir*
~rsi vpi *se détériorer*	9 **digiunare** vi (avere) *jeûner*
14 **determinare** ❖ vt *déterminer*;	9 **digradare** vi (avere/essere), vt *descendre, faiblir*
~rsi ❖ vpi *se déterminer*	
9 **detestare** vt *détester*; **~rsi** vpi *se détester*	9 **digrassare** vt *dégraisser*
9 **detonare** vi (avere) *détoner*	128 **digredire** *sout.* vi (avere) *digresser*
125 **detrarre** ❖ irr, vt *déduire, retrancher*	21 **digrignare** vt *grincer [des dents]*
9 **detronizzare** vt *détrôner*	9 **digrossare** vt *dégrossir*;
71 **detrudere** irr, déf, *litt.* vt *chasser violemment au déhors*	**~rsi** vpi *se dégrossir*
	9 **diguazzare** vi (avere) *patauger, barboter*; vt *agiter*
20 **dettagliare** vt *détailler*	9 **dilacerare** vt *déchirer*
9 **dettare** vt *dicter*	16 **dilagare** vi *se répandre, déborder*
9 **deturpare** vt *défigurer*	20 **dilaniare** vt *déchiqueter*;
15/14 **deumidificare** vt *déshumidifier*	**~rsi** vpi *s'entredéchirer*
9 **deuterare** vt *deutérer*	9 **dilapidare** vt *dilapider*
9 **devastare** vt *dévaster*	9 **dilatare** vt *dilater*; **~rsi** vpi *se dilater*
19 **deviare** ❖ vi, vt *dévier*	9 **dilavare** vt *délaver*
9 **devitalizzare** vt *dévitaliser*	9 **dilazionare** vt *différer*
9 **devitaminizzare** vt *dévitaminer*	18 **dileggiare** vt *se moquer de*
120 **devolvere** ❖ irr, vt *léguer, transmettre*;	9 **dileguare** vt *dissiper*;
~rsi vpi *se léguer, se transmettre*	vi, **~rsi** vpi *se dissiper, se volatiliser*
9 **devulcanizzare** vt *dévulcaniser*	9 **dilettare** vt *amuser, dilecter*;
9 **diaframmare** vt *diaphragmer*	**~rsi** ❖ vpi *s'amuser, se délecter*
15/14 **diagnosticare** vt *diagnostiquer*	76 **diligere** irr, *litt.* vt *aimer, chérir*
9 **dializzare** vt *dialyser*	15 **diliscare** vt *enlever les arêtes de*
16/14 **dialogare** ❖ vt, vi (avere) *dialoguer*	9 **dilombarsi** vpi *s'éreinter, s'échiner*
9 **dialogizzare** vt, vi (avere) *dialoguer*	9 **dilucidare** vt → *delucidare*
9 **diamantare** vt *diamanter*	128 **diluire** ❖ vt *diluer*
9 **diazotare** vt *diazoter*	16 **dilungarsi** vpi *se prolonger, s'étendre*
9 **dibarbare** vt *déraciner*	20 **diluviare** vi imp (avere/essere) *pleuvoir à torrents*
26 **dibattere** vt *débattre*; **~rsi** vpi *se débattre*	
15 **diboscare** → *disboscare*	9 **dimagrare**, **~rsi** → *dimagrire*
15 **dicare** *litt.* vt *consacrer*	128 **dimagrire** vi, **~rsi** vpi *maigrir*
9 **dicentrare** vt → *decentrare*	9 **dimenare** vt *agiter, remuer*;
9 **dichiarare** ❖ vt *déclarer*;	**~rsi** vpi *se démener*
~rsi vpi *se déclarer*	9 **dimensionare** vt *dimensionner*
9 **diesare** vt *diéser*	15/14 **dimenticare** vt, **~rsi** ❖ *di* vpi *oublier*
9 **diesizzare** → *diesare*	115 **dimettere** ❖ irr, vt *démettre*;
15 **difalcare** → *defalcare*	**~rsi** ❖ vpi *démissionner*
62 **difendere** ❖ irr, vt *défendre*;	9 **dimezzare** vt *partager en deux*
~rsi vpi *se défendre*	128 **diminuire** ❖ vt, vi *diminuer*
9 **difettare** ❖ vi (avere) *manquer, faire défaut*	9 **dimissionare** vt *démissionner*
15 **diffalcare** → *defalcare*	9 **dimorare** vi (avere) *demeurer*
9 **diffamare** vt *diffamer*	

9 **dimostrare** ❖ vt démontrer ;
~**rsi** vpi se montrer
9 **dinamizzare** vt dynamiser
9 **dinoccolare** vt disloquer
9 **dipanare** vt dévider, démêler
128 **dipartire** vt diviser
127 **dipartirsi** ❖ litt. vpi partir, s'éloigner
62 **dipendere** ❖ irr, vi dépendre
82 **dipingere** irr, vt peindre ;
~**rsi** vtp se maquiller ; vpi fig. se peindre
9 **diplomare** vt diplômer ; ~**rsi** vpi obtenir
son diplôme
9 **diradare** vt dissiper, espacer ;
vi, ~**rsi** vpi se dissiper, se raréfier
15/14 **diradicare** vt déraciner
9 **diramare** ❖ vt diffuser ;
vi, ~**rsi** ❖ vpi se ramifier
9 **diraspare** vt égrapper
139 **dire** ❖ irr, vt, vi dire
76 **dirigere** irr, vt diriger ; ~**rsi** vpi se diriger
98 **dirimere** irr, déf, vt résoudre, trancher
9 **dirizzare**, ~**rsi** → drizzare
15 **diroccare** vt démolir ; vi tomber en ruine
105 **dirompere** irr, litt. vt briser, rompre ;
vi fig. rompre ; ~**rsi** litt. vpi se briser,
se rompre
9 **dirottare** vt dérouter ; vi (avere) changer
de route
9 **dirozzare** vt dégrossir ;
~**rsi** vpi se dégrossir
128 **dirugginire** vt dérouiller
128 **disabbellire** litt. vt enlaidir ;
~**rsi** litt. vpi s'enlaidir
20 **disabbigliare** vt déshabiller ;
~**rsi** vpi se déshabiller
14 **disabitare** vt dépeupler
9 **disabituare** ❖ vt déshabituer ;
~**rsi** ❖ vpi se déshabituer
9 **disaccentare** vt désaccentuer
20 **disaccoppiare** vt découpler, désaccoupler
9 **disaccordare** vt désaccorder ;
~**rsi** vpi se désaccorder
9 **disacerbare** litt. vt adoucir, soulager ;
~**rsi** litt. vpi s'adoucir
128 **disacidire** vt désacidifier
9 **disadattare** vt désadapter
9 **disaddobbare** vt dépouiller
15 **disadescare** vt désamorcer
9 **disadornare** vt dépouiller
9 **disaffezionare** vt détourner ;
~**rsi** ❖ vpi se détourner
10 **disaggradare** déf, litt. vi déplaire
16 **disaggregare** vt désagréger

18 **disagiare** litt. vt embarrasser ;
~**rsi** litt. vpi s'embarrasser
9 **disalberare** vt démâter
9 **disamare** vt cesser d'aimer
9 **disamorare** ❖ vt dégoûter ;
~**rsi** ❖ vpi se désintéresser
9 **disancorare** ❖ vt lever l'ancre ;
~**rsi** ❖ vpi lever l'ancre
9 **disanimare** vt décourager ;
~**rsi** vpi se décourager
9 **disappannare** vt désembuer
15/14 **disapplicare** ❖ vt distraire ;
~**rsi** ❖ vpi ne plus s'appliquer
9 **disapprovare** vt désapprouver
9 **disarcionare** vt désarçonner
9 **disargentare** vt désargenter
9 **disarmare** vt, vi (avere) désarmer
9 **disarmonizzare** vt rendre inharmonieux
9 **disarticolare** vt désarticuler ;
~**rsi** vpi se désarticuler
128 **disasprire** rare, vt adoucir
9 **disassare** vt désaxer
17 **disassociare** vt dissocier
24 **disassuefare** ❖ irr, vt déshabituer ;
~**rsi** ❖ vpi se déshabituer
9 **disastrare** vt ravager
9 **disatomizzare** vt dénucléariser
62 **disattendere** vt ne pas observer
9 **disattivare** vt désactiver
9 **disattrezzare** vt dégréer
9 **disavanzare** vi être en déficit
9 **disavvezzare** ❖ vt désaccoutumer ;
~**rsi** ❖ vpi se désaccoutumer
15 **disboscare** vt déboiser
16 **disbrigare** vt s'occuper de ;
~**rsi** vpi s'en sortir
17 **discacciare** vt chasser
9 **discapitare** vi (avere) déchoir
15/14 **discaricare** vt décharger ;
~**rsi** vpi se décharger
62 **discendere** ❖ irr, vi, vt descendre
26 **discernere** ❖ déf, vt discerner
9 **discervellarsi** vpi se fatiguer
les méninges
9 **discettare** litt. vt disserter
71 **dischiudere** irr, vt entrouvrir, éclore ;
~**rsi** vpi s'entrouvrir, s'éclore
89 **disciogliere** irr, vt dissoudre ;
~**rsi** vpi se dissoudre
9 **disciplinare** vt discipliner ;
~**rsi** vpi se discipliner
9 **discolpare** ❖ vt disculper ;
~**rsi** ❖ vpi se disculper

124 **discomporre** irr, *rare*, vt *démonter, décomposer*
114 **disconnettere** ❖ irr, vt *déconnecter*;
~**rsi** ❖ vpi *se déconnecter*
51 **disconoscere** irr, vt *méconnaître*
145 **disconvenire** irr, vi *être inconvenant*
135 **discoprire** irr, *litt.* vt *découvrir*;
~**rsi** *litt.* vpi *se découvrir*
9 **discordare** ❖ vi (avere) *être en désaccord, différer*
107 **discorrere** irr, vi (avere) *discuter*
9 **discostare** vt *écarter, éloigner*;
~**rsi** ❖ vpi *s'écarter, s'éloigner*
14 **discreditare** vt *discréditer*;
~**rsi** vpi *se discréditer*
9 **discrepare** *litt.* vi (avere) *être en désaccord, différer*
9 **discriminare** vt *discriminer*
116 **discutere** ❖ irr, vt, vi (avere) *discuter*
21 **disdegnare** vt *dédaigner*
9 **disdettare** vt *résilier*
139 **disdire**[1] irr, vt *annuler*;
~**rsi** vpi *se rétracter, se dédire*
141 **disdire**[2] irr, déf, vi *ne pas convenir*
15/14 **diseducare** vt *mal élever*
21 **disegnare** vt *dessiner*
9 **disequilibrare** vt *déséquilibrer*;
~**rsi** vpi *perdre son équilibre*
9 **diserbare** vt *désherber*
9 **diseredare** vt *déshériter*
9 **disertare** ❖ vt, vi (avere) *déserter*
24 **disfare** irr, vt *défaire*;
~**rsi** ❖ vpi *se défaire*
128 **disfavorire** *vx*, vt *défavoriser*
9 **disfidare** *litt.* vt *défier*
9 **disfiorare** vi *déflorer*
20 **disfogliare** *litt.* vt *effeuiller, défeuiller*;
~**rsi** *litt.* vpi *perdre ses feuilles*
9 **disgelare** vt, vi, ~**rsi** vpi *dégeler*
84 **disgiungere** ❖ irr, vt *disjoindre*;
~**rsi** ❖ vpi *se disjoindre*
16 **disgregare** vt *désagréger*;
~**rsi** vpi *se désagréger*
9 **disgrossare** vt *dégrossir*;
~**rsi** vpi *se dégrossir*
9 **disgustare** vt *dégoûter*;
~**rsi** vpi *se dégoûter*
9 **disidratare** vt *déshytrater*;
~**rsi** vpi *se déshydrater*
71 **disilludere** irr, vt *décevoir*;
~**rsi** vpi *perdre toute illusion*
17 **disimpacciare** vt *tirer d'embarras*;
~**rsi** vpi *se tirer d'embarras*

9 **disimparare** ❖ vt *désapprendre*
21 **disimpegnare** ❖ vt *dégager*;
~**rsi** ❖ vpi *se dégager*
16 **disimpiegare** vt *limoger*;
~**rsi** vpi *démissionner*
20 **disincagliare** vt *renflouer*;
~**rsi** vpi *s'en sortir*
9 **disincantare** vt *désenchanter*
9 **disincarnare** vt *désincarner*
9 **disincastrare** vt *déboîter*
9 **disincrostare** vt *détartrer, désincruster*
9 **disinfestare** ❖ vt *désinsectiser, dératiser*
9 **disinfettare** vt *désinfecter*
9 **disinfiammare** vt *désenflammer*
9 **disingannare** vt *détromper*;
~**rsi** vpi *se détromper*
9 **disingranare** vt *dégager, désengrener*
128 **disinibire** vt *désinhiber*
9 **disinnamorarsi** ❖ vpi *se déprendre*
15 **disinnescare** vt *désamorcer*
9 **disinnestare** ❖ vt *débrancher*;
~**rsi** vpi *se débrancher*
9 **disinquinare** vt *dépolluer*
128 **disinserire** ❖ vt *débrancher*
9 **disintasare** vt *déboucher*
9 **disintegrare** vt *désintégrer*;
~**rsi** vpi *se désintégrer*
9 **disinteressare** ❖ vt *éloigner*;
~**rsi** ❖ vpi *se désintéresser*
15/14 **disintossicare** ❖ vt *désintoxiquer*;
~**rsi** ❖ vpi *se désintoxiquer*
127 **disinvestire** vt *désinvestir*
9 **disinvitare** vt *désinviter*
9 **disistimare** vt *mésestimer*
15 **dislocare** vt *déplacer*
128 **disobbedire** → *disubbidire*
16/14 **disobbligare** vt *libérer* [d'une obligation];
~**rsi** ❖ vpi *di/da s'acquitter de*
9 **disoccupare** vt *ne plus occuper*;
~**rsi** vpi *se dégager*
9 **disoleare** vt *extraire l'huile de*
9 **disolforare** vt *désulfurer*
9 **disonorare** vt *déshonorer*;
~**rsi** vpi *se déshonorer*
9 **disordinare** vt *désordonner*
9 **disorganizzare** vt *désorganiser*;
~**rsi** vpi *se désorganiser*
9 **disorientare** vt *désorienter*;
~**rsi** vpi *se désorienter*
18 **disormeggiare** vt *démarrer* [un bateau]
9 **disossare** vt *désosser*; ~**rsi** vpi *se désosser*
9 **disossidare** vt *désoxyder*
128 **disostruire** vt *désobstruer*

136 **disparire** irr, *litt.* vi disparaître
128 **dispartire** *litt.* vt diviser, séparer,
distinguer; **~rsi** *litt.* vpi se diviser
9 **dispensare** ❖ vt dispenser;
~rsi ❖ vpi se dispenser
9 **disperare** ❖ vt, vi (avere) désespérer;
~rsi ❖ vpi se désespérer
68 **disperdere** irr, vt disperser;
~rsi vpi se disperser
44 **dispiacere** ❖ irr, vi imp regretter, déplaire;
~rsi ❖ vpi di regretter
16 **dispiegare** vt déplier, déployer;
~rsi vpi se déployer
124 **disporre** ❖ irr, vt, vi (avere) disposer;
~rsi ❖ vpi se disposer
18 **dispregiare** *litt.* vt mépriser
9 **disprezzare** vt mépriser;
~rsi vpi se mépriser
13 **disputare** ❖ vi (avere) **su** débattre;
vt disputer; **~rsi** vpt se disputer
15/14 **disqualificare** vt disqualifier
128 **disquisire** ❖ vi (avere) disserter, discourir
9 **dissacrare** vt désacraliser
9 **dissalare** vt dessaler
9 **dissaldare** vt dessouder
9 **dissanguare** vt saigner; **~rsi** vpi perdre
son sang
14 **dissanguinare** vt débarrasser du sang
15 **dissecare** vt disséquer
15 **disseccare** vt dessécher;
~rsi vpi se dessécher
17 **disselciare** vt dépaver
9 **dissellare** vt desseller
9 **disseminare** ❖ vt disséminer
9 **dissennare** *litt.* vt rendre fou
127 **dissentire** ❖ vi (avere) différer, être en
désaccord
128 **disseppellire** vt exhumer, déterrer
9 **dissequestrare** vt libérer [un bien confisqué]
9 **disserrare** *litt.* vt desserrer;
~rsi *litt.* vpi se desserrer
9 **dissertare** ❖ vi disserter
127 **disservire** vt, vi (avere) desservir
9 **dissestare** vt endommager [une route],
déséquilibrer [un mécanisme,
un budget]
9 **dissetare** vt désaltérer;
~rsi vpi se désaltérer
9 **dissigillare** vt décacheter;
~rsi vpi se décacheter
14 **dissimulare** vt dissimuler;
~rsi vpi se dissimuler
9 **dissipare** vt dissiper; **~rsi** vpi se dissiper

17 **dissociare** ❖ vt dissocier;
~rsi ❖ vpi se dissocier
9 **dissodare** vt défricher
120 **dissolvere** irr, vt dissoudre;
~rsi vpi se dissoudre
20 **dissomigliare** *litt.* vi, **~rsi** vpi être/devenir
dissemblable
20 **dissonare** vi (avere) dissoner [en musique],
litt. être en désaccord
9 **dissotterrare** vt déterrer
54 **dissuadere** irr, vt dissuader
24 **dissuefare** irr, *litt.* vt déshabituer
9 **dissuggellare** *litt.* vt décacheter
15 **distaccare** ❖ vt détacher;
~rsi ❖ vpi se détacher
20 **distanziare** ❖ vt espacer, distancer
25 **distare** ❖ irr, déf, vi être distant
62 **distendere** irr, vt détendre;
~rsi vpi se détendre
9 **distillare** vt, vi distiller
117 **distinguere** ❖ irr, vt distinguer;
~rsi ❖ vpi se distinguer
89 **distogliere** ❖ irr, vt détourner;
~rsi ❖ vpi se détourner
48 **distorcere** irr, vt déformer, tordre
125 **distrarre** ❖ irr, vt distraire;
~rsi vpi se distraire
128 **distribuire** ❖ vt distribuer
15 **districare** ❖ vt démêler, débrouiller;
~rsi ❖ vpi se démêler, se débrouiller
16 **distrigare, ~rsi** → *districare*
75 **distruggere** irr, vt détruire;
~rsi vpi se détruire
9 **disturbare** vt déranger;
~rsi vpi se déranger
128 **disubbidire** ❖ vi (avere) **a**, vt désobéir à
20 **disuguagliare** vt rendre inégal
9 **disumanizzare** vt déshumaniser;
~rsi vpi se déshumaniser
128 **disunire** vt désunir; **~rsi** vpi se désunir
9 **disusare** vt cesser d'utiliser
9 **disvelare** vt dévoiler; **~rsi** vpi se dévoiler
97 **disvellere** irr, *litt.* → *divellere*
127 **disvestire** *litt.* vt déshabiller;
~rsi *litt.* vpi se déshabiller
9 **disvezzare** *vx* → *divezzare*
19 **disviare** *litt.* vt détourner;
vi, **~rsi** *litt.* vpi se détourner
95 **disvolere** irr, *litt.* vt ne plus vouloir
16 **dittongare** vt, vi (avere) diphtonguer
16 **divagare** ❖ vi (avere) divaguer;
vt distraire; **~rsi** vpi se distraire

9 **divampare** ❖ vi *flamber, éclater*
15/14 **divaricare** vt *écarter [les jambes, les bras]* ;
~**rsi** vpi *diverger*
18 **diveggiare** vi (avere) *jouer les vedettes*
97 **divellere** irr, vt *arracher*
145 **divenire** irr, vi *devenir*
9 **diventare** vt *devenir*
86 **divergere** ❖ irr, déf, vi *diverger*
15/14 **diversificare** ❖ vt *diversifier* ;
vi, ~**rsi** ❖ vpi *se diversifier*
127 **divertire** vt *amuser* ; ~**rsi** ❖ vpi *s'amuser*
9 **divezzare** vt *déshabituer, sevrer* ;
~**rsi** vpi *se déshabituer*
59 **dividere** ❖ irr, vt *diviser, partager* ;
~**rsi** ❖ vpi *se diviser* ; vpt *se partager*
9 **divinare** *litt.* vt *deviner, prédire*
9 **divincolare** vt *frétiller* ;
~**rsi** ❖ vpi *se dégager, se débattre*
9 **divinizzare** vt *diviniser*
9 **divisare** *litt.* vt *décider, disposer*
9 **divorare** vt *dévorer* ; ~**rsi** vpi *se dévorer*
20 **divorziare** ❖ vi *divorcer*
16 **divulgare** vt *divulguer* ; ~**rsi** vpi *se divulguer*
9 **documentare** ❖ vt *documenter* ;
~**rsi** vpi *se documenter*
15/14 **dolcificare** vt *édulcorer*
93 **dolere** ❖ irr, vi *faire mal, regretter* ;
~**rsi** vpi **di** *regretter, se repentir de*
9 **dolorare** *litt.* vi (avere) *souffrir* ;
vt *faire souffrir*
9 **domandare** ❖ vt *demander* ;
vi (avere) **di** *vouloir parler à,
demander des nouvelles de* ;
~**rsi** vpi *se demander*
9 **domare** vt *dompter, maîtriser*
20 **domiciliare** vt *domicilier* ;
vi (avere), ~**rsi** vpi *se domicilier*
9 **dominare** ❖ vt, vi (avere) *dominer* ;
~**rsi** vpi *se dominer*
9 **donare** ❖ vt *donner* ; vi (avere) *aller bien,
convenir* ; ~**rsi** vpi *se donner*
9 **dondolare** vt, vi *balancer* ;
~**rsi** vpi *se balancer*
9 **dopare** vt *doper* ; ~**rsi** vpi *se doper*
20 **doppiare** vt *doubler* ; ~**rsi** vpi *se doubler*
9 **dorare** vt, ~**rsi** vpi *dorer*
20 **dormicchiare** vi (avere) *sommeiller*
127 **dormire** vi (avere), vt *dormir*
9 **dosare** vt *doser*
9 **dotare** vt *doter*
18 **dottoreggiare** vi (avere) *pontifier*
121 **dovere** irr, déf, vt *devoir*
16 **dragare** vt *draguer*

9 **drammatizzare** vt *dramatiser*
18 **drappeggiare** vt *draper* ; ~**rsi** vpi *se draper*
9 **drenare** vt *drainer*
9 **dribblare** vi, vt *dribbler*
9 **drizzare** vt *redresser, dresser* ;
~**rsi** vpi *se dresser*
16 **drogare** vt *droguer, épicer* ;
~**rsi** vpi *se droguer*
13 **dubitare** vi (avere) *douter*
9 **duellare** vi (avere) *se battre en duel*
15/13 **duplicare** vt *redoubler, doubler, dupliquer*
9 **durare** vi (avere/essere) *durer* ; vt *endurer*

E

9 **ebraizzare** vt, vi (avere) *hébraïser*
26 **eccedere** ❖ vt *excéder, exagérer*
97 **eccellere** ❖ irr, déf, vi (avere) *exceller*
128 **eccepire** vt *redire, exciper*
14 **eccettuare** vt *excepter*
13 **eccitare** ❖ vt *exciter* ; ~**rsi** vpi *s'exciter*
18 **echeggiare** vi (avere/essere) *retentir,
résonner*
9 **eclissare** vt *éclipser* ; ~**rsi** vpi *s'éclipser*
9 **economizzare** vt, vi (avere) *économiser*
15/14 **edificare** vt *édifier* ; ~**rsi** vpi *s'édifier*
15/13 **educare** ❖ vt *éduquer*
9 **edulcorare** vt *édulcorer*
9 **effeminare** vt *efféminer* ;
~**rsi** vpi *s'efféminer*
9 **effemminare, ~rsi** → *effeminare*
9 **effettuare** vt *effectuer* ; ~**rsi** vpi *se réaliser,
avoir lieu*
18 **effigiare** vt *représenter*
128 **effluire** *rare*, vi *s'écouler*
65 **effondere** irr, vt *répandre* ;
~**rsi** vpi *se répandre*
9 **egemonizzare** vt *dominer*
9 **eiaculare** vi (avere) *éjaculer*
9 **eiettare** vt *éjecter*
9 **elaborare** vt *élaborer*
128 **elargire** vt *accorder [une subvention],
dispenser [des faveurs]*
9 **elasticizzare** vt *élastifier*
72 **eleggere** irr, vt *élire*
9 **elementarizzare** vt *simplifier*
9 **elemosinare** vt, vi (avere) *mendier*
15 **elencare** vt *faire une liste de, recenser,
énumerer*
15/14 **elettrificare** vt *électrifier*
9 **elettrizzare** vt *électriser* ; ~**rsi** vpi *s'électriser*
9 **elevare** ❖ vt *élever* ; ~**rsi** ❖ vpi *s'élever*
59 **elidere** irr, vt *élider* ; ~**rsi** vpi *s'élider*

14 **eliminare** ❖ vt éliminer
9 **ellenizzare** vt, vi (avere) helléniser
18 **elogiare** vt faire l'éloge de, louer
9 **elucubrare** vt élucubrer
71 **eludere** irr, vt éluder, esquiver
128 **eluire** vt éluer
17 **emaciare** vt émacier; ~**rsi** vpi s'émacier
9 **emanare** ❖ vt exhaler, dégager [une odeur], promulguer; vi émaner, s'exhaler, se dégager
9 **emancipare** ❖ vt émanciper; ~**rsi** vpi s'émanciper
13 **emarginare** ❖ vt émarger, marginaliser
14 **emasculare** vt émasculer
15/13 **embricare** vt couvrir de briques; ~**rsi** vpi s'imbriquer
9 **emendare** ❖ vt amender; ~**rsi** ❖ vpi s'amender
86 **emergere** ❖ irr, vi émerger
115 **emettere** irr, vt émettre
9 **emigrare** ❖ vi (avere/essere) émigrer
9 **emozionare** vt émouvoir; ~**rsi** vpi s'émouvoir
90 **empiere** irr, vt remplir; ~**rsi** vpi se remplir
134 **empire** irr, vt remplir; ~**rsi** vpi se remplir
13 **emulare** vt rivaliser avec, égaler
20 **encomiare** vt exalter
9 **enfatizzare** vt prononcer avec emphase, exagérer
20 **enfiare** litt. vt, vi, ~**rsi** vpi enfler
9 **entrare** ❖ vi entrer
9 **entusiasmare** vt enthousiasmer; ~**rsi** vpi s'enthousiasmer
9 **enucleare** vt énucléer
14 **enumerare** vt énumérer
17 **enunciare** vt énoncer
20 **enunziare** → *enunciare*
18 **epicureggiare** vi (avere) jouer les épicuriens
9 **epitomare** litt. vt résumer
9 **epurare** ❖ vt épurer
9 **equalizzare** vt égaliser
9 **equidistare** vi être équidistant
9 **equilibrare** vt équilibrer; ~**rsi** vpi s'équilibrer
18 **equipaggiare** vt équiper; ~**rsi** vpi s'équiper
9 **equiparare** ❖ vt égaliser, assimiler
91 **equivalere** ❖ irr, vi (avere/essere) équivaloir; ~**rsi** vpi s'équivaloir
15/14 **equivocare** ❖ vi (avere) se méprendre
9 **erborare** vi (avere) herboriser
9 **erborizzare** vi (avere) herboriser
9 **ereditare** vt hériter
86 **ergere** irr, vt lever, dresser; ~**rsi** vpi se dresser

76 **erigere** ❖ irr, vt ériger; ~**rsi** ❖ vpi s'ériger
69 **erodere** irr, vt éroder
16/13 **erogare** vt affecter [une somme], distribuer [l'eau, le gaz]
105 **erompere** irr, déf, vi se précipiter, fig. se répandre
9 **erotizzare** vt érotiser
15/13 **erpicare** vt herser
9 **errare** vi (avere) errer, vagabonder
128 **erudire** vt instruire; ~**rsi** vpi s'instruire
9 **eruttare** vi (avere/essere), vt éructer, vomir
9 **esacerbare** vt exacerber; ~**rsi** vpi s'exacerber
9 **esagerare** ❖ vt, vi (avere) exagérer
9 **esagitare** vt agiter, troubler
9 **esalare** ❖ vt exhaler; vi s'exhaler
9 **esaltare** vt exalter; ~**rsi** vpi s'exalter
14 **esaminare** vt examiner
9 **esanimare** vt décourager; ~**rsi** vpi se décourager
14 **esasperare** vt exaspérer; ~**rsi** vpi s'exaspérer
128 **esaudire** vt exaucer
128 **esaurire** vt épuiser; ~**rsi** vpi s'épuiser
9 **esautorare** vt destituer
9 **esclamare** vt s'exclamer
71 **escludere** ❖ irr, vt exclure; ~**rsi** ❖ vpi s'exclure
9 **escogitare** vt imaginer, inventer
20 **escoriare** vt excorier; ~**rsi** vpi s'excorier
116 **escutere** irr, sout. vt interroger
9 **esecrare** vt exécrer
127 **eseguire** vt exécuter
9 **esemplare** litt. vt copier, imiter [un dessin, un texte]
15/14 **esemplificare** vt illustrer [par des exemples]
9 **esentare** ❖ vt exempter; ~**rsi** vpi s'exempter
127 **esercire** vt gérer [un magasin], exercer [une profession]
14 **esercitare** ❖ vt excercer; ~**rsi** ❖ vpi s'excercer
128 **esibire** ❖ vt exhiber; ~**rsi** vpi s'exhiber
77 **esigere** ❖ irr, vt exiger
9 **esilarare** vt amuser; ~**rsi** vpi s'amuser
20 **esiliare** vt exiler; ~**rsi** ❖ vpi s'exiler
98 **esimere** ❖ irr, déf, vt exempter, dispenser; ~**rsi** ❖ vpi se dispenser
113 **esistere** irr, vi exister
9 **esitare** ❖ vi (avere) hésiter, [maladie] se terminer
9 **esonerare** ❖ vt exonérer, exempter; ~**rsi** ❖ vpi se dispenser
9 **esorbitare** vi (avere) excéder, dépasser
9 **esorcizzare** vt exorciser

128	**esordire** vi (avere) débuter
9	**esortare** ❖ vt exhorter
61	**espandere** irr, vt étendre, répandre ;
	~rsi vpi se répandre
20	**espatriare** vi (avere/essere) s'expatrier
128	**espedire** vx, vt expédier ;
	~rsi vpi se libérer
96	**espellere** ❖ irr, vt expulser
9	**esperimentare** → sperimentare
128	**esperire** litt. vt recourir à
9	**espettorare** vt expectorer
19	**espiare** vt expier
9	**espirare** vt, vi (avere) expirer
9	**espletare** vt achever, accomplir, remplir
15/13	**esplicare** vt exercer, sout. expliquer ;
	~rsi sout. vpi s'expliquer
69	**esplodere** irr, vi (avere/essere) exploser ; vt tirer [un coup de feu]
9	**esplorare** vt explorer
124	**esporre** ❖ irr, vt exposer ;
	~rsi ❖ vpi s'exposer
9	**esportare** vt exporter
99	**esprimere** irr, vt exprimer ;
	~rsi vpi s'exprimer
20	**espropriare** ❖ vt exproprier ;
	~rsi ❖ vpi s'exproprier
21	**espugnare** vt s'emparer de, conquérir
84	**espungere** ❖ irr, vt expurger
16	**espurgare** litt. vt expurger
3	**essere** ❖ irr, vi imp être
15	**essiccare** vt, **~rsi** vpi sécher
9	**essudare** vi exsuder
20	**estasiare** vt ravir ; **~rsi** vpi s'extasier
62	**estendere** ❖ irr, vt étendre ;
	~rsi ❖ vpi s'étendre
9	**estenuare** vt exténuer
9	**esteriorizzare** vt extérioriser ;
	~rsi vpi s'extérioriser
9	**esterminare** → sterminare
9	**esternare** vt manifester, exprimer ;
	~rsi vpi se manifester, s'exprimer
9	**estetizzare** vi jouer les esthètes
9	**estimare, ~rsi** litt. → stimare
117	**estinguere** irr, vt éteindre ;
	~rsi vpi s'éteindre
9	**estirpare** vt extirper
37	**estollere** déf, litt. vt, lever, dresser ;
	~rsi litt. vpi se lever, se dresser
48	**estorcere** irr, vt extorquer
9	**estradare** vt extrader
20	**estraniare** ❖ vt éloigner, isoler ;
	~rsi ❖ vpi s'éloigner, s'isoler, s'abstraire
9	**estrapolare** ❖ vt extrapoler

125	**estrarre** ❖ irr, vt extraire
9	**estremizzare** vt pousser à l'extrême
15/14	**estrinsecare** vt manifester, exprimer ;
	~rsi vpi se manifester, s'exprimer
115	**estromettere** ❖ irr, vt exclure, expulser ;
	~rsi vpi s'exclure
112	**estrovertere** déf, vt extravertir, extrovertir ;
	~rsi vpi se retirer
71	**estrudere** irr, vt extruder [un métal]
9	**esulare** ❖ vi (avere) être en dehors [des compétences de qqn]
9	**esulcerare** vt ulcérer ; **~rsi** vpi s'ulcérer
9	**esultare** vi (avere) exulter
9	**esumare** vt exhumer
15/14	**eterificare** vt éthérifier ; **~rsi** vpi s'éthérifier
9	**eterizzare** vt éthériser
9	**eternare** vt immortaliser ;
	~rsi vpi s'immortaliser
9	**europeizzare** vt européaniser ;
	~rsi vpi s'européaniser
9	**evacuare** ❖ vt, vi (avere) évacuer
52	**evadere** ❖ irr, vi s'évader ; vt expédier, frauder
9	**evangelizzare** vt évangéliser
9	**evaporare** vi (essere/avere) s'évaporer ; vt évaporer
97	**evellere** irr, vx, vt arracher, déraciner
20	**evidenziare** vt mettre en évidence
45	**evincere** irr, sout. vt déduire
9	**evirare** vt émasculer
13	**evitare** ❖ vt éviter
15/13	**evocare** ❖ vt évoquer
128	**evoluire** vi (avere) [avion] évoluer
120	**evolvere** ❖ irr, vt développer ; vi, **~rsi** vpi évoluer

F

15/13	**fabbricare** vt fabriquer
9	**faccettare** vt facetter
14	**facilitare** vt faciliter
9	**fagocitare** vt phagocyter
15	**falcare** vt [cheval] faucher
17	**falciare** vt faucher
20	**falcidiare** vt décimer
11	**fallare** déf, litt. vi (avere) se tromper
9	**fallarsi** vpi être défectueux, se tromper
128	**fallire** ❖ vi (avere/essere) échouer, faire faillite ; vt manquer, rater
9	**falsare** vt fausser
15/14	**falsificare** vt falsifier
9	**familiarizzare** vt familiariser ; vi (avere), **~rsi** vpi se familiariser

9 **fanatizzare** vt *fanatiser*
15/14 **fantasticare** vt *imaginer*; vi (avere) *rêvasser*
128 **farcire** vt *farcir*
24 **fare** ❖ irr, vt, vi (avere) *faire*;
~**rsi** ❖ vpi *se faire*
20 **farfugliare** vt, vi (avere) *bredouiller,*
bafouiller
15/14 **farneticare** vi (avere) *délirer, divaguer*
17 **fasciare** vt, ~**rsi** vpt *bander, panser*
13 **fascinare**¹ *litt.* vt *fasciner*
9 **fascinare**² vi *faire des fagots*;
vt *mettre en fagots*
9 **fascistizzare** vt *fasciser*
9 **fatare** vt *envoûter, enchanter*
15 **faticare** ❖ vi (avere) *peiner, avoir du mal*;
vt, ~**rsi** vpi *litt.* → **affaticare**
9 **fatturare** vt *facturer*
9 **favellare** *litt.* vi (avere) *parler, causer*
18 **favoleggiare** ❖ vi (avere) *raconter des*
histoires
18 **favoreggiare** vt *favoriser*
128 **favorire** vt *favoriser*
9 **fecondare** vt *féconder*
14 **federare** vt *fédérer*; ~**rsi** ❖ vpi *se fédérer*
14 **felicitare** vt, ~**rsi** ❖ **con** vpi *féliciter*
9 **feltrare** vt *feutrer*; ~**rsi** vpi *se feutrer*
26 **fendere** irr, vt *fendre*; ~**rsi** vpi *se fendre*
128 **ferire** vt *blesser*; ~**rsi** ❖ vpi *se blesser*
9 **fermare** ❖ vt *arrêter*;
vi (avere), ~**rsi** vpi *s'arrêter*
9 **fermentare** vi (avere) *fermenter*;
vt *faire fermenter*
9 **ferrare** vt *ferrer*
9 **fertilizzare** vt *fertiliser*
41 **fervere** irr, déf, vi *brûler, bouillonner,*
fig. battre son plein
9 **fessurarsi** vpi *se fissurer*
18 **festeggiare** vt, vi *fêter*
9 **festinare** *vx, litt.* vi (avere) *se hâter*
9 **festonare** vt *festonner*
15 **fiaccare** vt *affaiblir*; ~**rsi** vpi *s'affaiblir*
9 **fiammare** *litt.* vi (avere) *flamber, flamboyer*
18 **fiammeggiare** vi (avere), vt *flamber,*
flamboyer
18 **fiancheggiare** vt *flanquer, longer*
9 **fiatare** vi (avere) *ouvrir la bouche*
9 **fibrillare** vi (avere) *fibriller*
15 **ficcare** ❖ vt *fourrer*; ~**rsi** ❖ vpi *se fourrer*
9 **fidanzare** vt *fiancer*; ~**rsi** ❖ vpi *se fiancer*
9 **fidare** ❖ vi (avere) **in**, ~**rsi** ❖ vpi **di** *avoir*
confiance en, se fier à
74 **figgere** irr, vt *enfoncer, ficher*
20 **figliare** vt *mettre bas*

9 **figurare** ❖ vt, vi (avere) *figurer*;
~**rsi** ❖ vpi *se figurer*
9 **filare** ❖ vt, vi *filer*
18 **fileggiare** vi (avere) *faseyer*
9 **filettare** vt *passementer, fileter*
9 **filmare** vt *filmer*
9 **filosofare** vi (avere) *philosopher*
18 **filosofeggiare** vi (avere) *philosopher*
9 **filtrare** vt, vi *filtrer*
9 **finalizzare** vt *finaliser*
20 **finanziare** vt *financer*
82 **fingere** ❖ irr, vt *feindre*;
~**rsi** vpi *faire semblant d'être*
128 **finire** ❖ vt, vi *finir*
9 **finlandizzare** vt *finlandiser*
9 **fintare** vt, vi (avere) *feinter*
15 **fioccare** vi imp (avere/essere) *tomber*
à gros flocons
9 **fiocchettare** vt *orner de petits noeuds*
9 **fiocinare** vt *harponner*; vi (avere) *lancer le*
harpon
18 **fiorentineggiare** vi (avere) *affecter l'accent*
et les manières des Florentins
9 **fiorentinizzare** vt *traduire en florentin*
9 **fiorettare** vi (avere) *fleurir son langage*;
vt *orner*
128 **fiorire** vi *fleurir*
9 **firmare** vt, ~**rsi** vpi *signer*
9 **fiscalizzare** vt *fiscaliser*
20 **fischiare** vi (avere), vt *siffler*
9 **fischiettare** vt, vi (avere) *siffloter*
9 **fissare** ❖ vt *fixer*; ~**rsi** ❖ vpi *se fixer*
9 **fistulare** vi (avere) *jouer de la flûte*
9 **fiutare** vt *flairer*
9 **flagellare** vt *flageller*; ~**rsi** vpi *se flageller*
9 **flagrare** *vx*, vi *flamber, brûler*
18 **flangiare** vt *brider [en mécanique]*
114 **flettere** irr, vt, ~**rsi** vpi *fléchir*
9 **flirtare** ❖ vi (avere) *flirter*
15 **floccare** vt *floquer*
9 **flocculare** vi (avere) *floculer*
9 **flottare** vi (avere), vt *flotter*
15/14 **fluidificare** vt *fluidifier*; ~**rsi** vpi *se fluidifier*
128 **fluire** *litt.* vi *couler, s'écouler*
9 **fluttuare** vi (avere) *flotter, fluctuer*
18 **focaleggiare** vt *focaliser*
18 **focheggiare** vt *focaliser*
18 **foderare** vt *doubler [une veste], recouvrir*
18 **foggiare** vt *façonner*
21 **fognare** vt *pourvoir d'égouts*
29 **folcere** déf, *litt.* vt *soutenir*
29 **folcire** → *folcere*
9 **folgorare** vt *foudroyer*

9 **follare** vt *fouler*

18 **folleggiare** vi (avere) *folâtrer*

9 **fomentare** vt *fomenter*

9 **fondare** ❖ vt *fonder*; **~rsi** ❖ vpi *se fonder*

65 **fondere** ❖ irr, vt, vi (avere), **~rsi** ❖ vpi *fondre*

18 **foraggiare** vt *affourager*

9 **forare** vt *percer*; **~rsi** vpi *se percer*

128 **forbire** vt *essuyer, fourbir, fig. soigner*; **~rsi** vpi *s'essuyer*

18 **forgiare** vt *forger*

9 **formalizzare** vt *formaliser*; **~rsi** vpi *se formaliser*

9 **formare** vt *former*; **~rsi** vpi *se former*

9 **formicolare** ❖ vi (avere/essere) *fourmiller*

13 **formulare** vt *formuler*

15/13 **fornicare** vi (avere) *forniquer*

128 **fornire** ❖ vt *fournir*; **~rsi** ❖ vpi *se fournir*

15/14 **fortificare** vt *fortifier*; **~rsi** vpi *se fortifier*

19 **forviare** → *fuorviare*

9 **forzare** ❖ vt *forcer*; vi (avere) *frotter*; **~rsi** ❖ vpi *se forcer*

18 **fosforeggiare** vi (avere) *être phosphorescent*

9 **fossilizzare** vt *fossiliser*; **~rsi** vpi *se fossiliser*

20 **fotocopiare** vt *photocopier*

14 **fotografare** vt *photographier*

26 **fottere** ❖ *vulg.* vt, vi *baiser*; **~rsi** ❖ *vulg.* vpi *di se foutre de*

9 **fracassare** vt, vi (avere) *fracasser*; **~rsi** vpi *se fracasser*

62 **fraintendere** irr, vt *se méprendre sur*

9 **framescolare** → *frammescolare*

9 **frammentare** ❖ vt *fragmenter*; **~rsi** ❖ vpi *se fragmenter*

9 **frammescolare** vt *mêler, mélanger*

115 **frammettere** irr, vt *interposer*; **~rsi** vpi *s'interposer*

9 **frammezzare** vt *entremêler*

20 **frammischiare** vt *entremêler*; **~rsi** vpi *s'entremêler*

9 **franare** vi *s'ébouler, s'effondrer*

15 **francare** *litt.* vt *affranchir*

18 **franceseggiare** vi (avere) *imiter les Français*

9 **francesizzare** vt *franciser*

81 **frangere** irr, *litt.* vt *écraser*; vi *déferler*; **~rsi** vpi *s'écraser*

18 **frangiare** vt *franger*

9 **frantumare** vt *briser, broyer*; **~rsi** vpi *se briser*

124 **frapporre** irr, vt *interposer*; **~rsi** vpi *s'interposer*

18 **frascheggiare** *litt.* vi (avere) *faire la coquette*

18 **fraseggiare** vi (avere) *faire des phrases*

20 **frastagliare** vt *découper*

9 **frastornare** vt *étourdir, abrutir*

9 **fraternizzare** ❖ vi (avere) *fraterniser*

9 **fratturare** vt *fracturer*

9 **frazionare** vt *fractionner*; **~rsi** vpi *se fractionner*

17 **frecciare** vi (avere) *lancer des flèches*; vt *atteindre d'une flèche*

16 **freddare** vt *refroidir*; **~rsi** vpi *se refroidir*

16 **fregare**[1] vt *frotter*; **~rsi** vpt *se frotter*

16 **fregare**[2] vt *rouler [quelqu'un]*; **~rsi** *fam.* vpi *di se foutre de*

18 **fregiare** ❖ vt *orner*; **~rsi** ❖ vpi *se parer*

26 **fremere** vi (avere) *frémir*

9 **frenare** vt *freiner*; **~rsi** vpi *se freiner*

9 **frequentare** vt *fréquenter*

9 **fresare** vt *fraiser*

74 **friggere** ❖ irr, vt, vi (avere) *frire*

21 **frignare** vi (avere) *pleurnicher*

128 **frinire** vi (avere) *striduler*

9 **frisare** vt *effleurer*

18 **frivoleggiare** vi (avere) *se conduire avec frivolité*

9 **frizionare** vt, vi (avere) *frictionner*

9 **frizzare** vi (avere) *pétiller, picoter*

9 **frodare** ❖ vt *frauder*

9 **frollare** vi *faisander*; **~rsi** vpi *se faisander*

9 **frombolare** vt, vi (avere) *fronder*

18 **frondeggiare** vi (avere) *feuiller*

18 **fronteggiare** vt *faire face à, affronter*

20 **frugacchiare** vi (avere) *farfouiller*

16 **frugare** vi (avere), vt, **~rsi** vpt *farfouiller*

9 **frugnolare** vi (avere) *chasser/pêcher à la lanterne*

9 **frugolare** vi (avere) *farfouiller*

128 **fruire** ❖ vi (avere) *di*, vt *jouir de*

9 **frullare** vt *mixer, battre [des œufs], fouetter*; vi (avere) *passer [par la tête], s'envoler*

17 **frusciare** vi (avere) *bruisser*

9 **frustare** vt *fouetter, cravacher*

9 **frustrare** vt *frustrer*

9 **fruttare** vi (avere) *fructifier*; vt *rapporter*

15/14 **fruttificare** vi (avere) *fructifier*

9 **fucilare** vt *fusiller*

9 **fucinare** vt *forger*

16 **fugare** vt *faire disparaître, mettre en fuite*

127 **fuggire** ❖ vi *fuir, s'enfuir*; vt *fuir*

80 **fulgere** irr, déf, vi *resplendir, briller*

9 **fulminare** vt *foudroyer*; vi imp (avere/essere) *faire des éclairs*; **~rsi** vpi *se griller*

9 **fumare** vi (avere), vt *fumer*
18 **fumeggiare** vi (avere) *fumer*
16/13 **fumigare** vi (avere) *faire des fumigations*
9 **funestare** vt *endeuiller, désoler*
84 **fungere** ❖ irr, vi **da** *faire fonction de,*
faire office de
9 **funzionare** vi (avere) *fonctionner*
143 **fuoriuscire** ❖ irr, vi *fuir, sortir*
143 **fuoruscire** irr → *fuoriuscire*
19 **fuorviare** vi (avere), vt *fourvoyer*
18 **furoreggiare** vi (avere) *faire fureur*
9 **fustellare** vt *prédécouper*
16/13 **fustigare** vt *fustiger*

G

9 **gabellare** vt *faire passer*
9 **gallare** vt [coq] *féconder, [œuf] être fécondé*
18 **galleggiare** vi (avere) *flotter*
9 **gallicizzare** vi (avere) *imiter les Français ;*
vt *franciser*
9 **gallonare** vt *gallonner*
9 **galoppare** vi (avere) *galoper*
9 **galvanizzare** vt *galvaniser*
9 **gambettare** → *sgambettare*
9 **gambizzare** vt *blesser aux jambes*
128 **garantire** ❖ vt *garantir ;* vi *se porter*
garant ; ~**rsi** ❖ vpt *s'assurer*
9 **garbare** vi *plaire*
18 **gareggiare** vi (avere) *s'affronter, rivaliser*
9 **gargarizzare** vi (avere) *gargariser*
128 **garrire** vi (avere) *piailler, [voile, drapeau]*
claquer
9 **garrottare** vt *garrotter*
9 **garzare** vt *lainer*
9 **gasare** vt *gazer, gazéifier [eau] ;*
~**rsi** *fam.* vpi *se monter la tête*
9 **gassare** vt *gazéifier, gazer*
15/14 **gassificare** vt *gazéifier*
18 **gatteggiare** vi (avere) *chatoyer*
9 **gavazzare** *litt.* vi (avere) *faire la noce*
9 **gazare** vt *gazer [tissu]*
9 **gelare** vt, vi, vi imp (avere/essere) *geler ;*
~**rsi** vpi *se geler*
9 **gelatinizzare** vt *gélatiniser ;*
~**rsi** vpi *se gélatiniser*
15/14 **gelificare** vt *gélifier ;* vi, ~**rsi** vpi *se gélifier*
9 **gemellare** vt *jumeler ;* ~**rsi** vpi *se jumeler*
26 **gemere** vi (avere) *gémir, geindre*
9 **geminare** vt *doubler, géminer*
9 **gemmare** vi (avere) *bourgeonner ;*
vt *orner de pierres précieuses ;*
~**rsi** vpi *se parer de pierres précieuses*

9 **genare** *rég.* vt *gêner*
9 **generalizzare** vt *généraliser*
9 **generare** vt *engendrer ;*
~**rsi** vpi *s'engendrer*
114 **genuflettersi** irr, vpi *s'agenouiller*
9 **gerarchizzare** vt *hiérarchiser*
9 **germanizzare** vt *germaniser ;*
vi (avere) *imiter les Allemands*
9 **germinare** vi (avere) *germer, bourgeonner*
20 **germogliare** vi (avere/essere) *germer,*
bourgeonner
9 **gessare** vt *plâtrer*
15/14 **gessificare** vt *transformer en plâtre*
9 **gesticolare** vi (avere) *gesticuler*
128 **gestire**[1] vi (avere) *gesticuler*
128 **gestire**[2] vt *gérer, exploiter*
9 **gettare** ❖ vt *jeter ;* ~**rsi** ❖ vpi *se jeter*
9 **gettonare** vt *mettre un disque [dans un*
juke-box]
128 **ghermire** vt *saisir, agripper*
9 **ghettizzare** vt *ghettoïser*
17 **ghiacciare** vi, vi imp (avere/essere), vt,
~**rsi** vpi *geler*
9 **ghigliottinare** vt *guillotiner*
21 **ghignare** vi (avere) *ricaner*
9 **ghindare** vt *guinder*
9 **ghirlandare** vt *enguirlander*
44 **giacere** irr, vi *être couché*
18 **giganteggiare** vi (avere) *se dresser comme*
un géant
18 **gigioneggiare** vi (avere) *cabotiner*
9 **gingillarsi** vpi *s'amuser, lambiner*
9 **ginnare** vt *égrener*
15 **giocare** ❖ vi (avere), vt *jouer ;*
~**rsi** vpt *parier, risquer, perdre*
9 **giocherellare** vi (avere) *jouer, s'amuser*
20 **giochicchiare** vi (avere) *jouer, s'amuser*
9 **giocolare** vi (avere) *jongler*
128 **gioire** vi (avere) *jouir*
9 **giostrare** vi *jouter, jongler*
9 **giovare** ❖ vi (avere/essere) *servir ;*
vi imp *convenir de ;* ~**rsi** ❖ vpi *se servir*
9 **girandolare** vi (avere) *flâner*
9 **girare** ❖ vt, vi *tourner ;* ~**rsi** vpi *se tourner*
9 **girellare** vi (avere) *flâner*
9 **girigogolare** vi (avere) *gribouiller*
9 **girondolare** → *girandolare*
9 **gironzolare** vi (avere) *flâner*
16/14 **girovagare** vi (avere) *flâner*
9 **gittare, ~rsi** *vx, litt.* → *gettare*
15/13 **giudicare** vt, vi (avere) *juger*

13 **giugulare** → *iugulare*
15 **giuncare** vt *joncher*
84 **giungere** ❖ irr, vi *arriver, parvenir*;
  vt *joindre*
9 **giuntare** vt *assembler, attacher*;
  ~rsi vpi *s'assembler*
15 **giuocare** → *giocare*
9 **giurare** ❖ vt *jurer*; vi (avere) *prêter
  serment*; **~rsi** vpi *se jurer [fidélité]*
124 **giustapporre** irr, vt *juxtaposer*
15/14 **giustificare** vt *justifier*;
  ~rsi ❖ vpi *se justifier*
20 **giustiziare** vt *exécuter*
9 **glassare** vt *glacer*
9 **glissare** ❖ vi (avere) *glisser*
9 **gloglottare** vi (avere) *glouglouter*
20 **gloriare** vt *glorifier*; **~rsi** ❖ vpi *se glorifier*
15/14 **glorificare** vt *glorifier*; **~rsi** vpi *se glorifier*
9 **glossare** vt *gloser*
9 **glutinare** vt *additionner de gluten*
9 **gnaulare** vi (avere) vi (avere) *miauler,
  gémir*
17 **gocciare** → *gocciolare*
9 **gocciolare** vi (avere/essere) (dé)*goutter*;
  vt *laisser* (dé)*goutter*
70 **godere** ❖ irr, vi (avere) *di*, vt, **~rsi** vpt
  jouir de, profiter de
20 **godigliare** vi (avere) *godiller*
9 **godronare** vt *godronner*
9 **goffrare** vt *gaufrer, frapper*
9 **gommare** vt *gommer*
20 **gonfiare** vt, vi *gonfler*; **~rsi** vpi *se gonfler*
9 **gongolare** vi (avere) *jubiler*
18 **gorgheggiare** vi (avere) *ramager*;
  vt *moduler [un air musical]*
20 **gorgogliare** vi (avere) *gargouiller*
9 **governare** vt *gouverner*;
  ~rsi vpi *se gouverner*
20 **gozzovigliare** vi (avere) *faire la noce*
20 **gracchiare** vi (avere) *croasser*
9 **gracidare** vi (avere) *coasser*
9 **gradare** vx → *graduare*
9 **gradinare** vt *gradiner*
128 **gradire** vt *apprécier*; vi (avere) *plaire*
9 **graduare** vt *graduer*
9 **graffare** vt *agrafer*
20 **graffiare** vt *griffer*; **~rsi** vpi *se griffer*
21 **graffignare** → *sgraffignare*
128 **graffire** vt *graver*
13 **grafitare** vt *graphiter*
9 **gragnolare** vi, vi imp (avere/essere) *grêler*
9 **gramolare** vt *pétrir*
18 **grandeggiare** vi (avere) *dominer*

9 **grandinare** vi, vi imp (avere/essere) *grêler*
9 **granellare** vt *granuler, grainer*
20 **granigliare** vt *grenailler*
128 **granire** vi, vt *grener*
9 **granulare** vt *granuler, grenailler, grener*
17 **graticciare** vt *clayonner*
9 **graticolare** vt *graticuler [une peinture]*
15/14 **gratificare** ❖ vt *gratifier*
9 **gratinare** vt *gratiner*
9 **grattare** vt, vi (avere) *gratter*;
  ~rsi vpi, vpt *se gratter*
18 **grattugiare** vt *râper*
9 **gravare** ❖ vt *accabler, charger*;
  vi (avere) *reposer*; **~rsi** ❖ vpi *se charger*
13 **gravitare** vi (avere/essere) *graviter*
20 **graziare** vt *gracier*
18 **grecheggiare** vi (avere) *imiter les Grecs*
9 **grecizzare** vi (avere) *gréciser, helléniser*;
  vi (avere) *imiter les Grecs*
128 **gremire** vt *remplir, garnir*;
  ~rsi ❖ vpi *se remplir*
20 **gridacchiare** vi (avere) *rouspéter*
9 **gridare** ❖ vi (avere), vt *crier*
9 **grillettare** vi (avere) *grésiller*; vt *faire frire*
9 **grippare** vi (avere) *gripper*;
  ~rsi vpi *se gripper*
9 **grommare** vi, **~rsi** vpi *s'entartrer*
9 **grondare** ❖ vi (avere) *couler*;
  vi (essere) *être trempé*; vt *ruisseler de*
9 **grufolare** vi (avere) *fouir*;
  ~rsi *rare*, vpi *se vautrer*
16 **grugare** vi (avere) *roucouler*
21 **grugnare** → *grugnire*
128 **grugnire** vi (avere) *grogner*; vt *grommeler*
21 **guadagnare** vt, vi (avere) *gagner*
9 **guadare** vt *guéer, passer à gué*
128 **guaire** vi (avere) *glapir, japper*
15 **gualcare** vt *fouler [un tissu]*
128 **gualcire**, **~rsi** → *sgualcire*
9 **guardare** ❖ vt, vi (avere) *regarder*;
  ~rsi ❖ vpi *se regarder*
128 **guarentire**, **~rsi** *litt.* → *garantire*
128 **guarire** ❖ vt, vi *guérir*
128 **guarnire** ❖ vt *garnir*
9 **guastare** vt *abîmer, gâcher, gâter*;
  ~rsi vpi *tomber en panne*
9 **guatare** *litt.* vt *dévisager*;
  ~rsi *litt.* vpi *se dévisager*
128 **guattire** vi (avere) *japper*
9 **guazzare** vi (avere) *patauger, clapoter*
18 **guelfeggiare** vi (avere) *prendre le parti
  des guelfes*
128 **guernire** *litt.* → *guarnire*

18 **guerreggiare** vi (avere), **~rsi** vpi guerroyer
9 **gufare** vi (avere) hululer, huer, *fam.* porter la poisse
9 **guidare** vt, vi conduire, guider
9 **guiderdonare** *vx, litt.* vt récompenser
9 **guizzare** vi (avere/essere) frétiller, bondir
9 **gustare** vt, vi, **~rsi** vpt goûter, déguster, savourer

H

9 **handicappare** vt handicaper

I

9 **ibernare** vi (avere) hiberner
18 **idealeggiare** vi (avere) jouer les idéalistes
9 **idealizzare** vt idéaliser
9 **ideare** vt concevoir
15/14 **identificare** vt identifier;
~rsi ❖ vpi s'identifier
9 **ideologizzare** vt idéologiser
9 **idolatrare** vt, vi (avere) idolâtrer
18 **idoleggiare** vt idolâtrer
9 **idratare** vt hydrater
16/14 **idrofugare** vt hydrofuger
9 **idrogenare** vt hydrogéner
9 **idrolizzare** vt hydrolyser
9 **iemalizzare** vt vernaliser
9 **iettare** *rég.* vt jeter un sort à
16/14 **ignifugare** vt ignifuger
9 **ignorare** ❖ vt ignorer
9 **ignudare** *litt.* vt dénuder;
~rsi *litt.* vpi se dénuder
128 **illanguidire** vt alanguir;
vi, **~rsi** vpi s'alanguir
14 **illaqueare** vt prendre au lacet
128 **illeggiadrire** vt, vi, **~rsi** vpi embellir
128 **illividire** vt rendre livide;
vi, **~rsi** vpi blêmir
71 **illudere** ❖ irr, vt abuser, tromper;
~rsi ❖ vpi se faire des illusions
14 **illuminare** vt éclairer, illuminer;
~rsi vpi s'éclairer, s'illuminer
9 **illustrare** vt illustrer
15 **imbacuccare** vt emmitoufler;
~rsi vpi s'emmitoufler
128 **imbaldanzire** vt enhardir;
vi, **~rsi** vpi s'enhardir
9 **imballare** vt emballer
128 **imbalordire** vi abrutir
14 **imbalsamare** vt embaumer, empailler

9 **imbandierare** vt pavoiser
128 **imbandire** vt mettre [la table]
9 **imbarazzare** vt embarrasser;
~rsi vpi être embarrassé
128 **imbarbarire** vt rendre barbare;
vi, **~rsi** vpi devenir barbare
15 **imbarcare** ❖ vt embarquer;
~rsi ❖ vpi s'embarquer
9 **imbardare** vi (avere) embarder
9 **imbarilare** vt mettre en baril
128 **imbastardire** vt abâtardir;
vi, **~rsi** vpi s'abâtardir
9 **imbastare** vt bâter
128 **imbastire** vt bâtir, faufiler
26 **imbattersi** ❖ vpi **in** tomber sur, rencontrer
20 **imbavagliare** vt bâillonner
15 **imbeccare** vt donner la becquée à
128 **imbecillire** vt abêtir; vi s'abêtir
9 **imbellettare** vt farder, maquiller;
~rsi vpi, vpt se farder, se maquiller
128 **imbellire** vt, vi, **~rsi** vpi embellir
9 **imberrettare** vt coiffer d'une casquette;
~rsi vpi mettre une casquette
128 **imbestialire** vt mettre en rage;
vi, **~rsi** vpi se mettre en rage
43 **imbevere** ❖ irr, vt imbiber;
~rsi ❖ vpi s'imbiber
15 **imbiaccare** vt farder, enfariner;
~rsi vpi se farder, s'enfariner
15 **imbiancare** vt blanchir, badigeonner;
vi, **~rsi** vpi blanchir
128 **imbianchire** vt, vi blanchir
9 **imbiettare** vt coincer
9 **imbiondare** vt blondir
128 **imbiondire** vt, vi, **~rsi** vpi blondir
128 **imbizzarrire** vt énerver;
vi, **~rsi** vpi s'emballer
15 **imboccare** vt, vi (avere) nourrir à la cuillère
128 **imbolsire** vi grossir, gonfler, [cheval] devenir poussif
9 **imbonare** vt ajuster [une pièce de construction d'un navire]
128 **imbonire** vt bonimenter
128 **imborghesire** vt embourgeoiser;
vi, **~rsi** vpi s'embourgeoiser
15 **imboscare** vt embusquer;
~rsi vpi ❖ s'embusquer
128 **imboschire** vt boiser;
vi, **~rsi** vpi se boiser
9 **imbossolare** → *imbussolare*
9 **imbottare** vt, vi (avere) enfûter
20 **imbottigliare** vt mettre en bouteilles;
~rsi vpi être pris dans un embouteillage

128 **imbottire** ❖ vt rembourrer, farcir;
~**rsi** ❖ vpi s'emmitoufler, se goinfrer
128 **imbozzacchire** vi se rabougrir
9 **imbozzolare** vi [ver à soie] faire son cocon
15 **imbracare** vt élinguer
17 **imbracciare** vt épauler
9 **imbrachettare** vt monter sur onglet
[une reliure]
16 **imbragare** → *imbracare*
15 **imbrancare** vt regrouper, rassembler;
~**rsi** vpi se regrouper, se rassembler
9 **imbrattare** ❖ vt salir, souiller;
~**rsi** ❖ vpi, vpt se salir, se souiller
17 **imbrecciare** vt empierrer
20 **imbreviare** vt enregistrer [un acte notarié]
15 **imbriacare, ~rsi** → *ubriacare*
15/14 **imbricare, ~rsi** → *embricare*
128 **imbricconire** vi devenir escroc; vt pousser
à l'escroquerie
20 **imbrigliare** vt brider; ~**rsi** vpi s'empêtrer
[dans les brides]
9 **imbrillantinare** vt brillantiner;
~**rsi** vpi, vpt se brillantiner
15 **imbroccare** vt atteindre toucher
9 **imbrodare** vt souiller, salir;
~**rsi** vpi, vpt se souiller, se salir
9 **imbrodolare** vt souiller, salir;
~**rsi** vpi, vpt se souiller, se salir
20 **imbrogliare** vt embrouiller;
~**rsi** vpi s'embrouiller
15 **imbroncare** vt apiquer
17 **imbronciare** vi, ~**rsi** vpi bouder
9 **imbrunare** litt. vi, ~**rsi** vpi s'assombrir,
s'obscurcir
128 **imbrunire** vi, vi imp,
~**rsi** vpi s'assombrir
128 **imbruttire** vt, vi enlaidir
15 **imbucare** vt poster; ~**rsi** ❖ vpi se nicher,
se faufiler
9 **imbullettare** vt clouer
9 **imbullonare** vt boulonner
9 **imburrare** vt beurrer
9 **imbussolare** vt mettre dans l'urne
9 **imbustare** vt mettre dans une enveloppe
128 **imbutire** vt emboutir
13 **imitare** vt imiter
9 **immagazzinare** vt emmagasiner
14 **immaginare** ❖ vt, ~**rsi** ❖ vpt imaginer
128 **immalinconire** vt attrister;
vi, ~**rsi** vpi s'attrister
15/14 **immanicare** vt emmancher
9 **immatricolare** vt immatriculer;
~**rsi** vpi s'immatriculer

9 **immedesimare** vt identifier;
~**rsi** ❖ vpi s'identifier
9 **immelmare** vt embouer; ~**rsi** vpi s'embouer
86 **immergere** ❖ irr, vt plonger;
~**rsi** ❖ vpi se plonger
115 **immettere** ❖ irr, vt introduire;
~**rsi** ❖ vpi s'introduire
128 **immezzire** vi, ~**rsi** vpi [fruits] devenir blet
9 **immigrare** vi immigrer
20 **immischiare** ❖ vt mêler; ~**rsi** ❖ vpi se mêler
128 **immiserire** vt appauvrir;
vi, ~**rsi** vpi s'appauvrir
9 **immobilizzare** vt immobiliser
9 **immolare** ❖ vt immoler;
~**rsi** ❖ vpi s'immoler
9 **immorsare** litt. vt emboîter, mettre le mors
à [un cheval]
9 **immortalare** vt immortaliser;
~**rsi** vpi s'immortaliser
128 **immucidire** vi moisir
9 **immunizzare** vt immuniser
9 **immurare** vt emmurer
128 **immusonirsi** fam. vpi se renfrogner
15 **impaccare** vt empaqueter
9 **impacchettare** vt empaqueter
17 **impacciare** vt gêner, embarrasser;
~**rsi** vpi se mêler, s'immiscer
128 **impadronirsi** ❖ vpi s'emparer
14 **impaginare** vt mettre en page
20 **impagliare** vt empailler
9 **impalare** vt empaler; ~**rsi** vpi se figer
9 **impallare** vt couvrir [au billard]
128 **impallidire** vi, vi pâlir
9 **impallinare** vt cribler de plomb
9 **impalmare** litt. vt épouser;
~**rsi** litt. vpi se marier
9 **impaludare** vt transformer en marécage;
vi, ~**rsi** vpi se transformer en marécage
9 **impanare** vt paner, fileter [une vis]
20 **impaniare** vt engluer; ~**rsi** vpi s'engluer
9 **impannare** vt tisser, fixer un châssis
9 **impantanare** vt, vi réduire à l'état de
bourbier; ~**rsi** vpi s'embourber
9 **impaperarsi** vpi bafouiller
20 **impapocchiare** rég. vt bâcler, embobiner
[quelqu'un]
9 **impappinarsi** vpi s'embrouiller
9 **imparare** ❖ vt apprendre
9 **imparentare** vt apparenter;
~**rsi** vpi s'apparenter
15 **imparruccare** vt coiffer d'une perruque;
~**rsi** vpi se coiffer d'une perruque
128 **impartire** vt donner, accorder

9 **impastare** ❖ vt pétrir, mélanger;
~**rsi** ❖ vpi se mélanger
15 **impasticcarsi** *fam.* vpi se droguer,
se bourrer de médicaments
17 **impasticciare** vt bâcler, embrouiller;
~**rsi** vpi, vpt se barbouiller
20 **impastocchiare** vt raconter [des mensonges]
20 **impastoiare** vt entraver
15 **impataccare** *fam.* vt tacher;
~**rsi** *fam.* vpi, vpt se tacher
9 **impattare** vt terminer à égalité;
vi (avere) faire match nul
128 **impaurire** vt effrayer;
vi, ~**rsi** vpi s'effrayer
9 **impavesare** vt pavoiser
128 **impazientire** vt impatienter;
vi, ~**rsi** vpi s'impatienter
9 **impazzare** vi (avere/essere) faire du
tapage, battre son plein
128 **impazzire** ❖ vi devenir fou
17 **impeciare** vt enduire de poix
128 **impedire** ❖ vt [a qn di] empêcher [qqn de]
21 **impegnare** ❖ vt, vi engager;
~**rsi** ❖ vpi s'engager
9 **impegolare** vt empêtrer;
~**rsi** ❖ vpi s'empêtrer
16 **impelagarsi** ❖ vpi s'empêtrer, s'enfoncer
96 **impellere** irr, déf, vt presser, être urgent à
17 **impellicciare** vt fourrer, doubler de fourrure
20 **impennacchiare** vt empanacher;
~**rsi** vpi se pomponner
9 **impennare** vt empenner;
~**rsi** vpi se couvrir de plumes, se cabrer
128 **impensierire** vt préoccuper, inquiéter;
~**rsi** vpi s'inquiéter, se préoccuper
9 **impepare** vt poivrer
9 **imperare** vi (avere) régner, dominer
9 **imperlare** vt orner de perles;
~**rsi** vpi se couvrir de perles
128 **impermalire** vt vexer, offenser;
~**rsi** vpi se vexer, s'offenser
9 **impermeabilizzare** vt imperméabiliser
20 **imperniare** ❖ vt monter sur pivot, axer;
~**rsi** ❖ vpi se baser, se fonder
9 **impersonare** vt personnifier;
~**rsi** ❖ vpi être personnifié
9 **imperversare** vi (avere) sévir, faire rage
. 9 **impestare** vt empester
9 **impetrare** *litt.* vt implorer
128 **impettirsi** vpi plastronner
16 **impiagare**, ~**rsi** → *piagare*
17 **impiallacciare** vt plaquer [du bois]
9 **impianellare** vt carreler

9 **impiantare** vt installer
128 **impiantire** vt carreler, parqueter
9 **impiastrare** ❖ vt enduire salir;
~**rsi** ❖ vpi, vpt se salir
17 **impiastricciare** vt enduire salir;
~**rsi** vpi, vpt se salir
15 **impiccare** ❖ vt pendre;
~**rsi** ❖ vpi se pendre
17 **impicciare** vt gêner, encombrer;
~**rsi** ❖ vpi se mêler
128 **impiccinire**, ~**rsi** → *impiccolire*
128 **impiccolire** vt, vi, ~**rsi** vpi rapetisser,
diminuer
20 **impidocchiare** vt infester de poux;
~**rsi** vpi attraper des poux
128 **impidocchire** vi, ~**rsi** vpi attraper des poux
16 **impiegare** vt employer; ~**rsi** vpi s'employer
128 **impietosire** vt apitoyer; ~**rsi** vpi s'apitoyer
9 **impietrare**, ~**rsi** → *impietrire*
128 **impietrire** vt pétrifier;
vi, ~**rsi** vpi se pétrifier
20 **impigliare** vt accrocher;
~**rsi** ❖ vpi s'accrocher
128 **impigrire** vt engourdir;
vi, ~**rsi** vpi devenir paresseux
9 **impilare** vt empiler
9 **impinguare** ❖ *litt.* vt, vi engraisser;
~**rsi** ❖ *litt.* vpi s'engraisser
128 **impinguire** vt, vi engraisser;
~**rsi** vpi s'engraisser
9 **impinzare**, ~**rsi** → *rimpinzare*
9 **impiombare** vt plomber
9 **impiotare** vt engazonner
9 **impiparsi** *fam.* vpi se moquer, se ficher
9 **impiumare** vt couvrir de plumes;
~**rsi** vpi se couvrir de plumes
9 **implementare** vt implémenter [un logiciel],
mettre en service
15/13 **implicare** ❖ vt impliquer;
~**rsi** vpi s'impliquer
69 **implodere** irr, vi imploser
9 **implorare** vt implorer
9 **impollinare** vt polliniser
9 **impolpare** vt remplumer;
~**rsi** vpi se remplumer, reprendre du
poids
128 **impoltronire** vt rendre paresseux;
vi, ~**rsi** vpi devenir paresseux
9 **impolverare** vt couvrir de poussière;
~**rsi** vpi se couvrir de poussière
9 **impomatare** vt pommader;
~**rsi** vpi, vpt se pommader
17/14 **impomiciare** vt poncer

9 **imporporare** vt empourprer ;
   ~rsi vpi s'empourprer
9 **imporrare** vi [bois] pourrir
124 **imporre** ❖ irr, vt imposer ;
   ~rsi ❖ vpi s'imposer
128 **imporrire** vi [bois] pourrir
9 **importare** ❖ vt, vi, vi imp importer
9 **importunare** vt importuner
9 **impossessarsi** ❖ vpi s'emparer
14 **impossibilitare** vt empêcher
9 **impostare**^{1} vt poster
9 **impostare**^{2} vt organiser, projeter, poser
   [un problème], imposer ;
   ~rsi vpi se positionner
128 **impoverire** vt appauvrir ;
   ~rsi vpi s'appauvrir
128 **impratichire** ❖ vt exercer ;
   ~rsi ❖ vpi s'exercer
15 **imprecare** vi (avere), vt jurer, pester
21 **impregnare** ❖ vt imprégner ;
   ~rsi ❖ vpi s'imprégner
62 **imprendere** irr, vx, litt. vt entreprendre
9 **impressionare** vt impressionner ;
   ~rsi vpi être impressionné
9 **imprestare** vt prêter
128 **impreziosire** vt enrichir ; **~rsi** vpi devenir
   précieux, se faire désirer
9 **imprigionare** vt emprisonner
99 **imprimere** ❖ irr, vt imprimer ;
   ~rsi ❖ vpi s'imprimer
9 **improntare** ❖ vt empreindre ;
   ~rsi ❖ vpi être empreint
9 **improvvisare** vt improviser ;
   ~rsi vpi s'improviser
9 **imprunare** vt clore de ronces
21 **impugnare** vt, vi saisir, empoigner
9 **impulsare** vt impulser
9 **impuntare** vi (avere) trébucher,
   bredouiller ; **~rsi** ❖ vpi s'entêter
128 **impuntire** vt piquer, matelasser
9 **impunturare** vt piquer
9 **imputare** ❖ vt inculper, imputer
128 **imputridire** vi, vt pourrir
128 **impuzzolentire** vt empester
9 **inabilitare** ❖ vt rendre inapte
9 **inabissare** vt faire couler, faire sombrer ;
   ~rsi vpi couler, sombrer
9 **inacerbare**, **~rsi** → inacerbire
128 **inacerbire** vt aigrir, exacerber ;
   vi, **~rsi** vpi s'aigrir, s'exacerber
128 **inacetire** vi, vt s'aigrir
128 **inacidire** vi, vt s'aigrir
128 **inacutire** vt aiguiser ; **~rsi** vpi s'aiguiser

9 **inalare** vt inhaler
9 **inalbare** litt. vt, vi, **~rsi** vpi blanchir
9 **inalberare** vt arborer, brandir ;
   ~rsi vpi se cabrer, se fâcher
9 **inalveare** vt canaliser ;
   ~rsi vpi être canalisé
9 **inalzare**, **~rsi** → innalzare
14 **inamidare** vt amidonner
9 **inanellare**^{1} vt, **~rsi** vpi, vpt boucler
   [cheveux]
9 **inanellare**^{2} vt, **~rsi** vpt baguer
9 **inanimare** litt. vt encourager ;
   ~rsi litt. vpi s'encourager
15 **inarcare** vt arquer, cambrer ;
   ~rsi vpi s'arquer, se cambrer
9 **inargentare** vt argenter ;
   ~rsi vpi s'argenter
128 **inaridire** vt dessécher, tarir ;
   vi, **~rsi** vpi se dessécher, se tarir
128 **inasprire** vt aggraver, exacerber ;
   vi, **~rsi** vpi s'aggraver, s'exacerber
9 **inastare** vt hisser [un drapeau]
9 **inattivare** vt désactiver
14 **inaugurare** vt inaugurer
9 **inaurare** litt. vt, **~rsi** vpi dorer
9 **inazzurrare** vt, **~rsi** vpi azurer, bleuir
128 **incadaverire** vi prendre un teint
   cadavérique
20 **incagliare** vt entraver ;
   vi, **~rsi** vpi échouer, s'échouer
21 **incagnarsi** fam. vpi se mettre en rogne
9 **incalcinare** vt crépir
128 **incallire** vt durcir, endurcir ;
   vi, **~rsi** ❖ vpi se durcir, s'endurcir
128 **incalorire** vt échauffer ; **~rsi** vpi s'échauffer
9 **incalzare** vt harceler, presser ;
   ~rsi vpi se succéder
9 **incamerare** vt confisquer
17 **incamiciare** vt gainer
9 **incamminare** vt acheminer ;
   ~rsi vpi s'acheminer
128 **incanagliare** vi, **~rsi** vpi s'encanailler
9 **incanalare** vt canaliser ;
   ~rsi vpi être canalisé
9 **incancherare** → incancherire
128 **incancherire** vt rendre cancéreux ;
   vi, **~rsi** vpi devenir cancéreux
128 **incancrenire** vi se gangrener ; vt gangrener
9 **incannare** vt bobiner, renvider
17 **incannucciare** vt tuteurer
9 **incantare** vt enchanter ;
   ~rsi ❖ vpi s'extasier
128 **incanutire** vi, vt blanchir [cheveux]

9 **incapannare** *rare*, vt stocker [du foin]
128 **incaparbire** vi, **~rsi** vpi s'obstiner
128 **incaponirsi** vpi s'obstiner, se buter
9 **incappare** ❖ vi tomber [dans un piège,
    sur une difficulté]
9 **incappellare** vt capeler;
    ~rsi *fam.* vpi prendre la mouche
9 **incappottare** vt emmitoufler;
    ~rsi vpi s'emmitoufler
17 **incappucciare** vt encapuchonner;
    ~rsi vpi s'encapuchonner
9 **incaprettare** vt tuer [par strangulation]
17 **incapricciarsi** ❖ vpi s'enticher
128 **incapriccirsi** → incapricciarsi
9 **incapsulare** vt capsuler
128 **incarbonire** vt carboniser;
    vi, **~rsi** vpi se carboniser
9 **incarcerare** vt emprisonner
9 **incardinare** ❖ vt poser sur ses gonds
    [une porte], fonder [une théorie];
    ~rsi ❖ vpi se fonder
15/14 **incaricare** ❖ vt charger;
    ~rsi ❖ vpi se charger
9 **incarnare** vt incarner; **~rsi** vpi s'incarner
128 **incarnire** vi, **~rsi** vpi [ongles] s'incarner
128 **incarognire** vi, **~rsi** vpi s'avilir
128 **incartapecorire** vi se parcheminer
9 **incartare** vt emballer;
    ~rsi *fam.* vpi s'embrouiller
17 **incartocciare** vt emballer;
    ~rsi vpi se replier
9 **incartonare** vt cartonner
9 **incasellare** vt ranger, classer
9 **incasinare** *fam.* vt mettre le bordel dans;
    ~rsi *fam.* vpi se mettre dans le pétrin
9 **incassare** ❖ vt encaisser;
    ~rsi vpi s'encaisser
9 **incastonare** vt enchâsser, sertir
9 **incastrare** vt encastrer; **~rsi** vpi s'encastrer
9 **incatenare** ❖ vt enchaîner;
    ~rsi ❖ vpi s'enchaîner
9 **incatramare** vt goudronner
128 **incattivire** vt rendre méchant, irriter;
    vi, **~rsi** vpi devenir méchant, s'irriter
15 **incavalcare** vt mettre en batterie
9 **incavare** vt creuser; **~rsi** vpi se creuser
9 **incavezzare** vt mettre le licou
20 **incavicchiare** vt cheviller
20 **incavigliare** vt cheviller
9 **incavolarsi** *fam.* vpi se mettre en rogne
9 **incazzarsi** *vulg.* vpi se foutre en rogne
26 **incedere** vi (avere) avancer, marcher
    [majestueusement]

62 **incendere** irr, *vx*, vt incendier, enflammer;
    vi, **~rsi** *vx*, vpi prendre feu, s'enflammer
20 **incendiare** vt incendier, enflammer;
    ~rsi vpi prendre feu, s'enflammer
9 **incenerare** vt couvrir de cendres;
    ~rsi vpi se réduire en cendres
128 **incenerire** vt incinérer, réduire en cendres;
    ~rsi vpi se réduire en cendres
9 **incensare** vt encenser; **~rsi** vpi s'encenser
9 **incentivare** vt encourager
9 **incentrare** vt centrer; **~rsi** vpi être centré
9 **inceppare** vt entraver, enrayer;
    ~rsi vpi s'enrayer
15 **inceralaccare** vt cacheter [avec de la cire]
9 **incerare** vt cirer
20 **incerchiare** *vx*, vt cercler
128 **inceronire** vi [vin] tourner à l'aigre
9 **incernierare** vt poser sur ses gonds
9 **inceronare** vt farder; **~rsi** vpi, vpt se farder
15/14 **incespicare** ❖ vi (avere) trébucher
9 **incestare** vt mettre dans des paniers
9 **incettare** vt accaparer
9 **inchiavardare** vt boulonner
9 **inchinare** vt incliner; **~rsi** ❖ vpi s'incliner
9 **inchiodare** vt clouer;
    ~rsi vpi se bloquer
9 **inchiostrare** vt encrer;
    ~rsi vpi, vpt se salir d'encre
9 **inciampare** ❖ vi (avere/essere) trébucher
15/14 **inciampicare** vi (avere) tituber
59 **incidere** irr, vi (avere) avoir une incidence;
    vt inciser
128 **incimurrire** vi [animal] prendre la morve
9 **incinerare** vt incinérer
20 **incipriare** vt poudrer;
    ~rsi vpi, vpt se poudrer
128 **inciprignire** vt irriter; vi, **~rsi** vpi s'irriter
9 **incistarsi** vpi s'enkyster
9 **incitare** ❖ vt inciter
128 **incitrullire** vt abrutir, abêtir;
    vi, **~rsi** vpi s'abrutir
15 **inciuccare** *fam.* vt cuiter;
    ~rsi *fam.* vpi se cuiter
128 **incivettire** vi devenir coquette
128 **incivilire** vt civiliser; **~rsi** vpi se civiliser
9 **inclinare** ❖ vt, vi (avere) incliner, pencher;
    ~rsi vpi s'incliner, se pencher
71 **includere** ❖ irr, vt inclure
12 **incoare** *déf*, vt entreprendre [une action
    juridique]
15 **incoccare** vt encocher
128 **incodardire** vi devenir lâche
89 **incogliere** irr, *vx*, vt surprendre; vi arriver

9 **incollare** vt coller ; **~rsi** vpi se coller
128 **incollerire** vi, **~rsi** vpi se mettre en colère
9 **incolonnare** vt mettre en colonne ;
   ~rsi vpi se mettre en colonne
9 **incolpare** ❖ vt inculper ;
   ~rsi ❖ vpi s'accuser
27 **incombere** ❖ déf, vi menacer, guetter,
   incomber
17 **incominciare** ❖ vt, vi commencer
9 **incomodare** vt incommoder, déranger ;
   ~rsi vpi se déranger
9 **incontrare** vt rencontrer ;
   ~rsi ❖ vpi se rencontrer
18 **incoraggiare** ❖ vt encourager ;
   ~rsi vpi s'encourager
9 **incorare, ~rsi** litt. → incuorare
9 **incordare** vt mettre des cordes à
9 **incornare** vt encorner
17 **incorniciare** vt encadrer
9 **incoronare** vt couronner ;
   ~rsi vpi se couronner
14 **incorporare** ❖ vt incorporer ;
   ~rsi ❖ vpi s'incorporer
107 **incorrere** ❖ irr, vi, vt encourir
9 **incravattare** vt cravater
9 **incrementare** vt accroître, augmenter
50 **increscere** irr, litt. vi regretter
9 **increspare** vt friser, rider ;
   ~rsi vpi friser, se rider
128 **incretinire** vt abêtir, abrutir ;
   vi, **~rsi** vpi s'abrutir
9 **incriminare** ❖ vt inculper, incriminer
9 **incrinare** vt fêler ; **~rsi** vpi se fêler
17 **incrociare** vt croiser ; **~rsi** vpi se croiser
20 **incrocicchiare** vt entrecroiser ;
   ~rsi vpi s'entrecroiser
9 **incrostare** ❖ vt incruster ;
   ~rsi ❖ vpi s'incruster
128 **incrudelire** vt rendre cruel ;
   vi, **~rsi** vpi s'acharner
128 **incrudire** vt durcir [eau, climat] ;
   vi, **~rsi** vpi durcir, empirer
9 **incubare** vt incuber
9 **inculare** vulg. vt enculer
15 **inculcare** ❖ vt inculquer
9 **incuneare** vt coincer ; **~rsi** vpi s'enfoncer
9 **incuorare** litt. vt encourager ;
   ~rsi litt. vpi s'encourager
128 **incupire** vt assombrir ;
   vi, **~rsi** vpi s'assombrir
128 **incuriosire** vt intriguer ;
   ~rsi vpi être intrigué
9 **incurvare** vt courber ; **~rsi** vpi se courber

128 **incurvire** vt courber ;
   vi, **~rsi** vpi se courber
116 **incutere** irr, vt inspirer [de la crainte]
16 **indagare** vt, vi (avere) enquêter
9 **indebitare** vt endetter ;
   ~rsi ❖ vpi s'endetter
128 **indebolire** vt affaiblir ;
   vi, **~rsi** vpi s'affaiblir
20 **indemaniare** vt domanialiser
20 **indemoniare** vi être possedé du démon
9 **indennizzare** vt indemniser
9 **indentare** vt (avere) denteler, engrener ;
   vi s'engrener
9 **indiavolarsi** vpi avoir le diable au corps
15/13 **indicare** ❖ vt indiquer
9 **indicizzare** vt indexer
18 **indietreggiare** vi (avere/essere) faire
   marche arrière
21 **indignare** vt indigner ; **~rsi** vpi s'indigner
139 **indire** irr, vt convoquer, fixer
9 **indirizzare** vt adresser ; **~rsi** vpi s'adresser
128 **indispettire** vt irriter, agacer ;
   vi, **~rsi** vpi s'irriter, s'agacer
124 **indisporre** irr, vt indisposer
9 **individualizzare** vt individualiser ;
   ~rsi vpi s'individualiser
9 **individuare** vt identifier ;
   ~rsi vpi s'affirmer
20 **indiziare** ❖ vt soupçonner
128 **indocilire** vt rendre docile ;
   vi, **~rsi** vpi devenir docile
128 **indolcire** vt adoucir, sucrer ;
   vi, **~rsi** vpi s'adoucir
128 **indolenzire** vt endolorir ;
   vi, **~rsi** vpi s'endolorir
9 **indorare** vt dorer
9 **indorsare** vt endosser [un livre]
9 **indossare** vt mettre, porter [un habit]
9 **indovinare** vt deviner
18 **indugiare** ❖ vi (avere) tarder, hésiter ;
   ~rsi ❖ vpi s'attarder
79 **indulgere** ❖ irr, déf, vi (avere)
   condescendre, s'abandonner, s'adonner
9 **indurare, ~rsi** vx → indurire
128 **indurire** vt durcir, endurcir ;
   vi, **~rsi** vpi se durcir, s'endurcir
126 **indurre** ❖ irr, vt induire ;
   ~rsi ❖ vpi se décider
9 **industrializzare** vt industrialiser
20 **industriarsi** vpi s'arranger, s'ingénier
20 **inebbriare, ~rsi** litt. → inebriare
128 **inebetire** vt hébéter ; vi, **~rsi** vpi s'hébéter
20 **inebriare** vt enivrer ; **~rsi** vpi s'enivrer

128 **inerbire** vt engazonner;
~**rsi** vpi être engazonné
128 **inerire** ❖ déf, vi être inhérent à
15/14 **inerpicarsi** vpi grimper
9 **infagottare** vt emmitoufler;
~**rsi** vpi s'emmitoufler
9 **infaldare** vt plier [un tissu]
9 **infamare** vt déshonorer;
~**rsi** vpi se déshonorer
16 **infangare** vt couvrir de boue;
~**rsi** vpi se couvrir de boue
128 **infarcire** ❖ vt farcir; ~**rsi** vpi se farcir
9 **infarinare** ❖ vt fariner, enfariner;
~**rsi** ❖ vpt, vpi s'enfariner
17 **infasciare**, ~**rsi** → fasciare
128 **infastidire** vt ennuyer, agacer;
~**rsi** vpi s'agacer
9 **infatuare** vt enticher; ~**rsi** ❖ vpi s'enticher
128 **infeltrire** vt feutrer; vi, ~**rsi** vpi se feutrer
128 **inferire**¹ ❖ vt infliger, porter [un coup]
128 **inferire**² ❖ vt inférer, déduire
9 **infermare** litt. vt rendre infirme;
vi, ~**rsi** litt. vpi devenir infirme
128 **inferocire** vt rendre furieux;
vi, ~**rsi** vpi devenir furieux
9 **infervorare** vt enflammer;
~**rsi** vpi s'enflammer
9 **infestare** vt infester
9 **infettare** vt infecter; ~**rsi** vpi s'infecter
9 **infeudare** vt inféoder; ~**rsi** vpi s'inféoder
128 **infiacchire** vt affaiblir;
vi, ~**rsi** vpi s'affaiblir
9 **infialare** vt mettre en ampoules
9 **infiammare** ❖ vt enflammer;
~**rsi** ❖ vpi s'enflammer
15 **infiascare** vt mettre en fiasques
17 **inficiare** vt invalider, infirmer
128 **infierire** vi (avere) s'acharner, sévir
128 **infievolire** rare, vt affaiblir;
vi, ~**rsi** rare, vpi s'affaiblir
73 **infiggere** ❖ irr, vt enfoncer, planter;
~**rsi** ❖ vpi s'enfoncer, se planter
9 **infilare** ❖ vt enfiler; ~**rsi** ❖ vpi s'enfiler
9 **infiltrarsi** vpi s'infiltrer
9 **infilzare** vt embrocher; ~**rsi** vpi s'embrocher
128 **infingardire** vt rendre paresseux;
vi, ~**rsi** vpi devenir paresseux
82 **infingersi** irr, litt. vpi faire semblant, feindre
20 **infinocchiare** fam. vt rouler, embobiner
9 **infiocchettare** ❖ vt enrubanner;
~**rsi** vpi s'enrubanner
9 **infiorare** ❖ vt fleurir; ~**rsi** vpi se couvrir
de fleurs

128 **infiorentinire** vt florentiniser;
~**rsi** vpi se florentiniser
9 **infiorettare** ❖ vt orner, émailler [un discours]
9 **infirmare** vt infirmer
20 **infischiarsi** ❖ vpi se ficher
128 **infittire** vt épaissir; vi, ~**rsi** vpi s'épaissir
114 **inflettere** irr, vt, vi infléchir
74 **infliggere** irr, vt infliger
9 **influenzare** vt influencer
128 **influire** ❖ vi (avere), vt influer, influencer
15 **infocare** → infuocare
9 **infognarsi** ❖ vpi se fourrer dans le pétrin
9 **infoibare** vt faire précipiter dans un gouffre
karstique
128 **infoltire** vt, vi épaissir
65 **infondere** irr, vt infuser, insuffler
15 **inforcare** vt, vi enfourcher
9 **informare** ❖ vt informer, renseigner;
~**rsi** ❖ vpi s'informer, se renseigner
9 **informatizzare** vt informatiser
9 **informicolarsi** vpi fourmiller, picoter
128 **informicolirsi** vpi fourmiller, picoter
17 **infornaciare** vt enfourner
9 **infornare** vt enfourner
128 **infortire** vt renforcer;
vi, ~**rsi** vpi tourner à l'aigre
9 **infortunarsi** vpi avoir un accident
15 **infoscare** vt assombrir;
vi, ~**rsi** vpi s'assombrir
9 **infossare** vt ensiler;
~**rsi** vpi se creuser, s'affaisser
9 **infracidare**, ~**rsi** → infradiciare
17 **infradiciare** vt tremper, pourrir;
~**rsi** vpi se tremper, pourrir
115 **inframmettere** irr, vt interposer;
~**rsi** vpi s'interposer
9 **inframmezzare** vt entremêler, entrecouper
20 **inframmischiare** vt entremêler, mêler
9 **infrancesare** vt franciser;
~**rsi** vpi se franciser
81 **infrangere** irr, vt briser, enfreindre;
~**rsi** vpi se briser
15 **infrascare** vt couvrir de feuillage;
~**rsi** vpi [animal] se rembucher
9 **infreddare** vt refroidir;
vi, ~**rsi** vpi s'enrhumer
128 **infreddolire** vt refroidir;
vi, ~**rsi** vpi prendre froid
9 **infrenare** vt freiner
128 **infrigidire** vt refroidir, rendre frigide;
vi, ~**rsi** vpi se refroidir, devenir frigide
128 **infrollire** vt faire faisander;
vi, ~**rsi** vpi faisander

9 **infrondare, ~rsi** rég. → *infrondire*
128 **infrondire** litt. vi se couvrir de feuillages
15 **infuocare** vt, ~rsi ❖ vpi *enflammer*
128 **infurbire** vi, ~rsi vpi *se dégourdir*
20 **infuriare** vi *faire rage*;
   ~rsi vpi *se mettre en rage*
20 **ingabbiare** vt *mettre en cage*
18 **ingaggiare** vt *engager, enrôler*;
   ~rsi vpi *s'engager, s'enrôler*
128 **ingagliardire** vt *fortifier*;
   vi, ~rsi vpi *se fortifier*
128 **ingalluzzire, ~rsi** → *ringalluzzire*
9 **ingannare** vt *tromper*;
   ~rsi vpi *se tromper*
20 **ingarbugliare** vt *embrouiller*;
   ~rsi vpi *s'embrouiller*
9 **ingegnarsi** vpi *s'ingénier*
128 **ingelosire** vt *rendre jaloux*;
   vi, ~rsi ❖ vpi *jalouser*
9 **ingemmare** vt *orner de pierres précieuses*
9 **ingenerare** vt *engendrer*; ~rsi vpi *naître*
128 **ingentilire** vt *affiner, adoucir*;
   vi, ~rsi vpi *s'affiner, s'adoucir*
128 **ingerire** vt *ingérer*; ~rsi ❖ vpi *s'ingérer*
9 **ingessare** vt *plâtrer*
20 **inghiaiare** vt *recouvrir de gravier*
128 **inghiottire** vt *avaler, engloutir*
9 **inghirlandare** vt *orner de guirlandes*;
   ~rsi vpi, vpt *s'orner de guirlandes*
9 **ingiallare** litt. → *ingiallire*
128 **ingiallire** vt, vi, ~rsi vpi *jaunir*
128 **ingigantire** vt *agrandir*;
   vi, ~rsi vpi *s'agrandir*
20 **inginocchiarsi** vpi *s'agenouiller*
9 **ingioiellare** vt *orner de bijoux*
84 **ingiungere** ❖ irr, vt *enjoindre*
20 **ingiuriare** vt *injurier*; ~rsi vpi *s'injurier*
9 **inglobare** vt *englober*
20 **ingobbiare** vt *engober*
128 **ingobbire** vi, ~rsi vpi *se voûter,
   devenir bossu*
128 **ingoffire** vt *rendre gauche*;
   vi, ~rsi vpi *devenir gauche*
20 **ingoiare** vt *avaler, engloutir*
9 **ingolfare** ❖ vt *noyer [un carburateur]*;
   ~rsi ❖ vpi *se noyer, se plonger*
9 **ingollare** vt *avaler, engloutir*
128 **ingolosire** vt *faire envie à, allécher*;
   vi, ~rsi vpi *devenir gourmand*
9 **ingombrare** ❖ vt *encombrer*
9 **ingommare** vt *gommer*
16 **ingorgare** vt *engorger*; ~rsi vpi *s'engorger*
9 **ingozzare** ❖ vt *gaver*; ~rsi ❖ vpi *se gaver*

128 **ingracilire** vt *rendre frêle*;
   vi, ~rsi vpi *devenir frêle*
9 **ingranare** vi (avere), vt *engrener, engager
   [une vitesse]*
128 **ingranchire** vt *engourdir*;
   vi, ~rsi vpi *s'engourdir*
128 **ingrandire** vt *agrandir*;
   vi, ~rsi vpi *s'agrandir*
9 **ingrassare** vt *engraisser, grossir*;
   vi, ~rsi vpi *grossir*
17 **ingraticciare** vt *treillisser, clayonner*
9 **ingraticolare** vt *grillager*
9 **ingravidare** vt *mettre enceinte, engrosser*
20 **ingraziarsi** vpt *gagner les bonnes
   grâces de*
128 **ingrinzire, ~rsi** → *aggrinzire*
9 **ingrossare** ❖ vt, vi, ~rsi ❖ vpi *grossir*
21 **ingrugnare** vi, ~rsi vpi *bouder*
128 **ingrugnire** vi, ~rsi vpi *bouder*
128 **ingrullire** vt *abêtir, abrutir*
20 **inguaiare** vt *mettre dans le pétrin*;
   ~rsi vpi *se mettre dans le pétrin*
9 **inguainare** vt *engainer, rengainer*
9 **ingualdrappare** vt *caparaçonner*
9 **inguantare** vt *ganter*;
   ~rsi vpi *mettre ses gants*
9 **ingurgitare** vt *ingurgiter*
128 **inibire** ❖ vt *interdire, inhiber*;
   ~rsi ❖ vpi *se bloquer*
9 **iniettare** ❖ vt *injecter*; ~rsi vpt *s'injecter*
15 **inimicare** vt *brouiller, désunir*;
   ~rsi ❖ vpi *se brouiller*;
   vpt *se brouiller avec*
20 **iniziare** ❖ vt *commencer*; ~rsi vpi *s'initier*
9 **innacquare** → *annacquare*
20 **innaffiare** vt *arroser*
9 **innalzare** ❖ vt *élever*; ~rsi ❖ vpi *s'élever*
9 **innamorare** ❖ vt *séduire*;
   ~rsi ❖ vpi *tomber amoureux*
18 **inneggiare** ❖ vi (avere), vt *glorifier*
9 **innervare** vt, vi *innerver*
128 **innervosire** vt *énerver*; ~rsi vpi *s'énerver*
15 **innescare** vt *amorcer*
9 **innestare** ❖ vt *greffer*;
   ~rsi ❖ vpi *se greffer*
9 **innevare** vt *enneiger*;
   ~rsi vpi *se couvrir de neige*
9 **innovare** vt *innover*; ~rsi vpi *se renouveler*
9 **inoculare** vt *inoculer*
9 **inoltrare** ❖ vt *transmettre*;
   ~rsi ❖ vpi *s'avancer, s'engager*
9 **inombrare** vt *ombrager*;
   ~rsi vpi *s'ombrager*

9 **inondare** ❖ vt, vi inonder
128 **inorgoglire** vt s'enorgueillir;
vi, **~rsi** vpi s'enorgueillir
128 **inorridire** vt, vi horrifier
9 **inquadrare** vt encadrer; **~rsi** vpi s'encadrer
9 **inquietare** vt inquiéter; **~rsi** vpi s'inquiéter
9 **inquinare** ❖ vt polluer
128 **inquisire** ❖ vt enquêter sur;
vi (avere) enquêter
128 **inretire** → irretire
20 **insabbiare** vt ensabler; **~rsi** vpi s'ensabler
15 **insaccare** vt mettre en sacs;
~rsi vpi s'entasser
9 **insacchettare** vt mettre en sachets
9 **insaldare** vt amidonner
9 **insalivare** vt mouiller de salive
128 **insalvatichire, ~rsi** → inselvatichire
9 **insanguinare** vt ensanglanter;
~rsi vpi s'ensanglanter
128 **insanire** vx, litt. vi, vt devenir fou
9 **insaponare** vt savonner
9 **insaporare, ~rsi** → insaporire
128 **insaporire** vt donner du goût à;
~rsi vpi prendre du goût
9 **inscatolare** vt mettre en boîtes
9 **inscenare** vt mettre en scène
118 **inscrivere** irr, vt inscrire;
~rsi vpi s'inscrire
128 **inscurire** vt obscurcir, foncer;
vi, **~rsi** vpi s'obscurcir, foncer
128 **insecchire** vt dessécher; vi se dessécher
20 **insediare** vt installer, établir;
~rsi vpi s'installer, s'établir
21 **insegnare** ❖ vt, vi (avere) enseigner
127 **inseguire** vt poursuivre
9 **insellare** vt seller;
~rsi vpi se mettre en selle
9 **inselvarsi** vpi se couvrir d'arbres,
s'enfoncer dans les bois
128 **inselvatichire** vt rendre sauvage;
vi, **~rsi** vpi devenir sauvage
14 **inseminare** vt ensemencer
128 **inserire** ❖ vt insérer; **~rsi** ❖ vpi s'insérer
20 **insidiare** ❖ vt, vi (avere) tendre des
pièges à
128 **insignire** ❖ vt décorer [d'une distinction]
9 **insilare** vt ensiler
9 **insinuare** ❖ vt insinuer;
~rsi ❖ vpi s'insinuer
113 **insistere** ❖ irr, vi (avere) insister
15 **insolcare** litt. vt sillonner
128 **insolentire** vt dire des insolences;
vi se montrer insolent

9 **insonorizzare** vt insonoriser
128 **insordire** vi devenir sourd
87 **insorgere** irr, vi s'insurger, surgir
128 **insospettire** vt intriguer; vi, **~rsi** vpi avoir
des soupçons
9 **insozzare** ❖ vt salir, souiller;
~rsi ❖ vpi, vpt se salir, se souiller
128 **inspessire, ~rsi** → ispessire
9 **inspirare** vt inspirer
9 **installare** ❖ vt installer;
~rsi ❖ vpi s'installer
25 **instare** irr, déf, vi insister
9 **instaurare** vt instaurer; **~rsi** vpi s'instaurer
9 **instillare** vt instiller
9 **instradare** vt acheminer;
~rsi vpi s'acheminer
128 **instruire, ~rsi** → istruire
17/14 **insudiciare** ❖ vt salir, souiller;
~rsi ❖ vpi, vpt se salir, se souiller
9 **insufflare** litt. vt insouffler
9 **insultare** vt, vi (avere) insulter
128 **insuperbire** vt enorgueillir;
vi, **~rsi** vpi s'enorgueillir
9 **intabarrare** vt emmitoufler;
~rsi vpi s'emmitoufler
15 **intaccare** vt, vi (avere) ébrécher, entailler,
entamer
20 **intagliare** vt entailler
9 **intanarsi** vpi se terrer
9 **intarlare** vt, vi se vermouler
9 **intarmare** vi, vt se miter
20 **intarsiare** vt marqueter
9 **intasare** ❖ vt obstruer, boucher;
~rsi vpi se boucher
15 **intascare** vt empocher
9 **intassellare** vt tamponner
9 **intavolare** vt entamer, engager [un discours]
15 **intedescare** vt germaniser
13 **integrare** ❖ vt intégrer;
~rsi ❖ vpi s'intégrer
20 **intelaiare** vt mettre sur le métier/sur le
châssis
9 **intelare** vt entoiler
9 **intellettualizzare** vt intellectualiser
62 **intendere** irr, vt entendre, comprendre;
~rsi ❖ vpi s'entendre, s'y connaître
14 **intenebrare** vt obscurcir;
~rsi vpi s'obscurcir
128 **intenerire** vt attendrir;
vi, **~rsi** vpi s'attendrir
15/14 **intensificare** vt intensifier;
~rsi vpi s'intensifier
9 **intentare** vt intenter, engager

128 **intepidire, ~rsi** → *intiepidire*
128 **interagire** vi (avere) *interagir*
9 **intercalare** vt *intercaler*
26 **intercedere** vi, vt *intercéder*
9 **intercettare** vt *intercepter*
71 **intercludere** irr, *litt.* vt *empêcher, inclure*
16 **intercollegare** vt *relier, interconnecter*
107 **intercorrere** ❖ irr, vi *y avoir, exister, s'écouler*
139 **interdire** ❖ irr, vt *interdire*
9 **interessare** ❖ vt, vi *intéresser ;*
  ~rsi ❖ vpi *s'intéresser*
128 **interferire** ❖ vi (avere) *interférer*
20 **interfogliare** vt *interfolier*
20 **interfoliare** → *interfogliare*
9 **interinare** vt *entériner*
9 **interiorizzare** vt *intérioriser ;*
  ~rsi vpi *s'intérioriser*
14 **interlineare** vt *interligner*
128 **interloquire** vi (avere) *intervenir, se mêler à [une discussion]*
115 **intermettere** irr, *litt.* vt *cesser, interrompre ;*
  ~rsi *litt.* vpi *s'interposer*
9 **internare** ❖ vt *interner, pénétrer ;*
  ~rsi ❖ vpi *s'interner*
9 **interpellare** vt *interpeller*
14 **interpolare** vt *interpoler*
124 **interporre** ❖ irr, vt *interposer ;*
  ~rsi ❖ vpi *s'interposer*
14 **interpretare** vt *interpréter*
84 **interpungere** irr, vt *ponctuer*
9 **interrare** vt *enterrer ;* **~rsi** vpi *s'enterrer*
16/14 **interrogare** vt *interroger*
105 **interrompere** irr, vt *interrompre ;*
  ~rsi vpi *s'interrompre*
15/14 **intersecare** vt *croiser, couper ;*
  ~rsi vpi *se croiser*
9 **intervallare** vt *espacer*
145 **intervenire** ❖ irr, vi *intervenir*
9 **intervistare** vt *interviewer*
26 **intessere** vt *tisser, tresser*
128 **intestardirsi** ❖ vpi *s'entêter*
9 **intestare** ❖ vt *mettre un titre à ;*
  ~rsi vpi *s'entêter*
128 **intiepidire** vt *tiédir ;* vi, **~rsi** vpi *tiédir, s'attiédir*
9 **intimare** ❖ vt *intimer*
128 **intimidire** vt *intimider ;*
  ~rsi vpi *être intimidé*
128 **intimorire** vt *effrayer ;* **~rsi** vpi *s'effrayer*
82 **intingere** ❖ irr, vt *tremper [la plume]*
128 **intirizzire** vt *engourdir ;*
  vi, **~rsi** vpi *s'engourdir*

128 **intisichire** vt *rendre phtisique ;*
  vi, **~rsi** vpi *devenir phtisique*
14 **intitolare** ❖ vt *intituler ;* **~rsi** vpi *s'intituler*
15/14 **intonacare** *enduire, crépir*
9 **intonare** ❖ vt *entonner, assortir ;*
  ~rsi ❖ vpi *être assorti*
128 **intontire** vt *abêtir, abrutir ;*
  vi, **~rsi** vpi *s'abrutir*
9 **intoppare** ❖ vi (avere/essere) in *tomber sur*
9 **intorbidare** → *intorbidire*
128 **intorbidire** vt *troubler ;*
  vi, **~rsi** vpi *se troubler*
128 **intormentire** vt *engourdir ;*
  ~rsi vpi *s'engourdir*
128 **intorpidire** vt *engourdir ;*
  vi, **~rsi** vpi *s'engourdir*
15/14 **intossicare** vt *intoxiquer ;*
  ~rsi vpi *s'intoxiquer*
17 **intralciare** vt *entraver, gêner ;*
  ~rsi vpi *s'entraver, se gêner*
9 **intrallazzare** vi (avere) *intriguer, manigancer*
9 **intramezzare** vt *alterner, interposer*
9 **intrappolare** vt *piéger*
62 **intraprendere** irr, vt *entreprendre*
102 **intrattenere** ❖ irr, vt *entretenir ;*
  ~rsi ❖ vpi *s'entretenir*
56 **intravedere** irr, vt *entrevoir*
145 **intravenire** irr, vi *arriver*
56 **intravvedere** irr → *intravedere*
145 **intravvenire** irr → *intravenire*
17 **intrecciare** vt *tresser, entrelacer ;*
  ~rsi ❖ vpi *s'entrelacer*
21 **intregnare** vt *congréer*
15 **intricare** vt *embrouiller, emmêler ;*
  ~rsi vpi *s'emmêler, s'embrouiller*
59 **intridere** ❖ irr, vt *tremper, imprégner*
16 **intrigare** vt, vi (avere) *intriguer ;*
  ~rsi ❖ vpi *se mêler*
9 **intrippare** vt *gaver ;* **~rsi** vpi *se gaver*
128 **intristire** vi *dépérir, rabougrir, s'étioler*
126 **introdurre** ❖ irr, vt *introduire ;*
  ~rsi ❖ vpi *s'introduire*
114 **introflettersi** irr, vpi *se replier en dedans*
9 **introiettare** vt *introjecter*
9 **introitare** vt *encaisser*
115 **intromettersi** ❖ irr, vpi *se mêler, s'interposer, s'entremettre*
9 **intronare** vt *abasourdir, assourdir ;*
  vi (avere), **~rsi** vpi *être abasourdi*
20 **intronfiare** vi *se gonfler d'orgueil*
9 **intronizzare** vt *introniser*
112 **introvertere** irr, déf, vt, *tourner vers l'intérieur ;* **~rsi** vpi *se renfermer*

71 **intrudere** irr, *litt.* vt introduire;
  ~rsi *litt.* vpi s'introduire
14 **intrufolare** ❖ vt glisser;
  ~rsi ❖ vpi se glisser, se faufiler
20 **intrugliare** vt mélanger, tripoter;
  ~rsi vpi se mélanger
9 **intrupparsi** vpi s'attrouper
9 **intubare** vt intuber
9 **intubettare** vt mettre en tubes
20 **intugliare** vt abouter, ajuter
128 **intuire** ❖ vt comprendre, deviner
128 **intumidire** vi se tuméfier
128 **inturgidire** vi gonfler; **~rsi** vpi se gonfler
9 **inumare** vt inhumer
128 **inumidire** vt humecter, humidifier;
  ~rsi vpi devenir humide;
  vpt s'humecter
9 **inurbarsi** *litt.* vpi s'urbaniser
9 **inutilizzare** vt rendre inutile
52 **invadere** irr, vt envahir
128 **invaghire** vt, *litt.* séduire;
  ~rsi ❖ vpi s'éprendre, s'enticher
9 **invaginare** vt engainer; **~rsi** vpi s'invaginer
20 **invaiare** vi devenir blet; *vx*, vt noircir
92 **invalere** irr, déf, vi s'affirmer
14 **invalidare** vt invalider;
  ~rsi vpi devenir invalide
9 **invallarsi** vpi [cours d'eau] couler dans
  une vallée
9 **invasare** vt posséder, mettre en pot;
  ~rsi vpi s'enticher
20 **invecchiare** vi, vt vieillir
128 **inveire** vi (avere) invectiver
9 **invelare** vt voiler; vi larguer les voiles
128 **invelenire** vt envenimer;
  vi, **~rsi** vpi s'envenimer
145 **invenire** irr, *litt.* vt découvrir
9 **inventare** vt inventer
20 **inventariare** vt inventorier
9 **inverarsi** vpi s'avérer
128 **inverdire** vt, vi, **~rsi** vpi verdir
16 **invergare** vt enverguer
20 **invermigliare** *litt.* vt rendre vermeil;
  ~rsi *litt.* vpi devenir vermeil
9 **inverminare**, **~rsi** → *inverminire*
128 **inverminire** vi, **~rsi** vpi se remplir de vers,
  se putréfier
17 **inverniciare** vt vernir, peindre;
  ~rsi vpi se farder
127 **invertire** vt inverser
15 **invescare** *litt.* vt engluer;
  ~rsi *litt.* vpi s'engluer
16/14 **investigare** vt rechercher; vi enquêter

127 **investire** ❖ vt renverser, investir;
  vi échouer; **~rsi** ❖ vpi se pénétrer,
  s'identifier
20 **invetriare** vt vitrifier, vitrer
19 **inviare** ❖ vt envoyer; **~rsi** vpt s'envoyer
20 **invidiare** ❖ vt envier, jalouser;
  ~rsi vpi se jalouser
9 **invigilare** vt surveiller; vi (avere) veiller
128 **invigliacchire** vi devenir lâche;
  ~rsi vpi se décourager
128 **invigorire** vt fortifier;
  vi, **~rsi** vpi se fortifier
128 **invilire** vt avilir; vi, **~rsi** vpi s'avilir
9 **inviluppare** vt envelopper;
  ~rsi vpi s'envelopper
128 **inviperire** vi, **~rsi** vpi devenir furieux
20 **invischiare** ❖ vt engluer;
  ~rsi ❖ vpi s'engluer
128 **inviscidire** vi devenir visqueux
9 **invitare** ❖ vt inviter; **~rsi** vpi s'inviter
128 **invizzire** vi se flétrir
15 **invocare** vt invoquer
20 **invogliare** ❖ vt donner envie à;
  ~rsi ❖ vpi avoir envie
9 **involare** vt voler; **~rsi** vpi s'envoler
128 **involgarire** vt rendre vulgaire, vulgariser;
  vi, **~rsi** vpi devenir vulgaire
78 **involgere** irr, *litt.* vt envelopper;
  ~rsi *litt.* vpi s'envelopper
9 **involtare** vt envelopper;
  ~rsi vpi s'envelopper
120 **involvere** irr, *litt.* vt emporter, entraîner
9 **inzaccherare** vt couvrir de boue;
  ~rsi vpi, vpt se couvrir de boue
9 **inzafardare** vt couvrir de graisse;
  ~rsi vpi, vpt se couvrir de graisse
9 **inzavorrare** vt lester; **~rsi** vpi s'empêtrer
9 **inzeppare** vt bourrer, remplir
9 **inzolfare** vt soufrer
128 **inzotichire** vt rendre grossier;
  vi, **~rsi** vpi devenir grossier
15 **inzuccare** vi enivrer; **~rsi** vpi s'enivrer,
  s'entêter
14 **inzuccherare** vt sucrer
9 **inzuppare** ❖ vt tremper;
  ~rsi ❖ vpi se tremper
9 **iodare** vt ioder
9 **iodurare** vt iodurer
9 **ionizzare** vi (avere), vt ioniser
127 **ipernutrire** vt suralimenter
9 **ipersostentare** vt hypersustenter
9 **ipertrofizzare** vt hypertrophier;
  ~rsi vpi s'hypertrophier

9 **ipnotizzare** vt hypnotiser
9 **ipostatizzare** vt hypostaser
15 **ipotecare** vt hypothéquer
9 **ipotizzare** vt supposer
9 **iridare** vt iriser; **~rsi** vpi s'iriser
18 **ironeggiare** vi (avere) ironiser
9 **ironizzare** vt, vi (avere) ironiser
20 **irradiare** vt, vi, **~rsi** vpi éclairer, rayonner, irradier
18 **irraggiare** vt, vi, **~rsi** vpi irradier
128 **irrancidire** vi rancir
9 **irreggimentare** vt enrégimenter, embrigader
128 **irretire** vt séduire, prendre au piège
59 **irridere** irr, litt. vt railler
16 **irrigare** vt irriguer
128 **irrigidire** vt raidir; vi, **~rsi** vpi se raidir
13 **irritare** vt irriter; **~rsi** vpi s'irriter
128 **irrobustire** vt fortifier; **~rsi** vpi se fortifier
16 **irrogare** vt infliger
105 **irrompere** irr, vi faire irruption
9 **irrorare** ✦ vt baigner, irriguer
128 **irrugginire** vt, vi rouiller
128 **irruvidire** vt rendre rugueux; vi, **~rsi** vpi devenir rugueux
118 **iscrivere** ✦ irr, vt inscrire; **~rsi** ✦ vpi s'inscrire
128 **iscurire, ~rsi** → inscurire
9 **islamizzare** vt islamiser
13 **isolare** ✦ vt isoler; **~rsi** ✦ vpi s'isoler
9 **ispanizzare** vt hispaniser; **~rsi** vpi s'hispaniser
128 **ispessire** vt épaissir; **~rsi** vpi s'épaissir
9 **ispezionare** vt inspecter
9 **ispirare** vt inspirer; **~rsi** ✦ vpi s'inspirer
9 **issare** vt hisser; **~rsi** vpi se hisser
9 **istallare, ~rsi** → installare
25 **istare** irr, déf, litt. → instare
128 **isterilire** vt stériliser; **~rsi** vpi devenir stérile
16/13 **istigare** ✦ vt inciter
9 **istillare** → instillare
128 **istituire** vt instituer
9 **istituzionalizzare** vt institutionnaliser
20 **istoriare** vt historier
9 **istradare, ~rsi** → instradare
128 **istruire** ✦ vt instruire; **~rsi** vpi s'instruire
9 **istrumentare** → strumentare
128 **istupidire** vt abrutir, abêtir; vi, **~rsi** vpi s'abrutir
18 **italianeggiare** vi (avere) affecter les manières/les habitudes/l'accent des Italiens
9 **italianizzare** vt italianiser; **~rsi** vpi s'italianiser

9 **iterare** litt. vt réitérer
13 **iugulare** vt juguler

L

15 **laccare** vt laquer
13 **lacerare** vt déchirer; **~rsi** vpi se déchirer
13 **lacrimare** vi (avere) larmoyer; litt. vt déplorer
9 **lagnarsi** ✦ vpi se plaindre
13 **lagrimare** litt. → lacrimare
9 **laicizzare** vt laïciser
9 **lamare** vt lamer
128 **lambere** irr, vx → lambire
15 **lambiccare** vt distiller; **~rsi** vpi se creuser la cervelle
128 **lambire** vt lécher
9 **lamentare** ✦ vt, **~rsi** ✦ di vpi se plaindre de, déplorer
13 **laminare** vt plaquer, laminer
9 **lampazzare** vt jumeler [un mât]
18 **lampeggiare** vi (avere) clignoter; vi imp (avere/essere) y avoir des éclairs
17 **lanciare** vt lancer; **~rsi** vpi se lancer
127 **languire** vi (avere) languir
13 **lapidare** vt lapider
15/14 **lapidificare** vt lapidifier
9 **lappare**¹ vt, vi (avere) lapper
9 **lappare**² vt roder [une pierre]
9 **lardare** vt larder
9 **lardellare** vt larder
16 **largare** vt larguer [les voiles]; **~rsi** vpi prendre le large
18 **largheggiare** vi (avere) faire des largesses
128 **largire** vt prodiguer
9 **larvare** vt masquer, déguiser
15 **lascare** vt lâcher [la bride à son cheval], larguer
17 **lasciare** ✦ vt lâcher, laisser; **~rsi** vpi se laisser, se quitter
9 **lastrare** vt charger, lester
15/13 **lastricare** vt paver, daller
18 **latineggiare** vi (avere) utiliser des termes et des formes stylistiques propres au latin
9 **latinizzare** vt, vi (avere) latiniser; **~rsi** vpi se latiniser
9 **latrare** vi (avere) aboyer
9 **laudare** → lodare
13 **laureare** vt diplômer; **~rsi** ✦ vpi obtenir son diplôme
9 **lavare** ✦ vt laver; **~rsi** vpi, vpt se laver
20 **lavoracchiare** → lavoricchiare
9 **lavorare** vi (avere), vt travailler

20 **lavoricchiare** vi (avere) travailloter
15 **leccare** vt lécher; ~**rsi** vpi, vpt se lécher
28 **lecere** irr → *licere*
60 **ledere** irr, vt léser
9 **legalizzare** vt légaliser
16 **legare** ❖ vt, vi (avere) lier;
   ~**rsi** ❖ vpi, vpt se lier
72 **leggere** ❖ irr, vt lire
20 **leggicchiare** vt, vi (avere) feuilleter
20 **leggiucchiare** → *leggicchiare*
9 **legiferare** vi (avere) légiférer
9 **legittimare** vt légitimer
21 **legnare** vt, vi bâtonner
9 **lemmatizzare** vt lemmatiser
128 **lenire** vt calmer, soulager
9 **lentare** *litt.* vt desserrer;
   vi, ~**rsi** *litt.* vpi se desserrer
17 **lerciare** vt salir, souiller;
   ~**rsi** vpi, vpt se salir, se souiller
9 **lesinare** vt, vi (avere) lésiner
9 **lesionare** vt lézarder
9 **lessare** vt cuire à l'eau
15/14 **letificare** vt réjouir, égayer
20 **letiziare** vt → *letificare*
9 **levare** ❖ vt lever, enlever;
   ~**rsi** ❖ vpi se lever; vpt s'enlever
16/13 **levigare** vt polir
13 **levitare** vi (avere), vt léviter
9 **libare** *litt.* vt faire des libations de, déguster
9 **liberalizzare** vt libéraliser
13 **liberare** ❖ vt libérer; ~**rsi** ❖ vpi se libérer
9 **librare** vt peser, juger;
   ~**rsi** vpi se tenir en équilibre
20 **licenziare** vt licencier; ~**rsi** vpi démissionner
28 **licere/licere** irr, déf, vi imp être permis
13 **licitare** vi (avere) liciter
14 **lievitare** vi lever, augmenter; vt mêler du
   levain à
15/13 **lignificare** vt lignifier; ~**rsi** vpi se lignifier
9 **limare** vt limer
13 **limitare** vt limiter; ~**rsi** ❖ vpi se limiter
17 **linciare** vt lyncher
24 **liquefare** irr, vt liquéfier;
   ~**rsi** vpi se liquéfier
13 **liquidare** vt liquider
9 **liricizzare** vt raconter avec lyrisme
17 **lisciare** vt polir, lisser;
   ~**rsi** vpi se pomponner; vpt se lisser
20 **lisciviare** vt lessiver
9 **listare** vt border; ~**rsi** vpi se border
9 **listellare** vt latter
20 **litaniare** vi (avere) chanter des litanies
16/13 **litigare** ❖ vi (avere), ~**rsi** vpt se disputer

14 **litografare** vt lithographier
9 **livellare** vt niveler; ~**rsi** vpi se niveler
9 **localizzare** vt localiser; ~**rsi** vpi se localiser
15 **locare** vt louer [un logement];
   ~**rsi** *litt.* vpi se situer
9 **locupletare** vt enrichir
9 **lodare** vt louer; ~**rsi** vpi se vanter
13 **logorare** vt user; ~**rsi** vpi s'user
9 **lontanare,** ~**rsi** → *allontanare*
9 **lordare** vt salir, souiller;
   ~**rsi** vpi, vpt se salir, se souiller
9 **lottare** ❖ vi (avere) lutter
9 **lottizzare** vt lotir
15/14 **lubrificare** vt lubrifier
15/13 **luccicare** vi (avere/essere) luire briller
32 **lucere** déf, vi luire, briller
13 **lucidare** vt cirer, astiquer
9 **lucrare** ❖ vt gagner
18 **lumeggiare** vt éclairer, rehausser
9 **luminare** → *illuminare*
16 **lusingare** vt flatter; ~**rsi** vpi se flatter
9 **lussare** vt luxer, déboîter;
   ~**rsi** vpi, vpt se luxer
18 **lussureggiare** vi (avere) regorger de
9 **lustrare** vt faire briller; vi (avere) luire,
   briller

M

20 **macchiare** ❖ vt tacher;
   ~**rsi** ❖ vpi, vpt se tacher
9 **macchiettare** vt tacheter, moucheter
13 **macchinare** vt machiner, manigancer
9 **macellare** vt abattre [un animal], massacrer
13 **macerare** ❖ vt macérer;
   ~**rsi** ❖ vpi macérer, se consumer
13 **macinare** vt moudre; ~**rsi** vpi se consumer
9 **maciullare** vt broyer; ~**rsi** vpt se broyer
9 **macolare,** ~**rsi** → *maculare*
9 **maculare** vt maculer; ~**rsi** vpi se maculer
18 **madreggiare** vi (avere) tenir de sa mère
18 **madrigaleggiare** vi (avere/essere) composer
   des madrigaux
21 **magagnare** vt gâter, abîmer;
   vi, ~**rsi** vpi se gâter
16 **magare** vt envoûter
9 **maggesare** vt laisser en jachère
9 **maggiorare** vt majorer
9 **magnetizzare** vt magnétiser;
   ~**rsi** vpi se magnétiser
15/14 **magnificare** vt magnifier, glorifier;
   ~**rsi** vpi se glorifier
22 **malandare** déf, vi se délabrer

9 **malassare** vt malaxer
139 **maledire** irr, vt, vi (avere) maudire
24 **malfare** irr, vi (avere) mal faire
15/14 **malgiudicare** vt mal juger
21 **malignare** vi (avere), vt médire
9 **malleabilizzare** vt malléabiliser
9 **malmenare** vt malmener
9 **maltrattare** vt maltraiter
9 **malversare** vt détourner [de l'argent]
95 **malvolere** irr, déf, vt détester, prendre
en grippe
15 **mancare** ❖ vi (avere/_e_ssere), vt manquer
9 **mandare** ❖ vt envoyer
15 **manducare** vt manger
18 **maneggiare** vt manier
9 **manganare** vt calandrer
9 **manganellare** vt matraquer
18 **mangiare** vt manger
20 **mangiucchiare** vt grignoter
9 **manifestare** ❖ vt, vi (avere) manifester ;
~**rsi** vpi se manifester
115 **manim_e_ttere** irr → manom_e_ttere
14 **manipolare** vt manipuler
115 **manom_e_ttere** irr, vt forcer, fausser
9 **manovrare** vt, vi (avere/_e_ssere) manœuvrer
24 **mansuefare** irr, vt apprivoiser, calmer ;
~**rsi** vpi se calmer
15 **mantecare** vt malaxer
102 **mantenere** irr, vt maintenir, entretenir ;
~**rsi** vpi se maintenir, s'entretenir
9 **manualizzare** vt rendre maniable
9 **mappare** vt dresser la carte de
18 **maramaldeggiare** vi (avere/_e_ssere)
être lâche
20 **maravigliare**, ~**rsi** → meravigliare
15 **marcare** vt, vi marquer
20 **marchiare** vt marquer [le bétail]
17 **marciare** ❖ vi (avere) marcher
129 **marcire** déf, vi, vt pourrir, moisir
18 **mareggiare** vi (avere) [mer] être agité
9 **marezzare** vt moirer
13 **marginare** vt marger
9 **marinare** vt, ~**rsi** vpi mariner, macérer
9 **maritare** vt marier [une femme] ;
~**rsi** vpi [femme] se marier
9 **marmorizzare** vt marbrer
9 **marnare** vt marner
9 **marocchinare** vt maroquiner
9 **martellare** ❖ vt, vi (avere) marteler
9 **martellinare** vt bretter [une pierre]
9 **martirizzare** vt martyriser
20 **martoriare** vt tourmenter, torturer ;
~**rsi** vpi se tourmenter, se torturer

13 **mascherare** ❖ vt masquer ;
~**rsi** ❖ vpi se déguiser
20 **maschiare** vt tarauder
9 **maschiettare** vt mettre des gonds à
[une porte]
9 **mascolinizzare** vt masculiniser ;
~**rsi** vpi se masculiner
9 **massacrare** ❖ vt massacrer
18 **massaggiare** vt masser
9 **massellare** vt ébaucher [au marteau]
17 **massicciare** vt caillouter
15/14 **massificare** vt massifier
9 **massimare** vt maximiser
9 **massimizzare** vt maximiser
15/13 **masticare** vt mâcher
9 **masturbare** vt masturber ;
~**rsi** vpi se masturber
9 **matematizzare** vt mathématiser
9 **materializzare** vt matérialiser ;
~**rsi** vpi se matérialiser
9 **matricolare**, ~**rsi** → immatricolare
9 **matrizzare** vi (avere) tenir de sa mère
9 **mattonare** vt paver [de briques]
9 **maturare** vt, vi, ~**rsi** vpi mûrir
20 **mazzapicchiare** vt marteler
9 **mazzolare** vt frapper avec un maillet
9 **mazzuolare** → mazzolare
9 **meccanizzare** vt mécaniser ;
~**rsi** vpi se mécaniser
20 **mediare** vi (avere) servir de médiateur ;
vt arbitrer
9 **mediatizzare** vt médiatiser
15/13 **medicare** vt soigner, panser ;
~**rsi** vpi se soigner, se panser
13 **meditare** ❖ vt, vi (avere) méditer
15/14 **mellificare** vi (avere) [abeilles] fabriquer
du miel
9 **memorizzare** vt mémoriser
9 **menare** vt frapper, mener ;
~**rsi** vpi se frapper
15/13 **mendicare** vt, vi (avere) mendier
9 **menomare** vt amoindrir, diminuer ;
~**rsi** vpi s'amoindrir
127 **mentire** vi (avere), vt mentir
9 **mentovare** litt. vt mentionner
9 **menzionare** vt mentionner
20 **mercanteggiare** vi (avere), vt marchander
9 **mercerizzare** vt merceriser
15/14 **mercificare** vt réifier, chosifier
9 **merendare** vi (avere) goûter
18 **meriggiare** litt. vi (avere) faire la sieste

13 **meritare** ❖ vt, **~rsi** ❖ vpt mériter
9 **merlare** vt créneler
9 **merlettare** vt orner de dentelles
50 **mescere** vt verser
13 **mescolare** ❖ vt mélanger;
   ~rsi ❖ vpi se mélanger
9 **mestare** vt remuer, mêler;
   vi (avere) intriguer
15/13 **mesticare** vt mélanger [couleurs], imprimer
9 **mestruare** vi (avere) avoir ses règles
9 **metabolizzare** vt métaboliser
18 **metaforeggiare** vi (avere) métaphoriser
9 **metallizzare** vt métalliser
9 **metamorfosare** vt métamorphoser;
   ~rsi vpi se métamorphoser
9 **meteorizzare** vt météoriser
9 **metilare** vt méthyler
9 **metodizzare** vt organiser méthodiquement
115 **mettere** ❖ irr, vt mettre;
   vi (avere) déboucher;
   ~rsi ❖ vpi se mettre; vpt mettre
9 **miagolare** vi (avere), vt miauler
9 **microfilmare** vt microfilmer
26 **mietere** vt moissonner
9 **migliorare** vt, vi améliorer
9 **mignolare** vi (avere) [olivier] bourgeonner
9 **migrare** vi émigrer, migrer
9 **militare** vi (avere) militer
9 **militarizzare** vt militariser
9 **millantare** ❖ vt vanter;
   ~rsi vpi se vanter
9 **mimare** vt, vi (avere) mimer
9 **mimetizzare** vt camoufler
17 **minacciare** ❖ vt menacer
9 **minare** vt miner
9 **minchionare** vt couillonner
9 **mineralizzare** vt minéraliser;
   ~rsi vpi se minéraliser
82 **mingere** irr, déf, vi (avere) uriner
20 **miniare** vt enluminer
9 **miniaturizzare** vt miniaturiser
9 **minimizzare** vt minimiser
9 **minorare** vt diminuer
9 **minutare** vt faire le brouillon de
9 **mirare** vt regarder; vi (avere) viser;
   ~rsi vpi se regarder
9 **miscelare** ❖ vt mélanger
20 **mischiare** ❖ vt mêler, mélanger;
   ~rsi ❖ vpi se mélanger
51 **misconoscere** irr, vt méconnaître
9 **missare** → *mixare*
15/14 **mistificare** vt mystifier
9 **misturare** vt frelater [le vin]

9 **misurare** vt, vi (avere) mesurer;
   ~rsi ❖ vpi se mesurer
9 **miticizzare** vt rendre légendaire;
   vi (avere) faire un mythe
16/13 **mitigare** vt mitiger; **~rsi** vpi se mitiger
9 **mitizzare** vt rendre légendaire;
   vi (avere) faire un mythe de
20 **mitragliare** vt mitrailler
9 **mitrare** vt conférer la mitre à
9 **mitridatizzare** vt mithridatiser;
   ~rsi vpi *fig.* se mithridatiser
9 **mixare** vt mixer
20 **mobiliare** vt meubler
14 **mobilitare** vt mobiliser;
   ~rsi vpi se mobiliser
9 **mobilizzare** vt mobiliser
13 **modanare** vt moulurer
9 **modellare** ❖ vt modeler;
   ~rsi ❖ vpi se modeler
13 **moderare** vt modérer; **~rsi** vpi se modérer
9 **modernizzare** vt moderniser;
   ~rsi vpi se moderniser
15/14 **modificare** vt modifier;
   ~rsi vpi se modifier
9 **modulare** vt moduler
9 **molare** vt meuler
31 **molcere** irr, déf, vt adoucir, apaiser
9 **molestare** vt agacer, importuner
9 **mollare** ❖ vt, vi (avere) lâcher;
   ~rsi *fam.* vpi se séparer
18 **molleggiare** vi (avere) être moelleux;
   vt rendre moelleux;
   ~rsi vpi se dandiner
15/14 **moltiplicare** vt multiplier;
   ~rsi vpi se multiplier
15/13 **monacare** vt faire entrer dans les ordres;
   ~rsi vpi entrer dans les ordres
9 **mondare** vt éplucher, peler, *fig.* purifier;
   ~rsi vpi se purifier
9 **monetare** vt monnayer
9 **monetizzare** vt monétiser
9 **monopolizzare** vt monopoliser
9 **montare** ❖ vi, vt monter;
   ~rsi vpi se monter la tête,
   [œufs, crème] monter
18 **moraleggiare** vi (avere) moraliser
9 **moralizzare** vt, vi (avere) moraliser
69 **mordere** irr, vt mordre
20 **mordicchiare** vt mordiller
137 **morire** ❖ irr, vi mourir
13 **mormorare** vi (avere), vt murmurer
15/13 **morsicare** vt mordre
20 **morsicchiare** vt mordiller

15/14 **mortificare** vt mortifier;
    ~rsi vpi se mortifier
9 **mostrare** ❖ vt montrer;
    ~rsi vpi se montrer
9 **motivare** ❖ vt motiver
9 **motorizzare** ❖ vt motoriser;
    ~rsi vpi se motoriser
18 **motteggiare** vt (avere) plaisanter; vt railler
9 **movimentare** vt mouvementer
9 **mozzare** vt couper, trancher
9 **mudare** vi (avere) [oiseaux] muer
128 **muffire** vi moisir
20 **mugghiare** vi (avere) mugir, meugler
128 **muggire** vi (avere) mugir, meugler
9 **mugolare** vi (avere), vt gémir, geindre
21 **mugugnare** vi (avere) bougonner,
    ronchonner
31 **mulcere** irr, déf → molcere
9 **mulinare** vt faire tournoyer [une épée];
    vi (avere) tourbillonner
9 **multare** vt infliger une amende
15/14 **mummificare** vt momifier;
    ~rsi vpi se momifier
84 **mungere** irr, vt traire
9 **municipalizzare** vt municipaliser
128 **munire** ❖ vt munir; **~rsi** ❖ vpi se munir
123 **muovere** ❖ irr, vt, vi (avere),
    ~rsi vpi bouger
9 **murare** vt murer; **~rsi** vpi se murer
15/13 **musicare** vt mettre en musique
9 **mussare** vi (avere) mousser;
    vt faire mousser [une nouvelle]
9 **mutare** ❖ vt, vi, **~rsi** ❖ vpi changer
13 **mutilare** vt mutiler
9 **mutuare** vt emprunter

N

9 **narcotizzare** vt anesthésier
9 **narrare** ❖ vt, vi (avere) raconter
9 **nasalizzare** vt nasaliser
49 **nascere** ❖ irr, vi naître
64 **nascondere** ❖ irr, vt cacher;
    ~rsi ❖ vpi se cacher
9 **naturalizzare** vt naturaliser;
    ~rsi vpi se naturaliser
16/13 **naufragare** vi (avere) faire naufrage
9 **nauseare** vt dégoûter
16/13 **navigare** vi (avere), vt naviguer
15/14 **nazificare** vt nazifier
9 **nazionalizzare** vt nationaliser
9 **nebulizzare** vt nébuliser
9 **necessitare** ❖ vt nécessiter; vi avoir besoin

9 **necrotizzare** vt nécroser; **~rsi** vpi se nécroser
16 **negare** ❖ vt nier; **~rsi** ❖ vpi se refuser
76 **negligere** irr, déf, vt négliger
20 **negoziare** ❖ vt, vi (avere) négocier
18 **nereggiare** vt noircir; vi (avere) devenir noir
9 **nervare** vt nervurer
9 **nettare** vt nettoyer; **~rsi** vpt se nettoyer
9 **neutralizzare** vt neutraliser
15/13 **nevicare** vi imp (avere/essere) neiger
20 **nicchiare** vi (avere) hésiter
9 **nichelare** vt nickeler
15/14 **nidificare** vi (avere) nidifier, nicher
9 **niellare** vt nieller
9 **ninnare** vt bercer
128 **nitrire** vi (avere) hennir
9 **nobilitare** vt anoblir, ennoblir;
    ~rsi vpi s'ennoblir
18 **noleggiare** vt louer, affréter
13 **nominare** vt nommer; **~rsi** vpi se nommer
9 **normalizzare** vt normaliser;
    ~rsi vpi se normaliser
9 **normare** vt normer
9 **notare** vt remarquer, noter
15/14 **notificare** vt notifier
9 **novellare** vi (avere) raconter
9 **noverare** vt énumérer
15/14 **nullificare** vt réduire à rien;
    ~rsi vpi se réduire à rien
13 **numerare** vt numéroter
47 **nuocere** irr, vi (avere) nuire
9 **nuotare** vi (avere), vt nager
15 **nutricare** litt. vt nourrir
127 **nutrire** ❖ irr, vt nourrir;
    ~rsi ❖ vpi se nourrir

O

128 **obbedire** ❖ vi (avere), vt obéir
9 **obbiettare** → obiettare
16/13 **obbligare** ❖ vt obliger;
    ~rsi ❖ vpi s'engager
9 **oberare** vt accabler
9 **obiettare** ❖ vt objecter
19 **obliare** litt. vt oublier;
    ~rsi litt. vpi s'oublier
9 **obliquare** vi (avere) obliquer;
    vt rendre oblique
9 **obliterare** vt oblitérer; **~rsi** vpi s'obstruer
9 **obnubilare** vt obnubiler;
    ~rsi vpi s'obnubiler
9 **occasionare** vt occasionner
18 **occhieggiare** vt lorgner; vi (avere) [fleurs] pointer; **~rsi** vpi échanger des regards

9 **occidentalizzare** vt occidentaliser;
~**rsi** vpi s'occidentaliser

71 **occludere** irr, vt occlure

107 **occorrere**[1] ❖ irr, vi être nécessaire;
vi imp falloir

107 **occorrere**[2] irr, vi arriver, se passer

9 **occultare** ❖ vt cacher, occulter;
~**rsi** vpi se cacher

13 **occupare** vt occuper; ~**rsi** ❖ vpi s'occuper

20 **odiare** vt haïr; ~**rsi** vpi se haïr

9 **odorare** ❖ vt, vi (avere) sentir

62 **offendere** irr, vt offenser, vexer;
~**rsi** vpi se vexer

135 **offerire** irr → offrire

17 **officiare** vi (avere), vt officier

135 **offrire** ❖ irr, vt offrir; ~**rsi** ❖ vpi s'offrir

15 **offuscare** vt obscurcir; ~**rsi** vpi s'obscurcir,
s'offusquer

9 **oggettivare** vt objectiver;
~**rsi** vpi s'objectiver

9 **olezzare** vi (avere) embaumer, sentir bon

20 **oliare** vt huiler, graisser

133 **olire** irr, déf → aulire

18 **oltraggiare** vt outrager

9 **oltrepassare** vt dépasser, outrepasser

18 **omaggiare** ❖ vt rendre hommage à

9 **ombrare** vt ombrager, ombrer;
~**rsi** vpi prendre ombrage

18 **ombreggiare** vt ombrager, ombrer

115 **omettere** ❖ irr, vt omettre

9 **omogeneizzare** vt homogénéiser

16/14 **omologare** ❖ vt homologuer

18 **ondeggiare** vi (avere) ondoyer,
[drapeau] flotter, [personne] tituber

13 **ondulare** vt, vi (avere) onduler

9 **onerare** ❖ vt accabler

9 **onnubilare**, ~**rsi** → obnubilare

9 **onorare** ❖ vt honorer;
~**rsi** vpi s'honorer

9 **opacizzare** vt opacifier

13 **operare** ❖ vt, vi (avere) opérer;
~**rsi** ❖ vpi se faire opérer

9 **opinare** litt. vt, vi (avere) penser

20 **oppiare** vt opiacer, droguer [à l'opium]

124 **opporre** irr, vt opposer;
~**rsi** ❖ vpi s'opposer

99 **opprimere** irr, vt opprimer, oppresser

21 **oppugnare** vt assaillir

9 **optare** ❖ vi (avere) opter

18 **oracoleggiare** vi (avere) pontifier

9 **orbare** vt priver

9 **orbitare** vi orbiter

9 **orchestrare** vt orchestrer

13 **ordinare** ❖ vt ranger, ordonner;
~**rsi** vpi se ranger

128 **ordire** vt ourdir

20 **orecchiare** vi (avere) tendre l'oreille

9 **organizzare** vt organiser;
~**rsi** vpi s'organiser

9 **orientalizzare** vt orientaliser;
~**rsi** vpi s'orientaliser

9 **orientare** ❖ vt orienter; ~**rsi** vpi s'orienter

14 **originare** vt faire naître; vi, ~**rsi** vpi naître

20 **origliare** vt, vi (avere) écouter, épier

9 **orinare** vi (avere), vt uriner

9 **orizzontare** vt orienter; ~**rsi** vpi s'orienter

9 **orlare** vt ourler

18 **ormeggiare** vt amarrer, mouiller;
~**rsi** vpi s'amarrer

9 **ornare** ❖ vt orner; ~**rsi** ❖ vpi, vpt s'orner

9 **orzare** vi (avere) lofer

9 **osannare** ❖ vi (avere) ovationner, acclamer

9 **osare** vt, vi (avere) oser

9 **oscillare** ❖ vi (avere) osciller

9 **osculare** vt être osculateur de

9 **oscurare** vt obscurcir; ~**rsi** vpi s'obscurcir

9 **ospedalizzare** vt hospitaliser

13 **ospitare** vt héberger

20 **ossequiare** vt rendre hommage à

9 **osservare** vt observer; ~**rsi** vpi s'observer

9 **ossessionare** vt obséder

13 **ossidare** vt oxyder; ~**rsi** vpi s'oxyder

15/14 **ossificare** vt ossifier; ~**rsi** vpi s'ossifier

14 **ossigenare** vt oxygéner

14 **ostacolare** vt entraver, gêner

9 **ostare** ❖ vi (avere) s'opposer

18 **osteggiare** vt, vi (avere) s'opposer

9 **ostentare** ❖ vt afficher [son mépris], étaler
[ses bijoux]

9 **ostinarsi** ❖ vpi s'obstiner

128 **ostruire** vt obstruer

14 **ottemperare** ❖ vi (avere) obtempérer

14 **ottenebrare** vt obscurcir;
~**rsi** vpi s'obscurcir

102 **ottenere** ❖ irr, vt obtenir

9 **ottimizzare** vt optimiser

66 **ottundere** irr, vt émousser;
~**rsi** vpi s'émousser

15/14 **ottuplicare** vt octupler

9 **otturare** vt obturer; ~**rsi** vpi se boucher

9 **ovalizzare** vt ovaliser; ~**rsi** vpi s'ovaliser

9 **ovattare** vt ouater

19 **ovviare** ❖ vi (avere), vt obvier

20 **oziare** vi (avere) paresser

18 **ozieggiare** vi (avere) paresser

9 **ozonizzare** vt ozoniser, ozoner,

P

15 **pacare** vt *calmer*; **~rsi** vpi *se calmer*
15/14 **pacificare** ❖ vt *pacifier*;
   ~rsi ❖ vpi *se pacifier*
18 **padreggiare** vi (avere) *tenir de son père*
18 **padroneggiare** vt *maîtriser*;
   ~rsi vpi *se maîtriser*
9 **paganizzare** vt, vi (avere) *paganiser*
16 **pagare** vt, **~rsi** vpt *payer*
9 **palatalizzare** vt *palatiliser*;
   ~rsi vpi *se palatiliser*
18 **paleggiare** vt *pelleter*
9 **palesare** vt *manifester*;
   ~rsi vpi *se manifester*
9 **paletizzare** vt *palettiser*
9 **palettare** vt *échalasser*
15/14 **palificare** vt, vi (avere) *palifier*
9 **palinare** vt *jalonner*
18 **palleggiare** vi (avere) *faire rebondir la balle*; vt *faire rebondir*;
   ~rsi vpt *fig. se renvoyer*
20 **palliare** vt *pallier*
9 **palpare** vt, vi (avere) *palper*
18 **palpeggiare** vt *palper*
13 **palpitare** ❖ vi (avere) *palpiter*
9 **paludare** vt *accoutrer*; **~rsi** vpi *s'accoutrer*
9 **panare** vt *paner*
15/14 **panificare** vt, vi (avere) *panifier*
18 **panneggiare** vi (avere), vt *draper*
9 **pappare** vt *bouffer*
9 **paracadutare** vt *parachuter*;
   ~rsi vpi *se parachuter*
9 **parafare** vt *parapher*
9 **paraffinare** vt *paraffiner*
14 **parafrasare** vt *paraphraser*
9 **paragonare** ❖ vt *comparer*;
   ~rsi vpi *se comparer*
14 **paragrafare** vt *diviser en paragraphes*
9 **paralizzare** vt *paralyser*
9 **paralogizzare** vi (avere) *paralogiser*
15 **parancare** vi (avere) *palanquer*
9 **parare**[1] ❖ vt *parer, orner*;
   ~rsi ❖ vpi *se parer, s'orner*
9 **parare**[2] ❖ vt *parer, protéger*;
   ~rsi ❖ vpi *se protéger*
9 **parare**[3] vt *présenter*;
   ~rsi vpi *se présenter, surgir*
9 **parcellarizzare** vt *parcelliser*
18 **parcheggiare** vt *garer*
18 **pareggiare** ❖ vt, vi (avere) *égaliser, équilibrer*; **~rsi** vpi *s'équilibrer*
106 **parere** ❖ irr, vi, vi imp *sembler, paraître*

18 **pargoleggiare** vi (avere) *faire l'enfant*
15/14 **parificare** ❖ vt *équilibrer, égaliser, reconnaître [un diplôme]*
9 **parlamentare** vi (avere) *parlementer*
9 **parlare** ❖ vi (avere), vt *parler*;
   ~rsi vpi *se parler*
9 **parlottare** vi (avere) *chuchoter*
20 **parlucchiare** vt *baraguiner*
20 **parodiare** vt *parodier*
14 **partecipare** ❖ vi (avere), vt *participer*
18 **parteggiare** ❖ vi (avere) *prendre parti*
18 **particolareggiare** vt *détailler*;
   vi (avere) *se perdre dans les détails*
127 **partire**[1] ❖ vi *partir*
128 **partire**[2] vt *diviser, partager*;
   ~rsi vpi *se séparer, s'éloigner*
128 **partorire** vt *accoucher de, mettre bas*
9 **parzializzare** vt *partager, diviser*
49 **pascere** irr, litt. vt *paître*;
   ~rsi litt. vpi *se repaître, se nourrir*
13 **pascolare** vt *mener paître*;
   vi (avere) *paître*
9 **passare** ❖ vt, vi *passer*
18 **passeggiare** vi (avere) *se promener*
9 **passivare** vt *rendre passif*
18 **pasteggiare** ❖ vi (avere), vt *déjeuner, dîner*
9 **pasteurizzare** → *pastorizzare*
17 **pasticciare** vt *gâcher, bâcler*
15/14 **pastificare** vt *fabriquer des pâtes alimentaires*
9 **pastorizzare** vt *pasteuriser*
9 **pasturare** vt *mener paître*;
   vi (avere) *paître*
9 **patinare** vt *patiner [un meuble]*
128 **patire** ❖ vt, vi (avere) *souffrir, supporter*
9 **patrizzare** vi (avere) *tenir de son père*
9 **patrocinare** vt *parrainer, patronner*
18 **patteggiare** vt, vi (avere) *négocier, pactiser*
13 **pattinare** vi (avere) *patiner [sur la glace]*
20 **pattugliare** vi (avere), vt *patrouiller*
128 **pattuire** ❖ vt *stipuler, négocier*
9 **pauperizzare** vt *paupériser*
9 **pausare** vt *interrompre*;
   rare, vi (avere) *faire une pause*
9 **paventare** vt *craindre, appréhender*;
   vi (avere) *être effrayé*
9 **pavesare** vt *pavoiser*
9 **pavimentare** vt *paver, daller, carreler, parqueter*
18 **pavoneggiarsi** vpi *se pavaner*
9 **pazientare** vi (avere) *patienter*
18 **pazzeggiare** vi (avere) *faire des folies*

20 **pazziare** vi (avere) *faire des folies*
15 **peccare** ❖ vi (avere) *pécher*
9 **pedalare** vi (avere) *pédaler*
18 **pedanteggiare** vi (avere) *faire le pédant*
9 **pedinare** vt *suivre, filer, pister*
9 **peggiorare** vt, vi *empirer*
9 **pelare** vt *peler, éplucher, plumer ;*
　~rsi vpi *se déplumer [cheveux]*
9 **pellegrinare** vi (avere) *faire un pèlerinage*
9 **penalizzare** vt *pénaliser*
9 **penare** vi (avere) *peiner*
13 **pencolare** vi (avere) *chanceler, hésiter*
62 **pendere** ❖ irr, vi (avere) *pendre, pencher*
9 **pendolare** vi (avere) *osciller*
13 **penetrare** ❖ vi (avere), vt *pénétrer*
9 **pennellare** vt, vi (avere) *peindre*
　[au pinceau]
9 **pensare** ❖ vt, vi (avere) *penser*
9 **pensionare** vt *mettre à la retraite*
127 **pentirsi** ❖ vpi *se repentir, regretter*
9 **penzolare** vi (avere) *pendre, pendiller*
9 **pepare** vt *poivrer*
128 **percepire** ❖ vt *percevoir*
107 **percorrere** irr, vt *parcourir*
109 **percuotere** irr, vt, vi (avere) *frapper,*
　battre, percuter ; ~rsi vpi *se frapper,*
　se battre
68 **perdere** ❖ irr, vt, vi (avere) *perdre ;*
　~rsi vpi *se perdre*
9 **perdonare** ❖ vt, vi (avere) *pardonner ;*
　~rsi vpi *se pardonner*
9 **perdurare** ❖ vi (avere) *persister*
9 **peregrinare** vi (avere) *pérégriner*
9 **perequare** vt *faire la péréquation de*
9 **perfezionare** vt *perfectionner ;*
　~rsi vpi *se perfectionner*
9 **perforare** vt *perforer, forer*
14 **periclitare** *litt.* vt *faire péricliter ;*
　vi (avere), *~rsi litt.* vpi *péricliter*
9 **pericolare** vi (avere) *menacer ruine*
14 **perifrasare** vt *périphraser*
9 **periodare** vi (avere) *construire des phrases*
9 **periodizzare** vt *périodiser*
128 **perire** vi *périr*
9 **peritarsi** vpi *hésiter*
20 **periziare** vt *expertiser*
9 **perlustrare** vt *explorer, fouiller*
101 **permanere** irr, vi *rester, demeurer*
13 **permeare** ❖ vt *tremper, imprégner*
115 **permettere** ❖ irr, vt *permettre ;*
　~rsi ❖ vpi *se permettre*
13 **permutare** ❖ vt *échanger, permuter ;*
　~rsi litt. vpi *se transformer*

9 **pernottare** vi (avere) *passer la nuit*
13/9 **perorare** vt, vi (avere) *plaider*
9 **perpetrare** vt *perpétrer*
9 **perpetuare** vt *perpétuer ;*
　~rsi vpi *se perpétuer*
128 **perquisire** vt *perquisitionner*
9 **perscrutare** vt *scruter*
127 **perseguire** vt *poursuivre*
14 **perseguitare** vt *persécuter*
14 **perseverare** ❖ vi (avere) *persévérer*
113 **persistere** ❖ irr, vi (avere) *persister*
9 **personalizzare** vt *personnaliser*
15/14 **personificare** vt *personnifier*
54 **persuadere** ❖ irr, vt *persuader ;*
　~rsi vpi *se persuader*
9 **perturbare** vt *perturber ;*
　~rsi vpi *se gâter, se troubler*
52 **pervadere** irr, vt *se répandre*
145 **pervenire** irr, vi *parvenir*
127 **pervertire** vt *pervertir ; ~rsi* vpi *se pervertir*
9 **pesare** ❖ vt, vi *peser ; ~rsi* vpi *se peser*
15 **pescare** ❖ vt, vi (avere) *pêcher*
9 **pestare** vt *piler, écraser*
17 **pesticciare** vt *piétiner*
18 **petrarcheggiare** vi (avere) *pétrarquiser*
15/14 **petrificare, ~rsi** *vx* → *pietrificare*
9 **pettegolare** vi (avere) *cancaner*
13 **pettinare** vt *peigner ;*
　~rsi vpi, vpt *se peigner*
44 **piacere** ❖ irr, vi, vi imp *plaire ;*
　~rsi vpi *se plaire*
16 **piagare** vt *blesser ; ~rsi* vpi *se blesser*
18 **piaggiare** vt *flatter*
9 **piagnucolare** vi (avere) *pleurnicher ;*
　vt *dire en pleurnichant*
9 **piallare** vt *raboter*
9 **pianare** → *spianare*
18 **pianeggiare** vi (avere) *être plat ;* vt *aplanir*
81 **piangere** ❖ irr, vi (avere), vt *pleurer*
20 **piangiucchiare** vi (avere) *pleurnicher*
15/14 **pianificare** vt *planifier*
9 **piantare** ❖ vt *planter ;*
　~rsi vpi *se planter*
9 **piantonare** vt *surveiller*
9 **piastrellare** vt *carreler*
128 **piatire** vi (avere) *quémander*
9 **piattonare** vt *frapper [du plat de l'épée]*
9 **piazzare** vt *placer ; ~rsi* vpi *se placer*
15 **piccarsi** vpi *se piquer, se froisser*
9 **picchettare** vt *piqueter, dresser des piquets*
　de grève
20 **picchiare** vt, vi (avere) *battre, frapper ;*
　~rsi vpi *se battre*

9 **picconare** vt, vi (avere) *piocher*
16 **piegare** ❖ vt, vi (avere) *plier* ;
　~**rsi** ❖ vpi *se plier*
9 **pieghettare** vt *plisser*
15/14 **pietrificare** vt *pétrifier* ; ~**rsi** vpi *se pétrifier*
18 **pigiare** vt *fouler, presser* ;
　~**rsi** vpi *s'entasser, se presser*
9 **pignorare** vt *saisir*
13 **pigolare** vi (avere) *pépiller, piailler*
9 **pilare** vt *décortiquer* [*le riz*]
9 **pillare** vt *damer*
9 **pillottare** vt *arroser* [*un rôti*]
9 **pilotare** vt *piloter*
15 **piluccare** vt *picorer, grignoter*
9 **pimentare** vt *pimenter*
82 **pingere**[1] irr, vx → *dipingere*
82 **pingere**[2], ~**rsi** irr, vx → *spingere*
18 **pinneggiare** vi (avere) *nager avec des palmes*
9 **pinzare** *pop.* vt *pincer*
9 **piombare** vt *plomber* ; vi *tomber, foncer, arriver à l'improviste*
122 **piovere** irr, vi, vi imp (avere/essere), vt *pleuvoir*
14 **piovigginare** vi imp (avere/essere) *pleuviner*
9 **pioviscolare** vi imp (avere/essere) *bruiner*
9 **pipare** vi (avere) *fumer la pipe*
19/20 **pipiare** vi (avere) *pépiller, piailler*
18 **pirateggiare** vi (avere) *pirater*
9 **piroettare** vi (avere) *pirouetter*
9 **pirografare** vt *pyrograver*
17 **pisciare** *vulg.* vi (avere), vt *pisser*
9 **pisolare** *fam.* vi (avere) *sommeiller, somnoler*
20 **pispigliare** vi (avere) *chuchoter*
13 **pispolare** vi (avere) *flipper*
15 **pitoccare** vt, vi (avere) *quêmander, mendier*
9 **pittare** *rég.* vt *peindre*
9 **pitturare** vt *peindre* ;
　~**rsi** vpi, vpt *se peinturlurer*
15/13 **pizzicare** vt, vi (avere) *pincer, piquer* ;
　~**rsi** vpi *se pincer, se taquiner*
9 **pizzicottare** vt *pincer* ;
　~**rsi** vpi *se pincer*
15 **placare** vt *apaiser, calmer* ;
　~**rsi** vpi *s'apaiser, se calmer*
15 **placcare** ❖ vt *plaquer*
18 **plagiare** vt *plagier*
9 **planare** vi (avere) *planer*
9 **plasmare** vt *modeler, façonner*
15/13 **plasticare** vt *plastiquer, plastifier*

15/14 **plastificare** vt *plastifier*
13 **platinare** vt *platiner*
127 **plaudere/plaudere** irr, *litt.* → *applaudire*
127 **plaudire** *litt.* vi (avere) *applaudir*
9 **plebiscitare** vt *plébisciter*
9 **plissettare** vt *plisser* [*une jupe*]
9 **pluralizzare** vt *pluraliser*
9 **poetare** vi (avere) *écrire des poèmes* ;
　vt *versifier*
9 **poeticizzare** vt *poétiser*
9 **poetizzare** *litt.* vt, vi (avere) *poétiser*
18 **poggiare** ❖ vt *poser* ; vi (avere) *être posé, être fondé*
9 **polarizzare** vt *polariser* ;
　~**rsi** vpi *se polariser*
9 **polemizzare** vi (avere) *polémiquer*
9 **policromare** vt *polychromer*
14 **poligrafare** vt *polycopier*
9 **polimerizzare** vt *polymériser* ;
　~**rsi** vpi *se polymériser*
128 **polire** vt *polir*
128 **poltrire** vi (avere) *paresser*
9 **polverizzare** vt *pulvériser, saupoudrer* ;
　~**rsi** vpi *se pulvériser*
17/13 **pomiciare** vt *poncer* ;
　fam. vi (avere) *se peloter*
9 **pompare** vt *pomper, gonfler*
18 **pompeggiarsi** vpi *se pavaner*
13 **ponderare** vt *peser*
9 **pontare** vt *ponter* [*un bateau*]
15/14 **pontificare** vi (avere) *pontifier*
9 **ponzare** *fam.* vi (avere) *faire des efforts* ;
　vt *cogiter*
13 **popolare** vt *peupler* ;
　~**rsi** vpi *se peupler*
9 **popolarizzare** vt *populariser*
9 **poppare** vt *têter*
87 **porgere** ❖ irr, vt *tendre, présenter* ;
　~**rsi** vpi, vpt *se présenter*
124 **porre** ❖ irr, vt *mettre, poser* ;
　~**rsi** vpi *se mettre, se placer* ;
　vpt *se poser* .
9 **portare** ❖ vt *porter* ; ~**rsi** ❖ vpi *se rendre* ;
　vpt *emmener, apporter*
9 **posare** ❖ vt, vi *poser* ; ~**rsi** ❖ vpi *se poser*
9 **posizionare** vt *positionner*
124 **posporre** ❖ irr, vt *reporter, remettre*
55 **possedere** irr, vt *posséder*
9 **postare** vt *poster* [*une sentinelle*]
9 **postdatare** vt *postdater*
18 **posteggiare** vt *garer*
16 **postergare** *litt.* vt *négliger, reporter*

14 **posticipare** ❖ vt reporter, remettre
9 **postillare** vt annoter, apostiller
13 **postulare** ❖ vt postuler
9 **potabilizzare** vt rendre potable
9 **potare** vt tailler, élaguer
20 **potenziare** vt renforcer
108 **potere** irr, vi (avere) pouvoir
9 **pralinare** vt praliner
9 **pranzare** vi (avere) déjeuner
15/13 **praticare** ❖ vt, vi (avere) pratiquer
9 **preaccennare** vt mentionner
    préalablement
15/14 **preamplificare** vt préamplifier
17 **preannunciare** vt annoncer
20 **preannunziare** → preannunciare
127 **preavvertire** ❖ vt prévenir
9 **preavvisare** ❖ vt prévenir
26 **precedere** vt, vi (avere) a précéder
9 **precettare** vt rappeler sous les drapeaux
14 **precipitare** ❖ vt, vi précipiter;
    ~rsi ❖ vpi se précipiter
9 **precisare** ❖ vt préciser
71 **precludere** ❖ irr, vt barrer, exclure
99 **precomprimere** irr, vt précontraindre
9 **preconizzare** litt. vt préconiser
51 **preconoscere** irr, vt connaître à l'avance
107 **precorrere** irr, vt, vi devancer
128 **precostituire** vt constituer à l'avance
9 **predare** vt piller
9 **predestinare** vt prédestiner
14 **predeterminare** vt prédéterminer
15/13 **predicare** ❖ vt, vi (avere) prêcher
76 **prediligere** irr, vt préférer
139 **predire** ❖ irr, vt prédire
124 **predisporre** ❖ irr, vt prédisposer;
    ~rsi ❖ vpi se prédisposer
14 **predominare** ❖ vi (avere) prédominer
113 **preesistere** ❖ irr, vi préexister
15/14 **prefabbricare** vt préfabriquer
9 **prefazionare** vt préfacer
128 **preferire** ❖ vt préférer
73 **prefiggere** irr, vt préfixer;
    ~rsi ❖ vpi se fixer, se déterminer
9 **prefigurare** vt préfigurer
20 **prefinanziare** vt préfinancer
9 **prefissare** vt préétablir;
    ~rsi ❖ vpi se fixer, se déterminer
9 **preformare** vt préformer
16 **pregare** ❖ vt prier
18 **pregiare** litt. vt estimer;
    ~rsi ❖ litt. vpi avoir l'honneur
15/14 **pregiudicare** vt porter préjudice à
9 **pregustare** vt goûter d'avance

9 **prelevare** ❖ vt prélever, retirer
9 **prelibare** litt. vt goûter d'avance
71 **preludere** ❖ irr, vi (avere) préluder
20 **preludiare** vi (avere) préluder
14 **premeditare** vt préméditer
26 **premere** ❖ vt presser; vi (avere) appuyer
115 **premettere** ❖ irr, vt dire/faire d'abord,
    placer avant
20 **premiare** ❖ vt récompenser
137 **premorire** irr, vi prédécéder
9 **premostrare** litt. vt montrer auparavant
128 **premunire** vt prémunir;
    ~rsi vpi se prémunir
9 **premurare** vt presser;
    ~rsi ❖ vpi s'empresser
49 **prenascere** irr, vi naître avant
62 **prendere** ❖ irr, vt, vi (avere) prendre
9 **prenotare** ❖ vt réserver;
    ~rsi ❖ vpi s'inscrire
14 **preoccupare** vt préoccuper, inquiéter;
    ~rsi ❖ vpi se préoccuper, s'inquiéter
14 **preordinare** vt organiser à l'avance
9 **preparare** ❖ vt préparer;
    ~rsi ❖ vpi, vpt se préparer
14 **preponderare** vi (avere) prévaloir
124 **preporre** ❖ irr, vt préposer
9 **preriscaldare** vt préchauffer
128 **presagire** vt prévoir, présager
88 **prescegliere** irr, vt choisir
63 **prescindere** ❖ irr, vi (avere) ne pas tenir
    compte
118 **prescrivere** irr, vt prescrire;
    ~rsi vpi se prescrire
9 **presentare** ❖ vt présenter;
    ~rsi ❖ vpi se présenter
127 **presentire** ❖ vt pressentir
20 **presenziare** ❖ vi (avere) a, vt assister à
9 **preservare** ❖ vt préserver;
    ~rsi vpi se préserver
20 **presidiare** vt occuper [une ville]
26 **presiedere** ❖ irr, vt, vi (avere) présider
9 **pressare** ❖ vt presser; ~rsi ❖ vpi se presser
9 **pressurizzare** vt pressuriser
128 **prestabilire** vt préétablir
9 **prestare** vt prêter; ~rsi vpi se prêter
100 **presumere** ❖ irr, vt supposer
124 **presupporre** irr, vt supposer
62 **pretendere** ❖ irr, vt, vi (avere) prétendre,
    exiger
128 **preterire** vt, vi (avere) a omettre
115 **pretermettere** irr, litt. vt omettre
91 **prevalere** ❖ irr, vi (avere) prévaloir;
    ~rsi ❖ vpi se prévaloir

15/14 **prevaricare** ❖ vi, vt, *prévariquer*
56 **prevedere** irr, vt *prévoir*
145 **prevenire** irr, vt *prévenir*
9 **preventivare** vt *établir un devis de*
9 **prezzare** vt *afficher le prix de*
9 **prezzolare** vt *soudoyer*
9 **prillare** vi *tourner, tournoyer*
18 **primeggiare** ❖ vi (avere) *se distinguer, exceller*
20 **principiare** vt, vi (avere/essere) *commencer*
9 **privare** ❖ vt *priver*; **~rsi** ❖ vpi *se priver*
18 **privilegiare** vt *privilégier*
9 **problematizzare** vt *rendre problématique*
17 **procacciare** vt *procurer*
26 **procedere** ❖ vi (avere) *procéder*
9 **processare** vt *juger*
9 **proclamare** ❖ vt *proclamer*; **~rsi** vpi *se proclamer*
27 **procombere** déf, *litt.* vi *succomber*
14 **procrastinare** vt, vi (avere) *reporter, remettre*
9 **procreare** vt *procréer*
9 **procurare** ❖ vt, vi (avere) *procurer*
16/13 **prodigare** ❖ vt *prodiguer*; **~rsi** vpi *se prodiguer*
126 **produrre** irr, vt *produire*; **~rsi** vpi *se produire*
9 **profanare** vt *profaner*
128 **proferire** vt *proférer*
9 **professare** vt *professer, exercer [une profession]*; **~rsi** vpi *se déclarer*
9 **professionalizzare** vt *professionnaliser*
9 **profetare** vt, vi (avere) *prophétiser*
9 **profetizzare** vt, vi (avere) *prophétiser*
128 **profferire** vt → *proferire*
9 **profilare** vt *profiler*; **~rsi** vpi *se profiler*
9 **profittare** ❖ vi (avere) *profiter*
65 **profondere** irr, *litt.* vt *prodiguer*; **~rsi** ❖ *litt.* vpi *se confondre [en excuses]*
9 **profumare** vt *parfumer*; vi (avere) *sentir [bon]*
9 **progettare** vt *projeter, concevoir*
9 **programmare** vt *programmer*
128 **progredire** vi (avere) *avancer, progresser*
128 **proibire** ❖ vt *interdire, défendre*
9 **proiettare** vt *projeter*
9 **proletarizzare** vt *prolétariser*
9 **proliferare** vi (avere) *proliférer*
15/14 **prolificare** vi (avere) *proliférer*
71 **proludere** irr, vi (avere) *commencer [un discours]*

16 **prolungare** ❖ vt *prolonger*; **~rsi** ❖ vpi *se prolonger*
9 **promanare** *rare*, vt, vi *émaner*
115 **promettere** ❖ irr, vt *promettre*; **~rsi** ❖ vpi *se promettre*
16 **promulgare** vt *promulguer*
123 **promuovere** ❖ irr, vt *promouvoir*
15/14 **pronosticare** ❖ vt *pronostiquer*
17 **pronunciare** vt *prononcer*; **~rsi** vpi *se prononcer*
20 **pronunziare, ~rsi** → *pronunciare*
9 **propagandare** vt *diffuser, propager*
16 **propagare** vt *propager*; **~rsi** vpi *se propager*
9 **propalare** vt *divulguer, répandre*
96 **propellere** irr, vt *propulser*
26 **propendere** ❖ irr, vi (avere) *pencher*
9 **propinare** ❖ vt *donner [à boire], faire avaler*
20 **propiziare** vt *rendre propice*
124 **proporre** ❖ irr, vt *proposer*; **~rsi** ❖ vpi *se proposer*
9 **proporzionare** ❖ vt *proportionner*
21 **propugnare** *litt.* vt *défendre, soutenir*
16/13 **prorogare** ❖ vt *proroger*
105 **prorompere** ❖ irr, *litt.* vi (avere) *éclater, se répandre, déborder*
89 **prosciogliere** ❖ irr, vt *acquitter, délier [d'un serment]*
16 **prosciugare** vt, ~rsi vpi *assécher, dessécher*
118 **proscrivere** irr, vt *proscrire*
127 **proseguire** ❖ vt, vi *poursuivre, continuer*
13 **prosperare** vi (avere), vt *prospérer*
9 **prospettare** vt *présenter*; **~rsi** vpi *se présenter*
62 **prostendere** irr, *litt.* vt *étendre*; **~rsi** *litt.* vpi *s'étendre*
9 **prosternare** vt *prosterner*; **~rsi** vpi *se prosterner*
128 **prostituire** vt *prostituer*; **~rsi** vpi *se prostituer*
9 **prostrare** vt *abattre*; **~rsi** vpi *se prosterner*
72 **proteggere** ❖ irr, vt *protéger*; **~rsi** ❖ vpi *se protéger*
62 **protendere** irr, vt, vi *tendre*; **~rsi** vpi *se pencher, s'avancer*
9 **protestare** ❖ vt, vi (avere) *protester*; **~rsi** vpi *se proclamer*
9 **protocollare** vt *enregistrer*
125 **protrarre** irr, vt *prolonger, reporter*; **~rsi** vpi *se prolonger*
9 **provare**[1] vt, **~rsi** vpt *essayer*

9 **provare**[2] ❖ vt prouver

9 **provare**[3] vt éprouver

145 **provenire** ❖ irr, vi venir, provenir

18 **provenzaleggiare** vi (avere) imiter les poètes provençaux

15/13 **provocare** vt provoquer

56 **provvedere** ❖ irr, vi (avere) pourvoir ; ~**rsi** ❖ vpi se pourvoir

34 **prudere** déf, vi démanger

18 **prueggiare** vi (avere) gouverner vent debout

9 **psicanalizzare** vt psychanalyser

15/13 **pubblicare** vt publier

9 **pubblicizzare** vt faire de la publicité pour

9 **pugnalare** vt poignarder

21 **pugnare** litt. vi (avere) combattre

128 **pulire** ❖ vt nettoyer ; ~**rsi** ❖ vpi, vpt se nettoyer

13 **pullulare** ❖ vi (avere) pulluler

9 **pulsare** vi (avere) battre, palpiter

84 **pungere** irr, vt piquer

13 **pungolare** vt aiguillonner

128 **punire** vt punir

9 **puntare**[1] ❖ vt pointer, viser, miser ; vi (avere) se diriger

9 **puntare**[2] ❖ vt [chien] tomber en arrêt

18 **punteggiare** vt pointiller, ponctuer

9 **puntellare** vt étayer, soutenir ; ~**rsi** vpi s'appuyer

9 **puntualizzare** vt préciser

20 **punzecchiare** vt piquer, taquiner ; ~**rsi** vpi se piquer, se taquiner

9 **punzonare** vt poinçonner

9 **pupinizzare** vt pupiniser

16 **purgare** ❖ vt purger ; ~**rsi** ❖ vpi se purger

15/14 **purificare** ❖ vt, vi purifier ; ~**rsi** ❖ vpi se purifier

128 **putire** litt. vi (avere) puer

24 **putrefare** irr, vt putréfier ; vi, ~**rsi** vpi pourrir, se putréfier

18 **puttaneggiare** vulg. vi (avere) putasser

9 **puzzare** ❖ vi (avere) puer

9 **quadrare** ❖ vt élever au carré ; vi cadrer, tomber juste

9 **quadrettare** vt quadriller

128 **quadripartire** vt diviser en quatre

15/14 **quadruplicare** vt, ~**rsi** vpi quadrupler

15/14 **qualificare** vt qualifier ; ~**rsi** vpi se qualifier

15/14 **quantificare** vt quantifier

9 **quantizzare** vt quantifier

9 **querelare** vt poursuivre en justice ; ~**rsi** vpi se plaindre

9 **questionare** ❖ vi (avere) discuter, se disputer

13 **questuare** vi (avere), vt quêter, mendier

9 **quetare**, ~**rsi** → quietare

9 **quietanzare** vt acquitter

9 **quietare** vt calmer, apaiser ; ~**rsi** vpi se calmer, s'apaiser

20 **quintessenziare** litt. vt quintessencier

15/14 **quintuplicare** vt, ~**rsi** vpi quintupler

9 **quistionare** vx → questionare

9 **quotare** vt coter, estimer ; ~**rsi** vpi se cotiser

9 **quotizzare** vt lotir ; ~**rsi** vpi se cotiser

26 **rabbattere** rare, vt entrouvrir, entrebâiller

128 **rabbellire**, ~**rsi** → riabbellire

17 **rabberciare** vt rafistoler, retaper

15 **rabboccare** vt remplir à ras bord

128 **rabbonire** vt calmer ; ~**rsi** vpi se calmer

128 **rabbrividire** vi (avere) frissonner, frémir

9 **rabbuffare** vt ébouriffer, réprimander ; ~**rsi** vpi [le temps] se gâter

20 **rabbuiare** vi faire nuit ; ~**rsi** vpi s'assombrir

15 **rabescare** → arabescare

9 **raccapezzare** vt ramasser ; ~**rsi** vpi s'y retrouver

17 **raccapricciare** vi, ~**rsi** vpi frémir d'horreur

9 **raccattare** vt ramasser

20 **raccerchiare** vt recercler [un tonneau], encercler

71 **racchiudere** irr, vt renfermer, contenir

89 **raccogliere** irr, vt recueillir, ramasser ; ~**rsi** ❖ vpi se recueillir, se rassembler

9 **raccomandare** ❖ vt recommander ; ~**rsi** ❖ vpi se recommander

14 **raccomodare** vt raccommoder

9 **raccontare** ❖ vt raconter

17 **raccorciare** vt, ~**rsi** vpi raccourcir

9 **raccordare** vt raccorder

9 **raccostare** vt rapprocher ; ~**rsi** vpi se rapprocher

9 **raccozzare** vt réunir, rassembler ; ~**rsi** vpi se réunir, se rassembler

9 **racimolare** vt grappiller, rassembler

9 **racquetare** litt. vt calmer, apaiser

9 **racquistare** → riacquistare

9 **raddensare** vt épaissir ; ~**rsi** vpi s'épaissir

9 **raddrizzare, ~rsi** → *raddrizzare*
9 **raddobbare** vt *radouber*
128 **raddolcire** vt *adoucir* ; **~rsi** vpi *s'adoucir*
20 **raddoppiare** vt, vi (avere) *doubler, redoubler*
9 **raddrizzare** vt *redresser* ;
　~rsi vpi *se redresser*
52 **radere** irr, vt *raser* ; **~rsi** vpi *se raser*
20 **radiare** vi (avere) *rayonner* ;
　vt *rayer, radier*
18 **radicaleggiare** vi (avere) *avoir des tendances radicales*
9 **radicalizzare** vt *radicaliser* ;
　~rsi vpi *se radicaliser*
15/13 **radicare** ❖ vi, **~rsi** ❖ vpi *prendre racine, s'enraciner*
9 **radiocomandare** vt *radiocommander*
14 **radiografare** vt *radiographier*
9 **radioguidare** vt *radioguider*
9 **radiolocalizzare** vt *radiorepérer*
9 **radiotelegrafare** vt *radiotélégraphier*
115 **radiotrasmettere** irr, vt *radiodiffuser*
9 **radunare** vt *réunir, rassembler* ;
　~rsi vpi *se réunir, se rassembler*
9 **raffazzonare** vt *rafistoler, retaper*
9 **raffermare** vt *rengager [dans l'armée]* ;
　~rsi vpi *se rengager*
9 **raffigurare** vt *représenter* ;
　~rsi vpi *se représenter*
9 **raffilare** vt *affiler, aiguiser*
9 **raffinare** vt *raffiner, affiner* ;
　~rsi vpi *se raffiner, s'affiner*
128 **raffittire** vt, vi *épaissir* ;
　~rsi vpi *s'épaissir*
9 **rafforzare** vt *renforcer, fortifier* ;
　~rsi vpi *se renforcer, se fortifier*
9 **raffreddare** vt *refroidir* ;
　~rsi vpi *se refroidir, s'enrhumer*
9 **raffrontare** ❖ vt *comparer, confronter* ;
　~rsi vpi *se confronter*
9 **raggelare** vt *glacer* ; vi, **~rsi** vpi *geler, se glacer*
18 **raggiare** vi (avere), vt *rayonner*
9 **raggirare** vt *embobiner* ; **~rsi** vpi *rôder*
84 **raggiungere** irr, vt *rejoindre, atteindre* ;
　~rsi vpi *se retrouver*
9 **raggiustare** vt *raccommoder, arranger* ;
　~rsi vpi *se réconcilier*
9 **raggomitolare** vt *pelotonner* ;
　~rsi vpi *se pelotonner*
20 **raggranchiare** vt *engourdir* ;
　vi, **~rsi** vpi *s'engourdir*
128 **raggranchire, ~rsi** → *raggranchiare*
9 **raggranellare** vt *ramasser, grappiller*

17 **raggricciare** vi *frémir, frissonner* ;
　~rsi vpi *se recroqueviller*
9 **raggrinzare** vt *rider, froisser* ;
　vi, **~rsi** vpi *se rider, se froisser*
20 **raggrovigliare** vt *embrouiller, emmêler, enchevêtrer*
9 **raggrumare** vt *faire grumeler, faire cailler* ;
　~rsi vpi *se grumeler, se cailler*
9 **raggruppare** vt *grouper, regrouper* ;
　~rsi vpi *se grouper, se regrouper*
9 **raggruzzolare** vt *amasser*
20 **ragguagliare** ❖ vt *égaliser, comparer*
9 **ragionare** ❖ vi (avere) *raisonner*
20 **ragliare** vi (avere), vt *braire, brailler*
16 **ralingare** vt *ralinguer*
16 **rallargare, ~rsi** → *riallargare*
9 **rallegrare** vt *égayer, réjouir* ;
　~rsi ❖ vpi *se réjouir, con féliciter*
9 **rallentare** vt, vi, **~rsi** vpi *ralentir*
9 **ramare** vt *cuivrer*
9 **ramazzare** vt *balayer*
18 **rameggiare** vt *ramer [une plante]* ;
　litt. vi (avere) *se ramifier*
15/14 **ramificare** vi (avere), **~rsi** vpi *se ramifier*
16 **ramingare** litt. vi (avere) *errer, vagabonder*
20 **rammagliare** vt *remailler, remmailler*
15/14 **rammaricare** vt *désoler, attrister* ;
　~rsi ❖ vpi *se désoler, regretter*
9 **rammassare** rare, vt *amasser, accumuler*
9 **rammendare** vt *repriser, raccommoder*
9 **rammentare** ❖ vt *rappeler* ;
　~rsi ❖ vpi *di, vpt se rappeler*
9 **rammodernare, ~rsi** → *rimodernare*
128 **rammollire** vt *ramollir, amollir* ;
　vi, **~rsi** vpi *se ramollir*
128 **rammorbidire** vt *ramollir, adoucir* ;
　vi, **~rsi** vpi *se ramollir, s'adoucir*
9 **rampare** vi (avere) *grimper*
15/13 **rampicare, ~rsi** → *arrampicare*
21 **rampognare** litt. vt *réprimander*
9 **rampollare** vi *jaillir, bourgeonner*
128 **rancidire** vi *rancir*
18 **randeggiare** vt *serrer [le vent]* ;
　vi (avere) *longer la côte*
9 **randellare** vt *matraquer*
9 **randomizzare** vt *randomiser*
128 **rannerire** vt, vi, **~rsi** vpi *noircir*
20 **rannicchiare** vt *rentrer [les épaules]* ;
　~rsi vpi *se blottir*
9 **rannodare, ~rsi** → *riannodare*
9 **rannuvolare** vt *assombrir, obscurcir* ;
　vi imp, **~rsi** vpi imp *s'assombrir, s'obscurcir*

9 **rantolare** vi (avere) râler
9 **rapare** vt raser; ~**rsi** vpi se raser
9 **rapinare** ❖ vt voler, dévaliser
128 **rapire** vt enlever, ravir
17 **rappaciare,** ~**rsi** → rappacificare
15/14 **rappacificare** vt réconcilier;
~**rsi** ❖ vpi se réconcilier
9 **rappattumare** vt réconcilier;
~**rsi** vpi se réconcilier
9 **rappezzare** vt rapiécer
20 **rappigliare** vt coaguler, cailler;
~**rsi** vpi se coaguler, se cailler
9 **rapportare** ❖ vt rapporter [une nouvelle],
comparer; ~**rsi** ❖ vpi se rapporter
62 **rapprendere** irr, vt coaguler, cailler;
vi, ~**rsi** vpi se coaguler, se cailler
9 **rappresentare** vt représenter;
~**rsi** vpi se représenter
24 **rarefare** irr, vt raréfier; ~**rsi** vpi se raréfier
9 **rasare** vt raser; ~**rsi** vpi se raser
20 **raschiare** ❖ vt, vi (avere) racler, gratter
9 **rasentare** vt raser, frôler
9 **raspare** vt, vi (avere) râper, gratter
21 **rassegnare** vt présenter [sa démission];
~**rsi** ❖ vpi se résigner
9 **rasserenare** vt rasséréner;
~**rsi** vpi se rasséréner
9 **rassettare** vt ranger, arranger;
~**rsi** vpi s'arranger
9 **rassicurare** vt rassurer; ~**rsi** vpi se rassurer
9 **rassodare** vt raffermir;
vi, ~**rsi** vpi se raffermir
20 **rassomigliare** ❖ vi (avere) ressembler;
~**rsi** vpi se ressembler
9 **rastrellare** vt ratisser
9 **rastremare** vt contracturer;
~**rsi** vpi se contracturer
9 **rateare** vt échelonner
9 **rateizzare** → rateare
15/14 **ratificare** vt ratifier
102 **rattenere** litt. irr, vt retenir;
~**rsi** litt. vpi se retenir
128 **rattiepidire** vt attiédir; ~**rsi** vpi s'attiédir
9 **rattizzare** vt attiser
9 **rattoppare** vt rapiécer
128 **rattrappire** vt rétracter, engourdir;
~**rsi** vpi se rétracter, s'engourdir
9 **rattristare** vt attrister; ~**rsi** vpi s'attrister
128 **rattristire,** ~**rsi** → rattristare
20 **ravagliare** vt labourer
9 **ravvalorare** vx, vt remettre en vigueur
56 **ravvedersi** irr, litt. vpi se repentir
19 **ravviare** vt ranger; ~**rsi** vpi, vpt s'arranger

9 **ravvicinare** vt rapprocher;
~**rsi** vpi se rapprocher
9 **ravviluppare** vt envelopper;
~**rsi** vpi s'envelopper
9 **ravvisare** litt. vt reconnaître, apercevoir
9 **ravvivare** vt raviver; ~**rsi** vpi se raviver
78 **ravvolgere** irr, vt envelopper;
~**rsi** vpi s'envelopper
9 **ravvoltolare** vt envelopper;
~**rsi** vpi s'envelopper
9 **raziocinare** vi (avere) raisonner
9 **razionalizzare** vt rationaliser
9 **razionare** vt rationner
20 **razziare** vt piller
9 **razzolare** vi (avere) picorer, fouiller
128 **reagire** ❖ vi (avere) réagir
9 **realizzare** ❖ vt réaliser; ~**rsi** vpi se réaliser
9 **recalcitrare** ❖ vi (avere) ruer, regimber
9 **recapitare** ❖ vt remettre [une lettre]
15 **recare** vt apporter, porter;
~**rsi** ❖ vpi se rendre [en ville]
26 **recedere** ❖ litt. vi (avere) reculer, résilier,
se désister
128 **recensire** vt faire le compte rendu de
128 **recepire** vt accepter
59 **recidere** irr, vt couper, trancher;
~**rsi** vpi se couper
9 **recidivare** vi récidiver
82 **recingere** irr, vt entourer, clôturer
9 **recintare** vt entourer, clôturer
15/14 **reciprocare** rare, vt alterner
13 **recitare** vt, vi (avere) réciter, jouer
[une pièce]
9 **reclamare** vi (avere), vt réclamer
9 **reclamizzare** vt faire de la publicité pour
9 **reclinare** vt, vi (avere) baisser, incliner,
pencher
71 **recludere** irr, vt enfermer, emprisonner
9 **reclutare** vt recruter
14 **recriminare** vt ressasser, remâcher;
vi (avere) protester, récriminer
14 **recuperare** vt récupérer
9 **recusare,** ~**rsi** vx → ricusare
128 **redarguire** sout. vt réprimander
77 **redigere** irr, vt rédiger
98 **redimere** ❖ irr, vt racheter;
~**rsi** ❖ vpi se racheter
33 **redire** irr, déf → riedere
15/14 **reduplicare** litt. vt doubler, redoubler
20 **referenziare** vt donner des références à;
vi présenter des références
9 **refilare** vt ébarber
128 **refluire** → rifluire

14 **refrigerare** vt réfrigérer;
~**rsi** vpi se réfrigérer
9 **regalare** ❖ vt offrir; ~**rsi** vpt s'offrir
9 **regatare** vi (avere) participer à une régate
72 **reggere** ❖ irr, vt soutenir, gouverner;
vi (avere) résister; ~**rsi** ❖ vpi se tenir,
se gouverner
9 **regionalizzare** vt régionaliser
9 **registrare** vt enregistrer
21 **regnare** vi (avere) régner
9 **regolamentare** vt réglementer
13 **regolare** vt régler, régulariser;
~**rsi** ❖ vpi se comporter, se modérer
9 **regolarizzare** vt régulariser
128 **regredire** vi régresser, rétrograder
15/14 **reificare** vt réifier, chosifier
15 **reimbarcare** vt rembarquer;
~**rsi** vpi se rembarquer
9 **reimpermeabilizzare** vt réimperméabiliser
9 **reimpiantare** vt réimplanter
16 **reimpiegare** vt réemployer
9 **reimportare** vt réimporter
9 **reincarnare** vt réincarner;
~**rsi** vpi se réincarner
9 **reinfettare** vt réinfecter
9 **reinnestare** vt regreffer
14 **reintegrare** ❖ vt réintégrer;
~**rsi** ❖ vpi se réintégrer
14 **reinterpretare** vt réinterpréter
16/14 **reinterrogare** vt réinterroger
126 **reintrodurre** irr, vt réintroduire
9 **reinventare** vt réinventer
127 **reinvestire** vt réinvestir
118 **reiscrivere** irr, vt réinscrire
14 **reiterare** litt. vt réitérer
9 **relativizzare** vt relativiser
9 **relazionare** vt faire le compte rendu de;
vi (avere) se mettre en rapport;
~**rsi** ❖ vpi communiquer
16/13 **relegare** vt reléguer
9 **remare** vi (avere) ramer
18 **remeggiare** vi (avere) ramer, [oiseau]
battre les ailes
16/13 **remigare** litt. vi (avere) battre des ailes
14 **remunerare** → rimunerare
62 **rendere** ❖ irr, vt rendre;
~**rsi** vpi se rendre, devenir
96 **repellere** irr, litt. vt, vi dégoûter, répugner
128 **reperire** vt trouver, retrouver
9 **repertare** vt produire, fournir
[une preuve]
15/13 **replicare** ❖ vt répliquer, reprendre
[une pièce de théâtre]

99 **reprimere** irr, vt réprimer;
~**rsi** vpi se contenir
20 **repudiare** vx → ripudiare
21 **repugnare** vx → ripugnare
13 **reputare** ❖ vt considérer, estimer;
~**rsi** vpi se croire
128 **requisire** vt réquisitionner
63 **rescindere** irr, litt. vt résilier, rescinder
[un contrat]
15/13 **resecare** vt réséquer
9 **residuare** vi rester
13 **resinare** vt résiner
113 **resistere** ❖ irr, vi (avere) résister
82 **respingere** irr, vt repousser
9 **respirare** vi (avere), vt respirer
9 **responsabilizzare** vt responsabiliser;
~**rsi** vpi se responsabiliser
9 **restare** ❖ vi rester
9 **restaurare** vt restaurer
128 **restituire** vt restituer
83 **restringere** irr, vt, ~**rsi** vpi rétrécir
9 **resuscitare** → risuscitare
9 **retare** vt, vi placer des filets
9 **reticolare** vt former un réseau
9 **retinare** vt tramer [une image]
128 **retribuire** ❖ vt rétribuer
57 **retrocedere** ❖ irr, vi reculer, revenir en
arrière
9 **retrodatare** vt antidater
14 **retrogradare** vi reculer, rétrograder
15/14 **rettificare** vt rectifier
9 **reumatizzare** vt provoquer des
rhumatismes à; ~**rsi** vpi attraper des
rhumatismes
9 **revisionare** vt réviser
15/13 **revocare** ❖ vt révoquer
9 **riabbandonare** vt abandonner de nouveau;
~**rsi** vpi s'abandonner de nouveau
9 **riabbassare** vt baisser de nouveau;
~**rsi** vpi se baisser de nouveau
26 **riabbattere** vt abattre de nouveau;
~**rsi** vpi se décourager de nouveau
128 **riabbellire** vt, ~**rsi** vpi embellir de nouveau
9 **riabbonare** vt réabonner;
~**rsi** vpi se réabonner
9 **riabbottonare** vt reboutonner;
~**rsi** vpi, vpt se reboutonner
17 **riabbracciare** vt serrer de nouveau dans
ses bras; ~**rsi** vpi se tenir de nouveau
dans ses bras
9 **riabilitare** ❖ vt réhabiliter;
~**rsi** vpi se réhabiliter
14 **riabitare** vt réhabiter

9 **riabituare** ❖ vt réhabituer;
   ~rsi ❖ vpi se réhabituer
53 **riaccadere** irr, vi, vi imp arriver de
   nouveau
9 **riaccasare** vt remarier;
   ~rsi vpi se remarier
62 **riaccendere** irr, vt rallumer, ranimer;
   ~rsi vpi se rallumer, se ranimer
9 **riaccennare** vt faire de nouveau allusion à
9 **riaccettare** vt accepter de nouveau
9 **riacchiappare** vt rattraper, reprendre
9 **riacciuffare** vt rattraper
89 **riaccogliere** irr, vt accueillir de nouveau
14 **riaccomodare** vt raccommoder;
   ~rsi vpi se réconcilier
21 **riaccompagnare** vt raccompagner,
   reconduire
9 **riaccordare** vt accorder de nouveau;
   ~rsi vpi se remettre d'accord
87 **riaccorgersi** irr, vpi se rendre compte de
   nouveau
9 **riaccostare** vt rapprocher;
   ~rsi vpi se rapprocher
14 **riaccreditare** vt créditer de nouveau;
   ~rsi vpi s'accréditer de nouveau
9 **riacquistare** vt racheter
9 **riacutizzare** vt raviver; **~rsi** vpi se raviver
9 **riadattare** ❖ vt réadapter;
   ~rsi vpi se réadapter
9 **riaddormentare** vt rendormir;
   ~rsi vpi se rendormir
14 **riadoperare** vt réemployer
17 **riaffacciare** vt montrer de nouveau;
   ~rsi vpi se montrer de nouveau
9 **riaffermare** vt réaffirmer;
   ~rsi vpi se réaffirmer
9 **riafferrare** vt ressaisir;
   ~rsi vpi se ressaisir
9 **riaffezionare** vt refaire aimer;
   ~rsi vpi se reprendre d'affection pour
9 **riaffilare** vt raffuter
9 **riaffittare** vt relouer
9 **riaffrontare** vt affronter de nouveau;
   ~rsi vpi s'affronter de nouveau
17 **riagganciare** vt raccrocher;
   ~rsi vpi se raccrocher
16 **riaggiogare** vt atteler de nouveau
9 **riaggiustare** vt rajuster
9 **riaggraffare** vt ragrafer
9 **riaggravare** vt aggraver de nouveau;
   ~rsi vpi s'aggraver de nouveau
9 **riagguantare** vt ressaisir
9 **rialesare** vt réaléser

17 **riallacciare** vt, **~rsi** vpt renouer;
   vpi se rattacher
16 **riallargare** vt réélargir; **~rsi** vpi s'élargir
   de nouveau
128 **riallestire** vt remonter
14 **riallineare** vt réaligner
18 **rialloggiare** vt reloger
16 **riallungare** vt rallonger;
   ~rsi vpi se rallonger
9 **rialzare** vt relever, rehausser;
   ~rsi vpi se relever
9 **riamare** vt aimer de retour, aimer de
   nouveau
9 **riammattonare** vt recarreler
115 **riammettere** irr, vt réadmettre
20 **riammobiliare** vt remeubler
20 **riammogliarsi** vt remarier;
   ~rsi vpi se remarier
22 **riandare** irr, vi, vt retourner
14 **rianimare** vt ranimer; **~rsi** vpi se ranimer
20 **riannaffiare** vt arroser de nouveau
114 **riannettere** irr, vt réannexer
9 **riannodare** vt renouer; **~rsi** vpi s'emmêler
   de nouveau
20 **riannunziare** vt annoncer de nouveau
9 **riannuvolare** vt couvrir de nouveau de
   nuages; vi, **~rsi** vpi se couvrir de
   nouveau de nuages
15/14 **riappacificare, ~rsi** → rappacificare
9 **riappaltare** vt réadjuger, sous-traiter
20 **riapparecchiare** vt remettre [la table]
136 **riapparire** irr, vi réapparaître
9 **riappassionare** vt passionner de nouveau;
   ~rsi vpi se passionner de nouveau
62 **riappendere** irr, vt raccrocher
9 **riappianare** vt aplanir de nouveau
15/14 **riappiccicare** vt recoller;
   ~rsi vpi se recoller
9 **riappisolarsi** vpi s'assoupir de nouveau
62 **riapprendere** irr, vt réapprendre
9 **riapprodare** vi (avere) accoster de nouveau
20 **riappropriarsi** ❖ vpi di recouvrer
14 **riapprossimare** vt approcher de nouveau;
   ~rsi vpi s'approcher de nouveau
9 **riapprovare** vt approuver de nouveau
135 **riaprire** irr, vt rouvrir; **~rsi** vpi se rouvrir
67 **riardere** irr, vt brûler; vi brûler, se rallumer
9 **riarmare** vt, vi, **~rsi** vpi réarmer
9 **riarmonizzare** vt réharmoniser;
   ~rsi vpi se réharmoniser
9 **riascoltare** vt réécouter
18 **riassaggiare** vt regoûter
21 **riassegnare** vt réassigner

9 **riassestare** vt redresser [un bilan] ;
~**rsi** vpi se redresser, [un terrain]
se tasser

9 **riassettare** vt remettre en ordre

9 **riassicurare** vt réassurer

17 **riassociare** vt réinscrire à ;
~**rsi** vpi redevenir membre

128 **riassopirsi** vpi s'assoupir de nouveau

127 **riassorbire** vt réabsorber, résorber ;
~**rsi** vpi se réabsorber

128 **riassortire** vt rassortir, réassortir

20 **riassottigliare** vt amincir de nouveau

100 **riassumere**[1] irr, vt assumer de nouveau,
réembaucher

100 **riassumere**[2] irr, vt résumer

15 **riattaccare**[1] vt rattacher, *fam.* raccrocher
[au téléphone] ; ~**rsi** vpi se rattacher

15 **riattaccare**[2] vt réattaquer ;
~**rsi** vpi s'attaquer de nouveau

9 **riattare** vt remettre en état

9 **riattivare** vt rétablir, réactiver

9 **riattizzare** vt rallumer, raviver

4 **riavere** irr, vt avoir de nouveau, récupérer ;
~**rsi** ❖ vpi se remettre

9 **riavvampare** vi s'enflammer de nouveau

9 **riavventarsi** vpi se ruer de nouveau

9 **riavvicinare** ❖ vt rapprocher, réconcilier ;
~**rsi** ❖ vpi se rapprocher, se réconcilier

78 **riavvolgere** irr, vt réenvelopper, réenrouler

128 **ribadire** vt répéter, confirmer

9 **ribaltare** vt renverser, culbuter ;
vi, ~**rsi** vpi se renverser

9 **ribassare** vt rabaisser, baisser ; vi baisser

26 **ribattere** ❖ vt rebattre, repousser
[une accusation] ; vi (avere) répliquer

9 **ribattezzare** vt rebaptiser

9 **ribellarsi** se révolter

43 **ribere** irr, vt boire de nouveau

9 **ribobinare** vt rebobiner

15 **riboccare** vi (avere) déborder, surabonder

127 **ribollire** vi (avere), vt bouillir, bouillonner

9 **ribramare** *litt.* vt convoiter de nouveau

9 **ribussare** vt, vi frapper de nouveau

9 **ributtare** vt rejeter, repousser ;
~**rsi** vpi se rejeter, se jeter de nouveau

9 **ributtare** vt battre [avec le repoussoir]

17 **ricacciare** vt chasser de nouveau,
repousser ; ~**rsi** vpi se refourrer

53 **ricadere** ❖ irr, vi retomber

9 **ricalare** vt, vi redescendre

15 **ricalcare** vt calquer, décalquer

15/14 **ricalcificare** vt recalcifier ;
~**rsi** vpi se recalcifier

9 **ricalcitrare** → *recalcitrare*

9 **ricalibrare** vt recalibrer

9 **ricamare** vt broder

20 **ricambiare** vt rendre, partager ;
~**rsi** vpi se rechanger ; vpt échanger

9 **ricanalizzare** vt recanaliser

14 **ricandidare** vt poser de nouveau la
candidature de ; ~**rsi** vpi poser de
nouveau sa candidature

9 **ricantare** vt rechanter [une mélodie]

9 **ricapitalizzare** vt recapitaliser

9 **ricapitare** vi [un événement] arriver de
nouveau, revenir [quelque part]

9 **ricapitolare** vt récapituler

15/14 **ricaricare** vt recharger ;
~**rsi** vpi se recharger

15 **ricascare** *fam.* vi retomber

9 **ricattare** vt faire du chantage à

9 **ricavare** ❖ vt tirer, retirer, obtenir

9 **riceppare** vt recéper [une plante]

15 **ricercare** vt rechercher

20 **ricerchiare** vt recercler [un tonneau]

9 **ricettare** vt, vi (avere) receler

26 **ricevere** ❖ vt recevoir

9 **richiamare** vt rappeler ; ~**rsi** ❖ vpi se référer

58 **richiedere** ❖ irr, vt demander

71 **richiudere** irr, vt refermer ;
~**rsi** vpi se refermer

9 **riciclare** vt recycler ; ~**rsi** vpi se recycler

82 **ricingere** irr → *recingere*

89 **ricogliere** irr, vt surprendre de nouveau
[sur le fait], saisir [l'occasion]

16 **ricollegare** ❖ vt relier [des faits] ;
~**rsi** ❖ vpi se relier

15/14 **ricollocare** vt replacer

9 **ricolmare** ❖ vt combler

9 **ricolorare** vt recolorer

9 **ricombinare** vt recombiner ;
~**rsi** vpi se recombiner

17 **ricominciare** ❖ vt, vi recommencer

136 **ricomparire** irr, vi réapparaître

9 **ricompensare** ❖ vt récompenser

9 **ricomperare** → *ricomprare*

9 **ricompilare** vt remplir de nouveau
[un imprimé]

124 **ricomporre** irr, vt recomposer ;
~**rsi** vpi se recomposer

9 **ricomprare** vt racheter

15/14 **ricomunicare** vi (avere) communiquer de
nouveau ; ~**rsi** vpi communier
de nouveau

9 **riconcentrare** vt concentrer de nouveau ;
~**rsi** vpi se concentrer de nouveau

20 **riconciliare** ❖ vt réconcilier;
~**rsi** ❖ vpi se réconcilier
9 **ricondannare** vt recondamner
9 **ricondensare** vt recondenser;
~**rsi** vpi se recondenser
9 **ricondizionare** vt reconditionner
126 **ricondurre** ❖ irr, vt reconduire, ramener;
~**rsi** vpi retourner
9 **riconfermare** vt confirmer;
~**rsi** vpi se confirmer
9 **riconfortare** vt réconforter;
~**rsi** vpi se réconforter
9 **riconfrontare** vt confronter de nouveau
9 **ricongedare** vt congédier de nouveau;
~**rsi** vpi se congédier de nouveau
9 **ricongelare** vt recongeler;
~**rsi** vpi se recongeler
84 **ricongiungere** ❖ irr, vt réunir, joindre;
~**rsi** ❖ vpi se réunir, se joindre
114 **riconnettere** ❖ irr, vt rapprocher,
rattacher, reconnecter;
~**rsi** ❖ vpi se rattacher, se reconnecter
51 **riconoscere** ❖ irr, vt reconnaître;
~**rsi** ❖ vpi se reconnaître
9 **riconquistare** vt reconquérir
9 **riconsacrare** vt reconsacrer
21 **riconsegnare** vt restituer, rendre
9 **riconsiderare** vt reconsidérer
9 **riconsolare** vt consoler de nouveau;
~**rsi** vpi se consoler de nouveau
14 **riconsolidare** vt reconsolider;
~**rsi** vpi se reconsolider
9 **ricontare** vt recompter
14 **riconvalidare** vt valider de nouveau
145 **riconvenire** irr, vi (avere), vt convenir
de nouveau
127 **riconvertire** ❖ vt reconvertir;
~**rsi** ❖ vpi se reconvertir
45 **riconvincere** irr, vt reconvaincre
15/14 **riconvocare** vt reconvoquer
20 **ricopiare** vt recopier
135 **ricoprire** ❖ irr, vt recouvrir;
~**rsi** ❖ vpi se recouvrir
9 **ricordare** ❖ vt rappeler;
~**rsi** ❖ vpi di, vpt se souvenir de,
se rappeler
15/14 **ricoricare** vt recoucher;
~**rsi** vpi se recoucher
72 **ricorreggere** irr, vt recorriger;
~**rsi** vpi se recorriger
107 **ricorrere** ❖ irr, vi recourir, avoir recours,
se répéter
85 **ricospargere** irr, vt parsemer de nouveau

128 **ricostituire** vt reconstituer;
~**rsi** vpi se reconstituer
128 **ricostruire** vt reconstruire;
~**rsi** vpt se reconstruire
9 **ricotonare** vt crêper de nouveaux
[les cheveux]
14 **ricoverare** vt abriter, hospitaliser;
~**rsi** vpi s'abriter, être hospitalisé
9 **ricreare** vt recréer, divertir;
~**rsi** vpi reprendre vigueur, se divertir
26 **ricredere** vi croire de nouveau;
~**rsi** ❖ vpi se raviser, changer d'avis
50 **ricrescere** irr, vi repousser
138 **ricucire** irr, vt recoudre
46 **ricuocere** irr, vt recuire
14 **ricuperare** → recuperare
9 **ricurvare** vt recourber de nouveau;
~**rsi** vpi se recourber
9 **ricusare** vt refuser, récuser;
~**rsi** vpi se refuser
20 **ridacchiare** vi (avere) ricaner
23 **ridare** irr, vt, vi (avere) redonner, rendre
59 **ridere** ❖ irr, vi (avere) rire;
~**rsi** vpi rire, se moquer
9 **ridestare** vt réveiller; ~**rsi** vpi se réveiller
18 **ridicoleggiare** → ridicolizzare
9 **ridicolizzare** vt ridiculiser
9 **ridimensionare** vt réorganiser, relativiser;
~**rsi** vpi se modérer
82 **ridipingere** irr, vt, ~**rsi** vpt repeindre
139 **ridire** irr, vt redire
62 **ridiscendere** irr, vt, vi redescendre
107 **ridiscorrere** irr, vi (avere) reparler
21 **ridisegnare** vt redessiner
24 **ridisfare** irr, vt redéfaire
124 **ridisporre** irr, vt changer la disposition de
62 **ridistendere** irr, vt étendre de nouveau
9 **ridistillare** vt redistiller
128 **ridistribuire** vt redistribuer
145 **ridivenire** irr, vi redevenir
9 **ridiventare** vi (avere) redevenir
59 **ridividere** irr, vt rediviser;
~**rsi** vpi se rediviser
9 **ridomandare** vt redemander
9 **ridonare** vt redonner
9 **ridondare** ❖ litt. vi, vt abonder, regorger
9 **ridorare** vt redorer
127 **ridormire** vi (avere) redormir
9 **ridossare** vt abriter [un bateau];
~**rsi** vpi s'abriter
126 **ridurre** ❖ irr, vt réduire; ~**rsi** vpi se réduire
14 **rieccitare** vt exciter de nouveau;
~**rsi** vpi s'exciter de nouveau

18 **riecheggiare** vi *retentir ;*
   vt *rappeler, évoquer*
33 **riedere** irr, déf, *vx,* vi *revenir, rentrer*
15/14 **riedificare** vt *reconstruire, rebâtir*
15/14 **rieducare** vt *rééduquer*
14 **rielaborare** vt *réélaborer*
72 **rieleggere** irr, vt *réélire*
86 **riemergere** irr, vi *remonter à la surface*
90 **riempiere,** ~rsi irr → *riempire*
134 **riempire** ❖ irr, vt *remplir ;*
   ~rsi ❖ vpi *se remplir*
9 **rientrare** ❖ vi, vt *rentrer*
16/14 **riepilogare** vt *récapituler, résumer*
9 **riequilibrare** vt *rééquilibrer ;*
   ~rsi vpi *se rééquilibrer*
86 **riergere** irr, vt *lever/dresser de nouveau ;*
   ~rsi vpi *se dresser de nouveau*
9 **riesaminare** vt *réexaminer*
124 **riesporre** irr, vt *réexposer ;*
   ~rsi vpi *se réexposer*
9 **riesportare** vt *réexporter*
3 **riessere** irr, vi *être de nouveau*
9 **riesumare** vt *exhumer*
15/14 **rievocare** vt *évoquer*
24 **rifare** irr, vt *refaire ;* ~rsi ❖ vpi *se venger,*
   se référer ; vtp *se refaire, se faire refaire*
9 **rifasare** vt *mettre en phase*
17 **rifasciare** vt *rebander, remmailloter*
128 **riferire** ❖ vt, vi (avere) *rapporter, relater ;*
   ~rsi ❖ vpi *se rapporter, se référer*
9 **rifermentare** vi *refermenter*
9 **rifiatare** vi (avere) *respirer, reprendre*
   haleine
15 **rificcare** vt *refourrer ;* ~rsi vpi *se refourrer*
9 **rifilare** ❖ vt *rogner [des pages], refiler*
9 **rifiltrare** vt *refiltrer*
128 **rifinire** vt *peaufiner ;* vi (avere) *revenir*
128 **rifiorire** vi, vt *refleurir*
9 **rifiutare** ❖ vt *refuser ;* ~rsi ❖ vpi *se refuser*
114 **riflettere**[1] ❖ irr, vi (avere) *réfléchir*
114 **riflettere**[2] irr, vt *réfléchir, refléter ;*
   ~rsi ❖ vpi *se réfléchir, se refléter*
128 **rifluire** vi *refluer, couler de nouveau*
9 **rifocillare** vt *nourrir, restaurer ;*
   ~rsi vpi *se restaurer*
9 **rifoderare** vt *doubler de nouveau, recouvrir*
9 **rifondare** vt *reconstruire, reformer*
65 **rifondere** irr, vt *refondre, rembourser*
9 **riformare** vt *réformer ;* ~rsi vpi *se réformer*
128 **rifornire** ❖ vt *ravitailler, approvisionner ;*
   ~rsi ❖ vpi *se ravitailler, s'approvisionner*
81 **rifrangere** irr, vt *réfracter ;*
   ~rsi vpi *se briser, se réfracter*

74 **rifriggere** irr, vt, vi (avere) *frire de*
   nouveau, rabâcher
15/14 **rifruttificare** vi (avere) *fructifier de nouveau*
127 **rifuggire** ❖ vi, vt *fuir de nouveau*
18 **rifugiarsi** vpi *se réfugier*
80 **rifulgere** irr, vi (avere/essere) *resplendir*
16 **rigare** vt, vi (avere) *rayer, régler,*
   filer [droit]
9 **rigelare** vt, vi, vi imp (avere/essere)
   regeler
14 **rigenerare** vt *régénérer ;*
   ~rsi vpi *se régénérer*
20 **rigermogliare** vi *bourgeonner de nouveau,*
   fig. renaître
9 **rigettare** vt *rejeter, vomir ;* ~rsi vpi *se jeter*
   de nouveau
15 **rigiocare** vi (avere), vt *rejouer*
9 **rigirare** vt *retourner, remuer ;*
   ~rsi vpi *se retourner*
15/14 **rigiudicare** vt *juger [en deuxième instance]*
20 **rigonfiare** vt, vi *regonfler ;*
   ~rsi vpi *se regonfler*
9 **rigovernare** vt *faire la vaisselle*
21 **riguadagnare** vt *regagner*
9 **riguardare** vt *regarder, concerner ;*
   ~rsi ❖ vpi *se ménager*
9 **rigurgitare** ❖ vi (avere) *regorger ;*
   vt *régurgiter*
17 **rilanciare** vt *relancer ;*
   vi (avere) *surenchérir*
17 **rilasciare** vt *relâcher, délivrer [un*
   certificat] ; ~rsi vpi *se relâcher*
9 **rilassare** vt *relaxer, détendre ;*
   ~rsi vpi *se relaxer, se détendre*
9 **rilavare** vt *relaver ;* ~rsi vpi, vpt *se relaver*
16 **rilegare** vt *relier*
72 **rileggere** irr, vt *relire*
9 **rilevare** vt *relever ;* ~rsi vpi *se détacher*
32 **rilucere** irr, déf, vi *reluire, resplendir*
9 **riluttare** ❖ vi (avere) *hésiter, être réticent*
14 **rimacinare** vt *remoudre*
9 **rimandare** ❖ vt *renvoyer, reporter*
18 **rimaneggiare** vt *remanier*
101 **rimanere** irr, vi *rester*
18 **rimangiare** vt *remanger, rétracter*
15 **rimarcare** vx, vt *remarquer*
9 **rimare** vi (avere), vt *rimer*
14 **rimarginare** vt, vi, vpi *cicatriser*
9 **rimaritare** vt *remarier [femme] ;*
   ~rsi vpi *[femme] se remarier*
15/14 **rimasticare** vt *remâcher, ruminer*
15 **rimbacuccare** vt *emmitoufler ;*
   ~rsi vpi *s'emmitoufler*

128 **rimbaldanzire** vt *enhardir*;
vi, **~rsi** vpi *s'enhardir*
9 **rimballare** vt *remballer*
9 **rimbalzare** vi *rebondir, ricocher*
128 **rimbambire** vi (*avere*),
~rsi vpi *devenir gâteux*
128 **rimbastire** vt *faufiler, bâtir de nouveau*
15 **rimbeccare** vt *riposter, répliquer*;
~rsi vpi *avoir une prise de bec*
128 **rimbecillire** vt *abêtir, abrutir*;
vi, **~rsi** vpi *s'abrutir*
128 **rimbellire** vt, vi, **~rsi** vpi *embellir*
15 **rimbiancare** vt *reblanchir* [draps], *recrépir*
[mur]
15 **rimboccare** vt *border* [couverture],
retrousser [manches]
9 **rimbombare** vi (*avere*), vt *résonner,*
gronder [tonnerre], *tonner*
9 **rimborsare** ❖ vt *rembourser*
15 **rimboscare, ~rsi** → *rimboschire*
128 **rimboschire** vt *reboiser*;
vi, **~rsi** vpi *se rembucher*
9 **rimbrottare** vt *rabrouer*;
~rsi vpi *se reprocher*
128 **rimbruttire** vt, vi *enlaidir*
9 **rimbustare** vt *remettre dans une enveloppe*
20 **rimediare** ❖ vi (*avere*) *remédier, arranger*;
vt *trouver* [une excuse]
9 **rimeditare** vt *méditer de nouveau*
9 **rimembrare** *litt.* vt *se souvenir de*;
~rsi *litt.* vpi *se remémorer*
9 **rimenare** *fam.* vt *malaxer* [une pâte],
rudoyer
9 **rimeritare** *litt.* vt *récompenser*
9 **rimescolare** vt *mêler, mélanger de*
nouveau; **~rsi** vpi *se mêler*
9 **rimestare** vt *tourner, touiller*
115 **rimettere** ❖ irr, vt *remettre, vomir*;
~rsi ❖ vpi *se remettre*
9 **rimirare** vt *contempler*; vi (*avere*) *viser de*
nouveau; **~rsi** vpi *s'admirer* [dans un
miroir]
20 **rimischiare** vt *mélanger de nouveau*
9 **rimisurare** vt *mesurer de nouveau*
9 **rimodellare** vt *modeler de nouveau*
9 **rimodernare** vt *moderniser*;
~rsi vpi *se moderniser*
9 **rimondare** vt *émonder, purifier*;
~rsi vpi *se purifier*
9 **rimontare** ❖ vt, vi *remonter, rassembler*
20 **rimorchiare** vt *remorquer*
69 **rimordere** irr, vt *remordre, harceler*;
~rsi vpi *remordre*

14 **rimormorare** vt, vi (*avere*) *murmurer de*
nouveau
15/14 **rimorsicare** vt *remordre*
9 **rimostrare** vt *remontrer*; vi (*avere*) *faire*
des remontrances; **~rsi** vpi *se montrer*
de nouveau
9 **rimpacchettare** vt *remballer*
14 **rimpaginare** vt *remettre en page*
20 **rimpagliare** vt *rempailler*
9 **rimpallare** vi (*avere*) *faire un contre*
[au billard]
9 **rimpanare** vt *paner de nouveau refaire le*
filet [d'une vis]
17 **rimpannucciare** vt *nipper*;
~rsi vpi *se remplumer*
9 **rimparare** vt *apprendre de nouveau*
9 **rimpastare** vt *pétrir de nouveau, remanier*
20 **rimpatriare** vi *retourner dans son pays*;
vt *rapatrier*
17 **rimpiallacciare** vt *remplaquer*
81 **rimpiangere** ❖ irr, vt *regretter*
9 **rimpiattare** vt *cacher, planquer*;
~rsi vpi *se planquer*
9 **rimpiazzare** ❖ vt *remplacer*
128 **rimpicciolire** vt *réduire*; vi *rapetisser*;
~rsi vpi *se réduire*
128 **rimpiccolire** vt *réduire*; vi *rapetisser*;
~rsi vpi *se réduire*
16 **rimpiegare** → *reimpiegare*
9 **rimpinguare** vt *rengraisser, renflouer*;
~rsi vpi *engraisser*
9 **rimpinzare** ❖ vt *bourrer, gaver*;
~rsi ❖ vpi *se gaver*
9 **rimpolpare** vt *remplumer, renflouer*;
~rsi vpi *se remplumer*
9 **rimpossessarsi** vpi *s'approprier de nouveau*
14 **rimproverare** vt *reprocher*
20 **rimugghiare** → *rimuggire*
128 **rimuggire** vi (*avere*) *mugir de nouveau*
14 **rimuginare** vt *remâcher, ruminer*
9 **rimunerare** vt *rémunérer, récompenser*
123 **rimuovere** ❖ irr, vt *enlever, retirer*;
~rsi vpi *s'enlever*
9 **rimutare** vt, vi *rechanger, changer de*
nouveau [d'avis]
9 **rinarrare** vt *raconter de nouveau*
49 **rinascere** irr, vi *renaître*
9 **rincalzare** vt *rechausser, butter, renforcer*
[un mur], *caler* [un meuble]
9 **rincamminarsi** vpi *se remettre en route*
9 **rincanalare** vt *canaliser de nouveau*
17 **rincantucciare** vt *rencogner*;
~rsi vpi *se tapir*

9 **rincarare** vt, vi *renchérir*
9 **rincarnare, ~rsi** → *reincarnare*
9 **rincartare** vt *envelopper de nouveau*
9 **rincasare** vi *rentrer à la maison*
9 **rincassare** vt *rencaisser*
9 **rincatenare** vt *renchaîner*
71 **rinchiudere** irr, vt *enfermer*;
  ~rsi vpi *s'enfermer*
128 **rincitrullire** vt *abrutir, abêtir*;
  vi, **~rsi** vpi *s'abrutir*
128 **rincivilire** vt *civiliser*;
  vi, **~rsi** vpi *se civiliser*
128 **rincoglionire** *vulg.* vt *abrutir, abêtir*;
  vi, **~rsi** *vulg.* vpi *s'abrutir*
9 **rincollare** vt *recoller*
9 **rincolpare** vt *inculper de nouveau*
17 **rincominciare** → *ricominciare*
9 **rincontrare** vt *rencontrer de nouveau*;
  ~rsi vpi *se rencontrer de nouveau*
18 **rincoraggiare** vt *redonner du courage à*;
  ~rsi vpi *reprendre courage*
9 **rincorare, ~rsi** → *rincuorare*
9 **rincordare** vt *recorder* [un violon, une raquette]
17 **rincorniciare** vt *réencadrer*
9 **rincorporare** vt *réincorporer*;
  ~rsi vpi *se réincorporer*
107 **rincorrere** irr, vt *poursuivre*;
  ~rsi vpi *se poursuivre*
50 **rincrescere** ❖ irr, vi imp a *regretter*
128 **rincretinire** vt *abrutir, abêtir*;
  vi, **~rsi** vpi *s'abrutir*
128 **rincrudire** vt *aigrir, exacerber*;
  vi, **~rsi** vpi *s'exacerber*
9 **rinculare** vi (avere) *reculer*
15 **rinculcare** vt *inculquer de nouveau*
9 **rincuorare** vt *redonner du courage à*;
  vi, **~rsi** vpi *reprendre courage*
128 **rincupire** vt *assombrir*;
  vi, **~rsi** vpi *s'assombrir*
9 **rindossare** vt *rendosser*
18 **rindugiare** vi (avere) *hésiter/tarder de nouveau*
128 **rindurire** vt *rendurcir*; **~rsi** vpi *se rendurcir*
20 **rinegoziare** vt *renégocier*
15/14 **rinevicare** vi imp (avere/essere) *neiger de nouveau*
17 **rinfacciare** ❖ vt *reprocher*
9 **rinfagottare** vt *emmitoufler*;
  ~rsi vpi *s'emmitoufler*
15 **rinfiancare** vt *étayer, soutenir*
9 **rinfilare** vt *renfiler*
9 **rinfiorare** vt *refleurir*

9 **rinfocolare** vt *rallumer*; **~rsi** vpi *se rallumer*
9 **rinfoderare** vt *rengainer, rentrer* [ses griffes]
9 **rinforzare** vt *renforcer*;
  ~rsi vpi *se renforcer*
15 **rinfrancare** vt *ranimer, rassurer*;
  ~rsi vpi *se ranimer, se rassurer*
15 **rinfrescare** vt, vi, **~rsi** vpi *rafraîchir*
128 **ringagliardire** vt *ragaillardir*;
  ~rsi vpi *se ragaillardir*
9 **ringalluzzare, ~rsi** → *ringalluzzire*
128 **ringalluzzire** vt *ragaillardir*;
  vi, **~rsi** vpi *se ragaillardir*
128 **ringentilire** vt *rendre aimable, adoucir*;
  vpi *devenir aimable, s'adoucir*
20 **ringhiare** vi (avere) *grogner, gronder*
128 **ringhiottire** vt *ravaler*
128 **ringiallire** vt, vi, **~rsi** vpi *rejaunir*
128 **ringiovanire** vt, vi, **~rsi** vpi *rajeunir*
20 **ringoiare** vt *ravaler*
9 **ringranare** vt *rengréner*
128 **ringrandire** vt *agrandir de nouveau*
9 **ringrassare** vi *regrossir*
20 **ringraziare** ❖ vt *remercier*
9 **ringrossare** vt, vi, **~rsi** vpi *grossir*
9 **ringuainare** vt *rengainer*
16 **rinnegare** vt *renier*
9 **rinnestare** → *reinnestare*
9 **rinnovare** vt *renouveler*;
  ~rsi vpi *se renouveler*
9 **rinnovellare** *litt.* vt *renouveler*;
  ~rsi *litt.* vpi *se renouveler*
14 **rinominare** vt *renommer*
15/14 **rinotificare** vt *notifier de nouveau*
9 **rinquadrare** vt *réencadrer*
9 **rinquartare** vt *quadrupler, faire caramboler sur trois bandes* [au billard]
15 **rinsaccare** vt *remettre dans le sac*;
  ~rsi vpi *rentrer la tête dans les épaules*
9 **rinsaldare** vt *renforcer*; **~rsi** vpi *se renforcer*
9 **rinsanguare** vt *fortifier*;
  ~rsi vpi *se fortifier*
128 **rinsanire** vi *se rétablir*
9 **rinsaponare** vt *savonner de nouveau*
128 **rinsaporire** vt *redonner du goût à*;
  vi, **~rsi** vpi *retrouver du goût*
128 **rinsavire** vi, vt *s'assagir*
128 **rinsecchire** vi, vt *sécher, maigrir*
9 **rinserrare** vt *enfermer, renfermer*;
  ~rsi vpi *s'enfermer*
9 **rintanare** vt *chasser dans sa tanière*;
  ~rsi vpi *se terrer*
9 **rintasare** vt *reboucher*;
  ~rsi vpi *se reboucher*

15 **rintascare** vt rempocher

14 **rintavolare** vt reprendre [un discours]

13 **rintegrare**, **~rsi** → *reintegrare*

9 **rintelare** vt rentoiler

9 **rinterrare** vt remblayer

16/14 **rinterrogare** vt réinterroger

9 **rinterzare** vt faire rebondir la bille sur deux bandes [au billard]

15 **rintoccare** vi (avere) sonner, tinter

15/14 **rintonacare** vt recrépir, replâtrer

128 **rintontire** vt abêtir, abrutir ; vi, **~rsi** vpi s'abrutir

9 **rintoppare** ❖ vt rencontrer de nouveau ; vi (avere) **in**, **~rsi** ❖ vpi **in** tomber de nouveau sur

128 **rintorpidire** vt engourdir de nouveau ; **~rsi** vpi s'engourdir de nouveau

17 **rintracciare** vt retrouver

9 **rintronare** vt assourdir, étourdir ; vi (avere) résonner, gronder

9 **rintuzzare** vt repousser, rabattre

9 **rinumerare** vt renuméroter

17 **rinunciare** ❖ vi (avere) renoncer

20 **rinunziare** → *rinunciare*

16 **rinvangare** → *rivangare*

9 **rinvasare** vt rempoter

145 **rinvenire** irr, vt retrouver ; vi revenir à soi

128 **rinverdire** vt reverdir, ranimer ; vi, **~rsi** vpi reverdir, se ranimer

127 **rinvestire** → *reinvestire*

19 **rinviare** ❖ vt renvoyer, reporter

128 **rinvigorire** vt revigorer ; vi, **~rsi** vpi se revigorer

128 **rinvilire** vt, vi, **~rsi** vpi baisser [de prix]

9 **rinvitare** vt réinviter

9 **rinvoltare** vt envelopper de nouveau ; **~rsi** vpi s'envelopper de nouveau

9 **rinzaffare** vt crépir

9 **rinzeppare** fam. vt farcir ; **~rsi** fam. vpi s'empiffrer

16/14 **riobbligare** vt obliger de nouveau ; **~rsi** vpi s'engager de nouveau

9 **rioccultare** vt occulter de nouveau ; **~rsi** vpi se cacher de nouveau

14 **rioccupare** vt occuper de nouveau ; **~rsi** vpi s'occuper de nouveau

135 **rioffrire** irr, vt offrir de nouveau ; **~rsi** vpi, vpt s'offrir de nouveau

15 **rioffuscare** vt obscurcir de nouveau ; **~rsi** vpi s'obscurcir de nouveau

14 **rioperare** vi (avere), vt réopérer

9 **riorchestrare** vt réorchestrer

9 **riordinare** vt ranger ; **~rsi** vpt s'arranger

9 **riorganizzare** vt réorganiser ; **~rsi** vpi se réorganiser

16 **ripagare** vt rembourser, récompenser

9 **riparare**[1] ❖ vt, vi (avere) réparer

9 **riparare**[2] ❖ vt abriter, protéger ; vi, **~rsi** vpi s'abriter, se réfugier ; vpt se protéger

9 **riparlare** vi (avere) reparler ; **~rsi** vpi se reparler

127 **ripartire**[1] vt repartir

128 **ripartire**[2] vt, **~rsi** vpt répartir

9 **ripassare** vt, vi repasser, réviser

9 **ripensare** vi (avere) repenser

127 **ripentirsi** vpi se repentir

107 **ripercorrere** irr, vt reparcourir

109 **ripercuotere** irr, vt frapper de nouveau, répercuter ; **~rsi** ❖ vpi se frapper de nouveau, se répercuter

68 **riperdere** irr, vt reperdre

9 **ripesare** vt repeser

15 **ripescare** vt repêcher, retrouver

26 **ripetere** ❖ vt répéter ; **~rsi** vpi se répéter

14 **ripettinare** vt repeigner, recoiffer ; **~rsi** vpi se repeigner, se recoiffer

9 **ripianare** vt aplanir, combler [un déficit]

9 **ripiantare** vt replanter

9 **ripicchettare** vt repiquer [des plantes]

20 **ripicchiare** vt refrapper ; **~rsi** vpi se refrapper

16 **ripiegare** ❖ vt replier ; vi (avere), **~rsi** vpi se replier

20 **ripigliare** fam. vt reprendre ; **~rsi** fam. vpi se remettre

9 **ripiombare** vi replonger, retomber ; vt replonger, replomber

122 **ripiovere** irr, vi, vi imp (avere/**essere**) pleuvoir de nouveau

9 **riplasmare** vt remodeler

14 **riponderare** vt reconsidérer

14 **ripopolare** vt repeupler ; **~rsi** vpi se repeupler

124 **riporre** irr, vt remettre, ranger ; **~rsi** vpi se remettre, se représenter

9 **riportare** vt reporter, rapporter ; **~rsi** vpi se reporter, se rapporter

9 **riposare**[1] vi (avere), **~rsi** vpi se reposer

9 **riposare**[2] vt poser de nouveau, reposer ; **~rsi** vpi se poser de nouveau

55 **ripossedere** irr, vt posséder de nouveau

9 **ripotare** vt émonder de nouveau [une plante]

62 **riprendere** ❖ irr, vt, **~rsi** vpt reprendre, recommencer ; vpi se reprendre

9 **ripresentare** vt *représenter ;*
~**rsi** vpi *se représenter*
9 **riprestare** vt *prêter de nouveau ;*
~**rsi** vpi *se prêter de nouveau*
9 **ripristinare** vt *restaurer, rétablir*
126 **riprodurre** irr, vt *reproduire ;*
~**rsi** vpi *se reproduire*
115 **ripromettere** irr, vt *promettre de nouveau ;*
~**rsi** ❖ vpi *se promettre*
124 **riproporre** irr, vt *reproposer ;*
~**rsi** vpi *se reproposer*
9 **riprovare**¹ vt, vi (avere) *réessayer, réprouver ;* ~**rsi** vpt *réessayer*
9 **riprovare**² vt *prouver de nouveau*
9 **riprovare**³ vt *éprouver de nouveau*
15/14 **ripubblicare** vt *republier*
20 **ripudiare** vt *répudier*
21 **ripugnare** ❖ vi (avere) *répugner*
128 **ripulire** vt *nettoyer ;* ~**rsi** vpi *se nettoyer*
9 **ripuntare** vt *viser de nouveau, miser de nouveau*
16 **ripurgare** vt *purger de nouveau, expurger [un texte]*
9 **riquadrare** vt *équarrir*
15/14 **riqualificare** vt *requalifier ;*
~**rsi** vpi *se requalifier*
9 **risalare** vt *resaler*
9 **risaldare** vt *ressouder, recoller*
144 **risalire** ❖ irr, vt, vi *remonter*
9 **risaltare** vi (avere/essere) *ressortir ;*
vt *sauter de nouveau*
9 **risanare** vt, vi *guérir, assainir*
104 **risapere** irr, vt *savoir*
128 **risarcire** vt *rembourser, indemniser*
9 **riscaldare** vt *réchauffer ;*
~**rsi** vpi *se réchauffer*
9 **riscattare** ❖ vt *racheter ;*
~**rsi** ❖ vpi *se racheter*
9 **rischiarare** vt *éclairer, éclaircir ;*
vi imp (avere/essere),
~**rsi** vpi imp *s'éclaircir, s'éclaircir*
20 **rischiare** ❖ vt, vi (avere) *risquer*
128 **rischiarire, ~rsi** → *rischiarare*
9 **risciacquare** vt *rincer*
89 **risciogliere** irr, vt *dissoudre de nouveau*
9 **riscontare** vt *réescompter*
9 **riscontrare** vt, vi (avere) *comparer, contrôler*
135 **riscoprire** irr, vt *redécouvrir ;*
~**rsi** vpi *se redécouvrir*
107 **riscorrere** irr, vt, vi *parcourir de nouveau*
118 **riscrivere** irr, vt, vi (avere) *récrire*
109 **riscuotere** ❖ irr, vt *encaisser, percevoir ;*
~**rsi** ❖ vpi *se secouer*

15 **risecare** vt *couper*
15 **riseccare** vt *sécher de nouveau ;*
vi, ~**rsi** vpi → *risecchire*
128 **risecchire** vi, ~**rsi** vpi *dessécher*
55 **risedere** irr, vi, ~**rsi** vpi *se rasseoir*
9 **riseminare** vt *ressemer, réensemencer*
127 **risentire** ❖ vt, vi (avere) *réentendre, ressentir ;* ~**rsi** ❖ vpi *se vexer, se fâcher*
128 **riseppellire** vt *ensevelir de nouveau*
9 **riserbare** vt *garder de nouveau*
9 **riserrare** vt *reserrer, refermer*
9 **riservare** ❖ vt *réserver ;* ~**rsi** vpt *se réserver*
127 **riservire** vt *resservir*
15/13 **risicare** vt, vi (avere) *risquer*
26 **risiedere** ❖ irr, vi (avere) *résider*
9 **risigillare** vt *recacheter*
9 **risolare** → *risuolare*
9 **risollevare** vt *soulever de nouveau, relever ;*
~**rsi** vpi *se relever, se remettre*
120 **risolvere** irr, vt *résoudre ;*
~**rsi** ❖ vpi *se résoudre*
86 **risommergere** irr, vt *submerger de nouveau*
9 **risonare** → *risuonare*
87 **risorgere** irr, vi *ressusciter, renaître*
20 **risparmiare** ❖ vt, ~**rsi** ❖ vpt *épargner*
20 **rispecchiare** vt *refléter ;* ~**rsi** vpi *se refléter*
128 **rispedire** vt *réexpédier, renvoyer*
9 **rispettare** vt *respecter ;* ~**rsi** vpi *se respecter*
40 **risplendere** ❖ irr, déf, vi (avere), vt *resplendir*
14 **rispolverare** vt *épousseter, rafraîchir [ses connaissances]*
64 **rispondere** ❖ irr, vi (avere), vt *répondre*
9 **risposare** vt *remarier ;* ~**rsi** vpi *se remarier*
9 **rispuntare** vi *repousser, reparaître*
9 **risputare** vt, vi *recracher*
9 **rissare** vi (avere) *se bagarrer*
128 **ristabilire** vt *rétablir ;* ~**rsi** vpi *se rétablir*
21 **ristagnare** vi (avere) *stagner ;* vt *rétamer ;*
~**rsi** vpi *cesser de couler*
9 **ristampare** vt *réimprimer, rééditer*
25 **ristare** irr, vi *rester ;*
~**rsi** litt. vpi *s'arrêter*
9 **ristaurare** vx → *restaurare*
9 **ristoppare** vt *étouper de nouveau*
9 **ristorare** vt *restaurer ;* ~**rsi** vpi *se restaurer*
83 **ristringere** irr, vt *resserrer, rétrécir ;*
~**rsi** vpi *se resserrer, se rétrécir ;*
vpt *serrer de nouveau*
9 **ristrutturare** vt *restructurer, rénover*
15 **ristuccare** vt *stuquer de nouveau*
20 **ristudiare** vt *étudier de nouveau*
20 **risucchiare** vt *resucer, engloutir*

9 **risultare** ❖ vi résulter, se révéler, être
9 **risuolare** vt ressemeler
9 **risuonare** vt, vi resonner, résonner
9 **risuscitare** vt, vi ressusciter
20 **risvegliare** vt réveiller; ~**rsi** vpi se réveiller
20 **ritagliare** ❖ vt recouper, découper
9 **ritappare** vt reboucher
9 **ritappezzare** vt retapisser
9 **ritardare** ❖ vt retarder; vi (avere) tarder, être en retard
9 **ritastare** vt retâter
14 **ritelefonare** vt, vi retéléphoner
9 **ritelegrafare** vt, vi retélégraphier
9 **ritemprare** vt retremper; ~**rsi** vpi se retremper
62 **ritendere** irr, vt retendre
102 **ritenere**[1] irr, vt retenir, contenir
102 **ritenere**[2] irr, vt croire, estimer; ~**rsi** vpi se croire
9 **ritentare** vt retenter
26 **ritessere** vt retisser
82 **ritingere** irr, vt reteindre
9 **ritirare** ❖ vt retirer; ~**rsi** ❖ vpi se retirer
9 **ritmare** vt rythmer
15 **ritoccare** vt retoucher
89 **ritogliere** irr, vt enlever de nouveau, reprendre
48 **ritorcere** irr, vt retordre, rétorquer; ~**rsi** vpi **contro** se retourner contre
9 **ritornare** ❖ vi revenir, rentrer, retourner; vt retourner, rendre
9 **ritosare** vt retondre
126 **ritradurre** irr, vt retraduire
125 **ritrarre** ❖ irr, vt retirer, représenter; ~**rsi** ❖ vpi se retirer, se représenter
118 **ritrascrivere** irr, vt retranscrire
9 **ritrasformare** vt retransformer; ~**rsi** vpi se retransformer
115 **ritrasmettere** irr, vt retransmettre
9 **ritrattare** vt rétracter, traiter de nouveau; ~**rsi** vpi se rétracter
9 **ritraversare** vt retraverser
9 **ritrovare** vt retrouver; ~**rsi** vpi se retrouver
9 **rituffare** vt, ~**rsi** vpi replonger
142 **riudire** irr, vt réentendre
20 **riumiliare** vt humilier de nouveau
84 **riungere** irr, vt graisser de nouveau
15/14 **riunificare** vt réunifier
128 **riunire** vt réunir; ~**rsi** vpi se réunir
9 **riusare** vt remployer, réemployer
143 **riuscire** ❖ irr, vi réussir, sortir de nouveau
9 **riutilizzare** vt réutiliser
9 **rivaccinare** vt revacciner

18 **rivaleggiare** vi (avere) rivaliser
91 **rivalersi** ❖ irr, vpi se venger, se rattraper
15/14 **rivalicare** vt franchir de nouveau
14 **rivalutare** vt réévaluer
16 **rivangare** vt bêcher de nouveau, *fig.* remâcher, ressasser
15 **rivarcare** vt repasser [la frontière]
56 **rivedere** irr, vt revoir, réviser; ~**rsi** vpi se revoir
9 **rivelare** ❖ vt révéler, dévoiler; ~**rsi** vpi se révéler
26 **rivendere** vt revendre
15/14 **rivendicare** vt revendiquer; ~**rsi** vpi se venger de nouveau
145 **rivenire** irr, vi revenir, retourner
9 **riverberare** vt réverbérer; ~**rsi** vpi se réverbérer
128 **riverire** vt révérer, respecter
9 **riversare** vt reverser; ~**rsi** vpi se déverser
127 **rivestire** ❖ vt rhabiller, revêtir; ~**rsi** vpi se rhabiller, se revêtir
9 **rivettare** vt riveter
45 **rivincere** irr, vt vaincre/gagner de nouveau
9 **rivirare** vi (avere) revirer
14 **rivisitare** vt rendre de nouveau visite à, revisiter
9 **rivitalizzare** vt revitaliser
119 **rivivere** ❖ irr, vi (avere) revivre
15/14 **rivivificare** vt revivifier
9 **rivolare** vi voler de nouveau, *litt.* retourner [en pensée]
95 **rivolere** irr, vt revouloir
78 **rivolgere** ❖ irr, vt adresser; ~**rsi** ❖ vpi s'adresser
9 **rivoltare** vt retourner; ~**rsi** vpi se retourner, se révolter
14 **rivoltolare** vt rouler; ~**rsi** vpi se rouler
9 **rivoluzionare** vt révolutionner
9 **rivomitare** vt revomir
9 **rivuotare** vt revider
9 **rizzare** vt dresser; ~**rsi** vpi se dresser
9 **robotizzare** vt robotiser; ~**rsi** vpi se robotiser
9 **rodare** vt roder; ~**rsi** vpi se roder
69 **rodere** irr, vt ronger; ~**rsi** vpi, vpt se ronger
20 **rodiare** vt rhodier
9 **romanzare** vt romancer
9 **rombare** vi (avere) gronder, vrombir
105 **rompere** ❖ irr, vt, vi (avere) casser, rompre; ~**rsi** ❖ vpi se casser, *fam.* s'emmerder; vpt se casser
9 **ronfare** *fam.* vi (avere) ronfler

9 **ronzare** vi (avere) *bourdonner, vrombir*
15/13 **rosicare** vt *ronger, grignoter*
20 **rosicchiare** vt *ronger, grignoter*
13 **rosolare** vt, **~rsi** vpi *rissoler*
18 **rosseggiare** vi (avere) *rougeoyer*
9 **rotacizzare** vt *modifier par rhotacisme*
   [*un son*]
9 **rotare** → *ruotare*
9 **roteare** vi (avere) *tournoyer, tourbillonner;*
   vt *tourner* [*les yeux*]
13 **rotolare** vt, vi *rouler;* **~rsi** vpi *se rouler*
18 **rotondeggiare** vi *être presque rond,*
   s'arrondir
9 **rottamare** vt *mettre à la ferraille*
17 **rovesciare** vt *renverser, retourner;*
   ~rsi vpi *se renverser, se retourner*
9 **rovinare** ❖ vt *abîmer, ruiner;* vi *s'écrouler;*
   ~rsi vpi *s'abîmer, se ruiner*
9 **rovistare** vt *fouiller, fureter*
20 **rubacchiare** vt *grappiller, chaparder*
9 **rubare** vt *voler*
15 **rubricare** vt *répertorier*
18 **ruffianeggiare** vi (avere) *flagorner, servir*
   d'entremetteur
20 **rugghiare** *litt.* → *ruggire*
128 **ruggire** vi (avere) vt *rugir*
20 **rugliare** vi (avere) *gronder, grogner*
9 **rullare** vi (avere) [*avion, tambour*] *rouler;*
   vt *rouler* [*un terrain*]
13 **ruminare** vt, vi *ruminer*
18 **rumoreggiare** vi (avere) [*orage, foule*]
   gronder
9 **ruotare** vi (avere), vt *rouler, tourner*
9 **ruscellare** vx, vi (avere) *ruisseler*
9 **ruspare** vi (avere) [*poule*] *gratter le sol;*
   vt *terrasser* [*un terrain*]
9 **russare** vi (avere) *ronfler*
15/14 **russificare** vt *russifier*
13 **rutilare** *litt.* vi (avere) *rutiler*
9 **ruttare** vi (avere), vt *roter, litt. éructer*
9 **ruzzare** vi (avere) *s'ébattre, batifoler*
13 **ruzzolare** vi *rouler, dégringoler;*
   vt *rouler, faire rouler*

S

20 **sabbiare** vt *sabler*
9 **sabotare** vt *saboter*
18 **saccheggiare** vt *piller*
9 **sacralizzare** vt *sacraliser*
9 **sacramentare** vt *administrer*
   les sacrements à, fam. jurer;
   ~rsi vpi *recevoir les sacrements*

9 **sacrare** vi (avere) *jurer, sacrer;*
   litt. vt *consacrer;*
   ~rsi *litt.* vpi *se consacrer*
15/14 **sacrificare** ❖ vt, vi (avere) *sacrifier;*
   ~rsi ❖ vpi *se sacrifier*
9 **saettare** vt *darder, shooter*
18 **saggiare** vt *essayer*
9 **sagginare** vt *engraisser* [*des animaux*]
9 **sagomare** vt *façonner*
9 **sagrare** vx → *sacrare* vi
15/14 **sagrificare**, **~rsi** vx → *sacrificare*
20 **salamoiare** vt *saumurer*
9 **salare** vt *saler*
20 **salariare** vt *salarier*
9 **salassare** vt *saigner*
9 **saldare** vt *souder, régler, solder*
   [*un compte*]; **~rsi** vpi *se souder*
144 **salire** ❖ irr, vi, vt *monter*
9 **salivare** vi (avere) *saliver*
18 **salmeggiare** vi (avere), vt *psalmodier*
20 **salmodiare** vi (avere) *psalmodier*
9 **salpare** vt *lever* [*l'ancre*]; vi *lever l'ancre*
15 **saltabeccare** vi (avere) *sautiller*
9 **saltare** ❖ vi (avere), vt *sauter*
9 **saltellare** vi (avere) *sautiller, palpiter*
9 **salterellare** vi (avere) *sautiller*
9 **salutare** vt *saluer;* **~rsi** vpi *se saluer*
9 **salvaguardare** vt *sauvegarder;*
   ~rsi vpi *se sauvegarder*
9 **salvare** ❖ vt *sauver;* **~rsi** ❖ vpi *se sauver*
9 **sanare** vt *guérir, assainir;*
   ~rsi vpi *se guérir*
128 **sancire** vt *sanctionner*
9 **sanforizzare** vt *sanforiser*
15/14 **sanguificare** vt *irriguer de sang;*
   ~rsi vpi *se transformer en sang*
13 **sanguinare** vi (avere) *saigner*
15/14 **sanificare** vt *assainir*
9 **sanitizzare** vt *assainir*
15/14 **santificare** vt *sanctifier;*
   ~rsi vpi *se sanctifier*
9 **sanzionare** vt *sanctionner*
104 **sapere** ❖ irr, vt *savoir;*
   vi (avere) *connaître,*
   di *avoir un goût de*
15/14 **saponificare** vt *saponifier*
9 **saporare** vx → *assaporare*
128 **saporire** vt *donner du goût à*
20 **sarchiare** vt *sarcler*
20 **sartiare** vt *affaler*
18 **sataneggiare** vi (avere) *sataniser*
9 **satellizzare** vt *satelliser*
9 **satinare** vt *satiner*

18 **satireggiare** vt railler; vi (avere) écrire des satires

9 **satollare** vt rassasier; ~**rsi** vpi rassasier

13 **saturare** ❖ vt saturer; ~**rsi** ❖ vpi se saturer

20 **saziare** vt rassasier; ~**rsi** ❖ vpi se rassasier

9 **sbacellare** vt écosser

20 **sbaciucchiare** vt bécoter; ~**rsi** vpi se bécoter

20 **sbadigliare** vi (avere) bâiller

9 **sbafare** fam. vt, ~**rsi** vpt bâfrer, bouffer

20 **sbagliare** vt se tromper de; vi (avere), ~**rsi** vpi se tromper

9 **sbalestrare** vt jeter, expédier, bouleverser

9 **sballare** vt déballer; vi (avere) se tromper

9 **sballottare** vt balloter

128 **sbalordire** vt ébahir; vi (avere) être ébahi

9 **sbalzare** vt jeter [à terre], repousser [une pièce d'orfèvrerie]; vi sauter, bondir

15 **sbancare** vt ruiner; ~**rsi** vpi se ruiner

9 **sbandare** vt disperser [la foule]; vi (avere) faire une embardée; ~**rsi** vpi se disperser

9 **sbandierare** vt déployer des drapeaux, étaler [ses mérites]

15 **sbaraccare** fam. vt flanquer dehors; vi déguerpir

20 **sbaragliare** vt mettre en déroute

9 **sbarazzare** ❖ vt débarrasser; ~**rsi** ❖ vpi se débarrasser

9 **sbarbare** vt raser, déraciner; ~**rsi** vpi se raser

15/13 **sbarbicare** vx, vt déraciner

15 **sbarcare** ❖ vt, vi débarquer

9 **sbardare** vt débâter

9 **sbarrare** vt barrer

9 **sbassare** vt abaisser, diminuer

128 **sbastire** vt débâtir, défaufiler

20 **sbatacchiare** fam. vt battre; vi (avere) [la porte] claquer

26 **sbattere** vt battre, (se) cogner, fouetter [des œufs], claquer [une porte]; vi (avere) [fenêtre] claquer, contro heurter; ~**rsi** vpi se démener

9 **sbattezzare** vt débaptiser; ~**rsi** vpi se débaptiser

9 **sbavare** vt, vi (avere), ~**rsi** vpi baver

15 **sbeccare** vt ébrécher; ~**rsi** vpi s'ébrécher

18 **sbeffeggiare** vt railler, bafouer

15 **sbellicarsi** vpi se tordre [de rire]

9 **sbendare** vt débander [une blessure]

20 **sbevacchiare** → sbevazzare

9 **sbevazzare** fam. vi (avere) picoler, pinter

20 **sbevucchiare** pop. vi (avere) picoler, pinter

128 **sbiadire** vt décolorer, ternir; vi, ~**rsi** vpi se décolorer

15 **sbiancare** vt blanchir; vi, ~**rsi** vpi pâlir

128 **sbianchire** vt blanchir; vi pâlir

9 **sbicchierare** vi (avere), vt trinquer

15 **sbiecare** vt mettre en biais; vi biaiser

9 **sbiellare** vi (avere) couler une bielle, fam. dérailler, péter un câble

9 **sbiettare** vt décaler, décoincer; rare, vi fuir

17 **sbigonciare** vi déborder

128 **sbigottire** vt stupéfier; vi, ~**rsi** vpi être frappé de stupeur

17 **sbilanciare** vt déséquilibrer; vi (avere) perdre l'équilibre; ~**rsi** vpi se compromettre

17 **sbirciare** fam. vt lorgner

128 **sbizzarrirsi** ❖ vpi donner libre cours à sa fantaisie

15 **sbloccare** vt, vi (avere) débloquer

15 **sboccare** vi [rivière] se jeter, [rue] déboucher; vt dégorger [le vin]

17 **sbocciare** vi éclore, naître

9 **sbocconcellare** vt grignoter, ébrécher [une tasse], émietter [une propriété]

9 **sbollentare** vt ébouillanter, échauder, blanchir [des légumes]

128 **sbollire** vi (avere) cesser de bouillir, s'apaiser

21 **sbolognare** fam. vt refiler, se débarrasser de

9 **sbordellare** vt chahuter

20 **sborniare** fam. vt soûler; ~**rsi** fam. vpi se soûler

9 **sborrare** vt débourrer, vulg. vi (avere) éjaculer

9 **sborsare** vt débourser

15 **sboscare** vt déboiser; ~**rsi** vpi se déboiser

9 **sbottare** vi éclater [de rire]

9 **sbottonare** vt déboutonner; ~**rsi** vpi, vpt se déboutonner

9 **sbozzare** vt ébaucher, dégrossir

13 **sbozzimare** vt décatir

9 **sbozzolare** vt décoconner; vi (avere) sortir du cocon

15 **sbracare** vt déculotter; ~**rsi** vpi se déculotter, fam. se mettre à son aise

17 **sbracciarsi** vpi gesticuler, se démener, retrousser ses manches

17 **sbraciare** vt, vi (avere) tisonner; ~**rsi** vpi jaillir des braises

9 **sbraitare** vi (avere) brailler, gueuler

9 **sbramare** litt. vt décortiquer

9 **sbranare** vt, ~**rsi** vpt dévorer, écharper ;
vpi se dévorer

15 **sbrancare**[1] vt ébrancher ;
~**rsi** vpi se ramifier

15 **sbrancare**[2] vt faire sortir [du troupeau],
disperser ; ~**rsi** vpi sortir [du troupeau],
se disperser

15/13 **sbrancicare** fam. vt tripoter

9 **sbrattare** vt nettoyer, ranger, débarrasser

9 **sbravazzare** fam. vi (avere) fanfaronner

15 **sbreccare** vt ébrécher

17 **sbrecciare** vt ouvrir une brèche dans

9 **sbriciolare** vt émietter, pulvériser ;
~**rsi** vpi s'émietter

16 **sbrigare** vt expédier, s'occuper de ;
~**rsi** vpi se dépêcher

20 **sbrigliare** vt donner libre cours à, débrider
[un cheval] ; ~**rsi** vpi se déchaîner

9 **sbrinare** vt dégivrer

9 **sbrindellare** vt mettre en lambeaux ;
vi tomber en lambeaux

15 **sbroccare** vt purger [la soie]

9 **sbrodolare**[1] vt tacher ;
~**rsi** vpi, vpt se tacher

9 **sbrodolare**[2] vt débiter, dégoiser

20 **sbrogliare** vt débrouiller, démêler ;
~**rsi** vpi se débrouiller, se démêler

9 **sbronzarsi** vpi prendre une cuite

15 **sbrucare** vt effeuiller

9 **sbruffare** vt asperger, se vanter, soudoyer

15 **sbucare** vi déboucher [sur une place],
sortir ; vt débusquer

17 **sbucciare** vt éplucher, peler ;
~**rsi** vpt s'égratigner

9 **sbudellare** vt étriper, éventrer ;
~**rsi** vpi se tordre [de rire]

9 **sbuffare** vi (avere) souffler, soupirer,
renâcler

9 **sbugiardare** vt convaincre de mensonge,
démentir

9 **sbullettare** vt déclouer ;
~**rsi** vpi se déclouer

9 **sbullonare** vt déboulonner

9 **sburrare** vt écrémer

20 **scacchiare** vt ébourgeonner

17 **scacciare** ❖ vt chasser

13 **scaccolarsi** fam. vpi se curer le nez

53 **scadere** ❖ irr, vi échoir, expirer, baisser
[de valeur]

9 **scaffalare** vt garnir d'étagères, ranger sur
des étagères

9 **scagionare** ❖ vt disculper ;
~**rsi** ❖ vpi se disculper

20 **scagliare** vt jeter, lancer ;
~**rsi** vpi se jeter, se lancer

9 **scaglionare** vt échelonner

9 **scalare** vt escalader, dégrader, défalquer

21 **scalcagnare** vt éculer ; vi (avere) frapper
du talon

15 **scalcare** vt couper menu, découper

17 **scalciare** vi (avere) ruer

9 **scalcinare** vt décrépir ; ~**rsi** vpi se décrépir

9 **scaldare** vt, vi (avere) chauffer ;
~**rsi** vpi se chauffer, se réchauffer

9 **scalfare** vt échancrer

128 **scalfire** vt érafler, rayer

9 **scalinare** vt tailler des marches dans
[une paroi]

9 **scalmanarsi** vpi s'agiter, se démener

9 **scalpare** vt scalper

9 **scalpellare** vt ciseler, inciser [au scalpel]

17 **scalpicciare** vi (avere) piétiner, traîner
les pieds

13 **scalpitare** vi (avere) piaffer

128 **scaltrire** vt dégourdir ; ~**rsi** vpi se dégourdir

9 **scalvare** vt ébrancher

9 **scalzare** vt déchausser, saper ;
~**rsi** vpi se déchausser

20 **scambiare** ❖ vt échanger, confondre ;
~**rsi** vpt échanger

9 **scambiettare** litt. vt, vi (avere) faire des
entrechats, des calembours

17 **scamiciarsi** vpi se mettre en bras de
chemise

17 **scamosciare** vt chamoiser

9 **scamozzare** vt étêter, écimer

9 **scampanare** vi (avere), vt carillonner,
évaser [une jupe]

9 **scampanellare** vi (avere) carillonner

9 **scampare** ❖ vt sauver, échapper ;
vi échapper, se sauver

9 **scanalare** vt canneler

9 **scancellare** fam. → cancellare

20 **scandagliare** vt sonder

9 **scandalizzare** vt scandaliser ;
~**rsi** vpi se scandaliser

61 **scandere** irr, déf → scandire

128 **scandire** vt scander

9 **scannare** vt égorger, massacrer ;
~**rsi** vpi se massacrer

9 **scannellare** vt canneler, dévider [du fil]

9 **scannerizzare** vt scanner

9 **scansare** ❖ vt écarter, éviter ;
~**rsi** vpi s'écarter

9 **scantinare** rare, vi (avere) détonner [avec
un instrument]

9 **scantonare** vi (avere) tourner le coin de la rue [pour éviter qqn], se dérober ; vt chanfreiner

9 **scapezzare** vt étêter, écimer

9 **scapicollarsi** vpi dégringoler, se dépêcher

20 **scapigliare** vt ébouriffer ; ~rsi vpi s'ébouriffer

9 **scapitare** vi (avere) perdre, y perdre

9 **scapitozzare** vt étêter, écimer

20 **scapocchiare** vt étêter [un clou]

9 **scapolare** fam. vt éviter, esquiver ; vi échapper

9 **scappare** ❖ vi s'échapper, s'enfuir

9 **scappellare** vt ôter le chapeau à ; ~rsi vpi ôter son chapeau

9 **scappellottare** fam. vt talocher, calotter

9 **scappottare** vt décapoter ; vi éviter le capot [aux cartes]

17 **scappucciare** vt décapuchonner ; ~rsi vpi se décapuchonner

17 **scapricciare** vt faire passer ses caprices à ; vi (avere), ~rsi vpi se passer ses caprices

128 **scapriccire, ~rsi** → scapricciare

9 **scapsulare** vt décapsuler

20 **scarabocchiare** vt gribouiller

20 **scaracchiare** fam. vi (avere) mollarder, crachouiller

9 **scaraventare** vt jeter, flanquer [par terre] ; ~rsi vpi se jeter, se ruer

9 **scarcerare** vt libérer, relâcher

9 **scardare** vt ôter la bogue de [des châtaignes]

9 **scardassare** vt carder

9 **scardinare** vt arracher de ses gonds

15/13 **scaricare** ❖ vt décharger ; ~rsi ❖ vpi se décharger

15/14 **scarificare** vt scarifier

20 **scarmigliare** vt ébouriffer

15/14 **scarnificare** vt décharner

128 **scarnire** vt décharner, fig. dépouiller

9 **scarpinare** fam. vi trotter

9 **scarriolare** vt brouetter

17 **scarrocciare** vi (avere) [bateau] dériver ; vt faire dériver

9 **scarrozzare** vt promener en voiture ; vi (avere) se promener en voiture

9 **scarrucolare** vi (avere) glisser sur la poulie ; vt ôter de la poulie

9 **scarruffare** vt ébouriffer ; ~rsi vpi s'ébouriffer

18 **scarseggiare** ❖ vi (avere) manquer

9 **scartabellare** vt feuilleter

9 **scartare** vt écarter, dépaqueter, dribbler [au foot] ; vi (avere) [cheval] faire un écart

9 **scartavetrare** vt passer au papier de verre

9 **scartellare** vi enfreindre un cartel

9 **scartinare** vt intercaler les macules à

17 **scartocciare** vt dépaqueter, décortiquer [du maïs]

9 **scasare** vt expulser, muter ; rég. vi (avere) déménager

9 **scassare** vt décaisser, démolir ; ~rsi vpi fam. se casser, se faire chier

9 **scassettare** vt décaisser

9 **scassinare** vt crocheter, fracturer

9 **scatarrare** vi (avere) cracher, graillonner

17 **scatenacciare** vi (avere) faire un bruit de ferraille

9 **scatenare** vt déchaîner, déclencher ; ~rsi vpi se déchaîner, se déclencher

9 **scattare** vi (avere/essere) se déclencher, bondir ; vt prendre [une photo]

128 **scaturire** ❖ vi jaillir

15 **scavalcare** vt enjamber, sauter, désarçonner

9 **scavallare** vi (avere) gambader, mener une vie de bâton de chaise

9 **scavare** vt creuser

9 **scavezzare** vt casser, broyer ; ~rsi vpi se casser

9 **scazzottare** vt rouer de coups ; ~rsi fam. vpi se rouer de coups

88 **scegliere** irr. vt choisir

9 **scemare** vt, vi diminuer, baisser

20 **scempiare** vt dédoubler, abîmer

62 **scendere** ❖ irr. vi, vt descendre

18 **sceneggiare** vt adapter [pour le cinéma/le théâtre]

9 **scentrare** vt décentrer ; ~rsi vpi se décentrer

40 **scernere** déf, litt. vt discerner

9 **scervellarsi** vpi se creuser la cervelle

9 **sceverare** litt. vt discerner

9 **schedare** vt ficher, cataloguer

18 **scheggiare** vt ébrécher ; ~rsi vpi s'ébrécher

128 **scheletrire** vt rendre squelettique ; ~rsi vpi devenir squelettique

9 **schematizzare** vt schématiser

9 **schermare** vt, ~rsi vpt voiler, protéger

128 **schermire** vi (avere) faire de l'escrime ; vt protéger ; ~rsi ❖ vpi se dérober, se protéger

9 **schermografare** vt radiophotographier

128 **schernire** vt bafouer, railler

9 **scherzare** ❖ vi (avere) *plaisanter*
9 **schettinare** vi (avere) *faire du patin*
    à roulettes
17 **schiacciare** vt *écraser* ; ~**rsi** vpi *s'écraser*
9 **schiaffare** vt *flanquer, fourrer* ;
    ~**rsi** vpi *se fourrer*
18 **schiaffeggiare** vt *gifler*
9 **schiamazzare** vi (avere) *caqueter,*
    chahuter
9 **schiantare** vt *écraser* ; vi *crever [de rire]* ;
    ~**rsi** vpi *s'écraser*
128 **schiarire**¹ vt *éclaircir* ;
    vi, ~**rsi** vpi *s'éclaircir*
128 **schiarire**² vi imp (avere/**e**ssere),
    ~**rsi** vpi imp *s'éclaircir, faire jour*
9 **schiattare** vi *éclater, crever*
17 **schiavacciare** vi (avere) *agiter un*
    trousseau de clés
9 **schiavardare** *rare,* vt *déboulonner*
9 **schiavizzare** vt *réduire en esclavage*
9 **schiccherare** vt *siffler [une bouteille],*
    gribouiller
9 **schidionare** *litt.* vt *embrocher*
9 **schierare** vt *ranger* ; ~**rsi** vpi *se ranger*
9 **schifare** vt *dégoûter* ; ~**rsi** vpi *être dégoûté*
15 **schioccare** vt *faire claquer [sa langue]* ;
    vi (avere) *claquer*
9 **schioccolare** vi (avere) *[merle] siffler*
9 **schiodare** vt *déclouer* ;
    ~**rsi** vpi *se déclouer*
9 **schiomare** *litt.* vt *décoiffer*
9 **schitarrare** vi (avere) *gratter de la guitare*
71 **schi**u**dere** *irr.* vt *ouvrir, entrouvrir* ;
    ~**rsi** vpi *s'ouvrir, s'entrouvrir*
9 **schiumare** vt *écumer* ; vi (avere) *mousser*
9 **schivare** vt *esquiver*
9 **schizzare** vi *jaillir, sauter [du lit]* ;
    vt *gicler, éclabousser, esquisser [une*
    peinture] ; ~**rsi** vpi, vpt *se tacher*
9 **schizzettare** vt *gicler*
9 **sciabolare** vt *sabrer, fendre* ;
    vi (avere) *faire du sabre*
9 **sciabordare** vt *agiter* ; vi (avere) *clapoter*
9 **sciacquare** vt *rincer* ; ~**rsi** vpt *se rincer*
9 **sciaguattare** vt *rincer* ; vi (avere) *barboter,*
    patauger
9 **scialacquare** vt *gaspiller*
9 **scialare** vt, vi (avere) *gaspiller, dilapider*
9 **scialbare** vt *crépir, badigeonner*
9 **sciamannare** *rég.* vt *dégueniller* ;
    ~**rsi** *rég.* vpi *se dégueniller*
9 **sciamare** vi (avere/**e**ssere) *essaimer,*
    [foule] s'égailler

15 **sciancare** vt *estropier* ; ~**rsi** vpi *s'estropier*
19 **sciare** vi (avere) *skier*
9 **sciattare** vt *friper*
9 **scimmiottare** vt *singer*
63 **sc**i**ndere** ❖ irr, vt *scinder* ;
    ~**rsi** ❖ vpi *se scinder*
9 **scintillare** vi (avere) *scintiller*
15 **scioccare** → *shoccare*
89 **sci**o**gliere** ❖ irr, vt *dissoudre, dénouer* ;
    ~**rsi** ❖ vpi *se dissoudre, fondre,*
    se défaire
9 **sciolinare** vt *farter*
13 **scioperare** vi (avere) *faire grève*
9 **sciorinare** vt *étaler, débiter [des*
    mensonges]
9 **scippare** ❖ vt *voler à la tire, fam. piquer*
9 **sciroppare** vt *conserver dans du sirop* ;
    ~**rsi** *fam.* vpt *se farcir [quelqu'un,*
    un colloque]
20 **sciupacchiare** vt *abîmer, froisser*
9 **sciupare** vt *abîmer, froisser, gaspiller* ;
    ~**rsi** vpi *s'abîmer* ; vpt *gaspiller*
13 **scivolare** vi (avere/**e**ssere) *glisser*
9 **sclerotizzare** vt *scléroser* ;
    ~**rsi** vpi *se scléroser*
15 **scoccare** vt *lancer, décocher [une flèche],*
    sonner [les heures] ; vi *se déclencher,*
    [étincelle] jaillir, [les heures] sonner
17 **scocciare** vt *embêter, agacer* ;
    ~**rsi** vpi *s'embêter, s'agacer*
9 **scodare** vt *couper la queue à*
9 **scodellare** vt *verser [dans les assiettes],*
    débiter [des sornettes]
9 **scodinzolare** vi (avere) *frétiller de la*
    queue, se dandiner, se tortiller
20 **scoiare** → *scuoiare*
9 **scolare** vt *égoutter, siffler [une bouteille]* ;
    vi *s'égoutter*
9 **scolarizzare** vt *scolariser*
17 **scollacciarsi** vpi *se décolleter*
9 **scollare** vt *décolleter, décoller*
    [une étiquette] ; ~**rsi** vpi *se décoller*
16 **scollegare** vt *séparer, disjoindre, débrancher*
9 **scolmare** vt *faire écouler le surplus de*
9 **scolorare,** ~**rsi** → *scolorire*
128 **scolorire** vt *décolorer, déteindre* ;
    vi, ~**rsi** vpi *se décolorer, déteindre*
9 **scolpare** vt *disculper* ; ~**rsi** vpi *se disculper*
128 **scolpire** vt *sculpter, graver*
17 **scombaciare** vt *disjoindre*
9 **scombiccherare** vt *gribouiller*
9 **scombinare** vt *bouleverser, embrouiller*
9 **scombussolare** vt *bouleverser*

115 **scommettere**[1] irr, vt parier
115 **scommettere**[2] irr, rare, vt disjoindre, désassembler
13 **scomodare** vt, vi (avere) a déranger; **~rsi** vpi se déranger
14 **scompaginare** vt bouleverser, déranger, disloquer; **~rsi** vpi se désagréger
21 **scompagnare** litt. vt dépareiller; **~rsi** vpi se dépareiller
136 **scomparire**[1] irr, vi disparaître
128 **scomparire**[2] vi (avere) faire piètre figure
128 **scompartire** vt répartir, compartimenter
9 **scompensare** vt déséquilibrer
44 **scompiacere** irr, vi (avere) mécontenter, contrarier
20 **scompigliare** vt bouleverser, ébouriffer
17 **scompisciarsi** vpi crever [de rire]
124 **scomporre** ❖ irr, vt décomposer; **~rsi** vpi se troubler
9 **scomputare** vt déduire
15/14 **scomunicare** vt excommunier
9 **sconcertare** vt déconcerter; **~rsi** vpi être déconcerté
17 **sconciare** rare, vt abîmer; **~rsi** rare, vpi s'abîmer
9 **sconfessare** vt désavouer, renier
15 **sconficcare** vt déclouer
74 **sconfiggere** irr, vt battre, vaincre
9 **sconfinare** vi (avere) franchir la frontière
9 **sconfortare** vt décourager; **~rsi** vpi se décourager
9 **scongelare** vt décongeler
84 **scongiungere** irr, vt disjoindre
9 **scongiurare** vt conjurer
114 **sconnettere** ❖ irr, vt, vi (avere) déconnecter; **~rsi** ❖ vpi se déconnecter
51 **sconoscere** irr, vt méconnaître
9 **sconquassare** vt fracasser, disloquer
9 **sconsacrare** vt déconsacrer, désacraliser
20 **sconsigliare** vt déconseiller
9 **sconsolare** vt désoler; **~rsi** vpi se désoler
9 **scontare** vt escompter, expier [une peine], prévoir [un fait]
9 **scontentare** vt mécontenter
9 **scontornare** vt détourer [une photo]
9 **scontrarsi** ❖ vpi se heurter, s'affronter
145 **sconvenire** irr, litt. vi, **~rsi** vpi ne pas convenir, ne pas être convenable
78 **sconvolgere** irr, vt bouleverser; **~rsi** vpi être bouleversé
9 **scopare** vt balayer, vulg. baiser
20 **scoperchiare** vt enlever le couvercle de
9 **scopiazzare** vt copier

20 **scoppiare** ❖ vt éclater, exploser
9 **scoppiettare** vi (avere) crépiter, pétarader
135 **scoprire** irr, vt découvrir; **~rsi** vpi se découvrir
18 **scoraggiare** ❖ vt décourager; **~rsi** vpi se décourager
9 **scorare**, **~rsi** litt. → scoraggiare
17 **scorciare** vt raccourcir, croquer [un paysage]
9 **scordare**[1] ❖ vt, **~rsi** ❖ di vpi oublier
9 **scordare**[2] vt désaccorder; **~rsi** vpi se désaccorder
18 **scoreggiare** vi (avere) péter
87 **scorgere** irr, vt apercevoir
9 **scornare** vt décorner; **~rsi** vpi rester penaud
17 **scorniciare** vt désencadrer
9 **scoronare** vt découronner
9 **scorporare** vt désincorporer
9 **scorrazzare** vi (avere) s'ébattre; vt parcourir
107 **scorrere** irr, vi couler, glisser; vt parcourir
9 **scortare** vt escorter
17 **scortecciare** vt écorcer, décrépir [un mur]; **~rsi** vpi perdre son écorce, se décrépir
15/13 **scorticare** vt écorcher; **~rsi** vpi, vpt s'écorcher
9 **scorzare** vt écorcer, écosser, peler
62 **scoscendere** irr, vt fracasser; vi, **~rsi** litt. vpi s'ébouler
17 **scosciare** vt découper la cuisse de [une volaille]; **~rsi** vpi faire le grand écart, fam. montrer ses cuisses
9 **scostare** ❖ vt écarter, éloigner; **~rsi** ❖ vpi s'écarter, s'éloigner
9 **scotennare** vt scalper
9 **scottare** vt, vi (avere) brûler, ébouillanter, échauder; **~rsi** vpi se brûler, se faire échauder
9 **scovare** vt dénicher, débusquer
9 **scovolare** vt écouvillonner
9 **scozzare** vt battre [les cartes]
9 **scozzonare** vt dresser [un poulain], dégourdir [un élève]
13 **screditare** vt discréditer; **~rsi** vpi se discréditer
9 **scremare** vt écrémer
13 **screpolare** vt gercer, craqueler; **~rsi** vpi se gercer, se craqueler
20 **screziare** vt bigarrer, barioler
20 **scribacchiare** vt griffonner, écrivasser, écrivailler
9 **scricchiolare** vi (avere) craquer, crisser, grincer

9 **scristianizzare** vt déchristianiser;
~**rsi** vpi se déchristianiser
9 **scritturare** vt engager [un acteur],
enregistrer [dans la comptabilité]
118 **scrivere** ❖ irr, vt écrire
15 **scroccare** vt escroquer, piquer
20 **scrocchiare** vi (avere) [chaussures, doigts]
craquer
9 **scrollare** vt secouer; ~**rsi** vpi se secouer,
s'ébrouer
17 **scrosciare** vi (avere/essere) tomber à
verse, [une cascade] gronder
9 **scrostare** vt décrépir, écailler;
~**rsi** vpi se décrépir, s'écailler
9 **scrutare** vt scruter
9 **scrutinare** vt dépouiller [un scrutin],
discuter [les notes des élèves]
138 **scucire** irr, vt découdre;
~**rsi** vpi se découdre
17 **scudisciare** vt cravacher
20 **scuffiare** vi (avere) chavirer
17 **sculacciare** vt fesser
9 **sculettare** vi (avere) se déhancher,
se dandiner
46 **scuocere** irr, vi, ~**rsi** vpi cuire trop
20 **scuoiare** vt écorcher, dépouiller
109 **scuotere** ❖ irr, vt secouer, bouleverser;
vi (avere), ~**rsi** ❖ vpi se secouer
128 **scurire**¹ vt, vi, ~**rsi** vpi foncer
128 **scurire**² vi imp (avere/essere),
~**rsi** vpi imp commencer à faire nuit
9 **scusare** vt excuser; ~**rsi** vpi s'excuser
9 **sdamare** vi (avere) dédamer
20 **sdaziare** vt payer l'octroi sur
9 **sdebitare** vt libérer de ses dettes;
~**rsi** vpi s'acquitter de ses dettes
21 **sdegnare** ❖ vt dédaigner;
~**rsi** ❖ vpi s'indigner
9 **sdentare** vt édenter;
~**rsi** vpi perdre ses dents
128 **sdilinquire** vt amollir; ~**rsi** vpi s'évanouir
9 **sdipanare** vt dévider
9 **sdoganare** vt dédouaner
16 **sdogare** vt ôter les douves de;
vi, ~**rsi** vpi perdre ses douves
128 **sdolenzire** rare, vt apaiser la douleur de;
~**rsi** vpi devenir moins douloureux
20 **sdoppiare** vt dédoubler;
~**rsi** vpi se dédoubler
18 **sdottoreggiare** vi (avere) pontifier
20 **sdraiare** vt étendre, allonger;
~**rsi** vpi s'étendre, s'allonger
9 **sdrammatizzare** vt dédramatiser

13 **sdrucciolare** vi (avere/essere) glisser
128 **sdrucire** irr, vt déchirer, découdre
15 **seccare** vt sécher, embêter;
vi, ~**rsi** ❖ vpi sécher, se dessécher,
se fâcher
26 **secernere** déf, vt sécréter
9 **secolarizzare** vt séculariser
9 **secondare** vt seconder, favoriser;
vi expulser le placenta
9 **secretare** vt secréter
9 **sedare** vt calmer, apaiser
9 **sedentarizzare** vt sédentariser
55 **sedere** irr, vi être assis, siéger;
~**rsi** vpi s'asseoir
9 **sedimentare** vi (avere/essere) former des
sédiments
126 **sedurre** irr, vt séduire
16 **segare** vt scier
9 **seghettare** vt denteler
9 **segmentare** vt segmenter;
~**rsi** vpi se segmenter
9 **segnalare** ❖ vt signaler; ~**rsi** vpi se signaler
21 **segnare** vt marquer, indiquer;
~**rsi** vpi se signer
16/13 **segregare** vt vpi isoler; ~**rsi** vpi s'isoler
127 **seguire** ❖ vt, vi suivre
13 **seguitare** vt, vi continuer, poursuivre
17 **selciare** vt paver
9 **selezionare** vt sélectionner
9 **sellare** vt seller
9 **sembrare** ❖ vi, vi imp sembler
13 **seminare** vt semer, ensemencer
15/14 **semplificare** vt simplifier;
~**rsi** vpi se simplifier
9 **sensibilizzare** ❖ vt sensibiliser;
~**rsi** ❖ vpi se sensibiliser
9 **sensualizzare** litt. vt sensualiser
20 **sentenziare** vt décréter;
vi (avere) pontifier
127 **sentire** ❖ vt, vi (avere) entendre, écouter,
sentir; ~**rsi** vpi se sentir
9 **separare** ❖ vt séparer;
~**rsi** ❖ vpi se séparer
128 **seppellire** irr, vt enterrer, ensevelir;
~**rsi** vpi s'enterrer, se terrer
9 **sequestrare** vt séquestrer
9 **serbare** vt garder, mettre de côté;
~**rsi** vpt se réserver; vpi rester
9 **serializzare** vt sérialiser
20 **seriare** vt sérier
18 **sermoneggiare** litt. vi (avere) sermonner
18 **serpeggiare** vi (avere) serpenter,
se répandre

39 **serpere** déf, *litt.* → *serpeggiare*

9 **serrare** vt *fermer* [la porte], *serrer* [les mains] ; **~rsi** vpi *se fermer, se serrer*

127 **servire** ❖ vt *servir, desservir* ; vi *servir* ; **~rsi** ❖ vpi *se servir*

15/14 **sestuplicare** vt *sextupler*

17 **setacciare** vt *tamiser, passer au crible*

15/14 **settuplicare** vt, **~rsi** vpi *septupler*

20 **seviziare** vt *torturer*

9 **sezionare** ❖ vt *sectionner, disséquer*

9 **sfaccendare** vi (avere) *s'affairer*

9 **sfaccettare** vt *facetter*

9 **sfacchinare** vi *trimer*

9 **sfagiolare** *fam.* vi *plaire*

20 **sfagliare** vt *écarter* [une carte] ; vi (avere) *faire un écart*

9 **sfaldare** vt *écailler, déliter* ; **~rsi** vpi *s'écailler, se déliter*

9 **sfalsare** vt *décaler*

9 **sfamare** ❖ vt *rassasier, nourrir* ; **~rsi** ❖ vpi *se rassasier*

16 **sfangare** vt *débourber* ; vi *se tirer d'affaire*

24 **sfare** irr, vt *défaire* ; **~rsi** vpi [glace] *fondre*

9 **sfarfallare** vi (avere) *voltiger, papillonner*

9 **sfarinare** vt *réduire en farine, pulvériser* ; vi (avere), **~rsi** vpi *se réduire en farine, se pulvériser*

9 **sfasare** vt *déphaser*

17 **sfasciare**[1] vt, **~rsi** vpt *débander* [une blessure]

17 **sfasciare**[2] vt *casser, démolir* ; **~rsi** vpi *s'effondrer*

9 **sfascicolare** vt *décomposer en fascicules*

9 **sfatare** vt *démystifier, détruire*

15 **sfaticare** vi (avere) *trimer*

9 **sfavillare** vi (avere) *étinceler, briller*

128 **sfavorire** vt *défavoriser*

9 **sfebbrare** vi *ne plus avoir de fièvre*

9 **sfegatarsi** vpi *se décarcasser*

9 **sfeltrare** vt *défeutrer*

128 **sferire** vt *déverguer, déborder*

20 **sferragliare** vi (avere) *ferrailler*

9 **sferrare** vt *déferrer, donner* [un coup de poing], *déclencher* [une attaque] ; **~rsi** vpi *se déferrer, s'élancer*

9 **sferruzzare** vi (avere) *tricoter*

9 **sferzare** vt *fouetter*

9 **sfiaccolare** vi (avere) *resplendir*

9 **sfiammare** vt *désenflammer* ; vi (avere) *flamboyer* ; **~rsi** vpi *désenflammer*

15 **sfiancare** vt *éreinter, épuiser* ; **~rsi** vpi *s'éreinter, s'épuiser*

9 **sfiatare** vi (avere) [tuyau] *fuir* ; **~rsi** vpi *s'époumoner*

20 **sfibbiare** vt *déboucler* [une ceinture]

9 **sfibrare** vt *épuiser, éreinter, défibrer*

9 **sfidare** ❖ vt *défier* ; **~rsi** ❖ vpi *se défier*

17 **sfiduciare** vt *décourager* ; **~rsi** vpi *se décourager*

9 **sfigurare** vt *défigurer* ; vi (avere) *faire piètre figure*

17 **sfilacciare** vt *effilocher* ; **~rsi** vpi *s'effilocher*

9 **sfilare** ❖ vt *défiler, désenfiler* ; vi [mannequins, militaires] *défiler* ; **~rsi** ❖ vpt *ôter* [ses chaussures] ; vpi *se défiler*

9 **sfilzare** vt *débrocher* ; **~rsi** vpi *se détacher*

128 **sfinire** vt *épuiser* ; **~rsi** vpi *s'épuiser*

15 **sfioccare** vt *effilocher* ; **~rsi** vpi *s'effilocher*

9 **sfiocinare** vt *harponner*

9 **sfiondare** vt *lancer avec la fronde*

9 **sfiorare** vt *effleurer, frôler*

128 **sfiorire** vi *se faner*

9 **sfittare** vt *laisser libre* [un appartement] ; **~rsi** vpi *se libérer*

128 **sfittire** vt *éclaircir*

15 **sfocare** vt *voiler, rendre flou* [une photo]

17 **sfociare** vi [un fleuve] *se jeter, déboucher, se terminer*

9 **sfoderare** vt *dégainer, étaler* [ses qualités]

16 **sfogare** ❖ vt *épancher* ; vi *s'échapper* ; **~rsi** ❖ vpi *s'épancher se défouler*

18 **sfoggiare** vt *étaler, exhiber* ; vi (avere) *mener grand train*

20 **sfogliare** vt *effeuiller, feuilleter* ; **~rsi** vpi *s'effeuiller, s'effriter*

9 **sfolgorare** vi (avere/essere) *resplendir*

9 **sfollare** ❖ vi (avere/essere) *se disperser* ; vt *évacuer* ; **~rsi** vpi *se vider*

128 **sfoltire** vt *éclaircir* ; **~rsi** vpi *s'éclaircir*

9 **sfondare** vt *défoncer* ; vi (avere) *percer* ; **~rsi** vpi *se défoncer, céder*

20 **sforacchiare** vt *cribler*

9 **sforare** vi (avere) *déborder* ; vt *dépasser* [le temps, le budget]

17/13 **sforbiciare** vt *découper* [avec des ciseaux] ; vi (avere) *sauter en ciseaux*

9 **sformare** vt *déformer, démouler* ; **~rsi** vpi *se déformer*

17 **sfornaciare** vt *défourner* [des briques]

9 **sfornare** vt *défourner, pondre*

128 **sfornire** vt *désapprovisionner*

9 **sforzare** vt *forcer* ; **~rsi** ❖ vpi *s'efforcer*

9 **sfossare** vt *arracher* [des pommes de terre], *creuser dans un champ*

26 **sfottere** fam. vt taquiner, chambrer ;
  ~rsi fam. vpi se taquiner
9 **sfracassare** → fracassare
9 **sfracellare** vt écraser, fracasser ;
  ~rsi vpi s'écraser, se fracasser
9 **sfragellare, ~rsi** → sfracellare
18 **sfrangiare** vt effranger
15 **sfrascare** vt émonder [une haie]
9 **sfratarsi** vpi [moine, frère] se défroquer
9 **sfrattare** ❖ vt expulser [un locataire] ;
  vi (avere) vider les lieux
17 **sfrecciare** vi filer [comme une flèche]
16 **sfregare** vt, vi (avere) frotter
18 **sfregiare** vt balafrer ; **~rsi** vpi se balafrer
9 **sfrenare** vt desserrer le frein de, donner
  libre cours à ; **~rsi** vpi se déchaîner
74 **sfriggere** irr, vi (avere) grésiller, crépiter
13 **sfrigolare** → sfriggere
9 **sfrisare** → frisare
9 **sfrittellare** vt tacher [de graisse]
9 **sfrombolare** litt. vt, vi fronder
9 **sfrondare** ❖ vt élaguer ;
  ~rsi vpi s'effeuiller, se défeuiller
17 **sfrusciare** vi froufrouter
9 **sfruttare** vt exploiter
127 **sfuggire** ❖ vi échapper ; vt fuir
9 **sfumare** vt estomper, nuancer ;
  vi s'estomper, se nuancer,
  bomber à l'eau
15 **sfuocare** → sfocare
20 **sfuriare** vt, vi (avere) éclater, exploser
9 **sgallettare** vi (avere) faire le coq
9 **sgambare** vi se dépêcher, cavaler
9 **sgambettare** vi (avere) gigoter, trottiner ;
  vt faire un croche-pied à
17 **sganasciare** vt décrocher la mâchoire à ;
  vi, **~rsi** vpi se décrocher la mâchoire
17 **sganciare** ❖ vt décrocher ;
  ~rsi ❖ vpi se décrocher
13 **sgangherare** vt faire sortir de ses gonds,
  démolir ; **~rsi** vpi se tordre [de rire]
20 **sgarbugliare** vt démêler
9 **sgarrare** ❖ vi (avere) se tromper, s'écarter
  du droit chemin
9 **sgattaiolare** vi (avere) s'éclipser, s'esquiver
9 **sgavazzare** → gavazzare
9 **sgelare** vt, vi, vi imp (avere/essere) dégeler
17 **sghiacciare** vt, vi (avere), **~rsi** vpi dégeler
9 **sghignazzare** vi (avere) ricaner
9 **sgobbare** fam. vi (avere) bosser, bûcher
9 **sgocciolare** vi (avere/essere) couler,
  goutter ; vt faire couler, égoutter
9 **sgolarsi** vpi s'égosiller

13 **sgomberare, ~rsi** → sgombrare
9 **sgombrare** ❖ vt débarrasser, évacuer ;
  ~rsi vpi se vider
9 **sgomentare** vt effarer, effrayer ;
  ~rsi vpi s'effrayer
9 **sgominare** vt mettre en déroute
9 **sgomitare** vi jouer des coudes ; vt donner
  des coups de coude à
9 **sgomitolare** vt dépelotonner ;
  ~rsi vpi se dépelotonner
9 **sgommare** vt dégommer ;
  vi (avere) [voiture] partir sur les
  chapeaux de roues ;
  ~rsi vpi se dégommer
20 **sgonfiare** vt dégonfler, désenfler ;
  vi, **~rsi** vpi se dégonfler, désenfler
9 **sgonnellare** vi (avere) se pavaner
20 **sgorbiare** vt gribouiller, barbouiller
16 **sgorgare** ❖ vi jaillir ; vt déboucher [un évier]
9 **sgottare** vt écoper [un bateau]
9 **sgozzare** vt égorger
128 **sgradire** vt ne pas agréer
20 **sgraffiare** pop. vt griffer, érafler, écorcher ;
  ~rsi pop. vpi se griffer, s'érafler,
  s'écorcher
21 **sgraffignare** fam. vt chiper, chaparder
15/14 **sgrammaticare** vi (avere) faire des fautes
  de grammaire
9 **sgranare** vt égrener, écosser [les petits
  pois], écarquiller [les yeux],
  désengrener ; **~rsi** vpi se désagréger,
  se désengrener
20 **sgranchiare, ~rsi** pop. → sgranchire
128 **sgranchire** vt dégourdir, dérouiller
  [les jambes] ; **~rsi** vpt se dégourdir,
  se dérouiller [les jambes]
20 **sgranocchiare** fam. vt croquer, grignoter
9 **sgrassare** vt dégraisser
9 **sgravare** ❖ vt décharger, libérer ;
  vi (avere), **~rsi** ❖ vpi accoucher,
  mettre bas
9 **sgretolare** vt effriter ; **~rsi** vpi s'effriter
9 **sgridare** vt gronder, réprimander
9 **sgrigiolare** → scricchiolare
9 **sgrommare** vt détartrer
9 **sgrondare** vt, vi égoutter
9 **sgroppare** vt éreinter ; vi (avere) ruer,
  regimber ; **~rsi** vpì s'éreinter
9 **sgrossare** vt dégrossir ;
  ~rsi vpi se dégrossir
20 **sgrovigliare** vt démêler, débrouiller
21 **sgrugnare** pop. vt casser la gueule à ;
  ~rsi pop. vpi se casser la gueule

9 **sgrumare** vt détartrer
9 **sguainare** vt dégainer
128 **sgualcire** vt froisser, chiffonner;
~**rsi** vpi se froisser, se chiffonner
17 **sguanciare** vt ébraser
128 **sguarnire** ❖ vt dégarnir
9 **sguazzare** vi (avere), vt patauger, barboter
20 **sguinzagliare** vt lâcher [les chiens]
9 **sguizzare** → guizzare
17 **sgusciare** vt écosser; vi éclore, sortir de sa coquille, s'esquiver; ~**rsi** vpi muer
15 **shoccare** vt choquer
9 **shockare** → shoccare
9 **shuntare** vt shunter
13 **sibilare** vi (avere) [serpent, vent] siffler
9 **sigillare** vt sceller
9 **siglare** vt mettre un sigle à, parapher
15/14 **significare** vt signifier
18 **signoreggiare** vt, vi (avere) dominer
9 **sillabare** vt articuler les syllabes, diviser en syllabes
9 **sillogizzare** vt, vi (avere) argumenter par syllogismes
9 **silurare** vt torpiller
18 **simboleggiare** vt symboliser
9 **simbolizzare** vt symboliser
20 **simigliare**, ~**rsi** → somigliare
9 **simpatizzare** ❖ vi (avere) sympathiser
9 **simulare** vt simuler
9 **sincerare** vt assurer; ~**rsi** ❖ vpi s'assurer
9 **sincopare** vt syncoper
9 **sincronizzare** vt synchroniser
9 **sindacalizzare** vt syndicaliser
15/13 **sindacare** ❖ vt contrôler
9 **singhiozzare** vi (avere) hoqueter, sangloter
9 **singolarizzare** vt mettre au singulier
9 **sinistrare** vt ravager
9 **sintetizzare** vt synthétiser
9 **sintonizzare** ❖ vt syntoniser; ~**rsi** ❖ vpi se syntoniser
16 **siringare** vt seringuer
9 **sistemare** ❖ vt ranger, régler, installer; ~**rsi** vpi s'installer; vpt arranger
9 **situare** vt situer
9 **slabbrare** vt déformer, élargir [un pull]; ~**rsi** vpi se déformer, [blessure] s'ouvrir
17 **slacciare** vt, ~**rsi** vpt déboutonner, dégrafer, délacer; vpi se déboutonner, se dégrafer, se délacer
9 **slamare** vt enlever de l'hameçon; vi, ~**rsi** vpi s'ébouler
17 **slanciare** vt lancer; ~**rsi** vpi s'élancer
16 **slargare**, ~**rsi** → allargare

9 **slattare** vt sevrer
9 **slavizzare** vt slaviser
16 **slegare** vt détacher, délier; ~**rsi** vpi se détacher, se délier
9 **slentare**, ~**rsi** → allentare
9 **slittare** vi (avere/essere) patiner, glisser, déraper
16 **slogare** vt déboîter, démettre, disloquer; ~**rsi** vpi, vpt se déboîter
18 **sloggiare** ❖ vt déloger, débusquer; vi (avere) déloger, déguerpir
9 **slombare** vt éreinter; ~**rsi** vpi s'éreinter
16 **slungare**, ~**rsi** → allungare
20 **smacchiare** vt détacher [un vêtement], débroussailler
9 **smadonnare** rég. vi blasphémer
20 **smagliare** vt démailler; ~**rsi** vpi se démailler
9 **smagnetizzare** vt démagnétiser
9 **smagrare**, ~**rsi** → smagrire
128 **smagrire** vt amaigrir; vi, ~**rsi** vpi maigrir
20 **smaliziare** vt dégourdir; ~**rsi** vpi se dégourdir
9 **smaltare** vt émailler; ~**rsi** vpt se vernir
128 **smaltire** vt digérer, écouler
9 **smammare** fam. vi (avere) dégager, foutre le camp
17 **smanacciare** fam. vi (avere) gesticuler
9 **smanettare** fam. vi (avere) mettre les gaz [en mobylette], bidouiller [sur l'ordinateur]
20 **smaniare** vi (avere), s'agiter, brûler d'envie
20 **smanigliare** vt démailler, démaniller
9 **smantellare** vt démanteler
15 **smarcare** vt démarquer; ~**rsi** vpi se démarquer
9 **smargiassare** vi fanfaronner
13 **smarginare** vt rogner
9 **smarrare** vt labourer avec la houe
128 **smarrire** vt perdre, égarer; ~**rsi** vpi se perdre, s'égarer
9 **smarronare** fam. vi (avere) commettre des bévues
9 **smartellare** vt, vi (avere) marteler
9 **smascherare** vt démasquer; ~**rsi** vpi se démasquer
9 **smaterializzare** vt dématérialiser; ~**rsi** vpi se dématérialiser
9 **smaterozzare** vt démasselotter
9 **smattonare** vt décarreler
9 **smazzare** vt battre [les cartes]
9 **smelare** → smielare
9 **smembrare** vt démembrer, disloquer [une articulation]; ~**rsi** vpi se disloquer

9 **smemorare** vi, **~rsi** vpi *perdre la mémoire*
128 **smentire** ❖ vt *démentir* ;
    ~rsi vpi *se démentir*
17 **smerciare** vt *écouler, vendre*
9 **smerdare** *vulg.* vt *couvrir de merde*
20 **smerigliare** vt *polir à l'émeri, dépolir*
9 **smerlare** vt *festonner*
9 **smerlettare** → *smerlare*
115 **sme̲ttere** ❖ irr, vt, vi (avere) *arrêter, cesser*
9 **smezzare** → *dimezzare*
9 **smidollare** vt *enlever la moelle à, ramollir* ;
    ~rsi vpi *se ramollir*
9 **smielare** vt *démieller*
9 **smilitarizzare** vt *démilitariser*
9 **sminare** vt *déminer*
128 **sminuire** vt *diminuer, amoindrir* ;
    ~rsi vpi *diminuer, s'amoindrir*
9 **sminuzzare** vt *émietter* ; **~rsi** vpi *s'émietter*
9 **sminuzzolare, ~rsi** → *sminuzzare*
9 **smistare** vt *trier, passer [la balle]*
9 **smitizzare** vt *démythifier*
20 **smobiliare** vt *démeubler*
14 **smobilitare** vt *démobiliser*
15/13 **smoccicare** vt *salir de morve* ;
    vi *couler du nez*
13 **smoccolare** vt *moucher [une chandelle]* ;
    fam. vi (avere) *jurer*
15 **smollicare** vt *émietter* ; **~rsi** vpi *s'émietter*
15/13 **smonacare** vt *défroquer* ;
    ~rsi vpi *[religieuse] se défroquer*
9 **smontare** vt *démonter* ; vi *descendre*
    [de cheval], terminer [son service] ;
    ~rsi vpi *se démonter, se décourager*
9 **smorbare** *sout.* vt *désinfecter, purifier*
9 **smorzare** vt *atténuer, amortir* ;
    ~rsi vpi *s'atténuer*
9 **smottare** vi *s'ébouler*
15/13 **smozzicare** vt *couper en petits morceaux,*
    hacher [ses mots]
84 **smu̲ngere** irr, vt *dessécher, saigner*
    [les contribuables]
123 **smuo̲vere** irr, vt *déplacer, remuer* ;
    ~rsi vpi *se déplacer, remuer*
9 **smurare** vt *démurer, desceller*
9 **smusare** vi (avere) *faire la tête*
9 **smussare** vt *émousser, adoucir* ;
    ~rsi vpi *s'émousser, s'adoucir*
9 **snaturare** vt *dénaturer* ;
    ~rsi vpi *se dénaturer*
9 **snazionalizzare** vt *dénationaliser*
20 **snebbiare** vt *éclaircir, dissiper le brouillard*
    autour de
128 **snellire** vt *amincir* ; **~rsi** vpi *mincir*

9 **snerbare, ~rsi** *vx* → *snervare*
9 **snervare** vt *énerver* ; **~rsi** vpi *s'énerver*
9 **snidare** vt *dénicher, débusquer*
9 **sniffare** vt *sniffer*
9 **snobbare** vt *snober*
9 **snocciolare** vt *dénoyauter*
9 **snodare** vt *dénouer* ; **~rsi** vpi *se dénouer,*
    [une route] serpenter
9 **snudare** vt *dégainer*
9 **sobbalzare** vi (avere) *tressauter, sursauter*
15 **sobbarcare** ❖ vt *obliger, contraindre* ;
    ~rsi ❖ vpt *prendre en charge*
127 **sobbollire** vi (avere) *bouillonner, frémir*
9 **sobillare** vt *inciter [à la révolte], monter*
71 **socchiu̲dere** irr, vt *entrouvrir, entrebâiller*
27 **socco̲mbere** déf, vi *succomber*
107 **socco̲rrere** irr, vt *secourir, soulager*
9 **socializzare** ❖ vt, vi (avere) *socialiser*
24 **soddisfare** ❖ irr, vt *satisfaire* ; vi (avere) **a**
    s'acquitter de ; **~rsi** vpi *se satisfaire*
135 **sofferire** irr, *litt.* → *soffrire*
9 **soffermare** vt *arrêter* ;
    ~rsi ❖ vpi *s'arrêter [un instant]*
20 **soffiare** vt, vi (avere) *souffler*
9 **soffittare** vt *plafonner*
15/13 **soffocare** vt, vi *étouffer* ; **~rsi** vpi *s'étouffer*
30 **soffo̲lcere** irr, déf, *litt.* vt *soutenir* ;
    ~rsi *litt.* vpi *s'appuyer*
65 **soffo̲ndere** irr, vt *teinter* ; **~rsi** vpi *se teinter*
74 **soffri̲ggere** irr, vt *faire revenir [un*
    oignon] ; vi (avere) *frire*
135 **soffrire** ❖ irr, vt, vi (avere) *souffrir*
15/14 **sofisticare** vi (avere) *ergoter* ; vt *frelater*
9 **soggettivare** vt *subjectiver*
21 **sogghignare** vi (avere) *ricaner*
44 **soggiacere** ❖ irr, vi (avere) *se soumettre,*
    se plier
16 **soggiogare** vt *subjuguer, dominer, dompter*
9 **soggiornare** vi (avere) *séjourner*
84 **soggiu̲ngere** irr, vt, vi (avere) *ajouter*
9 **sogguardare** vt, vi (avere) *guigner*
21 **sognare** vi (avere) *rêver* ;
    vt, **~rsi** ❖ **di** vpi *rêver de*
9 **solarizzare** vt *solariser [une photo]*
15 **solcare** vt *sillonner*
9 **solecizzare** vi *soléciser*
18 **soleggiare** vt *ensoleiller*
9 **solennizzare** vt *solenniser*
94 **solere** irr, déf, vi, vi imp *avoir l'habitude de*
9 **solettare** vt *ressemeler*
9 **solfare** vt *sulfurer, soufrer*
18 **solfeggiare** vt, vi (avere) *solfier*
9 **solforare** vt *sulfurer*

9 **solidarizzare** vi (avere) se solidariser
15/14 **solidificare** vt, vi solidifier;
   ~rsi vpi se solidifier
9 **sollazzare** vt divertir, amuser;
   ~rsi vpi se divertir
14 **sollecitare** ❖ vt solliciter
15/14 **solleticare** vt chatouiller
9 **sollevare** ❖ vt soulever, soulager;
   ~rsi vpi se soulever, se relever
9 **solubilizzare** vt solubiliser
9 **somatizzare** vi (avere) somatiser
18 **someggiare** vt, vi (avere) transporter à
   dos de mulet
20 **somigliare** ❖ vi ressembler;
   ~rsi vpi se ressembler
9 **sommare** ❖ vt, vi additionner
86 **sommergere** irr, vt submerger
115 **sommettere** irr, litt. vt soumettre
9 **somministrare** vt administrer [un
   médicamment]
123 **sommuovere** irr, litt. vt agiter
9 **sonare** → suonare
9 **sondare** vt sonder
20 **sonnecchiare** vi (avere) sommeiller,
   somnoler
9 **sonorizzare** vt sonoriser;
   ~rsi vpi se sonoriser
128 **sopire** litt. vt apaiser, endormir
128 **sopperire** ❖ vi (avere) pourvoir, subvenir
9 **soppesare** vt soupeser
9 **soppiantare** vt supplanter
9 **sopportare** vt supporter
9 **soppressare** vt presser
99 **sopprimere** irr, vt supprimer
9 **soprabbondare** → sovrabbondare
15/14 **sopraccaricare** → sovraccaricare
26 **sopraeccedere** → sopreccedere
9 **sopraeccitare, ~rsi** → sovreccitare
15/14 **sopraedificare** → sopredificare
9 **sopraelevare** ❖ vt surélever
24 **sopraffare** irr, vt écraser, accabler
9 **sopraffilare** vt surfiler
84 **sopraggiungere** irr, vi survenir
62 **sopraintendere** irr → soprintendere
115 **soprammettere** irr, vt superposer
9 **soprannominare** vt surnommer
124 **soprapporre, ~rsi** irr → sovrapporre
55 **soprassedere** irr, vi (avere) surseoir
25 **soprastare** → sovrastare
9 **sopravanzare** vi (avere/essere) dépasser,
   rester; rare, vt dépasser
9 **sopravvalutare** vt surestimer
145 **sopravvenire** irr, vi survenir

119 **sopravvivere** ❖ irr, vi survivre
26 **soprecedere** vt excéder, dépasser;
   vi (avere) être en excédent
9 **sopreccitare, ~rsi** → sovreccitare
15/14 **sopredificare** vt surélever
9 **soprelevare** → sopraelevare
62 **soprintendere** ❖ irr, vi (avere) diriger,
   superviser
128 **sorbire** vt siroter, supporter
87 **sorgere** irr, vi se lever, surgir
9 **sormontare** vt, vi (avere) surmonter
9 **sorpassare** ❖ vt dépasser, doubler [une
   voiture]
62 **sorprendere** ❖ irr, vt surprendre;
   ~rsi ❖ vpi s'étonner, se surprendre
72 **sorreggere** irr, vt soutenir;
   ~rsi vpi se soutenir
59 **sorridere** irr, vi (avere) sourire
18 **sorseggiare** vt siroter
18 **sorteggiare** vt tirer au sort
128 **sortire**[1] vt recevoir en partage [par le sort]
127 **sortire**[2] rég. vi sortir
20 **sorvegliare** vt surveiller
9 **sorvolare** ❖ vt, vi (avere) survoler
62 **sospendere** ❖ irr, vt suspendre;
   ~rsi vpi se suspendre
9 **sospettare** ❖ vt, vi (avere) di soupçonner
82 **sospingere** irr, vt pousser
9 **sospirare** vi (avere), vt soupirer
20 **sostanziare** litt. vt matérialiser;
   ~rsi litt. vpi se matérialiser
9 **sostare** vi (avere) s'arrêter, stationner
102 **sostenere** ❖ irr, vt soutenir, maintenir;
   ~rsi vpi se soutenir
9 **sostentare** vt entretenir, sustenter;
   ~rsi vpi s'entretenir
128 **sostituire** ❖ vt substituer;
   ~rsi ❖ vpi se substituer
44 **sottacere** irr, vt passer sous silence
62 **sottendere** irr, vt sous-tendre
9 **sottentrare** vi prendre la place
9 **sotterrare** vt enterrer
9 **sottilizzare** vi (avere), vt subtiliser
62 **sottintendere** irr, vt sous-entendre
124 **sottoesporre** irr, vt sous-exposer
9 **sottolineare** vt souligner
115 **sottomettere** ❖ irr, vt soumettre;
   ~rsi vpi se soumettre
124 **sottoporre** ❖ irr, vt soumettre;
   ~rsi ❖ vpi se soumettre
118 **sottoscrivere** ❖ irr, vt, vi (avere) souscrire,
   signer, soussigner

25 **sottostare** ❖ irr, vi **a** être soumis à
9 **sottostimare** vt sous-estimer
9 **sottovalutare** vt sous-évaluer
125 **sottrarre** ❖ irr, vt soustraire;
~**rsi** ❖ vpi se soustraire
20 **soverchiare** litt. vt dépasser, opprimer;
vi (avere) dépasser
17 **sovesciare** vt amender [un sol] en
enfouissant l'engrais vert
9 **sovietizzare** vt soviétiser
9 **sovrabbondare** vi (avere/essere) surabonder
15/14 **sovraccaricare** vt surcharger
15 **sovraffaticare** vt surmener;
~**rsi** vpi se surmener
124 **sovraimporre** irr → sovrimporre
9 **sovrainnestare** vt surgreffer [un bourgeon,
un rameau]
62 **sovraintendere** irr → sovrintendere
9 **sovralimentare** vt suralimenter
9 **sovrappopolare** vt surpeupler
124 **sovrapporre** ❖ irr vt superposer;
~**rsi** ❖ vpi se superposer
9 **sovrastampare** vt surimprimer, surcharger
25 **sovrastare** ❖ vt dominer, surplomber,
fig. menacer
9 **sovreccitare** vt surexciter;
~**rsi** vpi se surexciter
124 **sovrimporre** irr, vt surimposer
99 **sovrimprimere** irr, vt surimprimer
62 **sovrintendere** irr, vi (avere) diriger,
superviser
145 **sovvenire** irr, litt. vt aider;
vi (avere) subvenir; vi (essere),
~**rsi** litt. vpi se souvenir
9 **sovvenzionare** vt subventionner
127 **sovvertire** vt renverser, troubler,
bouleverser
9 **sozzare** vx → insozzare
15 **spaccare** vt briser, fendre;
~**rsi** vpi se briser, se fendre
9 **spacchettare** vt dépaqueter
17 **spacciare** ❖ vt vendre, faire du trafic de;
~**rsi** ❖ vpi per se faire passer pour
9 **spadellare** vt manquer, rater [son gibier]
18 **spadroneggiare** vi (avere) faire la loi,
commander
13 **spaginare** vt défaire la mise en page de
20 **spagliare** vt dépailler [une chaise];
vi (avere) [fleuve] déborder
18 **spagnoleggiare** vi (avere) fanfaronner
20 **spaiare** vt dépareiller
15 **spalancare** vt ouvrir tout grand;
~**rsi** vpi s'ouvrir tout grand

9 **spalare** vt déblayer, mettre à plat
[les avirons]
15 **spalcare** vt démonter un échafaudage,
écimer [un arbre]
18 **spalleggiare** vt épauler, soutenir;
~**rsi** vpi s'épauler, se soutenir
9 **spalmare** ❖ vt étaler, enduire;
~**rsi** ❖ vpi s'enduire; vpt étaler
9 **spampanare** vt épamprer;
~**rsi** vpi s'épamprer
9 **spanare** vt fausser le pas d'une vis;
~**rsi** vpi être faussé, foirer
17 **spanciare** vi (avere) faire un plat
[en plongeant], [avion] se cabrer;
~**rsi** vpi crever de rire
61 **spandere** irr, vt répandre, épandre;
~**rsi** vpi se répandre
20 **spaniare** vt, vi (avere) dégluer;
~**rsi** vpi se dégluer, se dépêtrer
9 **spannare** vt écrémer
20 **spannocchiare** vt décortiquer [le maïs]
9 **spantanare** vt débourber, tirer d'affaire;
~**rsi** vpi se débourber, se tirer d'affaire
20 **spaparacchiarsi** rég. fam. vpi se vautrer
9 **spaparanzarsi** rég. fam. vpi se vautrer
9 **spappagallare** vi (avere) répéter comme
un perroquet
9 **spappolare** vt réduire en bouillie;
~**rsi** vpi se réduire en bouillie
20 **sparacchiare** vt tirailler
9 **sparare** ❖ vt, vi (avere) tirer, faire feu;
~**rsi** vpi se tirer une balle
20 **sparecchiare** vt desservir, débarrasser
85 **spargere** ❖ irr, vt répandre, épandre,
disperser; ~**rsi** vpi se répandre,
se disperser
20 **sparigliare** vt dépareiller
131 **sparire** irr, déf, vi disparaître
9 **sparlare** vi (avere) médire, jaser
20 **sparpagliare** vt éparpiller;
~**rsi** vpi s'éparpiller
128 **spartire** ❖ vt répartir, partager;
~**rsi** ❖ vpt se partager
9 **spasimare** ❖ vi (avere) souffrir, languir,
brûler [d'amour]
9 **spassare** vt amuser; ~**rsi** vpi s'amuser
20 **spastoiare** vt désentraver [un cheval];
~**rsi** vpi s'émanciper
20 **spatriare** → espatriare
9 **spaurare, ~rsi** vx → spaurire
128 **spaurire** vt effrayer; vi, ~**rsi** vpi s'effrayer
9 **spaventare** vt effrayer, épouvanter;
~**rsi** ❖ vpi s'effrayer, s'épouvanter

20 **spaziare** vi (avere) planer, [paysage] embrasser; vt espacer
18 **spazieggiare** vt espacer [les lignes]
128 **spazientirsi** vpi s'impatienter
9 **spazzare** vt balayer
13 **spazzolare** vt brosser
20 **specchiarsi** vpi se regarder dans la glace, se refléter
9 **specializzare** ❖ vt spécialiser; ~**rsi** ❖ vpi se spécialiser
15/14 **specificare** vt spécifier
9 **specillare** vt sonder [une blessure, une dent]
9 **specolare** → *speculare*
13 **speculare** ❖ vt, vi (avere) spéculer
9 **spedare** vt déraper [l'ancre]
128 **spedire** ❖ vt expédier, envoyer
21 **spegnare** vt dégager [du Mont-de-Piété]
103 **spegnere** irr, vt éteindre; ~**rsi** vpi s'éteindre
20 **spelacchiare** vt peler; ~**rsi** vpi perdre ses poils
9 **spelare** vt peler; ~**rsi** vpi perdre ses poils
9 **spellare** vt écorcher; ~**rsi** vpi s'écorcher
62 **spendere** ❖ irr, vt, ~**rsi** vpt dépenser
103 **spengere** irr → *spegnere*
20 **spennacchiare, ~rsi** → *spennare*
9 **spennare** vt plumer; ~**rsi** vpi perdre ses plumes
9 **spennellare** vt badigeonner, peindre
9 **spenzolare** vt laisser pendre; vi (avere) pendre; ~**rsi** vpi se pencher
9 **sperare**[1] ❖ vt, vi (avere) espérer
9 **sperare**[2] vt examiner à contre-jour
68 **sperdere** irr, vt disperser; ~**rsi** vpi se perdre
9 **sperequare** vt distribuer sans équité
9 **spergiurare** vt blasphémer; vi (avere) se parjurer, blasphémer
9 **spericolarsi** vpi s'exposer avec légèreté à un danger
9 **sperimentare** vt expérimenter, mettre à l'épreuve; ~**rsi** vpi se mettre à l'épreuve
9 **speronare** vt éperonner
9 **sperperare** vt gaspiller, dilapider
9 **spersonalizzare** vt dépersonnaliser; ~**rsi** vpi se dépersonnaliser
15/13 **sperticarsi** vpi se confondre, se répandre [en éloges]
9 **spesare** vt défrayer
9 **spettare** ❖ vi imp revenir, incomber
9 **spettegolare** vi (avere) potiner, commérer, jaser

9 **spettinare** vt décoiffer; ~**rsi** vpi se décoiffer
9 **spezzare** vt casser, briser; ~**rsi** vpi se casser, se briser
9 **spezzettare** vt émietter, morceler; ~**rsi** vpi s'émietter, se morceler
15/13 **spiaccicare** vt, ~**rsi** vpi écraser, écrabouiller
44 **spiacere** ❖ irr, vi **a** regretter, déplaire; ~**rsi** vpi regretter, être désolé
9 **spianare** vt (avere) aplanir, niveler
9 **spiantare** vt déplanter, arracher, ruiner; ~**rsi** vpi se ruiner
19 **spiare** vt épier, espionner
9 **spiattellare** vt dire carrément, mettre sous les yeux
9 **spiazzare** vt feinter [en sport], *fig.* désarçonner
15 **spiccare** ❖ vt détacher; vi (avere) se distinguer; ~**rsi** vpi [fruits] se détacher
17 **spicciare** vt expédier; vi, ~**rsi** vpi se dépêcher
15/13 **spiccicare** vt décoller; ~**rsi** vpi se débarrasser de
9 **spicciolare** vt faire la monnaie de
9 **spicconare** vt démolir [à coups de pioche]; vi piocher
20 **spidocchiare** vt épouiller; ~**rsi** vpi, vpt s'épouiller
16 **spiegare** ❖ vt déplier, déployer, expliquer; ~**rsi** vpi se déployer, s'expliquer
9 **spiegazzare** vt froisser, chiffonner
9 **spietrare** vt épierrer, dérocher
9 **spifferare** vt rapporter, moucharder; vi (avere) [vent] s'infiltrer, souffler
16 **spigare** vi (avere/essere) monter en épi/en graine
9 **spignorare** vt dégager [du Mont -de-Piété]
13 **spigolare** vt glaner
128 **spigrire** vt, ~**rsi** vpi sortir de sa torpeur
9 **spillare** vt tirer [le vin], soutirer [de l'argent], agrafer [des feuilles]; vi couler goutte à goutte
15/14 **spilluzzicare** vt grignoter, grappiller
9 **spinare** vt enlever les arêtes de
9 **spinellare** *fam.* vi (avere), ~**rsi** vpi fumer un joint
82 **spingere** ❖ irr, vt pousser; vi (avere) faire pression; ~**rsi** ❖ vpi s'avancer, se pousser
9 **spintonare** vt bousculer, charger irrégulièrement [au foot]
9 **spiombare** vt déplomber; vi (avere) ne pas être d'aplomb

122 **spiovere** irr, vi imp (avere/_e_ssere) cesser
de pleuvoir; vi [l'eau] couler

9 **spirare** vi (avere/_e_ssere) souffler,
s'éteindre; vt exhaler, respirer

9 **spiritare** vi être possédé; être hors de soi

9 **spiritualizzare** vt spiritualiser;
~**rsi** vpi se spiritualiser

9 **spiumare** vt plumer; ~**rsi** vpi perdre ses
plumes

15/13 **spizzicare** vt grignoter, grappiller

40 **spl_e_ndere** ❖ irr, déf, vi (avere) resplendir,
briller

9 **spodestare** vt déposséder, évincer, détrôner

9 **spoetare** vi rimailler

9 **spoetizzare** vt retirer ses illusions à

20 **spogliare** ❖ vt déshabiller, dépouiller;
~**rsi** vpi se déshabiller, se dépouiller

9 **spoliticizzare** vt dépolitiser

20 **spollaiare** fam. vt chasser, déloger;
~**rsi** vpi se détourner

9 **spollinarsi** vpi [poulets] s'épouiller

9 **spollonare** vt ébourgeonner

9 **spolmonarsi** vpi s'époumoner

9 **spolpare** vt décharner;
~**rsi** vpi se décharner, se ruiner

128 **spoltrire, ~rsi** → spoltronire

128 **spoltronire** vt, ~**rsi** vpi sortir de sa
torpeur

13 **spolverare** vt dépoussiérer, saupoudrer;
~**rsi** vpi se dépoussiérer; vpt s'enfiler,
engloutir

9 **spompare** fam. vt crever;
~**rsi** fam. vpi se crever

9 **sponsorizzare** vt sponsoriser

9 **spopolare** vt dépeupler; vi (avere) faire
fureur; ~**rsi** vpi se dépeupler

9 **spoppare** vt sevrer

15 **sporcare** ❖ vt salir, souiller;
~**rsi** ❖ vpi, vpt se salir, se souiller

87 **sporgere** ❖ irr, vt tendre [la main], passer
[la tête]; vi dépasser, déborder;
~**rsi** ❖ vpi se pencher

9 **sposare** ❖ vt épouser;
~**rsi** ❖ vpi se marier

9 **spossare** vt épuiser; ~**rsi** vpi s'épuiser

9 **spossessare** vt déposséder;
~**rsi** vpi se déposséder

9 **spostare** ❖ vt déplacer;
~**rsi** ❖ vpi se déplacer

16 **sprangare** vt barricader, frapper à coups
de barre

15 **sprecare** vt gaspiller;
~**rsi** vpi perdre son temps

18 **spregiare** vt mépriser

15/14 **spregiudicare** vt libérer de ses préjugés,
débarrasser de ses scrupules;
~**rsi** vpi se libérer de ses préjugés,
se débarrasser de ses scrupules

26 **spr_e_mere** vt presser, extraire

9 **spretarsi** vpi [prêtre] se défroquer

9 **sprezzare** litt. vt mépriser

9 **sprigionare** vt dégager; ~**rsi** vpi se dégager

17 **sprimacciare** vt battre [un oreiller]

9 **sprintare** vi sprinter

9 **sprizzare** ❖ vi, vt jaillir, gicler

9 **sprofondare** ❖ vt plonger; vi sombrer,
s'effondrer; ~**rsi** ❖ vpi s'affaler [dans
un fauteuil], se plonger [dans la lecture]

20 **sproloquiare** vi (avere) palabrer, pérorer

115 **sprom_e_ttere** irr, fam. vt, vi (avere) rétracter

9 **spronare** vt éperonner, pousser

9 **sproporzionare** vt disproportionner

9 **spropositare** vi (avere) faire des folies

20 **spropriare, ~rsi** rég. → espropriare

9 **sprovincializzare** vt faire perdre ses
habitudes provinciales à;
~**rsi** vpi perdre ses habitudes
provinciales

9 **spruzzare** vt asperger, pulvériser

17 **spulciare** vt épucer, éplucher
[des documents]; ~**rsi** vpi s'épucer

9 **spumare** vi (avere) mousser

18 **spumeggiare** vi (avere) écumer, moussser

9 **spuntare** ❖ vt épointer, émousser, étêter;
vi [la lune] se lever, [une dent] percer;
~**rsi** vpi se casser, s'émousser

9 **spuntellare** vt ôter les étais à

20 **spunzecchiare, ~rsi** → punzecchiare

9 **spupazzare** fam. vt dorloter;
~**rsi** fam. vpt se farcir [quelqu'un]

16 **spurgare** vt purger, vidanger;
~**rsi** vpi se purger

20 **sputacchiare** vi (avere), vt crachoter,
postilloner

9 **sputare** vt, vi (avere) cracher

9 **sputtanare** vulg. vt ruiner la réputation de;
~**rsi** vulg. vpi se déshonorer

9 **squadernare** vt feuilleter, étaler, exprimer

9 **squadrare** vt diviser à l'équerre, équarrir,
dévisager

20 **squagliare** vt faire fondre; ~**rsi** vpi fondre,
fam. filer en douce

15/14 **squalificare** vt disqualifier;
~**rsi** vpi se disqualifier

9 **squamare** vt écailler; ~**rsi** vpi perdre ses
écailles

17 **squarciare** vt déchirer; **~rsi** vpi se déchirer
9 **squartare** vt équarrir
9 **squassare** vt secouer violemment;
   ~rsi vpi se débattre
9 **squilibrare** vt déséquilibrer;
   ~rsi vpi se déséquilibrer
9 **squillare** vi (avere/essere) sonner, retentir
9 **squinternare** vt démantibuler, bouleverser
128 **squittire** vi (avere) [animaux] pousser des
   cris
15/13 **sradicare** ❖ vt déraciner, arracher;
   ~rsi ❖ vpi être déraciné
9 **sragionare** vi (avere) déraisonner
13 **sregolare** vt dérégler;
   ~rsi vpi se dérégler
9 **srotolare** vt dérouler, débobiner;
   ~rsi vpi se dérouler, se débobiner
15 **stabaccare** vi (avere) priser, chiquer
   [du tabac]
20 **stabbiare** vt engraisser [un terrain],
   parquer [les moutons];
   vi (avere) parquer
128 **stabilire** ❖ vt établir; **~rsi** ❖ vpi s'établir
9 **stabilizzare** vt stabiliser;
   ~rsi vpi se stabiliser
9 **stabulare** vt, vi (avere) stabuler
15 **staccare** ❖ vt détacher;
   vi (avere) trancher, ressortir;
   ~rsi ❖ vpi se détacher
17 **stacciare** vt tamiser, *fig.* passer au crible
9 **staffare** vt renforcer par des étriers;
   vi (avere), **~rsi** vpi rester avec le pied
   prisonnier d'un étrier
9 **staffilare** vt fouetter, cingler
9 **stagionare** vt faire mûrir, affiner;
   vi, **~rsi** vpi mûrir, vieillir
20 **stagliare** vt découper;
   vi, **~rsi** vpi se découper, se détacher
21 **stagnare** vi (avere) stagner;
   vt étamer, étancher
9 **stamburare** vt, vi (avere) tambouriner
9 **stampare** vt imprimer, estamper;
   ~rsi vpi se graver
20 **stampigliare** vt estampiller, poinçonner
9 **stampinare** vt imprimer au pochoir
9 **stanare** ❖ vt débusquer, dénicher
15 **stancare** vt fatiguer;
   ~rsi ❖ vpi se fatiguer
9 **standardizzare** vt standardiser
16 **stangare** vt barricader, frapper avec
   une barre, tirer en force [au foot],
   fam. sacquer
20 **stanziare** vt allouer; **~rsi** vpi s'établir

9 **stappare** vt déboucher, décapsuler
9 **starare** vt dérégler; **~rsi** vpi se dérégler
25 **stare** ❖ irr, vi rester, être, aller [bien, mal]
9 **starnazzare** vi (avere) [volatiles] battre
   des ailes, faire du tapage
9 **starnutare** → *starnutire*
128 **starnutire** vi (avere) éternuer
9 **stasare** vt déboucher
9 **statalizzare** vt étatiser, nationaliser
9 **statizzare** vt étatiser, nationaliser
128 **statuire** vt édicter, décréter
9 **stazionare** vi (avere) stationner
9 **stazzare** vt, vi (avere) jauger
9 **stazzonare** vt froisser, chiffonner
15 **steccare** vt palissader, clôturer;
   vi (avere) faire un couac
128 **stecchire** vt descendre, étendre raide
   mort; vi (avere), **~rsi** vpi se dessécher
9 **stellare** vt étoiler; **~rsi** vpi s'étoiler
9 **stemperare** vt détremper, délayer;
   ~rsi vpi se détremper, se délayer
20 **stempiarsi** vpi se dégarnir [sur les tempes]
62 **stendere** ❖ irr, vt étendre, étaler, rédiger;
   ~rsi vpi s'étendre, s'allonger
14 **stenografare** vt sténographier
9 **stentare** vi (avere) avoir du mal, avoir de
   la peine
9 **stereotipare** vt stéréotyper, clicher [un livre]
9 **sterilizzare** vt stériliser
9 **sterminare** vt exterminer
128 **sternutire** vx → *starnutire*
9 **sterrare** vt déblayer, terrasser
9 **sterzare** vt, vi (avere) braquer, virer
26 **stessere** *litt.* vt détisser;
   ~rsi *litt.* vpi se détisser
128 **stiepidire** vt attiédir
20 **stigliare** vt teiller, tiller
9 **stigmatizzare** vt stigmatiser
9 **stilare** vt rédiger [un contrat]
9 **stilettare** vt poignarder
9 **stilizzare** vt styliser
9 **stillare** vt ruisseler de; vi suinter
9 **stimare** vt estimer; **~rsi** vpi s'estimer
9 **stimatizzare** vx → *stigmatizzare*
13 **stimolare** ❖ vt stimuler
82 **stingere** irr, vt déteindre, décolorer;
   vi, **~rsi** vpi déteindre, se décolorer
9 **stipare** vt entasser; **~rsi** vpi s'entasser
20 **stipendiare** vt rétribuer
9 **stipulare** vt stipuler
20 **stiracchiare** vt étirer, marchander [un
   prix], forcer [un texte];
   vi (avere) marchander; **~rsi** vpi s'étirer

9 **stirare** vt *repasser, étirer [les jambes],*
froisser [un muscle] ; **~rsi** vpi *s'étirer,*
se froisser un muscle ; vpt *repasser,*
se froisser

128 **stirizzire** vt *dégourdir* ;
~rsi vpi, vpt *se dégourdir*

9 **stivare** vt *arrimer, entasser*

128 **stizzire** vt *irriter* ; vi, **~rsi** vpi *s'irriter*

15/13 **stomacare** vt *écœurer, dégoûter* ;
~rsi vpi *se dégoûter*

15/13 **stonare** vt *déplâtrer, décrépir*

9 **stonare** vt *chanter faux* ; vi (avere) *chanter*
faux, [couleurs] jurer

9 **stondare** vt *arrondir*

9 **stoppare** vt *étouper, stopper*

48 **storcere** irr, vt *tordre* ;
~rsi vpt, vpi *se tordre*

128 **stordire** vt *assourdir, étourdir* ;
~rsi vpi *s'étourdir*

9 **storicizzare** vt *situer dans son contexte*
historique

128 **stormire** vi (avere) *bruire*

9 **stornare** vt *détourner, ristourner*

9 **stornellare** vi (avere) *chanter/composer*
des refrains populaires

20 **storpiare** vt *estropier* ; **~rsi** vpi *s'estropier*

139 **strabenedire** irr, vt *maudire*

20 **strabiliare** vi (avere) *être stupéfait* ;
vt *stupéfier*

15 **straboccare** vi (avere/essere) *déborder*

9 **strabuzzare** vt *écarquiller [les yeux]*

9 **stracannare** vt *rebobiner, renvider*

15 **straccare** *rég.* vt *épuiser* ;
~rsi *rég.* vpi *s'épuiser*

17 **stracciare** vt *déchirer* ;
~rsi vpi *se déchirer*

46 **stracuocere** irr, vt *trop cuire*

24 **strafare** irr, vi (avere) *en faire trop*

26 **strafottersi** *vulg.* vpi *di se foutre de*

16 **strafregarsi** *vulg.* vpi *di se contrefoutre de*

17 **stralciare** vt *supprimer, retrancher*

9 **stralunare** vt *écarquiller [les yeux]*

139 **stramaledire** irr, vt *maudire* ;
~rsi vpi *se maudire*

9 **stramazzare** vi *s'abattre, s'écrouler*

9 **strambare** vi (avere) *empanner*

13 **strangolare** vt *étrangler* ;
~rsi vpi *s'étrangler*

20 **straniare** *litt.* vt *éloigner* ;
~rsi *litt.* vpi *s'éloigner, s'isoler*

9 **straorzare** vi (avere), vt *embarder*

16 **strapagare** vt *surpayer*

9 **straparlare** vi (avere) *divaguer*

9 **strapazzare** vt *maltraiter, abîmer* ;
~rsi vpi *s'éreinter, se surmener*

68 **straperdere** irr, vt *perdre* ;
vi (avere) *perdre une fortune*

9 **strapiombare** déf, vi (avere/essere)
surplomber

9 **strappare** ✦ vt *arracher, déchirer* ;
~rsi vpi *se déchirer* ; vpt *s'arracher*

9 **straripare** vi (avere/essere) *déborder*

15/13 **strascicare** vt, vi (avere), **~rsi** vpi *traîner*

9 **strascinare**, **~rsi** → **strascicare**

15/14 **stratificare** vt, **~rsi** vpi *stratifier*

9 **strattonare** vt *bousculer*

15 **stravaccarsi** *pop.* vpi *se vautrer*

56 **stravedere** ✦ irr, vi (avere) *voir mal,* **per**
être fou de

45 **stravincere** irr, vt *battre à plate couture*

20 **straviare** vi (avere) *se livrer à la débauche*

78 **stravolgere** irr, vt *bouleverser, déformer* ;
~rsi vpi *être bouleversé*

20 **straziare** vt *torturer, martyriser, massacrer*

16 **stregare** vt *ensorceler*

9 **stremare** vt *épuiser, éreinter*

13 **strepitare** vi (avere) *tapager, hurler*

9 **stressare** vt *stresser* ; **~rsi** vpi *stresser,*
se stresser

19 **striare** vt *rayer, strier*

59 **stridere** irr, déf, vi (avere) *grincer,*
[animaux] crier, [couleurs] jurer

128 **stridire** *litt.* → **stridere**

13 **stridulare** vi (avere) *striduler*

16 **strigare** vt *débrouiller, démêler* ;
~rsi vpi *se tirer d'affaire*

20 **strigliare** vt *étriller [un cheval],*
réprimander ; **~rsi** vpi *se bichonner*

9 **strillare** vi (avere) *crier* ; vt *crier, gronder*

128 **striminzire** vt *rétrécir* ; **~rsi** vpi *se rétrécir,*
maigrir

9 **strimpellare** vt *tapoter [du piano], gratter*
[de la guitare]

9 **strinare** vt *flamber [de la volaille], roussir*
[un tissu] ; **~rsi** vpi *roussir*

16 **stringare** vt *serrer, lacer, condenser [un*
texte]

83 **stringere** ✦ irr, vt *serrer, conclure*
[un accord] ; vi (avere) *serrer,*
[le temps] presser ; **~rsi** vpi *se serrer*

9 **strippare** *fam.* vi (avere),
~rsi vpi *s'empiffrer, être défoncé*

17 **strisciare** vt *traîner, érafler* ;
vi (avere) *ramper, glisser* ;
~rsi *fam.* vpi *se frotter*

13 **stritolare** vt *broyer* ; **~rsi** vpi *se broyer*

9 **strizzare** vt *presser, essorer, cligner de [l'œil]*

9 **strofinare** vt *frotter, astiquer;* **~rsi** vpi, vpt *se frotter*

16/13 **strolagare** *vx* → *strologare*

16/13 **strologare** vi *(avere) prédire l'avenir, se creuser la cervelle*

9 **strombare** vt *ébraser*

9 **strombazzare** vt *claironner;* vi *(avere) klaxonner*

9 **strombettare** vi *(avere) jouer de la trompette, klaxonner*

15 **stroncare** vt *briser, démolir [un livre];* **~rsi** vpi *se briser*

17 **stropicciare** vt *frotter, froisser;* **~rsi** vpi *se froisser, fam. se ficher;* vpt *froisser, se frotter*

20 **stroppiare** vt *estropier;* **~rsi** vpi *s'estropier*

9 **strozzare** vt *étrangler, étouffer, [usurier] plumer;* **~rsi** vpi *s'étouffer*

15 **stuccare**[1] vt *mastiquer, stuquer*

15 **stuccare**[2] vt *écœurer, ennuyer*

20 **studiacchiare** vt, vi *(avere) étudier sans entrain*

20 **studiare** ❖ vt, vi *(avere) étudier;* **~rsi** vpi *s'étudier*

9 **stufare** vt *cuire à l'étouffée, embêter;* **~rsi** vpi *en avoir marre*

24 **stupefare** irr, vt, vi *stupéfier;* **~rsi** vpi *être stupéfié*

128 **stupidire** vt *abêtir, abrutir;* vi *s'abrutir*

128 **stupire** vt *étonner;* vi, **~rsi** vpi *s'étonner*

9 **stuprare** vt *violer [une femme]*

9 **sturare** vt, **~rsi** vpt *déboucher;* vpi *se déboucher*

15/13 **stuzzicare** vt *taquiner, stimuler;* **~rsi** vpi *se taquiner;* vpt *se curer [les dents]*

54 **suadere** irr, *vx*, vt *(avere) persuader*

9 **subaccollare** vt *sous-traiter*

9 **subaffittare** vt *sous-louer*

9 **subappaltare** vt *sous-traiter*

20 **subbiare** vt *ébaucher [à l'aide d'une pointerolle]*

16/14 **subdelegare** vt *subdéléguer*

9 **subentrare** ❖ vi *succéder*

128 **subire** vt *subir*

9 **subissare** vt *anéantir, couvrir [de cadeaux], accabler [de questions]; rare,* vi *s'écrouler*

9 **sublimare** vt, vi *sublimer;* **~rsi** vpi *se sublimer*

15 **sublocare** vt *sous-louer*

9 **subodorare** vt *subodorer*

9 **subordinare** ❖ vt *subordonner*

9 **subornare** vt *suborner*

57 **succedere** ❖ irr, vi *succéder;* vi *imp arriver, se passer;* **~rsi** vpi *se succéder*

20 **succhiare** vt *sucer*

9 **succhiellare** vt *vriller*

59 **succidere** irr, vt *recéper*

20 **sudacchiare** vi *(avere) transpirer [un peu]*

9 **sudare** vi *(avere) suer, transpirer;* vt *suer, suinter*

117 **suddistinguere** irr, vt *faire une nouvelle distinction de*

59 **suddividere** irr, vt *subdiviser*

30 **suffolcere**, **~rsi** irr, déf → *soffolcere*

16 **suffragare** vt *appuyer, prier pour [les défunts]*

15/14 **suffumicare** vt *fumiger*

9 **suggellare** *litt.* vt *cacheter, sceller*

40 **suggere** déf, *litt.* vt *sucer*

128 **suggerire** vt *suggérer, souffler [au théâtre]*

9 **suggestionare** vt *influencer, impressionner;* **~rsi** vpi *se laisser impressionner*

9 **suicidarsi** vpi *se suicider*

9 **suonare** ❖ vt *sonner, jouer de;* vi *(avere/essere) sonner, jouer*

13 **superare** ❖ vt *dépasser, surpasser, franchir, surmonter*

14 **supervalutare** vt *surévaluer*

15/13 **supplicare** vt *supplier*

128 **supplire** vi *(avere) suppléer;* vt *remplacer*

124 **supporre** irr, vt *supposer*

9 **suppurare** vi *(avere/essere) suppurer*

13 **supputare** *litt.* vt *supputer*

9 **surclassare** vt *surclasser*

9 **surgelare** vt *surgeler*

9 **surriscaldare** vt, **~rsi** vpi *surchauffer*

16 **surrogare** vt *substituer, remplacer*

9 **survoltare** vt *survolter*

13 **suscitare** vt *susciter*

127 **susseguire** vi *succéder à;* **~rsi** vpi *se succéder, se suivre*

20 **sussidiare** vt *subventionner*

113 **sussistere** irr, vi *(avere/essere) subsister, exister, être valable*

9 **sussultare** vi *(avere) sursauter, trembler*

9 **sussurrare** vt, vi *(avere) murmurer, chuchoter*

16 **svagare** vt *distraire;* **~rsi** vpi *se distraire*

18 **svaligiare** vt *dévaliser, cambrioler*

9 **svalutare** vt *dévaluer, dévaloriser;* **~rsi** vpi *se dévaluer, se dévaloriser*

9 **svampare** vi (avere/_essere_) _[flammes]_
   jaillir, [colère] se calmer, s'apaiser
128 **svampire** _pop._ vi s'évaporer
128 **svanire** vi s'évanouir, s'évaporer
9 **svaporare** vi (avere) s'évaporer, s'évanouir
20 **svariare** vt varier, distraire; vi varier
9 **svasare** vt dépoter, évaser;
   ~rsi vpi s'évaser
20 **svecchiare** vt rajeunir, moderniser
20 **svegliare** vt réveiller; **~rsi** vpi se réveiller
9 **svelare** ❖ vt dévoiler, révéler;
   ~rsi vpi se révéler
9 **svelenare, ~rsi** → _svelenire_
128 **svelenire** vt désenvenimer, apaiser, calmer;
   ~rsi vpi s'apaiser
97 **sv_e_llere** irr, _litt._ vt déraciner, arracher;
   ~rsi _litt._ vpi se déraciner, s'arracher
128 **sveltire** vt accélérer, dégourdir, amincir;
   ~rsi vpi se dégourdir
9 **svenare** vt ouvrir les veines à, saigner;
   ~rsi vpi s'ouvrir les veines, se saigner
26 **sv_e_ndere** vt liquider, brader
145 **svenire** irr, vi s'évanouir, défaillir
20 **sventagliare** vt éventer, agiter, ouvrir en
   éventail; **~rsi** vpi s'éventer
9 **sventare** vt éventer, déjouer [un complot]
13 **sventolare** vt agiter [un mouchoir], raviver
   [le feu]; vi (avere) [drapeaux] flotter;
   ~rsi vpi s'éventer
9 **sventrare** vt éventrer, étriper;
   ~rsi vpi s'éventrer
16 **svergare** vt lingoter [de l'or], déverguer
   [une voile]
13 **sverginare** vt déflorer, dépuceler
21 **svergognare** vt couvrir de honte,
   démasquer
13 **svergolare** vt gauchir, voiler;
   ~rsi vpi gauchir, se voiler
9 **sverlare** vi (avere) siffler, chanter
9 **svernare** vi (avere) hiverner
17 **sverniciare** vt décaper, dévernir
127 **svestire** vt déshabiller, dévêtir;
   ~rsi ❖ vpi se déshabiller, se dévêtir
9 **svettare** vt étêter, écimer;
   vi (avere) se dresser, se découper [sur
   le ciel]
9 **svezzare** ❖ vt désaccoutumer, sevrer;
   ~rsi ❖ vpi se désaccoutumer
19 **sviare** ❖ vt détourner, dévoyer;
   vi (avere) dérailler; **~rsi** ❖ vpi s'égarer,
   se fourvoyer
9 **svicolare** vi (avere/_essere_) se dérober
21 **svignare** vi s'esquiver, s'éclipser

128 **svigorire** vt affaiblir; **~rsi** vpi s'affaiblir
128 **svilire** vt avilir, rabaisser
18 **svillaneggiare** vt injurier, conspuer;
   ~rsi vpi s'injurier
9 **sviluppare** vt développer;
   fam. vi (avere) se développer;
   ~rsi vpi se développer
9 **svinare** vt décuver
9 **svincolare** vt dégager, libérer;
   ~rsi vpi se dégager, se libérer
9 **sviolinare** _fam._ vt lécher les bottes à
9 **svirilizzare** vt émasculer
9 **svisare** vt déformer, dénaturer
9 **sviscerare** vt étudier à fond, _rare_ éventrer;
   ~rsi vpi témoigner une profonde
   affection
9 **svitare** vt dévisser; **~rsi** vpi se dévisser
20 **sviticchiare** vt désentortiller
20 **svogliare** _rare_, vt lasser, dégoûter
9 **svolare** _litt._ vi (avere) s'envoler, voleter
9 **svolazzare** vi (avere) voleter, voltiger
78 **sv_o_lgere** irr, vt dérouler, mener
   [une enquête], défaire [un paquet];
   ~rsi vpi se dérouler
9 **svoltare** vt dérouler, défaire;
   vi (avere) tourner
9 **svoltolare** vt dérouler, défaire;
   ~rsi vpi se retourner [dans son lit]
9 **svuotare** ❖ vt vider;
   ~rsi ❖ vpi se vider

T

15 **tabaccare** vi (avere) priser [du tabac]
18 **taccheggiare** vt voler à l'étalage
9 **tacchettare** vi (avere) faire du bruit avec
   ses talons
17 **tacciare** ❖ vt taxer, accuser
44 **tacere** ❖ irr, vt taire; vi (avere),
   ~rsi vpi se taire
13 **tacitare** vt faire taire, étouffer [un
   scandale], désintéresser [un créancier]
9 **tafanare** vi (avere), vt fouiller, farfouiller
20 **tagliare** vt couper, tailler [des pierres
   précieuses]; vi (avere) couper;
   ~rsi vpi, vpt se couper
18 **taglieggiare** vt racketter
9 **tagliuzzare** vt taillader, hacher menu
9 **talentare** _litt._ vi imp plaire
128 **tallire** vi (avere/_essere_) taller
9 **tallonare** vt talonner
9 **tamburare** vi (avere) tambouriner;
   vt rosser

18 **tambureggiare** vi (avere), vt tambouriner
9 **tamburellare** vi (avere), vt tambouriner
9 **tamburinare** vi (avere), vt tambouriner
9 **tampinare** vt talonner, importuner
9 **tamponare** vt tamponner, colmater,
  maîtriser [la situation]
35 **tangere** déf, *litt.* vt toucher
18 **tangheggiare** vi (avere) tanguer
9 **tannare** vt tanner
9 **tapinare** *litt.* vi (avere) mener une vie
  misérable ; **~rsi** *litt.* vpi s'inquiéter
9 **tappare** vt boucher, fermer ;
  ~rsi vpi se boucher, se fermer
9 **tappezzare** vt tapisser, recouvrir
9 **tarare** vt tarer, étalonner
9 **tardare** vi (avere/essere) être en retard,
  tarder ; vt retarder
16 **targare** vt immatriculer [une voiture]
9 **tariffare** vt tarifer
9 **tarlare** vt ronger ; vi, **~rsi** vpi être
  vermoulu
9 **tarmare** vt [mite] manger ; vi être mité ;
  ~rsi vpi se miter
15 **taroccare** *fam.* vi (avere) rouspéter ;
  vt falsifier, imiter, truquer
9 **tarpare** vt couper [les ailes]
20 **tartagliare** vi (avere) bégayer ;
  vt bredouiller
9 **tartassare** *fam.* vt malmener, maltraiter
9 **tartufare** vt truffer
9 **tassare** vt taxer, imposer ;
  ~rsi vpi se cotiser
9 **tassellare** vt renforcer avec des tasseaux
9 **tastare** vt tâter
18 **tasteggiare** vt toucher légèrement
13 **tatuare** vt tatouer ; **~rsi** vpt se tatouer
9 **tecnicizzare** vt techniciser
9 **tecnologizzare** vt techniciser
18 **tedescheggiare** vi (avere) germaniser
20 **tediare** vt ennuyer ; **~rsi** vpi s'ennuyer
9 **telare** *fam.* vi se tailler, déguerpir
9 **telecomandare** vt télécommander
15/14 **telecomunicare** vi (avere),
  vt télécommuniquer
20 **telecopiare** vt télécopier
14 **telefonare** ❖ vt, vi (avere) téléphoner
14 **telegrafare** vt, vi (avere) télégraphier
9 **teleguidare** vt téléguider
14 **telemetrare** vt télémétrer
115 **teletrasmettere** irr, vt transmettre [par
  télévision]
26 **temere** ❖ vt, vi (avere) craindre ;
  ~rsi vpi se craindre

9 **temperare** vt tempérer, tailler [un crayon],
  détremper [une couleur] ;
  ~rsi vpi se modérer
9 **tempestare** ❖ vt marteler, harceler ;
  vi imp (avere) faire de l'orage
18 **temporeggiare** vi (avere) temporiser
9 **temprare** vt tremper [le fer], endurcir ;
  ~rsi vpi s'endurcir
62 **tendere** ❖ irr, vt, vi (avere) tendre ;
  ~rsi vpi, vpt se tendre
102 **tenere** ❖ irr, vt tenir, garder ;
  vi (avere) tenir ; **~rsi** ❖ vpi se tenir
18 **tenoreggiare** vi (avere) ténoriser
9 **tentare** ❖ vt essayer, tenter
9 **tentennare** vi (avere) être branlant,
  tituber, hésiter ; vt hocher
9 **tenzonare** *litt.* vi (avere) lutter, se battre
16 **teologare** vi (avere) théologiser
9 **teologizzare** vt théologiser
9 **teorizzare** vt théoriser
38 **tepere** déf, *vx, litt.* vi être tiède, tiédir
86 **tergere** irr, *litt.* vt essuyer
9 **tergiversare** vi (avere) tergiverser
13 **terminare** vt terminer ; vi se terminer
9 **termosaldare** vt thermosouder
9 **ternare** vt inclure dans un groupe de trois
  candidats
9 **terrapienare** *vx,* vt remblayer
9 **terrazzare** vt étager [un terrain]
9 **terremotare** vt bouleverser
15/14 **terrificare** vt terrifier
9 **terrorizzare** vt terroriser
9 **terzarolare** vt ariser, prendre [des ris]
20 **terziare** vt tiercer [un champ, des vignes]
9 **terzinare** vt composer/jouer en triolets
9 **tesare** vt tendre, rider [une voile]
9 **tesaurizzare** vt, vi (avere) thésauriser
18 **tesoreggiare** vt, vi (avere) thésauriser
9 **tesorizzare** vt, vi (avere) thésauriser
9 **tesserare** vt inscrire, rationner ;
  ~rsi vpi s'inscrire
26 **tessere** vt tisser
9 **testare** vi (avere) tester ; vi (avere) faire son
  testament
15/14 **testificare** vt attester, témoigner
20 **testimoniare** vt, vi (avere) témoigner
9 **testurizzare** vt texturiser, texturer
9 **tettare** vi (avere), vt téter
9 **ticchettare** vi (avere) faire tic-tac
9 **tifare** ❖ *fam.* vi (avere) **per** être
  supporter de
9 **timbrare** vt timbrer
9 **timonare** vt barrer [un bateau]

18 **timoneggiare** vt *barrer [un bateau]*
18 **timpaneggiare** *vx*, vi *jouer de la timbale*
82 **tingere** ❖ irr, vt *teindre, teinter, tacher ;*
   ~rsi vpt *se teindre, se teinter, se tacher*
128 **tinnire** *litt.* vi (avere) *tinter*
18 **tinteggiare** vt *peindre [un mur]*
9 **tintinnare** vi (avere/essere) *tinter,*
   tintinnabuler
128 **tintinnire** *litt.* vi (avere/essere) *tinter,*
   tintinnabuler
9 **tipizzare** vt *caractériser, standardiser*
18 **tiranneggiare** vt, vi (avere) *tyranniser*
9 **tirare** ❖ vt *tirer, lancer ;* vi (avere) *tirer,*
   souffler ; **~rsi** vpi *se pousser*
9 **titillare** vt *titiller*
13 **titolare** vt, vi (avere) *titrer*
9 **titubare** vi (avere) *hésiter, rare tituber*
15 **toccare** ❖ vt *toucher ;* vi imp *revenir,*
   incomber ; **~rsi** vpi, vpt *se toucher*
89 **togliere** ❖ irr, vt, **~rsi** ❖ vpt *enlever,*
   retirer ; vpi *s'enlever, s'en aller*
13 **tollerare** ❖ vt *tolérer, supporter*
9 **tombolare** *fam.* vi *dégringoler*
9 **tonare** → *tuonare*
20 **tonchiare** vi *être attaqué par les bruches*
18 **tondeggiare** vi *être arrondi, s'arrondir*
65 **tondere** irr, *vx, litt.* vt *tailler*
9 **tonfare** vi *faire une chute*
15/14 **tonificare** vt *tonifier*
18 **tonneggiare** vt *touer ;* **~rsi** vpi *se touer*
9 **tonsurare** vt *tonsurer*
9 **toppare** *fam.* vi (avere) *se planter*
48 **torcere** irr, vt *tordre ;* **~rsi** vpi *se tordre*
20 **torchiare** vt *presser [du raisin], cuisiner*
   [un suspect]
9 **toreare** vi (avere) *toréer*
9 **tormentare** vt *tourmenter ;*
   ~rsi vpi *se tourmenter*
9 **tornare** ❖ vi *revenir, rentrer, retourner,*
   redevenir
128 **tornire** vt *tourner [au tour], polir*
   [une phrase]
24 **torrefare** irr, vt *torréfier*
18 **torreggiare** vi (avere) *dominer*
18 **tortoreggiare** vi (avere) *roucouler*
9 **torturare** vt *torturer ;* **~rsi** vpi *se torturer*
9 **tosare** vt *tondre*
18 **toscaneggiare** vi (avere) *imiter les Toscans*
9 **toscanizzare** vt *donner une tournure*
   toscane à ; vi (avere) *imiter les Toscans*
20 **tossicchiare** vi (avere) *toussoter*
128 **tossire** vi (avere) *tousser*
9 **tostare** vt *griller, torréfier*

9 **totalizzare** vt *totaliser*
9 **traballare** vi (avere) *être branlant, tituber,*
   chanceler
9 **trabalzare** vt, vi (avere/essere) *ballotter*
15 **traboccare** ❖ vi (avere/essere) *déborder,*
   regorger
9 **tracannare** vt *avaler d'un trait, lamper*
18 **traccheggiare** vi (avere) *tergiverser*
17 **tracciare** vt *tracer*
9 **tracimare** vi (avere) *déborder*
9 **tracollare** vi *pencher, perdre l'équilibre*
128 **tradire** vt *trahir, [époux] tromper ;*
   ~rsi vpi *se trahir*
126 **tradurre** ❖ irr, vt *traduire ;*
   ~rsi vpi *se traduire*
15/13 **trafficare** ❖ vt *trafiquer ;*
   vi (avere) *se démener, in faire le*
   commerce de
74 **trafiggere** irr, vt *transpercer*
9 **trafilare** vt *tréfiler, étirer*
9 **traforare** vt *percer, perforer, ajourer*
16 **trafugare** vt *voler, dérober*
9 **traghettare** vt *faire passer, traverser*
   [un fleuve]
9 **tragittare** *rare* → *traghettare*
9 **traguardare** vt *regarder du coin de l'œil*
9 **trainare** vt *traîner, tirer*
17 **tralasciare** ❖ vt *négliger, abandonner*
21 **tralignare** vi (avere/essere) *dégénérer,*
   dévier
32 **tralucere** irr, déf, *litt.* vi *briller*
9 **tramandare** vt *transmettre*
9 **tramare** vt *tramer, ourdir*
9 **tramenare** *vx*, vt *chambouler, chambarder*
9 **tramestare** vt *mélanger ;* vi (avere) *fouiller,*
   farfouiller
9 **tramezzare** vt *intercaler, cloisonner*
9 **tramontare** vi *[soleil] se coucher, passer,*
   décliner
128 **tramortire** vt *assommer ;* vi *s'évanouir*
9 **tramutare** ❖ vt *transformer ;*
   ~rsi ❖ vpi *se transformer*
17 **tranciare** vt *trancher*
18 **trangugiare** vt *engloutir, avaler*
9 **tranquillare** *litt.* vt *tranquilliser ;*
   ~rsi *litt.* vpi *se tranquilliser*
9 **tranquillizzare** vt *tranquilliser ;*
   ~rsi vpi *se tranquilliser*
77 **transare** irr, *vx, litt.* → *transigere*
62 **transcendere** irr → *trascendere*
107 **transcorrere** irr → *trascorrere*
9 **transennare** vt *barrer [avec des barrières]*
77 **transigere** irr, déf, vi *transiger*

9 **transitare** vi transiter
9 **transumanare** vx → *trasumanare*
9 **transumare** vi transhumer
20 **transustanziare** vt transsubstantier;
 ~**rsi** vpi se transsubstantier
9 **transvolare** → *trasvolare*
13 **trapanare** vt percer, trépaner, fraiser
 [une dent]
9 **trapassare** vt transpercer; vi trépasser
9 **trapelare** ❖ vi filtrer, suinter
9 **trapiantare** vt transplanter;
 ~**rsi** vpi se transplanter
9 **trapuntare** vt matelasser, broder
125 **trarre** ❖ irr, vt tirer, induire [en erreur];
 ~**rsi** vpi se tirer [d'affaire]
128 **trasalire** vi (avere) tressaillir
9 **trasandare** rare, vt négliger
9 **trasbordare** vt, vi transborder
88 **trascegliere** irr, vt sélectionner
62 **trascendere** ❖ irr, vt transcender;
 vi (avere) dépasser les bornes
9 **trascinare** vt traîner, entraîner;
 ~**rsi** vpi se traîner
9 **trascolorare** vi, ~**rsi** vpi changer de
 couleur
107 **trascorrere** irr, vt passer [les vacances],
 parcourir [un livre]; vi passer, s'écouler
118 **trascrivere** irr, vt transcrire
9 **trascurare** ❖ vt négliger;
 ~**rsi** ❖ vpi se négliger
126 **trasdurre** irr, vt transduire
9 **trasecolare** vi (avere) être stupéfait
128 **trasferire** ❖ vt transférer;
 ~**rsi** ❖ vpi s'établir, s'installer
9 **trasfigurare** vt transfigurer;
 ~**rsi** vpi se transfigurer
65 **trasfondere** irr, litt. vt transfuser,
 transmettre
9 **trasformare** ❖ vt transformer;
 ~**rsi** ❖ vpi se transformer
128 **trasgredire** vt, vi (avere) transgresser
9 **traslare** vi transférer
14 **traslitterare** vt translittérer
15 **traslocare** vt, vi (avere),
 ~**rsi** vpi déménager
115 **trasmettere** ❖ irr, vt transmettre;
 ~**rsi** ❖ vpi se transmettre
9 **trasmigrare** ❖ vi (avere/essere) émigrer,
 transmigrer
9 **trasmodare** vi (avere), ~**rsi** vpi passer la
 mesure
9 **trasmutare** litt. vt transmuer, transmuter;
 ~**rsi** litt. vpi se transmuer

21 **trasognare** vi rêver les yeux ouverts
136 **trasparire** irr, vi transparaître
9 **traspirare** vi (avere) transpirer
124 **trasporre** irr, vt transposer
9 **trasportare** ❖ vt transporter
9 **trastullare** vt amuser; ~**rsi** vpi s'amuser
9 **trasudare** vi (avere/essere) suinter,
 exsuder; vt suinter, transpirer
9 **trasumanare** litt. vi, ~**rsi** vpi dépasser les
 limites de la nature humaine
9 **trasvolare** vt, vi survoler
9 **trattare** ❖ vt, vi (avere) traiter;
 ~**rsi** vpi vivre [comme un prince];
 vpi imp s'agir
18 **tratteggiare** vt hachurer, tracer, esquisser
102 **trattenere** ❖ irr, vt retenir;
 ~**rsi** ❖ vpi se retenir, rester
9 **traumatizzare** vt traumatiser
20 **travagliare** litt. vt tourmenter;
 vi (avere), ~**rsi** litt. vpi se tourmenter
15/14 **travalicare** litt. vt franchir, dépasser;
 vi (avere) dépasser les bornes
9 **travasare** vt transvaser, déverser;
 vi, ~**rsi** vpi se répandre
56 **travedere** irr, vi (avere) se méprendre
9 **traversare** vt traverser
127 **travestire** ❖ vt travestir, déguiser;
 ~**rsi** ❖ vpi se travestir, se déguiser
19 **traviare** vt dévoyer; ~**rsi** vpi se dévoyer
9 **travisare** vt déformer;
 ~**rsi** vpi se déformer
78 **travolgere** irr, vt renverser, emporter
20 **trebbiare** vt battre [le blé]
9 **tremare** vi (avere) trembler
13 **tremolare** vi (avere) trembloter;
 vt jouer en exécutant un trémolo
9 **trepidare** vi (avere) trembler, être anxieux
15 **trescare** vi (avere) intriguer, avoir une
 liaison
9 **tribolare** vi (avere) souffrir;
 rare, vt tourmenter
9 **tributare** vt rendre [hommage]
15 **triforcare** vt diviser en trois;
 ~**rsi** vpi se diviser en trois
9 **trillare** vi (avere) gazouiller, triller
15 **trincare** fam. vt trinquer, picoler
9 **trincerare** vt retrancher;
 ~**rsi** vpi se retrancher
17 **trinciare** vt hacher, découper;
 ~**rsi** vpi se déchirer
9 **trionfare** ❖ vi (avere) triompher
128 **tripartire** vt diviser en trois
15/13 **triplicare** vt, ~**rsi** vpi tripler

20 **tripudiare** vi (avere) exulter, jubiler
9 **tritare** vt hacher, broyer
9 **triturare** vt broyer
9 **trivellare** vt forer, sonder
9 **trombare**[1] *fam.* vt recaler [aux examens]
9 **trombare**[2] *vulg.* vt, vi (avere) baiser
15 **troncare** vt trancher, couper, briser
18 **troneggiare** vi (avere) trôner
20 **tronfiare** vi (avere) se rengorger
9 **tropicalizzare** vt tropicaliser
9 **trottare** vi (avere) trotter
9 **trotterellare** vi (avere) trottiner
9 **trottolare** vi (avere) tourner comme
   une toupie, *fam.* être toujours en
   mouvement
9 **trovare** ❖ vt trouver; **~rsi** vpi se trouver,
   se retrouver
15 **truccare** vt maquiller, truquer;
   ~rsi vpi se maquiller, se déguiser
9 **trucidare** vt massacrer
13 **truciolare** vt réduire en copeaux
9 **truffare** vt escroquer
9 **tubare** vi (avere) roucouler; vt tuber
9 **tuffare** ❖ vt plonger; **~rsi** ❖ vpi plonger,
   se plonger
24 **tumefare** irr, vt tuméfier;
   ~rsi vpi se tuméfier
9 **tumulare** vt ensevelir, inhumer
9 **tumultuare** vi (avere) être en émeute,
   manifester, *fig.* s'agiter
9 **tuonare** vi (avere), vi imp (avere/**e**ssere)
   tonner, gronder
9 **turare** vt, **~rsi** vpt boucher
9 **turbare** vt troubler; **~rsi** vpi se troubler
13 **turbinare** vi (avere) tourbillonner
9 **turlupinare** vt duper, rouler
9 **tutelare** ❖ vt protéger, défendre;
   ~rsi ❖ vpi se protéger, se défendre

U

128 **ubbidire** ❖ vi (avere) obéir
15/14 **ubicare** vt situer
15 **ubriacare** ❖ vt enivrer, soûler;
   ~rsi ❖ vpi s'enivrer, se soûler
9 **uccellare** vi (avere) oiseler; vt attraper,
   duper
29 **uccidere** irr, vt tuer; **~rsi** vpi se tuer
142 **udire** irr, vt entendre
9 **ufficializzare** vt officialiser
17 **ufficiare** vi (avere) officier; *sout.* vt inviter,
   prier
9 **uggiolare** vi (avere) japper, glapir

128 **uggire** *litt.* vt ennuyer;
   ~rsi *litt.* vpi s'ennuyer
21 **ugnare** vt biseauter
20 **uguagliare** ❖ vt égaler, égaliser;
   ~rsi ❖ vpi s'égaler, se valoir
9 **ulcerare** vt ulcérer; **~rsi** vpi s'ulcérer
9 **ultimare** vt achever, terminer
13 **ululare** vi (avere) hululer, ululer,
   [vent] hurler
9 **umanare** vt humaniser; **~rsi** vpi se faire
   homme
9 **umanizzare** vt humaniser;
   ~rsi vpi s'humaniser
9 **umettare** vt humecter
15/14 **umidificare** vt humidifier
20 **umiliare** vt humilier; **~rsi** ❖ vpi s'humilier
9 **uncinare** vt accrocher, recourber en croc;
   ~rsi vpi s'accrocher, se recourber en croc
84 **ungere** ❖ irr, vt graisser, huiler, oindre;
   ~rsi ❖ vpi se tacher, s'enduire
15/14 **unificare** vt unifier, uniformiser;
   ~rsi vpi s'unifier
9 **uniformare** ❖ vt uniformiser, conformer;
   ~rsi ❖ vpi se conformer
128 **unire** ❖ vt unir, réunir; **~rsi** ❖ vpi s'unir,
   se réunir
9 **universalizzare** vt universaliser;
   ~rsi vpi s'universaliser
9 **urbanizzare** vt urbaniser
36 **urgere** déf, vi être urgent; *litt.* vt presser
9 **urinare** vi (avere), vt uriner
9 **urlare** vi (avere), vt hurler
9 **urtare** vt heurter, cogner;
   ~rsi vpi se heurter, se disputer
9 **usare** vt utiliser, employer; vi (avere) avoir
   l'habitude de, être en usage
143 **uscire** ❖ irr, vi sortir
128 **usufruire** ❖ vi (avere) jouir, bénéficier
9 **usurare** vt user; **~rsi** vpi s'user
18 **usureggiare** vx, vi (avere) prêter à usure
9 **usurpare** vt usurper
9 **utilizzare** vt utiliser, employer

V

15 **vacare** vi être vacant
9 **vaccinare** vt vacciner; **~rsi** vpi se faire
   vacciner
9 **vacillare** vi (avere) vaciller
9 **vagabondare** vi (avere) vagabonder
16 **vagare** vi (avere) errer
18 **vagheggiare** vt contempler [amoureuse-
   ment], rêver de

128 **vagire** vi (avere) *vagir*
20 **vagliare** vt *vanner, tamiser, fig. passer au crible*
9 **vagolare** *litt.* vi (avere) *errer*
91 **valere** ❖ irr, vi *valoir, être valable*; vt *valoir*; **~rsi** ❖ vpi *di se servir de*
15/13 **valicare** vt *franchir*
9 **valorizzare** vt *valoriser*
13/14 **valutare** vt *évaluer, estimer*
18 **vampeggiare** vi (avere) *flamboyer*
20 **vanagloriarsi** vpi *se vanter*
18 **vaneggiare** vi (avere) *délirer, divaguer*
16 **vangare** vt *bêcher*
15/14 **vanificare** vt *rendre vain*
128 **vanire** *litt.* vi *s'évanouir*
9 **vantare** vt *vanter, se vanter de, revendiquer*; **~rsi** ❖ vpi *se vanter*
9 **vaporare** *litt.* vt, vi *vaporiser*
9 **vaporizzare** vi, vt *vaporiser*; **~rsi** vpi *s'évaporer*
9 **varare** vt *lancer [un bateau, un projet], promulguer [une loi]*; **~rsi** vpi *échouer*
15 **varcare** vt *franchir*
20 **variare** ❖ vt, vi *varier*
9 **vasectomizzare** vt *vasectomiser*
9 **vaticinare** vt *vaticiner, prédire*
56 **vedere** ❖ irr, vt *voir*; **~rsi** ❖ vpi *se voir*
9 **vedovare** *litt.* vt *laisser veuf*
13 **vegetare** vi (avere) *végéter*
20 **vegliare** ❖ vi (avere), vt *veiller*
9 **veicolare** vt *véhiculer*
9 **velare** vt *voiler*; **~rsi** vpi *se voiler*
18 **veleggiare** vi (avere) *naviguer, planer*
15/13 **vellicare** vt *chatouiller*
9 **vellutare** vt *velouter*
9 **velocizzare** vt *accélerer*; **~rsi** vpi *s'accélerer*
9 **venare** vt *veiner*; **~rsi** vpi *se voiler [de tristesse]*
20 **vendemmiare** vt *vendanger*
26 **vendere** vt *vendre*; **~rsi** vpi *se vendre*
15/13 **vendicare** vt *venger*; **~rsi** ❖ vpi *se venger*
20 **vendicchiare** vt *vendre [de temps en temps]*
13 **venerare** vt *vénérer*
145 **venire** ❖ irr, vi *venir*
13 **ventilare** vt *ventiler, vanner [le blé], examiner [un projet]*
9 **verbalizzare** vt *verbaliser*
18 **verdeggiare** vi (avere) *verdoyer, verdir*
16 **vergare** vt *écrire [à la main], rayer, orner de rayures*
9 **vergognarsi** vpi *avoir honte*
15/14 **verificare** vt *vérifier*; **~rsi** vpi *se produire, avoir lieu*

17 **verniciare** vt *peindre, vernir*
9 **versare** ❖ vt *verser, renverser*; vi *se trouver, être [en danger]*; **~rsi** vpi *se renverser, se déverser*
18 **verseggiare** vi (avere), vt *versifier*
15/14 **versificare** vi (avere), vt *versifier*
110 **vertere** ❖ déf, vi *porter, avoir pour objet*
15/13 **verzicare** *litt.* vi (avere) *verdoyer*
9 **vessare** vt *maltraiter, persécuter*
127 **vestire** vt *habiller, porter, revêtir*; vi (avere), **~rsi** vpi *s'habiller*
15/14 **vetrificare** vt *vitrifier*; vi, **~rsi** vpi *se vitrifier*
18 **vetrioleggiare** vt *vitrioler*
20 **vettovagliare** vt *ravitailler*; **~rsi** vpi *se ravitailler*
18 **vezzeggiare** vt *cajoler*; *litt.* vi (avere) *faire des manières*; **~rsi** vpi *se cajoler*
18 **viaggiare** vi (avere) *voyager*; vt *parcourir*
9 **vibrare** vi (avere) *vibrer*; vt *donner [un coup]*
13 **vidimare** vt *viser [un document]*
9 **vietare** ❖ vt *interdire, défendre*
77 **vigere** déf, vi *être en vigueur*
13 **vigilare** vi (avere) *veiller*; vt *surveiller*
18 **vigoreggiare** *litt.* vi (avere) *être florissant*
62 **vilipendere** irr, vt *vilipender*
18 **villeggiare** vi (avere) *aller en vacances*
45 **vincere** ❖ irr, vt *vaincre, battre, gagner*; vi (avere) *gagner*; **~rsi** vpi *se maîtriser*
13 **vincolare** vt *lier, engager*
15/14 **vinificare** vi (avere) *vinifier*
13 **violare** vt *violer [une loi], enfreindre*
9 **violentare** vt *violer [une femme], violenter*
9 **virare** vt, vi (avere) *virer*
9 **virgolettare** vt *mettre entre guillemets*
9 **virilizzare** vt *viriliser*; **~rsi** vpi *se viriliser*
9 **visionare** vt *visionner*
13 **visitare** vt *visiter, rendre visite à*
9 **vistare** vt *viser [un passeport]*
9 **visualizzare** vt *visualiser*
9 **vitalizzare** *litt.* vt *vitaliser*
9 **vitaminizzare** vt *vitaminer*
14 **vituperare** vt *insulter, injurier, rare déshonorer*
20 **vivacchiare** vi (avere) *vivoter*
9 **vivacizzare** vt *animer*
119 **vivere** ❖ irr, vi (avere/essere), vt *vivre*
15/14 **vivificare** vt *vivifier, animer*
9 **vivisezionare** vt *disséquer*
20 **viziare** vt *gâter, vicier*; **~rsi** vpi *[air] se vicier*
9 **vocalizzare** vi (avere), vt *vocaliser*

17 **vociare** vi (avere) *crier, cancaner*
14 **vociferare** ❖ vi (avere) *vociférer* ;
vt *faire courir le bruit*
16 **vogare** vi (avere) *ramer*
9 **volantinare** vt *distribuer* ; vi *distribuer des tracts/prospectus*
9 **volare** vi (avere/essere) *voler, filer*
9 **volatilizzare** vt *volatiliser* ;
~rsi vpi *se volatiliser*
9 **volatizzare** → *volatilizzare*
95 **volere** irr, vt *vouloir* ; **~rsi** vpi *se vouloir*
9 **volgarizzare** vt *vulgariser*
78 **volgere** irr, vt *tourner* ; vi (avere) *tourner, virer* ; **~rsi** vpi *se tourner, se retourner*
20 **volicchiare** vi (avere/essere) *voleter*
9 **volitare** *litt.* vi (avere) *voleter*
9 **volpare** vi (avere/essere) *[blé] être niellé*
18 **volpeggiare** vi (avere) *ruser*
9 **voltare** ❖ vt *tourner, retourner* ;
vi (avere) *tourner* ; **~rsi** vpi *se tourner*
18 **volteggiare** vi (avere) *voltiger, tournoyer*
13 **voltolare** vt *rouler* ; **~rsi** vpi *se rouler*
13 **vomitare** vt, vi (avere) *vomir*
15/13 **vorticare** vi (avere) *tourbillonner*
9 **votare** ❖ vt, vi (avere) *voter, vouer* ;
~rsi ❖ vpi *se vouer*
9 **vulcanizzare** vt *vulcaniser*
9 **vulnerare** vt *blesser, offenser*
9 **vuotare** ❖ vt *vider* ; **~rsi** vpi *se vider*

X

20 **xerocopiare** vt *xérocopier*
9 **xerografare** vt *xéroxer*

Z

9 **zaffare** *vx*, vt *bondonner [une cuve], tamponner [une blessure]*
9 **zampare** vi (avere) *piaffer*

9 **zampettare** vi (avere) *trottiner*
15/13 **zampicare** vi (avere) *trébucher*
9 **zampillare** ❖ vi (avere/essere) *jaillir*
21 **zampognare** vi (avere) *jouer de la musette*
9 **zappare** vt *travailler avec la houe*
9 **zappettare** vt *biner, sarcler*
9 **zapponare** vt *houer*
9 **zavorrare** vt *lester*
15 **zeccare** *vx*, vt *frapper [des monnaies]*
9 **zeppare** vt *bourrer, cheviller*
16 **zigare** vi (avere) *glapir*
9 **zigrinare** vt *chagriner [une peau], créneler [une monnaie]*
16 **zigzagare** vi (avere) *zigzaguer*
9 **zillare** vi (avere) *striduler*
9 **zimbellare** vt *chasser à l'appeau, fig. leurrer*
15 **zincare** vt *zinguer*
13 **zipolare** vt *mettre un fausset à [un tonneau]*
9 **zirlare** vi (avere) *[poussins, souris] crier, [grives] siffler*
128 **zittire** vt *faire taire* ;
vi (avere), **~rsi** vpi *se taire*
13 **zoccolare** *pop.* vi (avere) *faire claquer ses sabots*
9 **zolfare** vt *soufrer, sulfurer*
9 **zompare** *pop.* vi (avere/essere) *sauter, bondir*
9 **zonizzare** vt *diviser en zones*
15/13 **zoppicare** ❖ vi (avere) *boiter* ; *être faible [dans une discipline]*
13 **zuccherare** vt *sucrer*
13 **zufolare** vi (avere) *jouer du pipeau* ;
vt *siffloter*
9 **zumare** vt, vi (avere) *zoomer*
9 **zuppare** vt *tremper*